村落、蒙旗与国家

清代以来内蒙古土默特的乡村社会变迁史

田宓 著

中国社会科学出版社

图书在版编目（CIP）数据

村落、蒙旗与国家：清代以来内蒙古土默特的乡村社会变迁史／田宓著．
—北京：中国社会科学出版社，2023.6（2024.1 重印）
ISBN 978 – 7 – 5227 – 1962 – 7

Ⅰ.①村…　Ⅱ.①田…　Ⅲ.①乡村—社会变迁—研究—土默特旗—清代
Ⅳ.①C912.82

中国国家版本馆 CIP 数据核字（2023）第 102966 号

出 版 人　赵剑英
责任编辑　安　芳
特约编辑　刘中平
责任校对　张爱华
责任印制　李寡寡

出　　　版　中国社会科学出版社
社　　　址　北京鼓楼西大街甲 158 号
邮　　　编　100720
网　　　址　http://www.csspw.cn
发 行 部　010 – 84083685
门 市 部　010 – 84029450
经　　　销　新华书店及其他书店

印　　　刷　北京君升印刷有限公司
装　　　订　廊坊市广阳区广增装订厂
版　　　次　2023 年 6 月第 1 版
印　　　次　2024 年 1 月第 2 次印刷

开　　　本　710×1000　1/16
印　　　张　21.5
插　　　页　2
字　　　数　336 千字
定　　　价　108.00 元

寻找"蒙古性"

——写在田宓《村落、蒙旗与国家》的前面

赵世瑜

2004年2月底，还是春寒料峭的时候，刘志伟、陈春声叫上郑振满和我，一起前往呼和浩特，在那里与刘志伟和陈春声指导的硕士生田宓会合，目的是去看位于察素齐镇的土默特左旗档案馆收藏的清代归化城都统、副都统衙门、两翼旗务衙门档案，看看田宓是否可以以这批材料为主要材料撰写学位论文。将近20年过去，当年这次旅行大概可以算作本书写作的最早源头之一。

察素齐镇是土左旗旗政府所在地，是呼市到包头的必经之路，不过那时还没通高速，从呼市开车过去似乎用了两个多小时。虽然那里是从小就耳熟能详的"敕勒川，阴山下"，但记忆里档案馆所在的中心城区就是门前一条路，经过的载货卡车居多，驶过时便是一片暴土扬尘。

后来我曾在多次讲座和授课时提到这次经历。在档案馆的小楼上，我们看到楼道里堆放着许多一米高的大口袋，里面装满了按有关规定可以销毁的档案。我从尚未封口的口袋面上随手拿起一份，是当年北京四中来这里插队的知识青年的登记册，里面包括我认识的朋友、同事和听说过名字的人，主要是"老三届"中四中的"老高一"学生。虽然我们意识到这批知青档案对于历史研究的重要价值，但也知道无力阻止这数以万计的档案的彻底消失。就当时的条件而言，清代满、蒙、汉文档案按照卷宗分类上架，且有详细的手写目录，已经算是比较重视这批珍贵资料的价值了，但肯定没有想到新中国时期的档案有朝一日也会具有与

清代档案同样重要的价值，这当然是当时全国基层档案馆的普遍情况。

记得我们回到呼市后，和内蒙古大学的一批朋友小聚，听到我们提到这批资料及其价值，他们惊讶这几个主要研究华南地区的人居然把注意力投放到他们的地盘上了。事实上，由于日本从20世纪初开始的满蒙研究传统，比我们更早几年，也已有日本学者来到土左旗档案馆查阅这批档案，因此利用这批档案进行研究，要首先注意日本的相关研究成果。此后多年，内蒙古的学者开始对该处所藏清代蒙文档案进行整理，在2013年出版了《土默特左旗档案馆藏清代蒙古文档案选编》。2018年又开始对馆藏土默特历史档案进行全面出版，使这批重要文献得以被更多学者更为方便地利用。

后来，我和刘志伟曾利用到内蒙古师范大学开教育部历史学科教学指导委员会例会的机会，由田宓带领在河套地区跑过两天，基本上是走马观花，算不上田野调查。2019年7月，在北京大学文研院和中山大学历史人类学研究中心的组织下，刘志伟和一批来自各地的年轻学者又在这一带做了近一周的调查，我因活动冲突未能参加。不过，田宓每天都会把去过的地方、看到的东西通过微信告诉我，甚至包括碑刻的录文，我偶尔也在线上参加讨论。所以，虽然我对本书研究的区域没有太多了解，还是可以凭印象和猜想略谈一点粗浅的读书体会。

本书研究的主要对象是清代土默特地区的村落。人们通常有这样的印象，在历史上，长城以外或者塞外主要是游牧民族生活的草原和沙漠，而游牧民族的生活方式是"逐水草而居"，即流动的而非定居的，那么，在这样的地区出现定居聚落或村落，就需要具备某些条件，从目前人们的认识来看，其主要条件就是定居农业，按这个逻辑再进一步延伸，就是长城以内的农业人口迁移塞外，进行农业开发。本书开始作为背景写到的晚明的板升，就是一个典型的例子。

土默川是河套平原的一部分，又称前套。根据考古发掘和文献研究，我们已知河套地区在史前时代便出现农业，汉代设立朔方、五原、云中等郡后，更是大量移民实边，进行屯田。在两汉时期这一地区的墓葬明器中，陶灶、陶仓、陶井等具有定居和定居农业特点的器物多有存在，也有实物水井遗址的发现。有学者认为，在今巴彦淖尔地区，西汉时已形成以中原移民为主、以农业经济为中心并辅以畜牧业的社会。① 但当中原王朝国力衰落、北族大举南下的时期，这一地区的定居农业社会就被完全毁弃了吗？

王小甫教授曾写道："古代北方草原族群一批又一批前赴后继地奔向南部绿洲地区的边缘地带，很可能并不是为了进行经济掠夺，也不是由于政治排挤，而只是想要寻求更为适宜的生存环境条件，想要分享南部绿洲社会发达的政治经济文化资源。"② 那么，当他们占据了这样的南部绿洲地带（比如敕勒川）之后，为何不一定选择定居农业作为主要生计方式呢？按学者们的研究，在赫连夏的时代，以统万城为中心，在河套地区是建立了一批定居点的；虽然北魏把这一地区变为养马的牧场，但史籍中也有孝文帝在这一带发展灌溉农业的记载。按照史念海先生的说法，魏晋南北朝时期鄂尔多斯和河套地区又一变而为牧场，直到唐代重新开辟为农田。但从唐末五代历明至清前期，此地几乎没有农业的状况"再没有若何的变迁"。③

在今呼和浩特郊区存有辽代的丰州塔，现存 6 块金代碑记是这一地区城乡聚落的见证。本书提及此塔金代以降 700 多条题记中的 3 处明代题记，但未提到金元时期丰州城周围的聚落。有学者据这些碑记指出，在大青山麓和大黑河沿岸，已被垦为农田，并建立起许多村落，如碑中提到的神山东、西二村，马骍山、李家户、北薛家村、北鱼阳村、龄寿郎君庄，等等。④ 这个例子说明，从唐末五代到明代中叶这 600 年左右的时间里，这一带地区并非完全没有农业和村落，而这里的定居农业也并不一定一直都是中原汉人移民开发的结果。

提出这样的问题并不是要贬低中原汉人移民在河套地区农业开发和聚落营建中的重要作用，而是希望在已有大量研究的基础上，更清楚地

---

① 王方晗：《汉代黄河河套区域农业发展与边疆农业文明的互动与融合》，《民俗研究》2021 年第 6 期；丁利娜：《河套地区汉代陶明器与周边地区的比较研究》，《华夏考古》2015 年第 1 期。

② 王小甫：《中国中古的族群凝聚》，中华书局 2012 年版，第 185 页。

③ 史念海：《两千三百年来鄂尔多斯高原和河套平原农林牧地区的分布及其变迁》，《北京师范大学学报》1980 年第 6 期。

④ 李逸友：《呼和浩特市万部华严经塔的金代碑铭》，《考古》1979 年第 4 期。

认识早期区域农业开发与聚落遗产对后世的影响，特别是在农牧交错带民族交融地区北方民族在聚落形成与发展中的作用。当然，我之所以提出这个问题，意在表明，汉人到塞外开垦导致了当地定居聚落的产生和发展的说法，已经成为老生常谈，假设这一判断确为事实，那么本书和其他新研究便不必再对此置喙了。

如果说清代土默特地区的汉人村落兴起和发展与晚明的板升有渊源，从而体现了某种结构性的延续，那么蒙古村落的兴起与发展则反映出与原有蒙古游牧社会之间的断裂，后者当然是更值得关注的。在明代文献中，我们看到板升中既有汉人，也有蒙古人；在清代地方志的记录中，许多板升的名称显然是蒙古的，本书也推测，土默特地区的一些村落是在北元时期板升的基础上发展而来的。事实上，阿勒坦汗营建归化城应该是蒙古人定居化趋势的一个标志，很难相信一个城市聚落营建之前，没有一些小规模聚落作为基础。我在另文中也提到，在蒙古人的中亚绿洲统治区，他们的伊斯兰化和定居化是同一过程的不同方面，而此时阿勒坦汗也成为藏传佛教的世俗庇护者，而寺庙的修建，或者是在已有聚落中，或者是导致一个聚落的形成。所以至晚在 16 世纪，蒙古草原上对定居化是部分地接受的，特别是北元的后裔，应该还保留着祖先在长城内居住的记忆。

本书提到，从皇太极时期到雍正、乾隆时期之间，土默特蒙古土地分配的情况在文献中是一片空白，只知道在天聪初年漠南蒙古降附后金之后，河套地区到宣府地区的人都被"编为户口"，或者"编旗设佐"。作者猜测，这种文献失载的状况可能说明这一带还是一种大范围游牧的生存状态。已有学者提到，天聪八年（1634）十月后金举行硕翁科尔会盟，给蒙古诸部指定牧地，以区别编入八旗的蒙古与其他蒙古牧地的界限。其中参与会盟的喀喇沁黄金家族在此后一部分返回在开平上都河流域的原牧地，另一部分被编入八旗的人留在当年被林丹汗驱至的张家口、独石口外，同在此处的还有察哈尔八旗。康熙九年（1670）户部根据皇帝的旨意分拨古北口、张家口、冷口、罗文峪的空闲之地给他们做庄田和牧厂，雍正九年（1731）军机处档案中也记载上谕，"八旗王公、闲散宗室等在口外看守牧群牲畜之蒙古等内，倘系有马畜田产者，尚能生计",说明这里在康熙时确有田庄。① 当然这里比土默川更靠近长城。在土默特地区,本书也提到由于军需,康熙中期也陆续放垦。

当然,档案资料中反映出的康雍乾时期的土地放垦和流转是本书的重要论述内容。作者发现,由于清代土默特地区粮地、户口地、草场地分属不同的赋税体系并具有不同的产权归属,以至于蒙古人和民人可以采取合作的方式,获取各自的利益。当然,也会因此而产生利益纠纷,同样以这些土地不同的产权归属为由进行诉讼。产生这种情况的背景,除了大量山西北部前来开垦土地的农民之外,还有不少商人以经商所得在这一地区购买土地进行开发,民人聚落大量增加,这就不仅导致前述土地纠纷、冲突的普遍化,而且进一步带来民人聚落与蒙古聚落,或者说以聚落为基础的人群或社会之间的紧张关系。

以往我们常常泛泛地谈论两千年里中国的农牧关系。通过近年来的许多更为细致的研究和本书提供的这些比较晚近的例子,我们可以意识到,农牧关系应该还有其他形式,当以汉人为主体的农耕人群与以北族为主体的游牧或渔猎人群处在一个共同的空间内并同样采取定居的方式时,他们就产生了新的利益相需性和新的族群冲突与社会矛盾,这不仅是一种地权纠纷,也不仅是生计方式的冲突,还扩展到了社会组织、信仰和习俗等方面。本书讨论的土默特地区的情况,是大量关内民人前往蒙古草原开垦土地的结果,但在十六国北朝时期,大量北族进入并定居于华北,也同样会产生类似的情况,只不过其动因和呈现出的历史面貌不尽相同而已。这样的农牧关系必须突破以长城带为界的思维模式来理解,也会帮助我们去重新认识以长城带为界的农牧关系变化。同时,华南研究和西南研究中关于大量汉人涌入及其土地开发带来的族群和社会结构变化,八旗旗地给京畿地区的族群关系和社会结构带来的影响,也会为我们观察和分析土默特地区提供很好的参照系。

本书中的一个精彩部分是关于土默特地区村落的生成和空间营造的讨论,这是以往对这一地区历史的研究中较少涉及的。书中举的板申气村的顺口溜,"南北不宽东西长,人字头上三官压",展现出来的东西横

---

① 哈斯巴根:《清代蒙古八旗口外游牧地考》,《清史研究》2021 年第 3 期。

长的村落布局，是南临黄河、北靠大青山这两道东西横长的自然地貌的结果，而"人"字形的街道格局则应该是人为的安排，联系到书中所讲的板申气"一箭之地"的传说，也即我以前的文章中提到的蒙古人"箭程定地界"传统，不知道这个"人"字形也即箭头形格局与此有无关系，当然这不过是我大开脑洞的猜想。至于位于其尽头的三官庙应类似于华北村落中的五道庙或土地庙，书中所据村志说其功能在于保佑本地出人才，但不知平时村民在日常生活中到这里都是做什么，故不能遽做结论。

虽然没有明说，但根据本书的描述，这里似乎有可能曾经是蒙古人游牧生活时期的营盘，假如真是如此，就可以猜测这些临时性的营盘可能是后来的板升或者定居村落的基础。我觉得，圐圙（库伦）这个汉字词的创造很有意思，本意是有围栏的草场，也就是有边界的草场，实际上蒙语库伦也可以意指营盘，甚至城池（如乌兰巴托），也可以是一个村镇名称。这两个汉字就表示无论在哪里、无论范围大小，只要是有人为边界的，就是圐圙。因此，有人为边界是最本质的东西，是定居或向定居过渡的重要特征，所以在草场与聚落之间，并没有一道万里长城。

不过这时，营盘中可能并没有寺庙，明代中叶以后共同的礼仪标识召庙在北面的山上，但却有可能存在敖包，我们实际上也可以把敖包看作寺庙。直到清代中叶，山里的召庙还是山下十四村共同的信仰中心，即便是移居至此的汉人商民，对其诉求也不能无视；即便是汉人在定居村落中建立起汉人庙宇，也无法替代神山中的召庙。从本书的描述来看，板申气的三官庙只是汉人的村庙，并不一定能得到杂居的蒙古人的接受，而山上的召庙则与周围十四村乃至更大范围有直接关系，且系蒙古人的信仰场所，因此这反映的是一个从蒙古人的生活空间到蒙汉杂居的生活空间的长期过程。

比召庙更为古老的礼仪标识应该是敖包。如果敖包本是蒙古人游牧地的神圣性地标，那么开始其分布就不会十分密集，到清代蒙古地区旗制的确立，游牧地划分和归属日益细化，特别是随着汉人的流入，聚落不断建立，敖包也在逐渐增多，如本书所说，在板申气的西北，曾存在由十三个敖包组成的敖包群，至今还有一个敖包存在，是两个村交界的标志，说明其从牧场的界标，变成了聚落的界标。其实在本质上，蒙古人的敖包和汉人的社很类似，都是以具有神圣意义的标志物作为地界

（territory）的标识，汉人的社起初也是石头或树。而且，汉人的社同样也是越来越多，从社坛变成了社庙或社殿。我们看到在珠海的淇澳岛上，间隔不到百米就有一座社坛，代表着不同时期来此定居的人群，与明朝礼制规定的那种里社已有很大差别。有意思的是，书中讲到蒙古人虽然也受到汉人传统影响建了坟地，但这个坟地与敖包建在一处，应该不是随意之举，而是将其置于蒙古传统的神圣空间之内，其文化取向是很明显的。

总之，在聚落形成之后，既有代表汉人聚落标识的"大庙"关帝庙，也保留着代表蒙古地界标识的敖包，说明这里始终保持着蒙汉二元的礼仪系统。虽然在清乾隆时期就有汉人在敖包附近建造了龙王庙，说明了板申气村汉人势力的扩展，但当地人们仍习称其为脑（敖）包庙，碑文中也记录了蒙古拨什库（保什号）和甲头的在场。从现存这两个庙的碑文来看，村里的"大庙"关帝庙建于乾隆三十二年（1767），在敖包附近的龙王庙建于乾隆四十年（1775），时间相距不远，说明汉人在强化自己的礼仪标识的同时，也深知古老的蒙古传统对蒙古人的重要性，借助敖包在蒙地也具有祈雨功能的说法，试图让蒙汉两种传统并存于同一神圣空间。

本书利用了蒙古人高家保存的900余份契约和汉人刘家的数十份契约梳理了从清代中叶到民国时期的土地买卖和土地经营情况，也是非常有意义的。以往利用地方档案的研究，主要看到的是土地纠纷所显示的蒙汉之间的紧张关系，但我相信利用契约作为打官司证据的情况只是少数，多数情况只是体现了日常生活中正常的经济往来，正如今天我们每个家庭都会保留许多份合同，比如售房合同、出版合同等，但真正用来打官司的并不多见。地方司法档案中存在大量用于诉讼的契约文书，只是体现了这种文类的特点。

根据高家契约，可知他家历代多担任某佐领下领催之职，所有土地数量较大，有一份契约就涉及出租土地106亩。虽然出租的对象包括个人和商号、寺庙，但多数情况下是出租给民人，凭借每年收取地租维生。与京畿地区的旗地一样，蒙古人将祖遗地产出租给汉人，自己不去经营土地，也不管后者是用来进行农业生产、开设店铺，还是进行硝碱或砖瓦制造。因此，对于这些出租土地的蒙古人来说，基本上不存在土地经营的问题。从地租可以用作借贷抵押的情况，也可以证明这一点，即当这些蒙古人把土地出租之后，自己已经很少有可以用作抵押物的不动产，而是用有保障，但并不一定用已经到手的地租作为抵押物。一般而言，如果不能按时还贷，地租便不复己有，久而久之，便只有出售土地一条路。本书后面提供了一份土默特档案材料，其中说道，有蒙古"夫妻佣工受苦为业，男人耕地，女人割沙蓬、柴火度日"，说明他们已失去了本属自己的份地（至少是永久使用权），只好成为别人的佃农。但是，书中向我们提供的基本上都是租佃契约，而没有买卖契约，假如这是实际情况的话，除了有制度限制了蒙古壮丁地、草场等的买卖外，是否说明他们仍有其他办法维持土地所有权？

另外高家的坟地契约也很有意思。作者关注的是口内民人租下蒙古人的土地作为坟地，从而显示了他们在口外落地生根的历程，而我关注的是，这块土地似乎原来就是蒙古人的坟地："立出地租约人天来保今将自己原占柴（疑漏写'墩'字——作者注）村湾地一块，计坟地五奉，东至牛姓，西至张锦花地界，南至美和店地界，北至陈姓地界，四至分明，情愿出与刘志增名下，租钱四千文，永远立坟出租，不许长支短欠。"一般认为蒙古原来没有土葬的传统，坟地是定居的产物，这说明这时蒙古人也已按汉人传统安葬死者。但是，他们把坟地出租之后，自家的死者怎么办？另找一块土地作为坟地？还是回到不土葬的传统？不得而知。另一方面，这份契约仍然是租约而非卖契，汉人租地作为坟地，尽管是永佃，但不怕万一以后被土地所有者收回？还是汉人租佃者只是权宜之计，以后还会迁坟？联系到前面的疑问，我猜测是由于禁止买卖蒙古土地的制度，迫使人们只能采取永佃收租的方式，双方认可某些租约实际上就是卖契，形成一种习惯法。

结合这些蒙古人的契约，也可以让我们思考本书后面关于村落基层组织的问题。比如根据蒙古人将土地长租，自己并不经营的情况，那些仿照汉人村社组织建立起来的蒙社的意义在哪里？加入蒙社的都是失去土地或草场的蒙古人？档案中的材料显示，有的蒙社建立起一些公产，出租出去，获得收益；也有材料说是为了佛庙中的仪式活动。但我猜测还是有部分蒙古人会经营土地，或者不将土地出租，继续从事游牧或牲畜蓄养。如果不是这样，就不会出现本书最后一章中描写的一些蒙古人也有享有用水权并卷入争水纠纷的情况。我们看到的许多契约仍然只是这一文类自身的特点，与前述地方司法档案一样，只是传递了与此类文本属性相关的历史信息，我们应对此保持清醒的认识。

以上所述，都反映了我对本书中描写的这一地区社会变化过程中的蒙古人而主要不是对汉人的关注，这主要是因为此前的相关研究更多体现出来的是后者，似乎明中叶以来汉人陆续移居口外进行开发是这一切变化的唯一动力，就好像40年前已经受到批评的中国近代史研究中的"挑战与回应"模式一样。本书提供了许多珍贵的材料和有启发性的看法，让我试图将各个章节中有关蒙古人的活动串联起来，寻找一条可以贯通起来理解的逻辑。

当然，我这种近乎执拗的做法并不一定就是正确的，也只是限于提出一些问题。由于没有对这一地区做过任何研究，也没有仔细阅读过相关资料，所提问题仅供作者和相关研究者思考和批评。所幸本书作者已对这些问题有清醒的认识，本书的许多内容已与同类作品也有颇多不同，相信其未来的研究一定会有更大的突破。

是为序。

目　　录

表 目 录

图 目 录

绪　　论

在我们历史学家的工作中，最令人激动的一部分无疑就是不断努力地让缄默不语者开口说话，让他们就人以及产生人的社会，说出他们本身没有说的东西，并最终在他们之间建起一个互相联系、互为奥援的宽广网络，在没有文字资料时，这个网络可以取而代之。

——费弗尔：《为历史学而战斗》

第一节　区域、问题与思路

"区域"是许多学者研究中国社会的起点。这一研究理路首先需要思考的问题，就是什么是区域，如何界定一个区域。长期以来，按照行政区界定区域，是人们研究中国社会不言而喻的前提。施坚雅打破了这一惯例，依据经济体系划分区域，他还提出区域是人的互动形成的多层交叠网状体系。[①] 这就使"区域"从一个实体性的概念变成了一个非常具有弹性的动态范畴。[②] 也就是说，历史主体根据自己的现实需求和互动关系构建了不同的区域。在这一基础之上，研究者们可以根据人的历史活动

[①] ［美］施坚雅：《中国农村的市场和社会结构》，史建云、徐秀丽译，中国社会科学出版社1998年版；［美］施坚雅：《中国历史的结构》，王旭等译，《中国封建社会晚期城市研究——施坚雅模式》，吉林教育出版社1991年版。

[②] 黄国信：《区与界：清代湘粤赣界邻地区食盐专卖研究》，生活·读书·新知三联书店2006年版，第307—309页；刘志伟：《天地所以隔外内——〈南岭历史地理研究丛书〉总序》，《南岭历史地理研究》第1辑，广东人民出版社2016年版，第Ⅵ—Ⅶ页；陈春声：《地方故事与国家历史：韩江中下游地域的社会变迁》，生活·读书·新知三联书店2021年版，第7—12页。

和自身的问题意识选取某一特定区域展开学术探索。本书即围绕着"土默特"（tümed）这样一个农牧交错区域进行研究。

"土默特地区"是位于内蒙古西部一个呈三角形的区域。其地得名于蒙古土默特部。① 15 世纪，这里成为土默特部的驻牧地。入清以后，清廷将归附的土默特部编为左右两翼，仿照八旗制度设置内属旗（qošiɣu）。史籍中一般称其为"归化城土默特"，以下简称"土默特"。雍正朝以来，为了管理源源不断移入口外的汉人，清廷开始在土默特地区设厅，先后设立"归化城厅""萨拉齐厅""清水河厅""托克托厅""和林格尔厅""武川厅"等厅（tingqim）。民国时期，改厅为县。1949 年以后，逐步取消旗县分治，先后撤销归绥县和萨拉齐县，并以两县辖区为基础设立"土默特左旗""土默特右旗"。以今天的行政区划来看，土默特地区包括呼和浩特、包头二市市区，以及土默特左旗、土默特右旗、托克托县、和林格尔县、清水河县、武川县六个旗县的范围，大体上是清代所设土默特左右两翼旗界的延续。

土默特之所以被视为一个区域单位，不仅是因其行政区划的统辖范围，还因它是一个自成一体的地理空间。土默特地区，东西宽 175 千米，南北长 205 千米，面积约 21000 平方千米。其地北逾阴山连接大漠，南隔黄河对望鄂尔多斯高原，西过乌拉山与后套平原为邻，东隔长城与山西相接，中有大青山沟水、大小黑河诸水蜿蜒流过。境内大青山南麓山前平原地形坦荡、水源富集。东南地区属吕梁山地、黄土高原北缘，丘陵密布、沟谷纵横。② 这里大部分地区温度适宜、水源丰富、土地肥美，宜农宜牧，因此也就成了中国北方不同人群竞相追逐的一片沃土。

由于王朝国家的行政安排以及山河、长城的区隔，土默特在空间上似乎相对闭合，但它却远非一个封闭的区域。事实上，土默特最显著的地方特质之一，恰恰在于它是联结北方欧亚草原和南方中原大地的过渡

---

① 关于"土默特"的具体含义，参见薄音湖《关于明代土默特的几个问题》，《内蒙古社会科学》（文史哲版）1988 年第 6 期。

② 土默特左旗《土默特志》编纂委员会编：《土默特志》上卷，内蒙古人民出版社 1997 年版，第 2—4 页。另，除武川县在大青山以北，其余几个旗县均分布于大青山南麓的土默特平原。

地带。这一过渡地带是北方游牧人群南下的前沿阵地和南方农耕人群所能到达的最北界限，对中国社会的历史进程具有毋庸置疑的重要意义。历史时期，这里大体相当于长城地带。20 世纪以来，随着学者们利用现代学术方法研究中国，"贮存地（reservoir）""瑷珲—腾冲线""农牧交错带""半月形文化传播带"等一系列新概念不断被发明出来用以描述这一地区。① 而土默特正是处于这条农牧交错地带的西段，历史上一直是游牧与农耕人群、政权你来我往的必争之地。这一点从大青山南北错落分布的长城遗址，便可窥知一二。大青山以北达茂旗境内散落着汉长城、金界壕遗址，大青山上及其南麓分布着战国赵长城、秦长城以及北魏长城遗迹，明长城残墙则至今依然是内蒙古和山西的边界。这些不同时期的历史遗迹正是长城以北"引弓之国"与长城以内"冠带之室"在土默特地区频繁交往互动的明证。②

在漫长的历史长河中，曾在土默特地区活动的游牧人群众多，林胡、楼烦、匈奴、鲜卑、敕勒、突厥、契丹、女真、蒙古等不同名号的北方民族曾在这里留下身影，在某些时候还在此地建立王廷。中原王朝也曾多次进取，设官建制。秦汉时在土默特设立郡县，当时的郡县名字，比如云中、五原，一直流传并使用到今天。明朝时在此处短暂设立卫所，尝试将势力延伸到长城以北。游牧与农耕人群、政权的来来回回，使土默特地区不乏戎马倥偬、战火纷飞的战争场面，赵武灵王胡服骑射、蒙恬大军北击匈奴、李靖与突厥颉利可汗大战白道等历史事件，至今为人们耳熟能详。在大大小小的军事行动之外，土默特平原也有边关互市、商贾骈集的和平景象。草原的牲畜、皮毛、药材、蘑菇等源源不断地运输到中原。中原的丝绸、棉布、瓷器、金属器具、茶叶也源源不绝地输送至草原。总之，以长城为轴心的战争、和亲、朝贡和贸易等人员互动

---

① Owen Lattimore, *Manchuria*：*Cradle of Conflict*，New York：The Macmillan Company，1932，pp. 42－48. 胡焕庸：《中国人口之分布》，《地理学报》1935 年第 2 卷第 2 期；赵松乔：《察北、察盟及锡盟——一个农牧过渡地区的经济地理调查》，《地理学报》1953 年第 19 卷第 1 期；童恩正：《试论我国从东北到西南的边地半月形文化传播带》，文物出版社编辑部编：《文物与考古论集》，文物出版社 1987 年版，第 17—43 页。

② "引弓之国"与"冠带之室"语出《史记·匈奴列传》。其文曰"长城以北，引弓之国，受命单于；长城以内，冠带之室，朕亦制之"。（汉）司马迁：《史记》卷 110《匈奴列传》，中华书局 1982 年标点本，第 2902 页。

与物资流通，将广袤的中原大地与辽阔的欧亚草原联结在一起，这不但是土默特地区最重要的历史底色，也将其塑造成为具有某种整体性和共同特质的经济文化区域。

以土默特为研究区域，本书尝试回答的是什么问题呢？在中国传统的天下秩序中，华夏与蛮夷戎狄是相互对应的概念。中原王朝统治者的政治理想是用夏变夷。但在历史上很多时候，北方的"戎狄""胡"对中原王朝攻伐不断，试图分庭抗礼，甚至掩而取之。因此，中原王朝统治者不得不耗费巨大的人力物力修建长城，以此区别内外，保障安全。这一局面在 17 世纪中叶以后发生了历史性的转折。17 世纪中叶以降，伴随着清王朝的建立和现代民族国家的构建，北方游牧人群不仅生计方式、社会结构发生了巨大变化，还实现了与国家的高度整合。绵亘北方的长城自此失去了军事防御、区别内外的意义，以致康熙皇帝发出"当时用尽生民力，天下何曾属尔家""形胜固难凭，在德不在险"的感慨。① 有鉴于此，本书拟以土默特地区村落（γačaγa）的形成和演变为例，探讨清代以来一个蒙旗社会的国家整合历史过程和运作机制。

18 世纪中叶，蒙古、青海、西藏、新疆都已渐次进入清朝版图。随着疆域的空前扩大，清廷也开始注意扩充对这些地区的相关知识。官方主持修撰的《清朝文献通考》《大清会典》《大清一统志》等一系列典籍将西北地区纳入清王朝的知识系谱。这些官修史书的编撰，也引发了士人对西北的关注。祁韵士、张穆、洪亮吉、徐松、何秋涛、龚自珍等，纷纷著书立说，研究西北舆地。受乾嘉考据之学和经世致用思想的影响，这一时期的著作对西北地区的部族历史、舆地沿革、典章制度进行了翔实考订，在很大程度上丰富了时人对西北地区的认识。② 但受写作者创造动机和秉持立场的影响，这些著述的历史书写大多体现编写者修齐治平的人生理想，不离中原王朝的观察视角。正如张穆在《蒙古游牧记》中

---

① 《圣祖仁皇帝御制文集》卷 36《蒙恬所筑长城》、卷 38《古北口》，《景印文渊阁四库全书》，台湾商务印书馆 1986 年版，集部，第 1298 册，第 288、302 页。

② 参见周丕显《清代西北舆地学》，《社科纵横》1994 年第 2 期；郭丽萍《绝域与绝学——清代中叶西北史地学研究》，生活·读书·新知三联书店 2007 年版；马子木《经略西北——巴达克山与乾隆中期的中亚外交》，上海古籍出版社 2019 年版。

所说："所以缀古通今，稽史籍，明边防。"① 也就是说撰书是为了助益王朝国家管理边防事务。

晚清以来，伴随着现代民族国家的构建和殖民主义的扩张，中国北部边疆的历史受到越来越多域外学者的重视。拉铁摩尔是较早关注中国北部边疆的海外学者之一。他的《中国的亚洲内陆边疆》一书最广为人知的内容是在社会互动视角下对游牧与农耕关系的探讨，其关心的基本问题是：长城以内政权和长城以外满洲、蒙古、新疆和西藏政权所赖以存在的环境特征、社会起源和历史过程是什么？中国与边疆各部及整个边疆在历史时期的相互作用方式是什么？② 这一分析路径打破了以往以中原政权为中心的历史书写架构，将内陆边疆政权置于与中原政权同等位置，探讨内陆边疆政权与中原政权之间的互动。拉铁摩尔在讨论上述问题时认为"中原与草原缺乏统一性"，在过渡地带的"贮存地"两侧是两个截然不同的世界，只有欧美的工业社会秩序进入亚洲之后，农耕社会和游牧社会的整合才成为可能。③ 这一看法显然割裂了现代中国与传统社会之间的联系。或许我们循此思路，可以继续追问并探索的问题是：这一贮存地的定居化过程是怎样的，又在王朝国家的整合过程中扮演了什么角色？

在北方游牧部族的国家整合过程中，清代无疑是一个非常重要的时期。为了维系其在北部边疆地区的统治，清朝很大程度上保留了这些地区原有的社会结构和文化传统，并通过各种举措界定和保持生活在这里的满、蒙、汉等不同人群的族群和地域界限。这成为清廷对北部边疆进行国家治理的重要制度框架。虽然有清廷对人群和地域的阻隔政策，但在实际利益的吸引下，无论是在北部边疆内部，还是北部边疆与内地之间，都充满着无所不在的流动性。因此，如何从在地的视角观察清朝蒙地的国家整合，仍然是一个需要进一步深入讨论的议题。

---

① （清）张穆：《〈蒙古游牧记〉自序》，《月斋文集》卷3《书序》，咸丰八年寿阳祁寯藻刊本。

② ［美］拉铁摩尔：《中国的亚洲内陆边疆》，唐晓峰译，江苏人民出版社2005年版，第11页。

③ ［美］拉铁摩尔：《中国的亚洲内陆边疆》，唐晓峰译，江苏人民出版社2005年版，第351页。

一些研究清代以来蒙古社会的学者，注意到了蒙古地方发生的各种变动。田山茂在《清代蒙古社会制度》一书中，利用实录、会典等资料对清代蒙旗的设立、组织和机能进行了研究。此外，还在《清代蒙古社会》一书的附录中探讨了汉人移民进入蒙古地区的过程和原因。田山茂的研究更为侧重蒙古人和汉人的各自发展，较少讨论彼此之间的接触和交流。① 近年来，随着地方志、蒙旗档案、期刊、调查报告和满铁调查资料的挖掘和利用，学者们对清代蒙旗的社会状况、移民活动等展开了更为深入的研究。这些分析路径相较以往研究较大地丰富了我们对蒙旗社会的认识，但大部分学术成果侧重讨论蒙旗制度框架和社会组织的编制，较少涉及蒙旗社会的实际运作状态和蒙旗民众的日常生活。因此，在论述逻辑上依然是过往政治制度史或蒙古民族通史的延伸与深化，没有从根本上突破王朝国家扩张史的叙事框架。因此也难以回答在清代对蒙古"分而治之"的统治策略下，蒙旗社会缘何与中原地区的一体化程度越来越深。泰伊·贾斯廷通过对 20 世纪初绥远省建省缘由、过程与结果的探讨，揭示国家整合的问题。但他主要是从中央政府对蒙古地区治理政策转变层面展开研究，同样未能呈现地方民众的活动如何促进了绥远地区的国家整合。②

基于以上研究，本书拟以村落为基点，讨论土默特地区的蒙汉民众如何因应王朝国家的典章制度和重要历史事件，结成某些社会组织，应对地方社会的各项生产生活事务，从而不断形塑着土默特地区的社会面貌，也推动了蒙旗社会与国家的整合。以下从三个方面加以论述：

其一，小人物与大时代。自现代史学在中国建立以来，打破帝王将相、才子佳人的历史，关注普通民众、贩夫走卒的历史，一直是学者们孜孜以求的目标。顾颉刚在 20 世纪 20 年代就大声疾呼："要打破以贵族为中心的历史，打破以圣贤文化为固定的生活方式的历史，而要揭发全

---

① ［日］田山茂：《清代蒙古社会制度》，潘世宪译，商务印书馆 1987 年版。

② Tighe Justin, *Constructing Suiyuan*: *The Politics of Northwestern Territory and Development in Early Twentieth-Century China*, Brill Academic Pub, 2005.

民众的历史。"① 他同时也认为打破圣贤文化并不是将其打倒，而是摆脱以往"只许崇拜，不许批评的做法"，将圣贤文化作为一个研究对象。同时，将以往"目存笑之"的民众文化，置于与圣贤文化平等的地位进行研究。② 在这样的研究旨趣下，那些长久被历史书写所遗忘的普通人，开始走到了历史的聚光灯下。研究者们从不同角度去观察和探讨这些普通人的情感、观念与行动，从形形色色小人物的立场出发，体察和分析中国大历史的节奏与脉络。

在蒙旗社会的历史学研究中，宏大历史叙事长期占据主导地位。在这样的叙事框架下，历史记叙主体一般是政权、部族和上层人物，历史书写内容则以政治军事史为主，普通人的日常生活情态难以呈现。赵世瑜指出："我们必须要知道在这些地区，人们——不只是可汗和活佛——更重要的是那些牧民、商人、僧侣们是怎么做的，他们如何形成、以及形成怎样的社会网络，他们的行为如何影响到教俗领袖们的决策。"③ 这些见解提醒我们注意挖掘蒙旗社会那些被政治军事史和宏大历史叙事覆盖的普通人的声音，从普通人的思想与行动出发去理解蒙旗社会的型构和中国社会的整合。

众多名不见经传的小人物是蒙旗社会的历史主角。他们有着蒙古人、民人、基层小吏、村社主事、商人、农夫、阴阳先生、盗贼等不同社会身份。这些形形色色的小人物在官修史书中往往以复数的"人"存在着，他们面目模糊、刻板抽象。而在现实生活中，他们则是一个个单数的"人"，有血有肉、生动具体。在大时代的洪流中，是无数个体生命的真切生活。他们在既定的社会结构下思想和行动，但作为具有主观能动性的历史主体，又在不断突破着既有的社会框架，用自己的方式搭建世界。那么在一个处于农牧交错地带的蒙旗社会，这些小人物是如何应对来自

① 顾颉刚：《圣贤文化与民众文化——一九二八年三月二十日在岭南大学学术研究会演讲》，《民俗周刊》第 5 期，1928 年 4 月 17 日。

② 顾颉刚：《圣贤文化与民众文化——一九二八年三月二十日在岭南大学学术研究会演讲》，《民俗周刊》第 5 期，1928 年 4 月 17 日。

③ 赵世瑜：《"华南研究"与"新清史"应该如何对话》，《历史人类学学刊》2012 年第 1 期。

各个方面的挑战，为自己争取更好的生存空间？他们的所作所为又是如何与大时代互为表里，共同形塑了土默特社会的基本面貌？本书将循此思路展开相关问题的讨论。

其二，小村庄与大世界。村落是中国社会的基本单元。从远古时代的半坡遗址等聚落遗存，到今日中国随处可见的村庄，中原地区的村落历史可谓源远流长。① 土默特地区是游牧人群与农耕人群你来我往的过渡地带。历史上曾有汉人在这里屯田开垦，建立聚落，也曾有北方民族设立庭帐，游牧而生。游牧与农耕两种生活方式在此地往而复来，几经演替。元廷退居草原之后，土默特地区成为蒙古人的游牧世界。他们以阿寅勒（ayalal）、爱马克（aimaγ）、鄂托克（otoγ）为组织单位进行游牧生活。入清以后，清廷在土默特部原有社会结构基础上设旗编佐。16 世纪中叶以来，在地方社会由牧转农的趋势中，土默特地区渐次形成大量定居村落和以村落为中心建立的村社。这些村落和村社，逐渐取代"佐领"（sumun‑uJangγi），成为地方社会最重要的组织单元。土默特地区村落和基层组织的演进过程，让我们可以在一个连续的时间脉络和特定的空间场域中，观察地方社会的转型和中国社会的整合。

村落是人们生活的重要社会空间。蒙汉民众在这里出生成长、生息繁衍。在日常生产生活中，他们胼手胝足、互相协作，一起盖屋修路、打井开渠、拓荒耕地，建设自己的生活空间，逐渐与村落形成了深切的情感纽带。村落也因此不再是一个僵冷的物理空间或者是一种纯粹的资源提供者，这里的一草一木、一景一物，都承载了人们的情感和记忆，是终其一生的依恋对象。近年来，土默特地区不少村落都编修了村史。打开一本村史，经常会看到一些饱含感情的文字。《把什村史》开篇就说："1995 年盛夏，久旱无雨。然而，阴山南麓把格希板申（即把什村——引者注）的田野上，却是一片充满生机的醉人的碧绿。垅间青苗

---

① 在聚落地理学中，一般将村落按照聚集的形态分成集村或散村。集村是由多家组成的较大聚落。散村是指由一家或数家组成小聚落。在中国不同地域从历史到当今，都存在着许多散村。自然环境、生计方式与散村的关系以及散村向集村的演变等，都是值得深入讨论的议题。不过，相比散村，集村无疑是中国社会最广大的存在，本书的讨论也以集村为中心展开。参见［法］阿·德芒戎《人文地理学问题》，葛以德译，商务印书馆 1993 年版，第 140—192 页。

旺长，浓荫覆盖庭院，街头巷尾人车如流，男女老幼笑语喧哗……"① 在这样一个村落空间，虽然人群还有族别之分，但在现实需求和情感积淀基础之上形成的村落认同，让生活其间的蒙汉民众逐渐摒除族群的分野，将村落作为对外竞争协商的平台，村落也因此为更大范围地域认同的构建奠定了坚实的底部基础。

村落不是一个封闭的自足体，每一个村落都像大海里的一滴水，透过一个个小小的村落，可以管窥时代的变迁、世界的改变。农牧交错地带的村落发展进程，无时无刻不受到重要典章制度、重大历史事件和跨区域人员流动的影响。例如，盟旗和道厅制度是清廷统治内蒙古地区的重要制度，这一制度深刻地影响着村落的社会组织和日常生活。又如，康熙皇帝西征准噶尔是清代历史上的重大事件。西征的军事部署、粮饷供应深刻地影响着地方社会的权力格局和社会秩序。康熙皇帝西征的种种传说故事至今依然在村落里流传，成为地方人群确定当下各种社会关系的文化依凭。此外，生活在村落里的蒙汉民众，还循着各种渠道走到村落以外的广阔天地，其足迹北逾大漠，南至海滨。他们与原乡保持着千丝万缕的联系，这使那些坐落在阴山下、黄河畔的小村子时刻都能感受着外部世界的风云变幻。在漫长的历史中，典章制度、历史事件、跨地域人员流动与村落生活的联动关系，使村落与广大的世界声息相通，这也是我们理解村落生活的重要视点。

其三，蒙旗与国家。中国地域辽阔，人口众多，各地人群与社会样貌千姿百态，迥然有异。尽管如此，身处不同地区的各个人群却有着高度的国家认同。想要理解这个看似矛盾的现象，需要回到中国社会漫长的历史进程中去找寻答案。有着自身传统的各个地方，在不同的时间节点因应王朝国家当时的统治策略与技术，各自形成了进入中国社会的独特整合模式。在这一方面，科大卫和刘志伟在珠江三角洲、陈春声在韩江流域、郑振满在莆田平原、赵世瑜在山西地区都做出了典范式的研究。在他们的推动下，一些青年学者持续在东南、西南、华北、西北等地展

---

① 《把什村史》编纂委员会编：《盛世修史，永铸丰碑——编纂〈把什村史〉始末》，《把什村史》编纂委员会编：《把什村史》，内蒙古人民出版社 2003 年版，第 1 页。

开了具体研究实践，取得了许多重要成果。① 受到这些研究者的启发，本书尝试以土默特为例，分析一个蒙旗社会与王朝国家的整合过程。

过往对中国社会整合方式的探讨，大多侧重王朝国家自上而下的军事征服、建官立制，在这一研究理路下，地方社会充当的是一个被动的角色，其自身传统和能动性被来自中原王朝的强势力量所覆盖。而事实上，地方上不同人群在国家整合过程中，有着自己的想法和作为。在很多情形下，为了在权力竞争中脱颖而出，他们会主动将国家力量引入地方社会。温春来将这一过程归纳为"内部竞争引导王朝扩张"，虽然这是针对西南地区的研究经验得出的论断，但对中国其他地区，这一归纳同样具有解释力。② 在土默特这样一个农牧交错地带，探讨蒙汉民众如何能动地与王朝国家互动，可以让我们突破以往国家叙述的单一向度，看到国家构建过程中的多重社会力量和国家整合的具体实现方式。

与华南、西南地区相比，蒙旗社会无论是在社会历史传统还是国家统治技术上，都存在差别。就清代而言，王朝国家对曾经是"蛮夷之地"的华南、西南、中南地区，采用的主要是改土归流、设置州县、推广教化、移风易俗等整合方式，最终使华南、西南与内地实现一体化。谢晓辉新近对湘西的研究显示，上述王朝国家的整合路径，并没有使湘西

---

① 例如，黄国信：《区与界——清代湘粤赣界邻地区食盐专卖研究》，生活·读书·新知三联书店 2006 年版；张应强：《木材之流动——清代清水江下游地区的市场、权力与社会》，生活·读书·新知三联书店 2006 年版；黄志繁：《"贼""民"之间——12—18 世纪赣南地域社会》，生活·读书·新知三联书店 2006 年版；连瑞枝：《隐藏的祖先——妙香国的传说和社会》，生活·读书·新知三联书店 2007 年版；温春来：《从"异域"到"旧疆"——宋至清贵州西北部地区的制度、开发与认同》，生活·读书·新知三联书店 2008 年版；贺喜：《亦神亦祖：粤西南信仰构建的社会史》，生活·读书·新知三联书店 2011 年版；肖文评：《白堠乡的故事：地域史脉络下的乡村社会构建》，生活·读书·新知三联书店 2011 年版；陈贤波：《土司政治与族群历史：明代以后贵州都柳江上游地区研究》，生活·读书·新知三联书店 2011 年版；陈丽华：《族群与国家：六堆客家认同的形成》，台湾大学出版中心 2015 年版；阚岳：《第二种秩序——明清以来的洮州青苗会研究》，中国社会科学出版社 2016 年版；韩朝建：《寺院与官府——明清五台山的行政系统与地方社会》，人民出版社 2016 年版；谢晓辉：《制造边缘性：10—19 世纪的湘西》，生活·读书·新知三联书店 2020 年版。

② 温春来：《从"异域"到"旧疆"——宋至清贵州西北部地区的制度、开发与认同》，生活·读书·新知三联书店 2008 年版，第 314—316 页。

"变成内地，成为华夏"，地方人群仍然努力建构其"边"的属性。① 如果说湘西是在国家"化边"政策下，做出不同于其他地区的反应和应对；那么在有着游牧传统的农牧交错地带，清廷则采取的是一套与经营西南完全不同的思路和策略，其主要举措是设立盟旗、蒙汉分治、推广黄教、禁止汉化等。然而，这些隔离政策，却并没有阻挡蒙古人与汉人、蒙地与汉地的交流互通。正是在村落这一特定场域，蒙汉之间持续交往互动，结成了紧密的社会联系。这种人群和地域之间的密切联系成为蒙旗社会与王朝国家高度整合的重要现实基础。那么，这一历史过程究竟是如何发生的？反映了中国社会整合的哪些不同面向？这将是本书始终关注的议题。

第二节　学术史回顾

土默特平原自古以来就是游牧人群与农耕人群你来我往的中间地带。在 18 世纪中叶以前，这里还是一派"天苍苍，野茫茫，风吹草低见牛羊"的游牧景象。如今我们走在土默特平原上，看到的却是一幅田连阡陌、屋舍俨然的田园风光。从游牧景观到农耕景观的演变，无疑是我们在土默特平原最容易感知的历史变化。这一景观变化背后关涉的是农牧交错地带的国家化进程这一重要的历史议题。本书拟以村落为切入点，尝试揭示农牧交错社会的国家整合过程。

一　村落研究的主要理路

自 20 世纪初，人们开始用现代学术观念研究中国以来，"村落"作为中国社会的基本单元就一直广受重视。时至今日，海内外研究者从不同学科、不同角度出发研究村落，已经积累了大量的学术成果。本书将简要介绍结构功能理论、村落共同体理论、市场体系理论、宗族研究、祭祀圈理论、文化权力网络理论、姻亲理论、水利社会理论等几种引起学界较多讨论的研究理路。

①　谢晓辉：《制造边缘性：10—19 世纪的湘西》，生活·读书·新知三联书店 2020 年版，第 1—15 页。

（一）个体村落研究

20世纪三四十年代，林耀华、费孝通等一批受到西方"社区研究"和"结构功能主义"学说影响的学者，以当时的乡村社区（主要是村落）状况为着眼点，尝试观察中国社会。林耀华对福建义序这一宗族乡村进行了研究。他认为宗族乡村是中国乡村的一种。华南多聚族而聚，华北多异姓杂居。华南乡村生活的丰富程度远在华北之上。只有经过彻底调查，才能解释这种差异产生的原因。换言之，林耀华的研究并非就宗族谈宗族，而是以乡村社区为基础讨论宗族问题，意在增进对整个中国文化的理解。有鉴于此，林耀华从社区基础、社会结构、实际生活、心理状态四个方面对义序这一宗族乡村展开调查研究。① 费孝通选取太湖东南岸的开弦弓村作为分析对象。费孝通赞成拉德克利夫·布朗、吴文藻和雷蒙德·弗思的观点，认为村庄是学者开展调查工作的合适单位。② 他通过对开弦弓村的研究，旨在说明中国农民的消费、生产、分配和交易这一经济体系与特定地理环境、社区社会结构之间的关系，并进一步揭示乡村经济的发展动力问题。③ 时至今日，关于中国乡村社会的讨论已经取得了长足的进展，但林耀华、费孝通等人开创的从村落出发考察中国社会的研究路向，依然具有重要的理论和现实意义。

日本学者提出的"村落共同体理论"，是对中国村落性质的讨论。④日本学界对中国乡村的研究，可追溯至二战期间日本有关机构和组织在中国乡村进行的调查。在这些调查活动中最为引人注意的，是满铁调查部中国北部经济调查所和东京大学法学部等相关人员于1940—1941年在河北、山东二省的沙井村、寺北柴村、冷水沟村、后夏寨村、侯家营村和吴店村六个村落的调查。这些调查资料在战前即结集出版，书名为

① 林耀华：《义序的宗族研究》，生活·读书·新知三联书店2000年版，第1页。

② 费孝通：《江村经济——中国农民的生活》，商务印书馆2001年版，第24页。

③ 费孝通：《江村经济——中国农民的生活》，商务印书馆2001年版，第13页。

④ 关于共同体理论的讨论，笔者参考了祁建民：《战前日本的中国观与"共同体"理论》，《抗日战争研究》2014年第3期；《战后日本对华观念的变迁与"共同体"理论》，《抗日战争研究》2014年第2期；李国庆：《关于中国村落共同体的论战——以"戒能—平野论战"为核心》，《社会学研究》2005年第6期；［日］佐藤仁史、吴滔、张舫澜、夏一红：《垂虹问俗——田野中的近现代江南社会与文化》，广东人民出版社2018年版，第1—12页；［日］子安宣邦：《近代日本的中国观》，王升远译，生活·读书·新知三联书店2020年版，第130—147页。

《中国北部惯行调查资料》。1952—1958 年，由岩波书店再版，更名为《中国农村惯行调查》。① 一些日本学者正是以这些调查资料作为基础，对中国村落的性质展开讨论。其争论的焦点是中国的村落是否具有"共同体"的特质，即在一定地理界限内，村民与村落之间是否具有牢固关系，村落是否是一个封闭内聚、自给自足的团体。对于这一问题，最广为人知的争论是"平野—戒能"争论。平野义太郎主张中国村落具有共同体性质。在平野义太郎之前，清水盛光也认为分散孤立的村落共同体是中国绝对专制主义的社会基础。戒能通孝、福武直对此持相反意见。他们认为在中国农村不存在村落共同体。日本学者提出的村落共同体理论与中国社会停滞论互为表里。他们认为正是因为共同体的广泛存在，造成了中国社会发展的迟滞。20 世纪 50 年代以来，日本学界对"中国社会停滞论"进行了否定和省思，此后越来越多的学者逐渐放弃了中国社会存在闭合自足村落共同体的观点。

　　总而言之，费孝通、林耀华等人对村落研究的讨论，都是以单个村落作为研究对象，希望对不同类型村落的考察，可以逐渐建立对中国社会的整体性认识。费孝通晚年时，对这一时期的研究取向进行反思。他认为早年对村落的研究，忽略了历史的面向。同时，不同类型村落的累加，也并不能呈现中国社会的全貌。因此，费孝通在 20 世纪 80 年代以后，逐渐将研究重心从乡村转移到城镇。② 日本的村落共同体讨论，实际上也是建基于对个体村落性质的分析，无论其赞成或否定中国村落中共同体性质的存在，都没有进一步考虑村落整合进入更大社会中的问题。正因如此，日本学者在 20 世纪 70 年代以后，受到施坚雅市场理论的影响，也开始关注农村市场。③

　　（二）村落与社会整合研究

　　村落是中国传统社会最重要的社区。但无论是村落内部还是村落之间都存在着多种形式和多层等级的社会组织。在学者们"超越村落"的

---

　　① ［日］中國農村慣行調查刊行會編：《中國農村慣行調查》，岩波書店，1952—1958 年。
　　② 费孝通：《个人·群体·社会——一生学术历程的自我思考》，费孝通著，张荣华编：《费孝通谈民族和社会》，学苑出版社 2016 年版，第 945 页。
　　③ 祁建民：《战后日本对华观念的变迁与"共同体"理论》，《抗日战争研究》2014 年第 2 期。

研究取向中，一些跨村落的社会组织和社会关系逐渐得到了越来越多的关注。

弗里德曼反思了 20 世纪上半叶人类学、社会学领域中国研究中的微型社区取向。他认为在中国这样一个复杂社会开展研究，以往社会学、人类学对简单社会的社区分析模式存在局限性，难以把握中国社会的整体。因此，应基于中国社会的历史和经验，综合运用历史学和人类学方法考察更为广泛的制度框架，进而达致对中国社会的全面认识。① 也正是在这样的关怀下，他对中国东南（福建、广东）乡村社会的"宗族"问题进行了研究。② 人类学最初对亲属组织的研究多来自非洲无文字、无国家的部落社会。当弗里德曼在对中国这样一个有着悠久集权体制和文字传统的国度展开研究时，他得出了许多与埃文斯·普理查德、福忒斯的非洲研究不一样的认识。弗里德曼指出非洲宗族存在于一个同质化的社会，其发展呈现出对称性特征。而中国是一个存在严重社会分化的异质社会，由于政治、经济权力的不平等，造成了宗族发展的不对称性。在这个意义上，弗里德曼提出宗族不单是一个亲属组织，更是一个政治、地方组织。而维系宗族存在的经济基础是族产和高生产率的水稻经济，社会基础则是士绅在国家与宗族之间的链接作用。换言之，弗里德曼是在中国这样一个特定的政治经济结构中探讨宗族问题，这就将宗族组织推向了更为广阔的社会空间，从而为中国社会研究开辟了新的学术路径。也正因为如此，裴达礼（Hugh D. R. Baker）和王斯福（Stephan Feuchtwang）称弗里德曼与施坚雅一样，是开启"社会人类学研究中国阶段"的主导性人物。③ 虽然后来很多学者批评弗里德曼强调宗族功能性的一面，忽略其系谱性的一面，均不能掩盖他提出的宗族理论认识框架对中国社会研究的重要意义。

① ［英］莫里斯·弗里德曼：《社会人类学的中国时代》，郭永平、宁夏楠译，《青海民族大学学报》2017 年第 3 期。

② Maurice Freedman, *Lineage Organization in Southeastern China*, London：The Athlone Press, 1958. ［英］莫里斯·弗里德曼：《中国东南的宗族组织》，刘晓春译，王铭铭校，上海人民出版社 2000 年版。

③ Hugh D. R. Baker and Stephan Feuchtwang, *An Old State In New Settings：Studies in the Social Anthropology of China in Memory of Maurice Freedman*, Oxford（U. K.），1991.

　　施坚雅也批评了以往关于中国社会的研究只关注村庄的做法。他认为"研究中国社会的人类学著作，都歪曲了农村社会结构的实际。如果可以说农民是生活在一个自给自足的社会中，那么这个社会不是村庄而是基层市场社区"①。施坚雅以在四川成都平原的田野调查为基础，提出了市场体系的理论模型。他认为基层市场社区是超越村落的重要地域共同体。各个分散的村落，通过基层市场、中间市场和中心市场等不同层级的市场结合成单一的社会体系。在这一分析基础上，施坚雅突破了以往从行政区划考察中国社会的研究框架，从市场体系入手将中国分为九个经济区。每个经济区都是一个独立的社会经济体系，彼此之间缺乏联系。经济区及其内部不同层级都存在核心—边缘的结构。此外，施坚雅注意从历史的维度考察中国的区域发展和社会结构。他主张不以朝代更迭作为分析区域发展的唯一准绳，还应注意气候、自然地理环境、社会经济背景等因素对不同区域发展节奏的影响。他还进一步指出："中国的历史结构是一个由于地方和区域历史组成的相互交织的层次结构，其每个层次的范围都以人类互动的空间模式为基础，在每个层次上，特定区域系统的关键时间结构都是连续的周期性插曲。"② 也就是说，施坚雅以人的互动关系为着眼点，从空间型构和时间节律两个维度考察中国社会的整体结构，这一洞见为中国历史研究开启了更多的可能性。虽然施坚雅因其"理性经济人"的理论预设以及几何学意义的模型抽象，受到许多学者的质疑和挑战；但他所提出的分散的村落何以连接、区域的型构、从时间和空间两个角度考察中国社会的组织原则等根本性问题，仍然对中国历史研究具有重要的参考价值。

　　"祭祀圈"理论最早由日本学者冈田谦提出，此后发展成为中国社会研究的一个重要理论框架。冈田谦在 20 世纪 30 年代对台湾北部进行研究时发现在当地存在着中元普度游庄活动，其游庄覆盖的范围与当地人的婚姻圈和市场交易圈基本重合，因此提出了"祭祀圈"的概念。冈田谦

---

　　①　［美］施坚雅：《中国农村的市场和社会结构》，史建云、徐秀丽译，中国社会科学出版社 1998 年版，第 40 页。

　　②　G. Willian Skinner, "The Structure of Chinese History", *The Journal of Asian Studies*, Volume 44, Issue 2, February 1985, pp. 271 –292. ［美］施坚雅：《中国历史的结构》，王旭等译，《中国封建社会晚期城市研究——施坚雅模式》，吉林教育出版社 1991 年版，第 22 页。

指出祭祀圈是指："共同奉祀一个主神的民众所住之地域"①，它是当地人生活的基本社会空间，"故欲知台湾村落之地域集团或家族集团之特质，必须由祭祀范围问题入手"。② 20 世纪 70 年代张光直主持"台湾省浊水溪大肚溪流域自然与文化史科际研究计划"，在考古学、民族学等跨学科视野下研究浊水溪、大肚溪流域的历史及其与自然环境之间的关系。③ 此前施坚雅的学生 L. W. Crissman 在对台湾彰化平原的研究中已经发现生活在那里的不同人群时常发生冲突，他们宁愿舍近求远，去更远的我群市场交易。④ 也就是说，集市不是台湾汉人社会的中枢。施坚雅的市场理论与台湾汉人社会的发展并不吻合。因此，学者们引入了冈田谦的"祭祀圈"理论来阐述台湾汉人社会的结构。许嘉明、施振民、林美容等学者在这方面做了较多工作。他们在研究取向和具体观点上有所不同。不过，几位学者都认为祭祀圈不仅是一个宗教信仰地域，还是一个具有层级性的宗教活动和地方组织的结合体。⑤ 这就突破了冈田谦定义的祭祀圈的内涵。也是在这个意义上，上述学者从祭祀圈的角度解释了单个分散的以村庙为中心的村落如何被整合进更大的地域范围。以台湾社会为研究地域的祭祀圈理论，认为祭祀圈是台湾汉人移民社会独有的现象，由民间自发建立，与官方的行政体制无涉。⑥ 1990 年以后，大陆学者也开始运用

---

① ［日］冈田谦：《台湾北部村落之祭祀范围》，陈乃蘗译，《台北文物》第 9 卷第 4 期。

② ［日］冈田谦：《台湾北部村落之祭祀范围》，陈乃蘗译，《台北文物》第 9 卷第 4 期；张珣：《打破圈圈：从"祭祀圈"到"后祭祀圈"》，张珣、江燦腾合编：《台湾本土宗教研究的新视野和新思维》，南天书局 2003 年版，第 63—101 页。

③ 张光直：《"浊大计划"与 1972 年至 1974 年浊大流域考古调查》，张光直：《中国考古学论文集》，生活·读书·新知三联书店 2013 年版，第 275—308 页。

④ 庄英章：《人类学与台湾区域发展史研究》，荣仕星、徐杰舜主编：《人类学本土化在中国》，广西民族出版社 1998 年版，第 212—219 页。

⑤ 许嘉明：《彰化平原福佬客的地域组织》，台北《民族学研究所集刊》1973 年第 36 期；施振民：《祭祀圈与社会组织——彰化平原聚落发展模式的探讨》，台北《民族学研究所集刊》1973 年第 36 期；林美容：《由祭祀圈来看草屯镇的地方组织》，台北《民族学研究所集刊》1987 年第 62 期；林美容：《由祭祀圈到信仰圈——台湾民间社会的地域构成与发展》，张炎宪主编《中国海洋发展史论文集》第 3 辑，台北"中央研究院"三民主义研究所 1988 年版，第 95—125 页。关于祭祀圈的讨论，本书参考了周大鸣《祭祀圈理论与思考——关于中国乡村研究范式的讨论》，《青海民族研究》2013 年第 4 期。

⑥ 鲁西奇：《"画圈圈"与"走出圈圈"——关于"地域共同体"研究理路的评论与思考》，鲁西奇：《谁的历史》，广西师范大学出版社 2019 年版，第 237 页。

这一理论进行研究。相比台湾学者的研究，大陆学者的研究更加侧重在较长历史时段和国家与地方社会互动关系中分析祭祀圈的形成与演变。①总之，祭祀圈理论让我们看到除了市场和宗族之外，中国社会还存在着另外的组织原则，这一组织原则在某些特定的地域社会中占据着主导性地位。

　　水利共同体理论是日本学者研究中国社会的重要分析框架。日本20世纪三四十年代在中国进行满铁调查时就较为关注水利问题。在影响较大的《中国农村惯行调查》中就有相当多篇幅记录水利情况。战后日本学者围绕"水利共同体"展开争鸣。日本学者关于水利共同体的讨论，与"东方社会停滞论"和"唐宋变革论"等理论背景息息相关。②学者们认为水利共同体是以村落为基点形成的水利组织，水利共同体既可以是单个村落，也可以是跨村的联合体。他们主要从水权的分配、水利设施的兴修维护、水利组织的构成及其与村落的关系、水利共同体与王朝国家的互动等方面内容回应上述"东方社会停滞论"和"唐宋变革论"等理论问题。③近年来，海内外学者共同反思日本水利共同体理论。董晓萍、蓝克利等人在山西四社五村这一严重缺水的山区调查时发现，四社五村的共计15个村子，以"饮用水"为中心形成民间自治的村社组织。水利共同体重点关注灌溉水利，而四社五村则提供了不灌而治的案例。④行龙先生带领的山西大学研究团队提出超越水利共同体理论，构建以"水"为中心的社会史——水利社会史。⑤相较水利共同体，"水利社会史"是一个更具包容性的概念。张俊峰指出应跳出水利共同体的局限，将水利社会史的研究置于区域社会整理历史变迁的过程中加以综合

---

　　① 郑振满：《神庙祭典与社区发展模式——莆田江口平原的例证》，《史林》1995 年第1 期。

　　② 详细情况参见［日］好并隆司《中国水利史研究论考》，赵从胜译，钞晓鸿主编：《海外中国水利史研究：日本学者论集》，人民出版社 2014 年版，第 30 页。

　　③ ［日］好并隆司：《中国水利史研究论考》，赵从胜译，钞晓鸿主编：《海外中国水利史研究：日本学者论集》，人民出版社 2014 年版，第 30 页。

　　④ 董晓萍、［法］蓝克利：《不灌而治——山西四社五村水利文献与民俗》，中华书局 2003 年版。

　　⑤ 行龙：《从"治水社会"到"水利社会"》，行龙：《走向田野与社会》，生活·读书·新知三联书店 2007 年版，第 91—99 页。

考察。① 胡英泽则关注了黄土高原的生活用水问题，他提出"生活用水圈"的概念，认为"水利共同体通过农业用水的流动把村庄联系起来，生活用水圈则通过井、池、渠等各类形式的生活用水把村庄内部、村庄与村庄之间联系起来"②。尽管目前存在许多争议，但水利共同体的理论，仍然让我们对中国社会的观察增添了更多维度。总之，如何立足中国各地的实际情况探讨国家、水利与村落的关系问题，依然是一个需要不断深入的领域。

姻亲关系是人们社会生活中的重要关系之一。弗里德曼在对中国东南的宗族组织进行研究时就已经注意到姻亲关系，他指出："在所有的社会中，除了一些社会没有应用称之为辅助亲嗣关系（complementary filiation）的原则之外，重要的社会联系在通婚的群体之间建立。来自于婚姻的联系编织了众多的关系，跨越了宗族之间的界限，有时以一种恒常的关系连接着宗族。"③ 由于资料限制和研究侧重点的原因，弗里德曼并没有对这一问题展开论述。王铭铭提出"通婚地域"的概念："由于通婚关系，形成一种超家族的联网，这一联网制度化以后可以转变为超村落的地域。在此地域里面，族与族之间形成较稳定的互通有无的关系。我们可以称这种地域为'通婚地域'。"④ 在王铭铭看来，"通婚"与生态、交通、物产、市场和仪式——象征资源一样，都是维系地域社会联系的重要力量。阎云翔在黑龙江下岬村的研究中观察到姻亲关系为一种"实践的亲属关系"，是村民连结的重要形式，相较宗亲，姻亲在社会生活中表现更为活跃。"人们显然把他们的村子想象成姻亲组成的共同体。"⑤ 他还通过对婚礼中嫁妆和彩礼的分析，考察了社会变迁对馈赠模式的影响。

---

① 张俊峰：《泉域社会——对明清山西环境史的一种解读》，商务印书馆 2018 年版，第 25 页。

② 胡英泽：《凿井而饮——明清以来黄土高原的生活用水与节水》，商务印书馆 2018 年版，第 15 页。

③ ［英］莫里斯·弗里德曼：《中国东南的宗族组织》，刘晓春译，王铭铭校，上海人民出版社 2000 年版，第 122 页。

④ 王铭铭：《社区的历程——溪村汉人家族的个案研究》，天津人民出版社 1997 年版，第 45 页。

⑤ 阎云翔：《礼物的流动——一个中国村庄中的互惠原则与社会网络》，李放春、刘瑜译，上海人民出版社 2017 年版，第 49 页。

阎云翔的讨论让我们看到在当代中国社会姻亲关系在人群连结方面的重要作用以及社会转型对姻亲关系的影响。但历史时期姻亲关系在不同社会的发展情况，依然有待进一步探究。姻亲关系是一种重要的亲属制度，也是中国乡村社会的重要社会关系之一。刘彦指出，单个家族和村落通过姻亲关系结成更大的社会网络，从而促进了地域社会的凝聚和团结。但姻亲关系不仅仅是促进地域社会内部联系的必要方式，它还是地方社会与国家力量谈判和协商的重要平台。① 因此，关于姻亲关系与王朝国家之间的关系还需更为深入的讨论。

　　"文化的权力网络"是杜赞奇提出的研究中国社会的分析性概念。杜赞奇以《中国惯行调查报告》为依托，尝试通过"文化的权力网络"的运作来考察20世纪上半叶的国家政权建设问题。他并没有像上述学者那样重点讨论某一类社会组织原则，而是将宗族、宗教、市场等纳入"文化的权力网络"中来。他指出："文化网络由乡村社会中多种组织体系以及塑造权力运作的各种规范构成，它包括在宗族、市场等方面形成的登记组织或巢状组织类型。……从外观来看，这一网络似乎并无什么用处，但它是权威存在和施展的基础。任何追求公共目标的个人和集团都必须在这一网络中活动，正是文化网络，而不是地理区域或其他特别的等级组织构成了乡村社会及其政治的参照坐标和活动范围。"② 由此可知，杜赞奇认为人们在社会生活中形成的各种社会组织关系和象征规范构成权力的来源与基础。在这样的分析框架下，他进一步指出晚清的国家政权成功地将自己的权威和利益融合进入文化网络，从而得到乡村精英和村民的支持。20世纪以后，国家权力的扩大和深化侵蚀了文化网络，甚至企图在文化网络之外建立新的政治体系，这造成国家利益与乡村精英、村民的离心。被村民称为"土豪""恶霸"的赢利型经纪人取代乡村精英，掌握了乡村政权。这一过程被杜赞奇称为"国家政权内卷化"，即国家政权不是靠提高旧有或新增机构的效益，而是靠复制和扩大旧有国家与社会关系——如中

---

① 刘彦：《姻亲与"他者"——清水江北岸一个苗寨的历史、权力与认同》，社会科学文献出版社2019年版。

② ［美］杜赞奇：《文化、权力与国家——1900—1942年的华北农村》，王福明译，江苏人民出版社1996年版，第10—11页。

国旧有的赢利型经纪体制——来扩大行政职能。而中国共产党领导中国人民建立的中华人民共和国才结束了国家政权的"内卷化",完成了民国政权未能完成的"国家政权建设"。杜赞奇在多重的社会组织关系和象征规范体系中探讨国家政权建设,这一研究路径至今对我们探讨中国社会依然具有启发意义。不过,他提出的"权力的文化网络"是一个各方力量不断型构的结果,"国家政权建设"则主要侧重近代中国的变化。如果能对"权力的文化网络"和"国家政权建设"进行"历史化"的分析,则能使我们更为深入地理解中国社会发展的内在动力。

统而言之,从上述几种理论范式,可以发现较早时期的研究,多从单个村庄出发观察中国社会。但正如费孝通在晚年回顾自己早期研究时提到的,各个地区不同类型村庄的相加仍然不能使我们对中国社会建立整体认识。因此,学者们越来越多地从村落如何整合进入更广大区域乃至中国这一视角出发展开研究,也更加强调在历史的维度中,讨论国家与村落之间的关系。同时,以上各种研究取向也有了越来越多的融合趋势。不过,前述研究大多以汉人社会为主,对于广大民族边疆社会村落历史的探讨则相对较为薄弱。对村落的历时性演进与地域社会形成、中国社会形塑之间的关系,仍需进一步分析。

(三) 村落与国家治理研究

村落是人们在生产生活中自然而然形成的聚落。而王朝国家在实施社会治理时,需要掌控其治下的人口与土地,因此在不同历史时期依据不同原则对其进行编制。学界一般将这些由王朝国家推行的控制乡村的制度称之为"乡里制度"。乡里制度有时是不以村落为基准的各种联户组织,有时又与村落叠合。王朝国家推行的乡里制度与民众自发形成的村落以及村落自治组织之间有着怎样的关系,是我们在考察中国传统乡村社会时不能回避的重要问题。

就明清时期而言,里甲制、保甲制、乡约制等官方基层组织与村落的关系很早便引起学者注意。最早对保甲制度进行研究的学者闻钧天就关注到各种以村或联村为单位的乡村组织与保甲编制之间的关系,但他对二者之间的关系没有展开叙述。[①] 萧公权的社会控制论在明清基层社会

---

① 闻钧天:《中国保甲制度》,上海商务印书馆 1936 年版,第 204—209 页。

研究中具有较大影响。以往学者在援引萧公权的研究时，多关注其对里甲、保甲、社仓、乡约等国家控制乡村社会方式的考察。值得注意的是，萧公权还以村庄为单位，分析了宗族、村庄领袖和各类村落活动。他认为村庄不是一个完全自主或民主的组织，村庄受到政府潜在的或实际的干预。同时，萧公权已经注意到了村落与乡里制度之间的复杂关系，他指出："地方官吏不断发现利用乡村自然组织拥有的功能是最方便的。因此，乡与村不可避免地成为保甲组织体系中运转的单位；这有悖于朝廷设置保甲组织的意图。保甲组织与同乡、村自然单位相混合，让前者不可避免地处于各地特殊情况的影响之下。"① 虽然萧公权意识到村落与保甲、里甲等之间的复杂关系需要在各地特殊情况之中考察，但他的研究是从全国着眼的，因此对在不同社会情境下村落与乡里组织之间的关系着墨不多，这给后继者留下了较大的学术讨论空间。

近几十年来，随着区域社会史研究方兴未艾，越来越多的学者从某一特定地域出发考察明清时期的基层组织。一些学者在对乡里制度进行讨论时，注意到了乡里制度与村落之间的关系。刘志伟在对明清广东里甲赋役制度的研究中就谈到里甲与村落的关联。他认为里甲一般是在自然村落基础上编成，但它并不是一种村落制度，实际上只是一种相对独立于村落和地域性社区系统之外的户籍组织，蕴含着不按照村落编制的倾向。但由于政府赋予其种种实际的行政和社会职能，因此总会对基层组织社会结构产生影响。② 刘志伟还注意到保甲制与以自然村为中心形成的基层组织之间的关系。他指出保甲法是清廷人为地建立起来强加于基层社会之中的组织形式。但清廷在推行保甲法时没有用其取代民间自然形成的基层组织，而是尽可能地将保甲法寓于现实的村社共同体之中。这是保甲法虽然弊窦丛生，仍能长期存在的重要原因。官方的保甲法和民间社会自然形成的基层组织之间的此消彼长，反映了清代民间社会自治化程度不断加强，国家权力也逐渐顺应这一倾向来建立起一种新的统

① 萧公权：《中国乡村——论19世纪的帝国控制》，张皓、张升译，九州出版社2018年版，第44、311—439页。

② 刘志伟：《在国家与社会之间——明清广东地区里甲赋役制度与乡村社会》，中国人民大学出版社2010年版，第44、48页。

治秩序。① 刘志伟的研究对其他地区相关问题的讨论具有重要参考意义。杨国安后来在对两湖地区基层组织的考察中指出明初里甲编制的实际操作过程是以人户为依据，以自然村为基础，在一定范围内进行编制。根据自然村户数的多少，有一村一里，一村数里或数村一里的情况。由于两湖地散村居多，因此里甲的编制方式很可能是以某一地域中较大的村庄为主，附以相邻的散村、散户，共同组成一个赋役单元。他还关注到清代嘉庆年间以后随着白莲教起义和太平天国运动的爆发，两湖地区的乡村社会出现军事化的态势，清廷对当地的社会控制方式从里甲、保甲转变为寨堡、团练。② 从以上探讨可知，学者们都观察到了如下演变趋势，即明清时期村落或以村落为中心的社会组织逐渐取代其他官方组织，成为朝廷管控乡村的主要单元。但对于具体的演替过程和链接环节，似乎还有进一步深入的空间。

近期鲁西奇从长时段角度出发，总结了历史时期统治者以村落作为治理单位的数次变化。他指出"户口控制"与"居地—亩地控制"乃是中国古代王朝国家乡里控制的两种基本方式。秦汉、隋唐与明朝在其建立制度之初，都以户籍为原则编排乡里控制体系。而在东汉中后期以至于魏晋南北朝时期、唐代中期以迄于南宋、明中后期以至于清代，由于建立在户口原则之上的乡里控制体系逐渐崩解，政府逐步以村落和田亩为准则构建乡村统治秩序。③ 从鲁西奇的总括性研究中，可以发现相较于王朝国家为管控乡村社会而编制的各类联户组织，村落无疑是乡村社会最稳定的存在形态，它或隐或显地贯穿于整个中国乡村治理发展史。在今天的中国乡村社会，村落亦是最主要的基层治理单元。因此，探讨王朝国家的治理策略与乡村社会的实际状况如何协调、配适，并达到某种平衡，有助于我们体察中国乡村社会的内在运作逻辑。

需要指出的是，日本学者也较早研究了明清时期村落与里甲制的关系。松本善海认为里甲制是以户数为单位编成的行政村。清水盛光则认

---

① 韦庆远、叶显恩：《清代全史》第 5 卷，辽宁出版社 1995 年版，第 428、431 页。

② 杨国安：《明清两湖地区基层组织与乡村社会研究》，武汉大学出版社 2004 年版，第 45、229—260 页。

③ 鲁西奇：《中国乡里制度研究》，北京大学出版社 2021 年版，第 764 页。

为里甲制是在自然村的基础上编制而成。鹤见尚弘也认为里甲制并非行政村，而是在承认乡村现实关系的基础上，以村落共同体的机能为前提建立起来的。① 此外，台湾地区的研究也值得关注。戴炎辉指出清代台湾的乡治以自然的街庄为基础，在其上又有民众自发建立的由数个或数十个街庄组成的联庄组织。自然街庄由绅衿、耆老、业户、殷商、族长等共同办理街庄事务。联庄置总理管理区内事务。此外，又有由清廷推行的保甲、联甲、团练、垦隘（包括官隘和民隘）等组织，负责征派赋役和缉拿盗匪，但此类组织收到的成效有限，以街庄为中心的自治组织仍然是台湾乡治的核心构成。值得注意的是，戴炎辉还关注了台湾的番社组织，探讨了在荷兰治下、郑氏时代和清代番社的聚落、组织、管理以及社务运作等内容，这对我们研究边疆地区乡村社会具有参考价值。②

　　总体而言，在继续进行村落与国家治理方面的研究时，在如下两个方面似乎可以有更多思考。一是对村落、以村落为中心自发形成的基层组织和官方系统下的基层组织之间关系的讨论。前辈学者已经注意到三者之间的区别。刘志伟在论及清代的基层社会组织时，就从自然村、里甲制与保甲制等官方组织、地方共同体的角度展开叙述。③ 张研引入社会学的"社区"概念，将清代的基层组织分为法定社区（行政社区）、自然社区（村落或村落联合体）和专能社区（经济、文化、宗教等社区）。④ 在实际生活之中，这三者之间有着千丝万缕的联系。因此，从特定区域出发，在一个动态的历史过程中考察这三者之间的关系，可以让我们更为深入地认识和理解国家乡村治理模式的演变。

　　二是对边疆地区乡村基层组织的关注。现有的明清时期基层组织研究，大多以内地州县为主。但在不同的历史时期和地域空间，由于自然

　　① ［日］松本善海：《中国村落制度の史的研究》，岩波书店1977年版；［日］清水盛光：《中國鄉村社會論》，岩波书店1951年版；［日］鹤见尚弘：《明代の畸零戶について》，《东洋学报》1965年47—3。以上内容参考了［日］山根幸夫《中国史研究入门》下册，社会科学文献出版社2000年版，第690页。

　　② 戴炎辉：《清代台湾之乡治》，联经出版事业股份有限公司1979年版，第118页、第347—464页。

　　③ 韦庆远、叶显恩：《清代全史》第5卷，辽宁出版社1995年版，第418—437页。

　　④ 张研：《清代社会的慢变量——从清代基层社会组织看中国封建社会结构与经济结构的演变趋势》，山西人民出版社1999年版，第1—2页。

环境、生产方式、文化传统以及政治权力的共同作用，基层组织的构成原则、组织方式和表现形式，都呈现出相当大的差异。而中国边疆地区地域广大，生态环境、人群构成与社会结构都有显著不同，那么在广大边疆地区，人们在日常生活中自然而然地形成的村落、地方共同体与王朝国家推行的基层社会管理组织之间如何彼此对接、交互影响又或走向融合，最终形成今天中国既千姿百态又高度统一的共同体，这一问题或许还可以有更多分析。

二 历史人类学村落研究

近年来，由"华南研究"推动的"历史人类学"方法在海内外中国研究领域引起较大回响。"历史人类学"是一个带有认识论、方法论意义的开放性范畴，它吸收中国社会经济史、中国民俗学、人类学中国研究、海外中国学等不同学术传统，以"人"的活动为基点，在不同的区域社会中展开学术实践，对理解传统中国的运行和现代中国的形成，具有重要学术意义。[①] 本书在学术理路和研究方法上，深受历史人类学影响。历史人类学视野下的村落研究，对前述村落研究范式既有吸收借鉴，又有拓展推进。下面对"历史人类学"视域下村落社会的相关研究做一简要介绍。

"历史人类学"的学术实践，大多在某一特定地域展开，其中华南地区是学者们较早运用历史人类学方法进行研究的区域。科大卫考察了香港新界和珠江三角洲的宗族与乡村、农村经济、传说礼仪与乡村社会的国家整合等问题。[②] 刘志伟探究了广东珠江三角洲"沙田—民田"格局下的沙湾社区整合、宗族与地域社会、神庙与社区关系等内容。[③] 罗一星探讨了宗族与佛山市镇的发展、神明崇拜与佛山的社会整合等议题。[④] 萧凤

---

① 赵世瑜：《历史人类学的旨趣——一种实践的历史学》，北京师范大学出版社 2020 年版，第 39—75 页。

② ［英］科大卫：《皇帝和祖宗：华南的国家与宗族》，卜永坚译，江苏人民出版社 2009年版；［英］科大卫：《皇帝在村：国家在华南地区的体现》，［英］科大卫：《明清社会和礼仪》，曾宪冠译，李子归、陈博翼校，北京师范大学出版社 2016 年版，第 81—106 页。

③ 刘志伟：《在国家与社会之间——明清广东地区里甲赋役制度与乡村社会》，中国人民大学出版社 2010 年版，第 44 页；刘志伟：《大洲岛的神庙与社区关系》，郑振满、陈春声主编：《民间信仰与社会空间》，福建人民出版社 2003 年版，第 415—437 页。

④ 罗一星：《明清佛山经济发展与社会变迁》，广东人民出版社 1994 年版。

霞讨论了广东新会县中华人民共和国成立至改革开放前乡村社会的"细胞化"过程、乡村干部的角色等问题。① 陈春声对广东韩江流域潮州地区民间信仰与乡村社会的国家整合、神庙系统与社会历史、乡村故事所体现的社区关系和国家认同、军事性城寨的形成等内容进行研究。② 郑振满分析了福建的家族组织与地域社会、里甲体制和沟渠系统下的社区关系、神庙系统与社区发展、里社制度的演变等议题。③ 此外，赵世瑜对山西地区的聚落、祠庙、水利与移民传说等问题进行了剖析。④

在上述开拓性研究之后，一些学者纷纷利用历史人类学方法在中国西南、华中、华南、华北、西北等各个区域进行考察和探索，取得了许多丰富而重要的学术成果。就涉及村落的研究而言，学者们有的从单个村落的历史变迁着眼⑤，有的从村落与国家行政系统、士绅、商人、家族的多重关系入手⑥，有的从村落与村落联盟、款等跨村组织的联

---

① 姜振华：《萧凤霞〈华南的代理人和受害者：乡村革命的协从〉》（书评），刘东主编：《中国学术》2001 年第 1 期；Siu, Helen F., *Agents and Victims in South China: Accomplices in Rural Revolution*, New Haven: Yale Universtity Press, 1989.

② 陈春声：《市场机制与社会变迁——18 世纪广东米价分析》，中国人民大学出版社 2010 年版；陈春声：《信仰与秩序：明清粤东与台湾民间神明崇拜研究》，中华书局 2019 年版；陈春声：《地方故事与国家历史——韩江中下游地域的社会变迁》，生活·读书·新知三联书店 2021 年版。

③ 郑振满：《明清福建家族组织与社会变迁（增订版）》，北京师范大学出版社 2020 年版；郑振满：《乡族与国家——多元视野中的闽台传统社会》，生活·读书·新知三联书店 2009 年版。

④ 赵世瑜：《分水之争：公共资源与乡土社会的权力和象征——以明清山西汾水流域的若干案例为中心》，《中国社会科学》2005 年第 2 期；赵世瑜：《祖先记忆、家园象征与族群历史——山西洪洞大槐树传说解析》，《历史研究》2006 年第 1 期；赵世瑜：《圣姑庙：金元明变迁中的"异教"命运与晋东南社会的多样性》，《清华大学学报》（哲学社会科学版）2009 年第 4 期；赵世瑜：《村民与镇民：明清山西泽州的聚落与认同》，《清史研究》2009 年第 3 期；赵世瑜：《从贤人到水神：晋南与太原的区域演变与长程历史——兼论山西历史的两个"历史性时刻"》，《社会科学》2011 年第 2 期；赵世瑜：《晋祠与熙丰新法的蛛丝马迹》，《史学集刊》2014 年第 6 期；赵世瑜：《多元的标识、层累的结构——以太原晋祠及周边地区的寺庙为例》，《首都师范大学学报》（社会科学版）2019 年第 1 期。

⑤ 肖文评：《白堠乡的故事：地域史脉络下的乡村社会构建》，生活·读书·新知三联书店 2011 年版。

⑥ 杜正贞：《村社传统与明清士绅：山西泽州乡土社会的制度变迁》，上海辞书出版社 2007 年版。

系楔入①，有的从村落与市场、姻亲等社会关系的关联落墨②，有的从村落的空间、权力与记忆入题③……这些研究都透过村落从不同角度观察了中国社会的复杂面相。尽管选题各异，风格有别，我们仍然能够发现这些关于村落的异彩纷呈的研究，在思路和方法上有一些共同点，正是这些共同点，使这些看似分散的研究有着凝聚的精神，不失其整体性。

首先，国家整合的地方社会模式。历史人类学的学术实践，大多是在某一个具体地域展开。学者们通过探讨某一有着自身传统的地域社会进入王朝国家的历史过程与运作机制，理解中国社会的形构。这并不仅仅是为了研究的方便，更是因为各地是在不同时间纳入大一统中国，并在与中原王朝的互动中形成了自己独特的整合方式。换言之，对"何以中国"的认识，必须回到不同人群、地域与王朝国家互动的历史过程中来。而历史人类学关于村落问题的讨论也是在这样的学术关怀下展开的。因此，这一分析理路下的村落研究关心的不只是散布于全国各地村落的小历史，更是不同地域如何整合进入国家的大历史。

其次，人群、村落与多重社会组织、社会关系的联系。从人的活动出发，探讨地方上的不同人群基于怎样的社会情境，采用哪些原则，建立了怎样的社会组织或社会关系，反映了人群、地方与国家怎样的互动过程，这是历史人类学视野下村落研究较为关心的问题之一。村落不仅仅是一个物理意义上的人群聚集之地。村落内外还存在着多重的社会组织与社会关系。这些社会组织与社会关系既有村落内部的，也有与村落

---

① 唐晓涛：《清中后期村落联盟的形成及其对地方社会的意义——以"拜上帝会"基地广西浔州府为例》，《清史研究》2010 年第 3 期；唐晓涛：《神明的正统性与社、庙组织的地域性——拜上帝会毁庙事件的社会史考察》，《近代史研究》2011 年第 3 期；唐晓涛：《俍傜何在——明清时期广西浔州府的族群变迁》，民族出版社 2011 年版；孙旭：《集体中的自由——黔东南侗寨的人群关系与日常生活》，社会科学文献出版社 2019 年版。

② 张应强：《木材之流动：清代清水江下游地区的市场、权力与社会》，生活·读书·新知三联书店 2006 年版；刘彦：《姻亲与"他者"——清水江北岸一个苗寨的历史、权力与认同》，社会科学文献出版社 2019 年版。

③ 钱晶晶：《历史的镜像：三门塘村落的空间、权力与记忆》，社会科学文献出版社 2018 年版。

叠合的，还有跨越村落的；既有来自官方的、也有民间自发建立的。因为地域传统及其与国家互动方式的不同，不同地方的人们构建的社会组织与社会关系也有相当大的区别。比如，华南的宗族组织引人注目，山西与内蒙古西部的村社组织则广泛存在。

再次，典章制度、历史事件与村落的关系。村落生活通过王朝国家的典章制度和各种重大的历史事件与外部世界联系起来。科大卫、刘志伟、陈春声、郑振满、赵世瑜对珠江三角洲、韩江三角洲、莆田平原和山西的研究中，就比较注意赋役制度、宗族制度、大礼议、迁界复界、黄萧养起义、熙丰新法等一系列制度、事件与地方社会秩序之间的关联。在村落这一具体场域，通过对典章制度、历史事件与村落社会之间关系的深描，使我们可以在更广大的时空维度和人际网络中，观察村落社会的历史过程和运行机制，回应传统国家的运作、现代国家的构建、全球化等一系列人类社会共同面对的普遍性议题。

最后，田野调查和文献解读的结合。普通民众和个体村落的历史很难见诸国典朝章，偶有记载，也多作为抽象符号或计量单位。因此，讲述老百姓的历史，就意味着学者们需要从书斋走向田野，在广阔的田野中收集各种文字的和非文字的资料，解读各种官方的和民间的文献。通过在田野和书斋之间的往复循环，打通时空的界限，体悟普通民众的情感和观念，理解他们的策略和行动，进而获得研究的灵感，书写有温度的历史。

要言之，历史人类学的学术理路与研究方法为我们通过不同地区的村落历史观察中国社会提供了重要参考。目前历史人类学视野下的村落研究主要集中在华南、西南、华北地区，较少有学者采用这一视角进行研究西北、北部以及东北地区。在历史人类学视域下考察这些地区，将会得出哪些与以往不同的认识？又会在哪些方面增进我们对中国社会的理解？这或许是研究者可以为之尝试的一个学术方向。

三　内蒙古地区村落研究

20 世纪上半叶，在开发西北、建设边疆的呼声中，不少中国学者和政府部门人员在西北地区展开调查活动。绥远农业学会就曾组织"暑期调查采集讲演团"，在 1930 年夏季利用两个多月时间，对包头、萨拉齐、归绥、集宁与丰镇5县24个村落进行考察。其中对土默特左旗鸲鹆村以及包头的刘宝窑、邓家营、前营子、梁家营与先明窑5个村落的调查，分别整理成文发表于绥远农业学会的会刊《寒圃》上。① 这些村落社会调查，主要关注村落的人口、家庭、产业、教育与风俗习惯等内容，是由中国政府相关机构组织的对内蒙古地区村落展开的调查研究。

这一时期，日本人也在内蒙古地区展开调查活动。日本人的调查活动辑录了一批碑刻、牌匾、契约等民间历史文献，他们以这些资料为基础对内蒙古社会开展了研究。今堀诚二就对呼和浩特、包头二市以及周边的村落、城镇等进行了调查。② 同时他还运用调查所获取的各类资料，对乡村社会的各种社会组织、水利利用、土地状况进行分析。满铁包头公所也对包头附近的农村情况展开了调查和研究，不仅收集了一些契约、水册，还以此为基础对当地农田水利灌溉情况进行了研究。③ 这些满铁调查资料为后来学者研究蒙古社会提供了重要参考。21世纪初，李儿只斤·布仁赛音就利用日本人调查资料、实地考察资料以及档案资料，对东部蒙古地区的郎布套布村的移民路线、亲属关系和婚姻网络进行了细致分析，从村落的角度描述了近代蒙古社会的历史变迁。④

2000年以来，内蒙古地区的蒙旗档案越来越多地走进了学者们的视线。在清代的蒙旗档案中得到较多利用的主要有准格尔旗、喀喇沁旗和土默特旗档案。哈斯巴根、珠飒、白玉双、王玉海、乌仁其其格、吴超、乔鹏、穆俊等学者使用这些档案探讨了清代以来三地的村落问题，其内容主要包括定居村落的形成、村落的人口情况、蒙汉关系、基层社会组

---

① 李藻：《鸲鹆村之社会的及经济的调查研究》，《寒圃》1933年第2期；李树茂：《绥远包头县五个农村的调查》，《寒圃》1934年第11/12期。

② ［日］今堀诚二：《中国封建社会の構造—その歴史と革命前夜の現実》，日本学術振興會，1978年；［日］今堀诚二：《中国封建社会の機構—帰綏（呼和浩特）における社会集団の実態調査》，日本学術振興会，2002年。

③ ［日］満鐵包頭公所等：《包頭附近の農村事情（外四種）》，内蒙古大学内蒙古近现代史研究所、内蒙古自治区图书馆学会主编：《内蒙古外文历史文献丛书》（第2辑），资源经济系列（一），内蒙古大学出版社2012年版。

④ 李儿只斤·布仁赛音：《近现代蒙古人农耕村落社会的形成》，内蒙古大学出版社2007年版。

织、土地与村落、水利与村落等。① 相对利用传世典籍进行研究，蒙旗档案的挖掘和运用已经让研究者对蒙旗中的村落社会有了更多的了解。但是由于历史资料自身的局限性和研究视角的不同，村落的聚落形态与空间布局、村落内蒙汉家族的日常生活状况、跨村落的社会组织以及村落与社会整合等诸多问题还有很大的讨论空间。

　　近十余年来，内蒙古土默特和赤峰等地，都有一些契约文书陆续刊布。学者们也开始利用这些资料对村落问题进行研究。在已经出版的契约文书中，土默特西老将营村的契约文书得到较多利用。西老将营是包头市土默特左旗吴坝乡的一个村落。2012 年，内蒙古大学出版社将村民杜国忠先生所藏 759 件契约整理出版。哈斯巴根、牛敬忠等学者利用这批契约文书结合田野调查，讨论了该村的地理环境、村貌、政治沿革、村落形成、蒙古人和汉人情况、村落中的家族、神社、土地关系、商业及其他副业、风俗与信仰等问题。② 学者们采用新发现的契约文书并结合田野调查对内蒙古地区的村落进行调查研究，这无疑进一步丰富了我们对这一地域村落历史与现状的认识。不过，这一"村史"或"村志"的写法，仍然无法回答我们通过内蒙古的村落研究需要回应哪些更为宏大的学术关怀的问题。

　　总而言之，不同于以往以王朝国家为历史主体的研究路向，上述学术路径下的蒙旗村落研究，将普通人和村落作为研究中国和蒙旗社会的起点，利用历史档案和社会调查中获取的各种信息展开研究，这有助于

---

① 哈斯巴根：《鄂尔多斯农牧交错区域研究（1697—1945）——以准噶尔旗为中心》，内蒙古大学出版社 2007 年版；珠飒：《18—20 世纪初东部内蒙古农耕村落化研究》，内蒙古人民出版社 2009 年版；白玉双：《清代喀喇沁三旗历史研究》，内蒙古大学出版社 2016 年版；王玉海、王楚：《从游牧走向定居——清代内蒙古东部农村社会研究》，黑龙江教育出版社 2014 年版；乌仁其其格：《内蒙古人口档案中的边疆村落社会——以察素齐为例》，《清史研究》2014 年第 1 期；吴超、霍红霞：《清代归化城土默特农牧业研究》，学苑出版社 2020 年版；乔鹏：《一个边村社会的形成——以清代土默特地区为个案的研究》，硕士学位论文，北京师范大学，2005 年；穆俊：《清至民国土默特地区水事纠纷与社会研究（1644—1937）》，博士学位论文，复旦大学，2015 年。

② 哈斯巴根、杜国忠：《村落的历史与现状：内蒙古土默特右旗西老将营社会调查报告》，《蒙古学信息》2006 年第 4 期；牛敬忠：《清代归化城土默特地区的土地问题——以西老将营村为例》，《内蒙古大学学报》（哲学社会科学版）2008 年第 3 期；《清代归化城土默特地区的社会状况——以西老将营村地契为中心的考察》，《内蒙古社会科学》2009 年第 5 期。

我们拓宽和深化对清代蒙古史的认识。而如何运用多学科交叉的方法，在多元资料体系中重构内蒙古地区村落的历史，同时在更宏阔的问题脉络中去思考内蒙古村落的形成与演进，仍是需要进一步努力的学术领域。

第三节 方法、资料与架构

一 研究方法

历史人类学视野下田野调查与文献解读的融合分析，是本书采用的主要研究方法。笔者自2011年以来，持续在土默特地区大大小小的村庄进行田野考察。在田野考察中，注意点与面的结合。在"面"的方面，从不同的划区方式入手，对这一地区进行考察：一是分旗县考察，以旗县为单位，深入到各个乡镇和村庄调研。二是按照地理区域，考察大青山山地、大青山山后、大青山沿线沟水小流域、黄河沿线、大黑河流域、和林格尔与清水河山地、长城沿线。三是依照交通线路考察土默特地区的台站路、旅蒙商商道等。在点的方面，在上述面上考察的基础上，选取若干村落和小流域进行长期跟踪调研。这些田野点往往文字资料保存情况较好，可以为深入研究提供支撑。对于一些文字资料较少的村落，理应同样重视，但目前在这一方面的工作还有待加强。

在田野调查过程中收集契约、碑刻、家谱、仪式、传说、景观照等各种文字和非文字的资料，同时注意将这些资料与传世文献、衙门档案互相参校解读。这些各式各样的材料是人们基于不同目的制作并使用的，因此，任何一种类型材料只是反映了人们生活的某一个方面，带有自身的局限性。但社会生活是一个整体，打通官方文书与民间文献，融贯文字材料与非文字材料，建立多元化的史料体系，可以使我们尽可能地突破不同材料的限制，挖掘那些被遮蔽的历史，倾听那些潜隐的声音，从而建立对蒙旗社会更具整体性的认识。

田野调查的意义不仅仅是资料的扩充，更为重要的是田野调查使我们可以回到史料生成的具体情境中去，理解历史如何被记忆、书写与遗忘。由于历史学的学科特点，我们通常是先在书斋中从历史文献开始一项研究，这些历史文献呈现的是一个已经逝去的世界。但历史学研究并不只是关心消逝的世界，其研究意义更在于理解和阐释当下的社会。通过田野调查，我们在故纸堆上看到的人物、事件和制度，可以与当下的生活对接。那些抽象的人名，往往是现实生活中某一群人的祖先；曾经发生的事件，每每至今还为人们所传颂；过往实施的制度也常常以某种隐蔽方式保留余绪。历史形塑了现在，现在也影响着人们对历史的认识。恰恰是在广阔的田野和实际的生活中，我们可以真切地感受到这种古今之间的往复对话，而这也正是历史学的生命力所在。

更为重要的是，在田野调查中我们还会发现大量没有或很少被文献记录的人群，面对这样一个广大的存在，如果选择视而不见，那么我们对中国社会的认识和理解无疑是不完整的。正如科大卫所说："区域的历史必须涵盖区域所有参与者的历史。"[①] 田野调查可以从这些被忽略的人群的情感、需求和行动出发，利用有限的文字资料或实地的参与观察，构建这些被遗忘的失语者的历史，从而丰富我们对蒙旗和中国历史与社会的认知与理解。

二　基本资料

在新史料层出不穷的今天，传世典籍对蒙古史研究依然具有不可替代的重要价值。在中国这样一个有着长久国家传统的地方，每个人的生活、每个地方的历史都镌刻着深深的国家印记。因此，如果对国家的统治策略、意识形态缺少必要的了解，就很难对传统中国人的行为和地方社会的历史有深入机理的体认。传世典籍多出自政府或士大夫之手，集中体现了王朝国家对社会和百姓的治理理念与方式。本书主要利用了正史、政书、笔记、文集、奏议、地方志等传世典籍。这些传世典籍中记载的各种典章制度、重大事件、重要人物，为我们研究土默特社会提供了重要线索。然而，由于传世典籍的性质，它们往往难以反映基层社会的运作实态和普通民众的日常生活。因此，要讲述村落社会和普通百姓的历史，必须挖掘更多其他类型的史料。

土默特档案是本书的重要支撑材料之一。土默特档案收藏于呼和浩特市土左旗档案馆。土默特档案目前共建有 5 个全宗，共计66147 件。清

---

① 贺喜、[英]科大卫主编：《浮生：水上人的历史人类学研究》，中西书局 2021 年版，第 3 页。

代部分为一个全宗，起于康熙二十四年（1685），迄于宣统三年（1911），共有满蒙汉文档案18206件，汉文档案6122件，蒙文档案1085件，满文档案10999件。民国部分建有4个全宗，起于1912年，迄于1949年，共计47941万余件，土默特旗档案29029件（内有部分蒙文及日伪档案2537件），归绥县档案10822件，萨拉齐县档案8090件。清代档案经整理，原来的分类系统已被打乱，目前按现代分类观念进行分类。清代汉文档案共分为行政、军事、人事、政法、土地、财经、生产、涉外、气象、旅蒙商、文化教育、宗教、房地契约等15类。土默特档案具有较强的系统性和延续性，其内容触及社会生活的方方面面，是研究土默特地区历史的一批珍贵史料。就本书所研究的村落社会而言，相关内容在土默特档案的各类诉讼文书中多有记载。但在村落社会中，上告衙门毕竟是非常态之举，在通常情况下，村落社会的运行主要依托的是一套民间机制。因此，仅凭档案资料依然很难对村落社会建立起更为全面的认识。

近代以来，随着报刊业的发展和各界人们对"边疆"地区的重视，全国性期刊报纸对内蒙古的情况多有报道。此外，北京、南京以及内蒙古等地的政府部门、知识青年还创办了关于蒙古、蒙藏、绥远等问题的期刊报纸，刊登相关时事新闻。忒莫勒的《内蒙古旧报刊考录》，就对内蒙古地区的旧报刊，做了系统的梳理和题解，为了解内蒙古旧报刊提供了很好的目录索引。[①] 这些期刊报纸的内容包罗万象，为我们从不同角度呈现了土默特社会的近代转型过程。本书在研究中也征引了一些期刊报纸的刊载内容。需要注意的是，期刊报纸的报道往往带有一定的选择性和目的性，在新闻报道和社会实相之间，时常存在罅隙和距离。因此，在利用期刊报纸资料时，必须有相应的认知自觉，否则难免跳入前人有意无意布设的材料陷阱。

自2011年以来，笔者多次前往土默特平原的田野乡间、村村寨寨进行实地考察，收集了一批契约、碑刻、容、家谱、景观照、仪式、口碑等珍贵的民间资料。这些文字的和非文字的资料丰富多元、巨细靡遗，记录了诸多以往不为人知的历史细节，极大地丰富了历史的认知内容，也为我们了解土默特村落社会的具体情状奠定了坚实基础。民间资料往

---

① 忒莫勒：《内蒙古旧报刊考录》，内蒙古出版集团、远方出版社2010年版。

往是地方民众为了应对日常生产生活的各种实际需要而制作产生的。由于不同地方的历史脉络千差万别，因此，各地民间历史文献具有较强的地域性特点，这就使我们容易忽略其与更广大世界联系。同时，又由于这些资料藏于民间，这也让我们在有意无意之间忽略其与官府、国家之间的关联。本书力图在民间与官方、土默特与其他地域的互动关系中来利用这些历史文献。

总之，由于撰写者背景、立场和目的各不相同，任何史料都带有偏向性。因此，在研究某一具体问题时，如果只依赖一种类型的史料，对这一问题的认识，难免受到史料偏向性的影响。因此，广泛搜集各种官方的与非官方的，文字与非文字的资料，并在广阔的田野中解读和利用这些各种类型的资料，将有助于我们构建更具整体感的历史。

三　章节安排

16世纪以来，内蒙古地区最为显著的历史变化，是从"北元"到"清朝"、从"游牧"到"农耕"的过渡，而蒙汉关系视域下的"村落"的形成和发展恰恰是最能说明这一历史变化的关键问题之一。有鉴于此，本书以土默特地区的"村落"为切入点，运用"历史人类学"的研究方法，揭示一个有着自身发展节奏的蒙古社会整合进入大一统中国的复杂历史进程，从而深化我们对内蒙古乃至中国历史文化建构过程和传承机制的认识。本书正文共分五章。

第一章主要考察清代土默特村落形成的制度和商业背景。本章首先借鉴前人研究成果对俺答汗时期板升的成因和内部组织情况进行了分析。再对以往研究较少关注的俺答汗之后板升的变动情况做出讨论。其后着重交代了入清以后村落在土默特地区大量出现的制度背景。在清廷的统治架构中，土默特地区属于蒙旗社会，这是理解土默特社会的前提。因此本章分析了土默特地区蒙旗编设和划定旗界的经过。清廷的放垦政策，是土默特地区村落大量形成的助推剂。在清廷西征背景下，土默特地区的土地大量放垦，民人承种官放土地和租种蒙古户口地赖以谋生，逐渐在口外定居，形成聚落。最后，商品经济是拉动地方社会演进的重要变量。土默特地区粮食贸易的兴盛，吸引了越来越多的山西民人来口外拓垦，从而促进了村落的生成。

　　第二章重点分析村落形成、演变的具体机制和村落空间的构建。本章首先分析了民人村落、蒙古人村落形成的具体过程，指出在官放土地和蒙古户口地上，民人分别通过承租和租种的方式获得土地，起初春种秋收，久之定居成村。同时，蒙古人也开始有了定居化的趋势，逐渐在一个固定的地点居住，进而形成村落。民国以后，地方社会政局不稳、匪患频仍，土默特地区各方开始修堡和并村，使村落的空间形态随之发生了重要转变。最后以板申气村为个案，历时性地分析了蒙汉民众是如何在不同的历史情势下组织和想象空间，从而共同形塑了土默特地区村落空间的基本形态。

　　第三章侧重阐释土默特地区村落基层社会组织的变化。本章首先讨论蒙旗社会组织架构下政府对蒙古人和民人的管理方式。这些组织主要是佐领制、乡屯制和牌甲制。接着分析了后来实际上成为土默特地区最重要基层社会组织的民社和蒙社制度，并考察了大户与村社的关系。其后讨论了民国以后在地方自治视野下的村级基层社会组织的变化情况。最后对民国时期重要的基层社会组织保卫团和民团问题进行了分析。

　　第四章主要讨论村落里的蒙汉家族情况。家族是村落中重要的社会组织。本章分别利用两批家族契约文书，对一个蒙古家族和一个民人家族的土地经营和生计方式进行分析，揭示了土默特地区蒙汉家族的独特发展轨迹。最后又利用田野调查中获得的容、家谱等资料，分析了蒙汉民众在不同的历史时期如何编修家族系谱，以及在系谱编修过程中蒙汉民众的交往互动。

　　第五章以水利事务为中心，讨论了村落社会的运行机制。水权是地方社会水利秩序中的核心问题。因此，本章首先分析了土默特地区水权的生成过程，着重讨论村落里蒙汉民众如何因应历史变局和制度因革，证明和维护自己对水的权属。接着分析了土默特地区水利经费筹措方式的变化，借此反映国家对土默特地区治理方式的变革。再以大青山万家沟沟水为例，讨论了以水为中心的村落联盟的形成及其演变，以及地方民众如何利用文字、传说等维系水利秩序。最后考察了土默特地区的水井灌溉情况，着重分析土默特地区在向现代国家转型的过程中，各级政府对水利的介入及其对地方社会的影响。

第 一 章

编旗设佐、土地垦殖与米粮贸易

广布于中国各地的大大小小村落，形态各异，风貌有别，这表明村落不是单纯的人群聚合的物理空间，而是嵌合于特定自然环境与文化传统之中的社会单元。有鉴于此，土默特地区的村落也有着自己与众不同的性格特点和发展轨迹。明中叶以降，土默特地区经历了从北元到清朝、从游牧到农耕的重要历史演变。这一过程与当地行政体制、军事形势、经济活动的变化相辅而生，相伴而行。今日土默特平原上成千上万的村落，也正是在这样的社会空间下产生并成长。本章将主要在明朝、清朝与土默特蒙古的互动关系中，探讨土默特地区村落形成和演变的社会情境。

第一节　明蒙关系与板升农业

一　俺答汗与板升农业

元明易代，蒙古贵族携部众退至北方草原。此后，蒙古各方势力展开了激烈的权力角逐，土默特地区也被不同部族轮番占据。15 世纪中叶，土默特部开始在这里驻牧。[①] 16 世纪中叶，俺答汗逐渐成为土默特部的领导者。俺答汗统治土默特部时期，积极发展板升农业。从事板升农业的人众主要是来自中原的汉人。胡宗宪曾说："臣闻虏寇之入境也，鸥张乌合，动号十万，然其间真为彼之种类，劲悍难当者，才十之四五耳，余

[①] 土默特左旗《土默特志》编纂委员会编：《土默特志》上卷，内蒙古人民出版社 1997 年版，第 102 页。

皆吾中国之赤子也。"① 也就是说，在蒙古部族中存在相当数量的汉人。这些在土默特地区生活的"中国赤子"主要通过两个途径到来：一是被蒙古人强掳而来；二是主动"投入"草原。②

俺答汗每在"寇边"之时都携掠汉人而归，"岁掠华人数以千万计"③。呼和浩特东郊大明寺万部华严经塔内壁至今仍保留着三个被带至草原的汉人的题记。这三个题记具体生动地记录了一个生逢乱世的山西汉人在草原的生活经历。题记内容如下：

> 五一四、朱朝大明国，嘉靖四十年六月初八日记留名姓，山西太原府代州崞县儒学增广生员段清，字希濂，号中山。时至嘉靖三十九年九月十五日，大举达兵攻开堡寨，将一家近枝大小□六十五口杀死抢去，各散逃生，止遗生一家大小五口，俯念斯文，存留性命。路逢房叔二人、妹夫一人，并向恩人达耳汉处□，告拿□在此，亦同受难，房叔段应期、段茂先，妹夫石枚，妻陈氏，幼男甲午儿，官名段守鲁，长女双喜儿，次女赛喜儿。后至四十年润五月二十七日，有妹夫石枚带领幼男甲午儿投过南朝去了。妻陈氏四月初一日病故，五月廿七日□，段应期。

> 五一七、嘉靖三十八年张鲁那，在北朝丰州我与达儿汉□□板升□下，木匠张进峰山西汾州爱子里人氏，蔚州水北村主（住）林（临）行上□达儿汉后，到北朝多亏你，如今众人要登□，不由我说要留下，木匠根（跟）通事□□□。

---

① （明）胡宗宪：《题为陈愚见以裨边务事疏》，（明）陈子龙等辑：《明经世文编》卷265，中华书局 1962 年影印本，第 4 册，第 2801—2802 页。

② 关于明代土默特地区的汉人情况，学界进行了相当深入的研究，如，［日］永井匠：《隆庆和议与右翼蒙古的汉人》，包国庆译，《蒙古学信息》2004 年第 2 期；［日］荻原淳平：《明代嘉靖期の大同反乱とモンゴリア（上、下）：農耕民と遊牧民との接點》，《東洋史研究》，1972，30—4，1972，31—1；黄丽生：《由军事征掠到城市贸易：内蒙古归绥地区的社会经济变迁（14 世纪中至 20 世纪初）》，台湾师范大学研究所 1995 年版；赵世瑜：《时代交替视野下的明代"北虏"问题》，《清华大学学报》（哲学社会科学版）2012 年第 1 期；邓庆平：《边军与明中叶北部边镇的社会秩序——以〈赵全谳牍〉为中心》，《首都师范大学学报》（社会科学版）2019 年第 1 期。

③ （明）方逢时：《云中处降录》，薄音湖、王雄编辑点校：《明代蒙古汉籍史料汇编》第 2 辑，内蒙古大学出版社 2000 年标点本，第 81 页。

五一八、"林（临）行上路好南（难），不由两眼留（流）泪，受苦无人知到（道），儿女不知那厢。"①

三个题记中提到的段清是儒学生员，能够识文断字，张进峰是木匠，掌握建筑技术。蒙古社会需要此类人口为其服务，这是他们能保全性命的重要原因。段清一家被带至草原，得到"达耳汉"的照拂。② 由于当时很多从山西等地来到草原的汉人会取蒙古名字。因此，我们无法判断达耳汉究竟是蒙古人，还是汉人。但无论如何这段题记都反映了汉人在草原上依板升生活的情形。被带至草原几年后，段清的妹夫和儿子甲午儿，又投回明朝。赵世瑜曾指出长城内外存在频繁的人员交往。③ 段清一家的经历从一个侧面体现了当时长城内外蒙汉民众的往来流动情况。

除了上述被蒙古人带来的汉人，还有一些汉人主动投奔而来。嘉靖三年（1524）和嘉靖十二年（1533），大同两次兵变，"诸叛卒多亡出塞，北走俺答诸部。俺答择其黠桀者，多与牛羊帐幕，令为僧道丐人侦诸边，或入京师，凡中国虚实，尽走告俺答。其有材智者李天章、高怀智等皆署为长"④。嘉靖三十年（1551），山西大同白莲教徒吕老祖起事失败，"逃虏中，其党赵全、李自馨率其徒千余人往从之，虏割板升地与之，遂家焉"⑤。自此以后，中原"无赖有罪者"多入板升，其中有赵宗山、穆教清、张永宝、孙天福，张从库、王道儿等二十八人，这些人"互相纠引，党众至数千，时时为虏乡导，虏长驱无忌"⑥。

① 转引自李逸友《呼和浩特市万部华严经塔的金元明各代题记》，《文物》1977 年第 5 期。

② 对于"达儿汉"与"达耳汉"是否为同一人，李逸友与曹永年持不同意见，本书采纳了李逸友的看法，即二者应为同一人。曹永年对此段题记的分析，参见曹永年《呼和浩特市万部华严经塔明代题记探讨》，《内蒙古大学学报》（历史学专集）1981 年第 S1 期。

③ 赵世瑜：《时代交替视野下的明代"北虏"问题》，《清华大学学报》（哲学社会科学版）2012 年第 1 期。

④ （清）谷应泰：《明史纪事本末》卷 60《俺答封贡》，中华书局 2015 年点校本，第 913 页。

⑤ （明）刘绍恤：《云中降虏传》，薄音湖、王雄编辑点校：《明代蒙古汉籍史料汇编》第 2 辑，内蒙古大学出版社 2000 年标点本，第 101 页。

⑥ （明）焦竑：《通贡传》，薄音湖、王雄编辑点校：《明代蒙古汉籍史料汇编》第 2 辑，内蒙古大学出版社 2000 年标点本，第 440 页。

　　较早来到草原上的汉人又回到山西劝导村中百姓投入蒙古，前面提到的白莲教徒李自馨就回到山西，"称我已在板升干下大事业，你们跟我去受用。比堡内居民见在草地逆犯李朝等，各不合与李自馨、别卷已处决弟李自桥听从，当开堡门，将伊阖户并概堡男妇三百二十余名口及衣物俱用车装载，跟随李自馨到于板升住种"①。这条材料提到全村老幼、阖户挨家一并投入板升，可以想见李自馨所描述的板升生活对中原百姓具有一定吸引力。因为羡慕"草地自在好过"，② 前往谋生者日众。到嘉靖末隆庆初时期，土默特地区，"大小板升汉人可五万余人，其间白莲教可一万余人，夷二千余人，皆有酋长，分部诸酋，少者六七百，多者八九百"③。此时汉人数量已经颇具规模。

　　大量汉人的到来，促进了土默特地区的开发，他们在土默特地区筑立板升，开垦农田，发展了令人瞩目的"板升农业"。④ "板升"一词为蒙古语，不同史料分别将其解释为"堡子""百姓""屋""城"等意思。虽然具体含义莫衷一是，但研究者们一般都同意"板升"是指汉人开辟的聚落。⑤《明世宗实录》记载："当大同、右卫大边之外，由玉林旧城而北，经黑河二、灰河一，历三百余里，有地曰丰州，崇山环合，水草甘美。中国叛人丘富、赵全、李自馨等居之。筑城建墩，构宫殿，甚宏丽。开良田数千顷，接于东胜川，虏人号曰板升。板升者，华言城也。"⑥

---

　　① （明）佚名：《赵全谳牍》，薄音湖、王雄编辑点校：《明代蒙古汉籍史料汇编》第 2 辑，内蒙古大学出版社 2000 年标点本，第 111 页。

　　② （明）王琼：《北虏事迹》，薄音湖、王雄编辑点校：《明代蒙古汉籍史料汇编》第 1 辑，内蒙古大学出版社 1993 年标点本，第 143 页。

　　③ （明）瞿九思：《万历武功录》卷 8《俺答汉传下》，薄音湖编辑点校：《明代蒙古汉籍史料汇编》第 4 辑，内蒙古大学出版社 2007 年标点本，第 82 页。

　　④ 关于明代"板升"和"板升农业"的研究，本书主要参考了如下文章：［日］荻原淳平：《アルタン・カーンと板升》，《东洋史研究》1955，14—3；［日］野口铁郎：《万历期の板升をめぐって》，《史学研究》，广岛史学研究会编（204），1994—06；［美］H. 赛瑞斯（Henry Serruys）：《板升》，金星译，《蒙古学信息》1998 年第 1 期；全太锦：《明蒙隆庆和议前后边疆社会的变迁——以大同和丰州滩之间碰撞交流为中心》，硕士学位论文，北京师范大学，2003 年。如在行文中未及注明，其相同之处，均视为上述学者的研究成果。

　　⑤ 全太锦：《明蒙隆庆和议前后边疆社会的变迁——以大同和丰州滩之间碰撞交流为中心》，硕士学位论文，北京师范大学，2003 年。

　　⑥ 《明世宗实录》卷 486，嘉靖三十九年七月庚午，台北"中央研究院"历史语言研究所 1962 年校印本，第 8100 页。

《万历武功录》也说，"先是，吕老祖与其党李自馨、刘四等归俺答，而赵全又率恶民赵宗山、穆教清、张永宝、孙天福及张从库、王道儿者二十八人，悉往从之，互相延引，党众至数千，房割板升地家焉。自是之后，亡命者窟板升，开云田丰州地万顷，连村数百，驱华人耕田输粟，反资房用。所居为城郭宫室，极壮丽"①。

板升的基本管理方式是以汉人中之雄桀者"为头领以统之，而总隶于房"②。《赵全谳牍》记载，隆庆年间土默特地区上大小板升几十处，其中每个板升都由"头目"进行管理，

　　全（即赵全——引者注）住大板升，节年抢掳汉人并招集逆叛白莲教人等约一万余名，分立头目一十二名，冯世周、孟大益、李山、潘云、陈钺，并见在房营逆犯大罗、小罗、杨廷夏、杨廷智、刘豸、张豪杰、瓦四各管七百名不等，俱属全总管。外仍有小板升三十二处，小头目三十二名，东打儿汉、火力赤、张榜势、毛榜势、打儿汉、小则火同智、海（伐）[代] 首领、俺黑儿器、长腰儿、火里智、（了）[丫] 头计、大笔写气、力郎、小则磨毒气、打儿汉、刘栋、锁合儿、韩侯儿、王铣秃、舌兀八儿党、小则红眼子、则徐先儿、李自荣、火（刀）[力] 赤老汉、代锁合儿、冯通、小则火里智老汉、五合器、李只害、萧牌子、高洪、马洪名下，各管汉人八百或九百余名，各在丰州川分地住种。③

　　这段史料有两点值得注意：一是引文中涉及的头目，很多是蒙古名字，但这些人极有可能是汉人，因在草原生活，受蒙古人影响，取了蒙古名字。④ 二是从这段史料可以看出，"头目"有层级之分，身为头目的

　　① （明）瞿九思：《万历武功录》卷8《俺答汗传下》，薄音湖编辑点校：《明代蒙古汉籍史料汇编》第4辑，内蒙古大学出版社2007年标点本，第79页。

　　② （明）魏时亮：《题为圣明加意房防恭陈大计一十八议疏》，（明）陈子龙等辑：《明经世文编》卷371，中华书局1962年影印本，第5册，第4013页。

　　③ （明）佚名：《赵全谳牍》，薄音湖、王雄编辑点校：《明代蒙古汉籍史料汇编》第2辑，内蒙古大学出版社2000年标点本，第115页。

　　④ 黄丽生：《由军事征掠到城市贸易：内蒙古归绥地区的社会经济变迁（14世纪中至20世纪初）》，台湾师范大学研究所1995年版，第226页。

赵全，又总管头目十二名。① 这说明在土默特平原上的汉人，已经形成一定的社会组织。

板升农业的开发过程中，汉人头目赵全等积累了大量的财富，《云中处降录》中说，"赵全有众三万、马五万、牛三万、谷二万余斛。李自馨有众六千，周元有众三千，马牛羊称是。余各千人蜂屯虎视，春夏耕牧，秋冬围猎"②。赵全等人的财富和权势，引起了蒙古贵族的猜忌。隆庆年间，在俺答汗的外孙把汉那吉投降明朝之后，作为与明廷议和的条件，赵全等终被执送"南朝"。③

隆庆五年（1571），"俺答款塞"。此后，"边陲晏然，万姓有安堵之乐，两镇无鸣笳之声"，④ 明廷与蒙古进入了相对和平的互市阶段，板升农业继续发展。不过，这一局面随着俺答汗的过世发生了一些改变。

总之，游牧固然是牧民的主要生计方式，但牧民对粮食等农产品也同样具有需求。俺答汗率部在土默特地区驻牧，出于对农产品的渴求等原因，允许以各种方式来到草原的内地民人筑立板升，发展农业。这些曾经点缀在草原上的"板升"，就成为今天土默特地区许多村落可连续追溯的起点。

二 俺答汗之后的板升农业

板升农业在万历九年（1581）俺答汗去世后，出现了一些新的发展动向。从万历九年到万历十四年（1586），土默特地区的蒙古贵族展开了激烈的权力斗争。在这一过程中，板升成为蒙古贵族争夺的对象。万历十一年（1583）三娘子攻打大成比吉时，"乃遣夷人，往钞（原字如此——引者注）诸板升畜产，而大成台吉娘子（即大成比吉——引者

① （明）瞿九思：《万历武功录》卷8《俺答汗传下》，薄音湖编辑点校：《明代蒙古汉籍史料汇编》第4辑，内蒙古大学出版社2007年标点本，第115页。

② （明）方逢时：《云中处降录》，薄音湖、王雄编辑点校：《明代蒙古汉籍史料汇编》第2辑，内蒙古大学出版社2000年标点本，第81页。

③ 曹永年：《嘉靖隆庆年间板升自然灾害及其与"俺答封贡"的关系——呼和浩特白塔明代题记探讨之二》，《内蒙古社会科学》1986年第1期。

④ 《明神宗实录》卷3，隆庆六年七月甲午，台北"中央研究院"历史语言研究所1962年校印本，第82页。

注），率众援板升，不使东哨得卤（原字如此——引者注）略"①。《三娘子》记载，三娘子"其所统俺答遗部号东哨者，因与把汉那吉争板升，家丁仇隙，构兵不已。台吉稍厌苦之，移于长子扯力克之西哨牧住"②。两条材料都说三娘子与大成比吉、把汉那吉发生纷争，而其争夺的焦点都是象征着财富的板升。

蒙古贵族之间兵戈相向，使板升民众惊惧不安，甚至欲归附明朝。郑洛就说，"在边外则有夷情叵测，统驭无人，板升穷迫，众欲归降，乞要预思规画，以消衅隙"③。朱国桢也说，"扯力克自以兵收比妓为妻。扯力克者，黄酋之长子也。从此与三娘子成隙，而虏势益分。板升之众，日受蹂躏，不能自存。丘富、赵全之子入赴于总督郑洛，求以千百人入附，洛以贡市，好言却之"④。总之，从万历九年（1581）俺答汗过世到万历十四年（1586）间，由于蒙古内部各方势力的争斗，板升农业难免受到影响。

万历十四年（1586），扯力克与三娘子成婚，蒙古贵族之间的矛盾有所缓和，此后三十余年里，土默特地区相对安宁，板升农业得以恢复发展。《北虏风俗》记载："今观诸夷耕种，与我塞下不甚相远。其耕具有牛，有犁；其种子有麦，有谷，有豆，有黍，此等传来已久，非始于近日。惟瓜瓠茄芥葱韭之类，则款市以来，种种俱备。"⑤ 万历四十六年（1618），俄国使节佩特林也在这里见到："蒙古出产各种谷物，如糜黍、小麦、春播（原文如此——引者注）、黑麦、大麦、燕麦，还有多种不知名的作物。当地有洁白的上等馒头。蒙古地方也有瓜果蔬菜，在各种园圃中出产苹果、樱桃、香瓜、西瓜、南瓜、柠檬、黄瓜、葱蒜以及其他

---

① （明）瞿九思：《万历武功录》之《三娘子列传》，薄音湖编辑点校：《明代蒙古汉籍史料汇编》第4辑，内蒙古大学出版社2007年标点本，第152页。

② （明）吴震元：《三娘子》，薄音湖、王雄编辑点校：《明代蒙古汉籍史料汇编》第2辑，内蒙古大学出版社2000年标点本，第210页。

③ 《明神宗实录》卷172，万历十四年三月甲子，台北"中央研究院"历史语言研究所1962年校印本，第3158页。

④ （明）朱国桢：《涌幢小品》卷30《虏势日分》，《续修四库全书》，上海古籍出版社1996年影印本，子部，第1173册，第417页。

⑤ （明）萧大亨：《北虏风俗》之《耕猎》，薄音湖、王雄编辑点校：《明代蒙古汉籍史料汇编》第2辑，内蒙古大学出版社2000年标点本，第245页。

各种蔬菜。"①

明清易代时期，土默特地区烽烟再起，板升遭到很大破坏。当时漠南蒙古名义上的宗主——察哈尔部首领林丹汗在明廷的支持下与后金政权对抗。为避免后金的直接攻击，林丹汗率领部众，由原来的驻牧地西拉木伦河以北，西迁至明朝大同、宣府以北，随后进入土默特境内。此时土默特部的首领是俺答汗的四世孙博硕克图汗。面对林丹汗的入侵，博硕克图汗"偕喀喇沁部布颜台吉等，败察哈尔兵万余于土默特之赵城，又败其赴张家口请明赏兵三千"②。不过，最后仍然难敌林丹汗的兵锋，兵败身亡。林丹汗旋即占据了归化城，"夺银佛寺，收习令色等"③。银佛寺即今呼和浩特市大召寺。林丹汗占据归化城之后，皇太极又命军队追击，在归化城一带烧绝板升，《崇祯长编》中记载："此番东兵实有精骑五六万，即红衣大炮亦装载十余具，随行声势甚重。插部号称四十万，且远引避之。自五月二十六日薄宣府边，由西行，至六月初四薄大同边，又往归化城烧绝板升。"④ 同书又说："乙未，大同巡抚张廷拱报，插部蟒阿儿正偹不浪至丰州滩各板升，分付住牧诸人仍前安住，本部人马不久仍回。又报我大清兵将各板升房屋俱烧毁，止存银佛一寺。"⑤ 从这些记述来看，土默特地区的板升在这一时期，受到了严重损毁。

不过，板升似乎并没有像史书记载的那样，在战火中被焚烧殆尽。直到今天，在土默特地区还存在着一定数量以"板升"命名的村庄。兹据咸丰《古丰识略》和光绪《归化城厅志》中的记载，将当时以"板升"命名的村庄，整理成表1.1。我们当然不能完全认为这些晚清典籍中保留的以"板升"命名的村庄都是北元时期的遗存，但考虑到这些村庄

① ［英］约·弗·巴德利：《俄国·蒙古·中国》下卷，吴持哲、吴有刚译，商务印书馆1981年版，第1册，第1051页。

② 《钦定外藩蒙古回部王公表传》卷112《土默特辅国公喇嘛扎布列传》，《景印文渊阁四库全书》，台湾商务印书馆1986年版，史部，第454册，第1388页。

③ 《明□宗□皇帝实录》，天启七年十一月甲子，《明实录》附录1，台北"中央研究院"历史语言研究所1962年校印本，第29页。

④ 《崇祯长编》卷61，崇祯五年七月己酉，《明实录》附录4，台北"中央研究院"历史语言研究所1962年校印本，第3494—3495页。

⑤ 《崇祯长编》卷60，崇祯五年六月乙未，《明实录》附录4，台北"中央研究院"历史语言研究所1962年校印本，第3464页。

有不少分布在大青山山前和大黑河两岸等水利条件较好的地方，而且人口较多、规模较大。因此，很可能在北元时期就已经得到开发。在改朝易代的过程中，这些聚落虽遭破坏，但在战争结束后，曾经在这里活动的汉人很可能又返回生活。这些"板升"也就成为土默特平原上有连续历史的最早村落。

表1.1   **土默特地区板升情况表**

厅属	《古丰识略》中的记载	《归化城厅志》中的记载
归化城厅	古路板升、五路各鸡板升、甲赖板升、麻花板升、什尼板升、工部板升、可可板升、鼓子板升、黑炭板升、沟子板升、羊盖板升、讨号板升、桃花板升、色令板升、牌楼板升、把式板升、漆炭板升、悠悠板升、插汉板升、阿路板升	姑子板升、麻花板升、乌兰板升、坑老板升、古楼板升、甲刺板升、前后乃莫板升、讨号板升、辛辛板升、沟子板升、桃花板升、色肯板升、黑炭板升、色令板升、牌楼板升、公布板升、把什尔板升、刀刀板升、攸攸板升、塔布板升、乌蓝板升
和林格尔厅	炕板升	
萨拉齐厅	什尼板升、倒拉板升、善友板升、公鸡板升、板升气、黑麻板升	
清水河厅	无	
托克托城厅	黑烂板升、扣克板升、乃莫板升、必令板升	
共计	31	21

资料来源：咸丰《古丰识略》卷23《地部·村庄》，《中国地方志集成·内蒙古府县志辑》，凤凰出版社2012年版，第6册，第207—236页；光绪《归化城厅志》卷3《疆域》，《中国地方志集成·内蒙古府县志辑》，凤凰出版社2012年版，第3册，第230—263页。

土默特地区的板升在俺答汗离世之后，先是在土默特不同势力的内部纷争中，成为各方争夺的目标，其后又在明清易代的战火硝烟中，遭到较为严重的损毁。而关于土默特地区村落的文字记载，大多出现在雍正朝道厅行政系统建立之后。如果依据文字资料，目前还没有办法将今天的村落与北元的板升建立直接联系。但我们也不能因为没有文字资料的记录，就简单地否定雍正朝以前土默特地区就已经存在聚落。因此，我们仍然有理由推测现今土默特地区的某些村落可能是在北元板升的基础上发展而来的。

图1.1 托克托县哈拉板升村

该村即表1.1中的黑烂板升，位于大黑河畔。图片来源：笔者拍照采集。

第二节 编旗设佐、西征朔漠与土地垦殖

一 编旗设佐与民人初拓

在明清易代的历史转折中，土默特部向后金政权称臣纳贡。天聪六年（1632），皇太极征讨林丹汗，驻跸归化城，将"西至黄河木纳汉山，东至宣府，自归化城南及明国边境，所在居民逃匿者悉俘之，归附者编为户口"①。藏于深山之中的博硕克图汗之子俄木布及古禄格、杭高、托博克等土默特部大小头目大概在此时归附后金。对于后金政权来说，在一个地方确立统治秩序，首先要做的事情是掌握地方人口的有关情况。在归附之初，其就对土默特蒙古人的户口进行编定。

耐人寻味的是，这次户口编定并没有提到汉人，更没有设置管理汉

---

① 《清太宗实录》卷11，天聪六年五月甲子，中华书局1985年影印本，第2册，第162页。

人的行政机构，这一缺失某种程度上透露了明代板升汉人的去向。其去向大抵有二：其一，随蒙古兵丁一起编旗设佐。板升汉人在蒙古地区生活，风俗习惯等逐渐接近蒙古，许多汉人后来有了蒙古的名字。[①] 清初俄木布等收罗四散百姓，投奔清廷之时，很有可能把部分汉人裹挟而来，后来与蒙古人一起编旗设佐。其二，也有一部分板升汉人没有追随俄木布，有的可能继续留在土默特地区繁衍生息，有的则回到腹里，待战争平息之后，又重返故地。但是这些留下或者重返的汉人数量应该不多，没有引起清政府过多注意，因此，并没有将他们纳入王朝体系之中。

归附之后，朝廷开始在土默特部编旗设佐。关于编旗设佐的时间有两种说法，最为普遍的一种说法是崇德元年（1636）。《外藩蒙古回部王公表传》载："崇德元年（1636），诏编所属三千三百余丁为二旗，以古禄格为左翼都统（qošiɣu-i ǰaqiruɣči said）、杭高为右翼都统领之。"[②] 乾隆《钦定大清一统志》也有类似记叙。[③] 土默特地区的地方志咸丰《古丰识略》、光绪《土默特志》、中华人民共和国成立后《土默特志》等多因袭此说。[④] 另一说法见《清实录》，天聪九年（1635），"分土默特壮丁三千三百七十名为十队，每队以官二员主之"[⑤]。据此看来，这个时候还没有"旗"的提法，其编排的基本组织形式是"队"。到崇德三年（1638），"以其众编立旗分牛录，设固山额真、梅勒章京、牛录章京，仍依品级各授以世职"。[⑥]《清内秘书院蒙古文档案汇编》收录之古禄格、

---

① （明）佚名：《赵全谳牍》，薄音湖、王雄编辑点校：《明代蒙古汉籍史料汇编》第 2 辑，内蒙古大学出版社 2000 年标点本，第 115 页。

② 《钦定外藩蒙古回部王公表传》卷 112《土默特辅国公喇嘛扎布列传》，《景印文渊阁四库全书》，台湾商务印书馆 1986 年版，史部，第 454 册，第 927 页。

③ 乾隆《钦定大清一统志》卷 408《归化城土默特》，《景印文渊阁四库全书》，台湾商务印书馆 1986 年版，史部，第 483 册，第 492 页。

④ 咸丰《古丰识略》卷 36《人部·土默特》，《中国地方志集成·内蒙古府县志辑》，凤凰出版社 2012 年影印本，第 6 册，第 671—672 页；光绪《土默特志》卷 1（下）《建置沿革》，《中国方志丛书·塞北地方》，成文出版社 1968 年影印本，第 16 号，第 21 页；土默特左旗《土默特志》编纂委员会编：《土默特志》上卷，内蒙古人民出版社 1997 年版，第 333 页。

⑤ 《清太宗实录》卷 24，天聪九年八月庚辰，中华书局 1985 年影印本，第 2 册，第 318 页。

⑥ 《清太宗实录》卷 42，崇德三年六月庚申，中华书局 1985 年影印本，第 2 册，第 550 页。

杭高等人在崇德三年（1638）接受朝廷册封的诏令，[①] 印证了上述《清实录》中所存崇德三年（1638）土默特大小头目获得世职的记载。但是编定旗分和获得世职不见得同时进行，所以仍然很难确认土默特部编旗设佐的具体时间。不过，可以肯定的是崇德三年（1638）古禄格、杭高等人获得朝廷法定认可之后，土默特部"旗"的建制也最终确定下来。

收抚百姓、编定户口、设立旗分之后，又要划定疆界。一般在蒙古部落归附之后，朝廷随后会开展划定地界、限定驻牧的行动。天聪元年（1627），敖汉、奈曼部"举国来附"，[②] 天聪八年（1634），清廷遣国舅阿什达尔汉等为敖汉、奈曼等部划分牧地，分配人口。[③] 敖汉、奈曼等部从归附到划界间隔七年。土默特部天聪六年（1632）来归，至迟在崇德三年（1638）编定旗分，其具体划地时间虽语焉不详，不过，从上述敖汉、奈曼等部的例子似可推断，土默特划定牧地的时间可能是在崇德年间，至迟不晚于顺治初年。

划定疆界确定了土默特蒙古的大致活动范围，而另外一个跟蒙古民众生活有直接而密切关系的是部落内部的土地占有情况。在土默特地区，流传着一个康熙年间朝廷曾给兵丁划拨"蒙丁地"的说法，"每兵一名给地五顷，兵亦不自耕，仍招垦收租以自养"[④]。但是关于这次土地划分，目前尚未发现当时的相关记载，具体情况仍待稽考。到乾隆七年（1742）、乾隆八年（1743），《清实录》中保存了朝廷分配土地的确切记录。[⑤] 有关乾隆初期的土地划拨，下文详述，此处略过。

那么在乾隆初年之前，土默特蒙古的土地占有情形究竟如何？从上文可知，此一时期关于该地蒙古内部土地所有权的记载，未见只言片语，这一空

---

① 中国第一历史档案馆、内蒙古自治区档案馆、内蒙古大学蒙古学研究中心编：《清内秘书院蒙古文档案汇编》，内蒙古人民出版社 2003 年影印本，第 220—239 页。

② 《清太宗实录》卷 3，天聪元年六月庚子，中华书局 1985 年影印本，第 2 册，第 49 页。

③ 《清太宗实录》卷 21，天聪八年十一月壬戌，中华书局 1985 年影印本，第 2 册，第 276 页。

④ （清）贻谷：《蒙垦续供》，《近代中国史料丛刊》（续编），文海出版社 1983 年影印本，第 104 辑，第 11 页。

⑤ 《清高宗实录》卷 178，乾隆七年十一月丙辰，中华书局 1985 年影印本，第 11 册，第 291 页；《清高宗实录》卷 198，乾隆八年八月壬子，中华书局 1985 年影印本，第 11 册，第 543 页。

白本身意味深长，似乎表明朝廷并未对其进行过多干预。乾隆初期分配土地时的一些说辞可以旁证这一推测，"再土默特地土，本系恩赏游牧，从前既未均派，任有力者多垦，则侵占既多，无力之人，不得一体立业"①。材料中提到的"有力者"大抵就是蒙古社会中的都统（qošiɣu – iJaqiruɣči said）、副都统（meiren – üJangɣi）、参领（Jalan – u jangɣi）、佐领（sumun – uJangɣi）等一些手中握有权力之人，而"无力之人"则是指普通披甲兵丁。也就是说，在乾隆初年土地划拨之前，土默特蒙古大小头目在土地的分配和利用方面拥有较大的支配权，这一情况与北元时期土默特蒙古的土地政策基本相似。②

入清以后，在很长一段时间内，土默特蒙古人依然可以在一个相对较大的范围内移动游牧。托克托县至今依然留有一些村名，能够让我们遥想当年蒙古人的生活方式，那木架是秋营地的意思，珠斯郎则意为冬营地。③ 这些村名依稀表明蒙古人曾经可以根据季节的更替转换牧场。在蒙古人关于祖先的历史记忆中，"迁徙"是一种常态。托克托县章盖营子村蒙古人姜姓先祖是天聪六年（1632）向清廷投诚的头目之一——毕力格，崇德三年（1638）被授佐领职。据姜姓族中老人讲，其先人从山海关来，最早在今呼和浩特市东太平庄乡部独利村一带驻牧，大概在雍正年间，在今章盖营子定居下来。④ 和林格尔康姓蒙古人口耳相传，其先人从土默特左旗来，先在托克托县居住，后来其中一支来到和林格尔县。⑤ 这样的迁徙故事在土默特蒙古人中普遍存在。不断迁徙与游牧社会"移动"的特性不无关系。这一时期的文字史料也揭示了蒙古社会移动放牧

---

① 《清高宗实录》卷178，乾隆七年十一月丙辰，中华书局1985年影印本，第11册，第291页。

② ［日］田山茂：《清代蒙古社会制度》，潘世宪译，商务印书馆1987年版，第164—166页。

③ 杨诚：《托县村落类型及其命名习俗》，《托克托文史资料》编辑委员会、政协托克托县委员会编：《托克托文史资料》第7辑，内蒙古呼和浩特市宏达鑫彩印有限公司2009年版，第424页。

④ 姜润厚：《"章盖营"名称溯源及托克托蒙古族"姜"姓考》，《托克托文史资料》编辑委员会、政协托克托县委员会编：《托克托文史资料》第7辑，内蒙古呼和浩特市宏达鑫彩印有限公司2009年版，第235页。

⑤ 笔者田野调查笔记。访谈对象：KDW；访谈时间：2011年11月6日；访谈地点：和林格尔政协办公室。

的情态。康熙二十七年（1688），钱良择出塞西行，在过长城抵归化城之前，路上看到"穹庐簇簇，畜产成群，黑白相错，如垒雪堆云"，又见"有黄羊突出，约十余口，状虽似羊，而蹄高如鹿，其行若飞"，[①]从中不难得出地广人稀、少有聚落的印象。而居于"穹庐"之内，似乎也表明蒙古人依然可以在一定程度上维持"逐水草而居"的游牧生活。

土默特部归附之后，边内与边外对峙局面结束，土默特地区再无大的战事发生，相对和平安全的环境以及口外人烟不多的情况，吸引内地民人源源不绝地到来，自发地进行拓荒垦殖。上文提到康熙二十七年（1688）钱良择出塞西行，在过长城至归化城一段，他还看到一些地方"茅舍分列，地皆耕种"，又观察到归化城附近"地多垦辟，颇饶耕具"。[②]与其同行的张鹏翮也记到，"初见道旁石碾遗迹，意古时此地必然可耕。至晚，扎营，见山地新垦，未见所艺何谷"[③]。这些材料显示在康熙中叶甚至更早以前，内地民人已经在这一带进行垦辟活动。

民人在口外垦荒，早期多为"雁行"，春来秋归。土左旗六犋牛村SLY 在回忆家史时说，"石生洞从忻州上来，死了回了口里，石儒从忻州上来，死了回了口里，都是石生洞的孙子送回去的，到石召恒立祖"[④]。托克托县白伍营子 BMX 在讲述祖先来历时云，"白俊德最先从偏关城来，死后用骡驮轿驾回山西，白俊德的儿子白璧留下，死后埋在白伍营子"[⑤]。可以想见，石召恒、白璧之前的先人与原籍保持着十分紧密的联系。保同河郭刘氏的父亲和堂叔故去，郭刘氏为达成父亲和堂叔的"归里"的遗愿，出典土地，筹措银钱，雇佣脚夫，以"扶柩归乡，祖茔安厝"[⑥]。

① （清）钱良择：《出塞纪略》，毕奥南整理：《清代蒙古游记选辑三十四种》上册，东方出版社 2015 年标点本，第 45 页。

② （清）钱良择：《出塞纪略》，毕奥南整理：《清代蒙古游记选辑三十四种》上册，东方出版社 2015 年标点本，第 47 页。

③ （清）张鹏翮：《奉使倭罗斯日记》，毕奥南整理：《清代蒙古游记选辑三十四种》上册，东方出版社 2015 年标点本，第 9 页。

④ 笔者田野调查笔记。访谈对象：SLY；访谈时间：2011 年 12 月 23 日；访谈地点：六犋牛村。

⑤ 笔者田野调查笔记。访谈对象：BMX；访谈时间：2012 年 4 月 13 日；访谈地点：白伍营子村。

⑥ 咸丰九年十一月初三日契约，笔者收集民间资料。

也就是说，初到口外的内地汉人，只把口外当成客居之地，心灵的归属依然是在口里。随着定居时日的延长，人们往往选择在居住地立坟，从今天石家和白家坟地情况来看，石召恒、白璧都分别是两家葬在口外的第一人，这与他们家族中关于祖先的历史记忆刚好吻合。

入清以后，清廷对土默特部进行编旗设佐，划定旗界。因为土地相对宽裕，土默特蒙古人仍然可以在一个相对较大的范围内移动游牧，大部分似乎也还没有一个长期稳定的定居点。此时，也有一部分民人在该地生活，自发地从事土地拓垦活动，但是彼时内地民人还不甚多，国家并未将其纳入统治体系中来。然而，随着康雍乾时期朝廷组织土地放垦，土默特地区开始发生前所未有的变化。

二　西征朔漠与土地垦殖

入清以后，西北地区战乱频仍，朝廷数度西征。康熙时期，随着准噶尔部势力不断壮大，其与清廷的关系愈加紧张。康熙皇帝三次率军亲征准噶尔，欲平息西北边患。雍正元年（1723），青海和硕特部统治者罗卜藏丹津与清廷不睦，双方爆发战争。雍正七年（1729），准噶尔部与清廷战事再起，雍正十一年（1733），双方筹划议和，乾隆四年（1739），正式达成协议，维持了近二十年的和平局面。至乾隆二十年（1755）、乾隆二十一年（1756），清廷再次出兵征讨准噶尔，并取得胜利。至此西北地区才进入相对平静的时期。

在清廷数度出兵西北的过程中，归化城作为"西北之要冲，朔漠之咽喉"，对战局具有重要意义。在西征期间，归化城曾陆续驻扎了大量军队。《亲征平定朔漠方略》记载，康熙三十二年（1693）九月，"伯费扬古疏言散秩大臣杜思噶尔、尚书班第选来堪披甲蒙古共三千六十五人，共九千四百八十五口，俱到归化城分为三十佐领"[①]。《清世宗实录》记录："派出精兵五千名，由各该游牧处于二三月间前后起程，沿途牧放马

---

① 《亲征平定朔漠方略》卷13，康熙三十二年九月庚午，《景印文渊阁四库全书》，台湾商务印书馆1986年版，史部，第354册，第667页。

驼，至归化城会齐，择形胜地方驻扎。"① 为管理这些兵丁，康熙三十二年（1693），朝廷设安北将军总理其事，"兵部题归化城乃总要之地，增戍之兵甚多，应专设将军一员总管归化城都统、副都统，训练官兵。……着领侍卫内大臣伯费扬古为安北将军管理"②。不过，这些驻军基本上是为应对战时需要要临时调派，流动性较强，一般会根据战事安排调往他处。

土默特地区常设驻军是从绥远城建立之后开始的。雍正十三年（1735），朝廷下令在归化城附近修建新城。乾隆二年（1737），开始兴土动工，历时两年，乾隆四年（1739），绥远城修成。绥远城最初设置建威将军，乾隆二十八年（1763），更名为绥远城将军。在设城的同时，朝廷派驻兵丁前往驻扎。《钦定大清会典事例》记载，"二年设驻防山西绥远城。以出征准噶尔效力之八旗满洲、蒙古、汉军开户家丁二千四百名，热河驻防兵一千名，及右卫驻防裁汰未尽之蒙古兵五百名，共三千九百名，发往驻扎"③。此后，绥远城驻防兵丁因应形势变化又有盈缩。④ 驻防八旗属于常驻军队，有清一代一直在绥远城驻扎。

大批军队过境与绥远城八旗驻防使粮食问题变得至关重要。康熙中期至乾隆中叶，清廷为满足军粮补给需要，陆续在土默特地区放垦土地。康熙三十年（1691），理藩院就土默特地区垦殖所需耕牛、农具的筹备问题提出建议并上报朝廷，"归化城一带地方耕牛，八旗内佐领两人共助一牛，其耒耜等项俱移文山西巡抚预备"。对此，康熙皇帝谕令，"所用耕牛不必令其帮助，即于御厂内牛取用。……其铁器着支用库银制造，从

---

① 《清世宗实录》卷 102，雍正九年正月乙亥，中华书局 1985 年影印本，第 8 册，第 353 页。

② 《清圣祖实录》卷 159，康熙三十二年五月庚戌，中华书局 1985 年影印本，第 5 册，第 746 页。

③ 光绪《钦定大清会典事例》卷 1128，《八旗都统·兵制》，《续修四库全书》，上海古籍出版社 1996 年影印本，史部，第 813 册，第 551 页。

④ 蒙林：《绥远城驻防八旗考源》，《内蒙古社会科学》1994 年第 5 期；边晋中：《清代绥远城驻防若干问题考述》，硕士学位论文，内蒙古师范大学，2006 年；灵灵：《清代绥远城驻防八旗若干问题研究》，硕士学位论文，内蒙古师范大学，2019 年；黄治国：《漠南军府——清代绥远城驻防研究》，社会科学文献出版社 2018 年版，第 116—122 页。

驿递运送。边外木植甚多，其木器即于彼处制用"。① 此后，朝廷在土默特地区划拨开垦了庄头地、大粮官地、十五道沟等土地，② 招募民人耕种。为管理这些土地和民人，朝廷自雍正年间开始，先后在土默特地区设了归化城厅、萨拉齐厅、清水河厅、托克托厅、和林格尔厅、武川厅，隶属山西省归绥兵备道。③ 可以说，道厅机构正是顺应土默特地区的新形势而产生的。

从表1.2"康雍乾时期土默特土地垦殖表"可知，土默特地区从雍正末至乾隆初土地放垦数量最多，至少六万余顷，占总数之大半。④ 这一大规模的土地放垦，正是为了满足绥远城驻军的粮饷供应。如前所述，绥远城修成之后，驻扎在绥远城的官兵数目最初有三千九百名，以后又有增减。⑤ 光绪《绥远城驻防志》记载，清末驻扎在绥远城的八旗官共七十八员，甲兵共有二千七百名。官兵每月都要领取俸饷，俸饷一般有饷银、俸米和马匹草豆折银。其中俸饷一年共需银两十八万九千二百三十六两四钱九分，共需米三万九千九百四十一石二斗五升。⑥ 这些八旗兵丁的俸饷主要由朝廷放垦的土地供给。

表 1.2　　　　　　　　康雍乾时期土默特土地垦殖表

开垦时间	名称	面积
康熙年间	公主地	数千顷
雍正十三年	大粮官地	四万顷
雍正年间	右卫八旗马厂地一段	数目不详
雍正年间	庄头地	六百余顷

---

① 《清圣祖实录》卷153，康熙三十年十二月丙戌，中华书局1985年影印本，第5册，第695页。

② 光绪《土默特志》卷5《赋税》，《中国方志丛书·塞北地方》，成文出版社1968年影印本，第16号，第88页。

③ 关于土默特地区道厅的设置情况，有不少学者进行讨论。较新的研究成果，参见胡恒《从理事到抚民：清代归绥地区厅制变迁新探》，《清史研究》2022年第2期。

④ 光绪《土默特志》卷5《赋税》，《中国方志丛书·塞北地方》，成文出版社1968年影印本，第16号，第82—91页。

⑤ 蒙林：《绥远城驻防八旗考源》，《内蒙古社会科学》1994年第5期。

⑥ 光绪《绥远城驻防志》，佟靖仁校注，内蒙古大学出版社1991年标点本，第85、86页。

续表

开垦时间	名称	面积
乾隆二年、七年、九年、十六年、五十四年	归化城厅浑津、黑河二里官地	四百三顷余
乾隆二年	萨拉齐厅长、泰、宁、善四里官地	一千九百三顷余
乾隆二年	托克托厅安、兴、遵三里官地	一千一百一十八顷余
乾隆二年	和林格尔厅物、阜、民、安上下七里官地	三千二百五十四顷余
乾隆二年	清水河厅时、和、年、丰、家、室、盈、宁八里官地	一万三千四百二十六顷余
乾隆三年	绥远城八旗牧厂地	二万四千十六顷余
乾隆五年	闭禁蜈蚣坝后私垦案内有雍正十三年民种十七犋牛地一段	数目不详
乾隆二十六年	大青山十五道沟官地	四百四十三顷余
乾隆三十七年	代买米地	一千五百九十三顷余
乾隆三十八年	穷苦蒙古地	一千一百三十九顷余
乾隆四十二年	鳏寡孤独地	二百顷上下
乾隆六十年、嘉庆二年	山后八旗厂地	六千九百五十五顷

资料来源：光绪朝编修的《土默特志》中所录土默特地区土地垦殖情况基本上可以得到其他诸如土默特档案等资料的印证，因其记载较为系统全面，故本书以此书记录为基础制成本表。

在土默特地区的土地放垦中，"丹津"是一个举足轻重的人物。《古丰识略》载，其人"报商劝农，教养兼备，为商贾十二行及农圃各村庄垦种之始"①。丹津是右翼都统古禄格的曾孙，康熙四十三年（1704）袭职，卒于乾隆二年（1737），他生活的时代，正是土默特社会剧烈变化的关键时期。在丹津任职之时，都统之职几经裁撤罢削，地位已

---

① 咸丰《古丰识略》卷28《人部·宦绩》，《中国地方志集成·内蒙古府县志辑》，凤凰出版社2012年影印本，第6册，第303页。

大不如前。① 丹津任内"输田"大粮官地等四万余顷;② 在归化城东南隅,"设立先农坛,每于三月间,同城文武官员齐集致祭,行耕耤礼一次"③。考虑到土默特都统当时所处的微妙处境,丹津对待农耕的态度以及输田的举动似乎是其向清廷表达效忠,努力维持自身地位的重要方式,这也在一定程度上体现了王朝力量对地方社会渗透程度的加强。

朝廷放垦的土地主要是招募民人耕种。以十五道沟地为例,放垦之后,官府即招募民人垦种,将耕种土地的民人登记造册,即《大青山十五沟烟户人口地亩清册》。官府每年还派人前往十五道沟地方清查人口地亩,防止偷种偷垦现象。在土默特档案中,尚存有四份清册。四份清册中,乾隆四十一年(1776)清册登记各沟耕种土地民人共计一百七十七户,男妇七百名口;乾隆四十三年(1778)清册记录各沟通共种地民人一百六十九户,男妇六百五十九名口;乾隆五十三年(1788)清册记载各沟通共种地民人一百六十户,通共男妇六百二十八名口;乾隆五十六年(1791)清册登载各沟种地民人一百四十一户,通共男妇五百六十名口。④ 前人研究表明这些由官府攒造的册籍,有因循故事的可能。明代的黄册,其中登录的人名有数十年,甚至上百年不变,成为户头的情况。⑤ 土默特档案内保留的四份清册在登记过程中也可能存在虚应以对的情形。因此,我们选择四份清册中时间最早的一份乾隆四十一年(1776)清册

---

① 光绪《土默特志》卷2《源流》,《中国方志丛书·塞北地方》,成文出版社1968年影印本,第16号,第25—46页。

② 光绪《土默特志》卷5《赋税》,《中国方志丛书·塞北地方》,成文出版社1968年影印本,第16号,第83—84页。

③ 《清理藉田并归公地亩发给执照的草稿》,乾隆年间(具体年份不详),土默特档案,内蒙古自治区呼和浩特市土默特左旗档案馆藏,档案号:80/5/1(三个数字分别是全宗号、目录号、件号,以下相同,不一一注明)。

④ 《申送大青山十五沟烟户人口地亩各数清册》,乾隆四十一年二月十日,土默特档案,内蒙古自治区呼和浩特市土默特左旗档案馆藏,档案号:80/5/25;《申报大青山十五沟烟户人口并地亩各数(附清册)》,乾隆四十三年十二月十八日,土默特档案,内蒙古自治区呼和浩特市土默特左旗档案馆藏,档案号:80/5/39;《造送本年查丈过十五沟地亩烟户人口花名清册》,乾隆五十一年一月,土默特档案,内蒙古自治区呼和浩特市土默特左旗档案馆藏,档案号:80/5/103;《申送查点大青山十五沟烟户人口清册》,乾隆五十六年十二月二十日,土默特档案,内蒙古自治区呼和浩特市土默特左旗档案馆藏,档案号:80/5/114。

⑤ 刘志伟:《在国家与社会之间——明清广东地区里甲赋役制度与乡村社会》,中国人民大学出版社2010年版,第193—203页。

进行分析。乾隆四十一年距离十五道沟开垦的乾隆二十六年，大概十五年，应能在一定程度上反映十五道沟土地承种的实际情况。兹以乾隆四十一年清册中的"东哈尔吉尔沟"为例，管窥这一时期土默特地区的人口来源和结构。清册中东哈尔吉尔沟的人户名单如下：

归化城蒙古民事同知为钦奉上谕事，遵将乾隆肆拾壹年份卑职会同委员查点过大青山十五沟现在烟户人口并承种地亩各数目分晰管收除在造具清册，呈送查核须至册者。

计开：

乾隆四十一年份

旧管

东哈尔吉尔沟

一户雷生成系静乐县人，计男妇陆名口，承种地八十三亩，应纳租米贰石肆斗伍升陆合捌勺。

一户冯仓系大同县人，计男妇肆名口，承种地陆拾贰亩，应纳租米壹石捌斗三升五合贰勺。

一户杜有谟系右玉县人，计男妇三名口，承种地七十六亩贰分，应纳租米贰石贰斗伍升伍合伍勺贰抄。

一户吴士茂系交城县人，计男妇肆名口，承种地玖拾三亩三分，应纳租米贰石柒斗陆升壹合陆勺捌抄。

一户范望育系阳曲县人，计男妇肆名口，承种地三拾六亩，应纳租米壹石六升伍合陆勺。

一户张履吉系忻州人，计男一名，承种地一顷贰拾三亩肆分，应纳租米三石六斗伍升贰合陆勺肆抄。

一户何登进系繁峙县人，计男妇陆名口，承种地一顷捌亩，应纳租米三石壹斗九升陆合捌勺。

一户张法系繁峙县人，计男妇三名口，承种地陆拾肆亩，应纳租米壹石捌斗玖升肆合肆勺。

一户徐进朝系五寨县人，计男妇伍名口，承种地一顷陆拾伍亩，应纳租米肆石捌斗捌升肆合。

一户王功系大同人，计男妇陆名口，承种地陆拾捌亩，应纳租米贰石壹升贰合捌勺。

一户王先荣西繁峙县人，计男妇三名口，承种地贰顷一拾肆亩，应纳租米陆石三斗三升肆合肆勺。

一户孙天明系代州人，计男妇伍名口，承种地伍拾肆亩伍分，应纳租米壹石陆斗壹升三合贰勺。

一户柳文喜系阳曲县人，计男妇贰名口，承种地拾亩，应纳租米贰斗玖升陆合。

一户李兰系大同县人，计男妇伍名口，承种地三拾玖亩伍分，应纳租米壹石壹斗陆什玖合贰勺。

一户谭胥孙崞县人，计男妇捌名口，承种地柒拾陆亩三分，应纳租米贰石贰斗伍升捌合肆勺捌抄。

一户王山系右玉县人，计男壹名，承种地一拾肆亩，应纳租米肆斗壹升肆合肆勺。

一户朱景会系应州人，计男贰名，承种地一顷，应纳租米贰石玖斗陆升。

一户蒙昌系浑源州人，计男肆名，承种地壹顷，应纳租米贰石玖斗陆升。

一户董泰系忻州人，计男妇贰名口，承种此肆拾陆亩，应纳租米一石三斗陆升壹合陆勺。

以上东哈尔吉尔沟，种地民人壹拾玖户，共地壹拾伍顷三拾三亩贰分，共纳租米肆拾伍石三斗捌升贰合柒勺贰抄，共计男妇柒拾肆名口。

以上为旧管人户，此次清查新收无，开除无。从东哈尔吉尔沟的人户情况来看，这些承种民人大多来自晋北州县。承种民人的家户有两种情况：一是由"男妇"构成，共15户；一是只有男性成员，共4户。在移民社会，往往存在单身男性先行移住的情况。这四名单身男性，应该也可归于此类。有意思的是，其中一名男性张履吉一人承种了一顷二十三亩四分土地。如此数量的土地，显然不能由一人独自耕种，可能需要佣工或转租。由于资料阙如，目前还无法查知十五道沟土地的租佃情况。不过，托克托县一份乾隆五十三年（1788）的契约文书，记录了官地租佃的状况。契文如下：

> 立佃地死约人赵有今因用钱使用，将自己祖遗原认遵里四七甲，共地肆拾亩零五分，四至不开，今情愿粮尽地尽，死约出佃与赵江认粮，永远承种为业，当日受过佃价钱柒千捌百文，并不短欠，如有户族诸人争端，赵有一面承当，恐后无凭，专立佃地死契为照用。
>
> 乾隆五十三年二月九日
>
> 立约人　　赵有
> 见人　　赵五、高玉文、赵发①

这份契约是一份"死约"。契约内容是说赵有将自己祖遗原认遵里四七甲土地四十亩零五分，出佃与赵江永远认粮承种，并收取佃价钱七千八百文。前文已述，托克托厅在乾隆二年（1737），放垦了安、兴、遵三里官地，这份契约交易的地块，正是遵里官地。从"祖遗原认"一词可知，土地是赵有的先人承种。不过，随着时间的推移，土地逐渐被投放到市场之中，转租于他人耕种认粮。

随着境内土地逐渐被朝廷放垦，土默特蒙古（mongɣol）拥有的土地日渐狭小，不仅如此，其保留土地也因民人（irgen）的大量到来，而不断被开垦成为农田。从上文论述可知，早在官垦之前，民人就已经在土默特地区进行了"自发性"垦殖，朝廷放垦土地、募人耕种，则进一步刺激了民人的进入和土地的开发。山西巡抚喀尔吉善等曾在乾隆七年（1742）的一份奏折中称："只因生齿日繁，又有众喇嘛建立寺庙，伊等沙弼那尔俱在各村居住。又数十年以来民人聚集归化城贸易，并携眷在各村与蒙古杂处种地者四五十万，是以地方日窄，而蒙古生计日窘"。②虽然四五十万只是一个概数，但也足以表明这一时期在口外生活内地民人数量已经颇具规模。在这种情势下，土默特地区的人地关系日趋紧张，

---

① 乾隆五十三年二月九日契约，笔者收集民间资料。

② 《山西巡抚喀尔吉善等十月十五日（11月11日）奏》，中国科学院地理科学与资源研究所、中国第一历史档案馆编：《清代奏折汇编（农业·环境）》，商务印书馆2005年版，第70页。

尤其是因民人租种蒙古保留土地引发了大量土地纠纷。① 因此，明晰蒙古保留土地的所有权，提上统治者的议事日程。乾隆八年（1743），在朝廷的主导下，对土默特地区蒙古的保留土地进行了调整和划拨：

> 兹据参领等查报，土默特两旗蒙古共四万三千五百五十九口，原有地亩、牧场及典出田地共七万五千四十八顷有奇。……除牧场地一万四千二百六十八顷有奇外，现在田地多余之人一万六千四百八十七口，耕种地亩四万二千八百顷有奇。臣请将参领等查明之七万五千四十八顷，除牧场及典出地亩，并现在之三二十亩以上一顷以下者不论外，于四万二千八百余顷内拨出四千六百三十三顷十二亩，分给实无地亩及人多地少之蒙古，每口以一顷为率，以为常业，分别造册，送户部、理藩院备查。②

上述材料有两点值得注意：

其一，材料表明土默特蒙古人的土地分成"地亩"和"牧场"两个部分。地亩是已经开垦耕种的土地，而牧场是在原则上禁止开垦的土地。给无地或少地之蒙古人分配的一顷土地，是"地亩"，也就是后来蒙古称之为"户口地"的土地。至于"牧场"的划分，则未作过多交代。牧场即蒙古人的草厂，下文将对这一问题展开论述，在此略过。

其二，乾隆八年（1743）的土地政策在划拨土地之外，更为重要的是将蒙古土地所有权法定化。此次土地调整的具体办法是从田地多余之人的四万二千八百余顷土地里面抽取四千六百三十三顷十二亩，分给无地和少地的蒙古人。按照比例计算，抽出的地亩约占十分之一，也就是说，田地多余之人的大部分土地并未在划拨之列。因此，对于土默特蒙古人来说，乾隆八年（1743）土地划拨，影响更为深远的是蒙古土地所有权的法定化，而这一举措是通过建立土地档册完成的，"又土默特耕地

---

① 土默特档案，内蒙古自治区呼和浩特市土默特左旗档案馆藏中保留大量此类文档，正是这一情况的明证。参见土默特档案，内蒙古自治区呼和浩特市土默特左旗档案馆藏土地类（全宗号80目录号5文件号1－624）。

② 《清高宗实录》卷198，乾隆八年八月壬子，中华书局1985年影印本，第11册，第542页。

向俱任意开垦，无册档可稽，去年各佐领呈出数目与本年参领所查亦不相符。请自明年起，凡有地亩俱着丈量。……俟丈量明确时，将实数于各名下注明备查，以免隐匿。得旨，是。"① 此后，这些土地档册成为土默特蒙古确定土地所有权的重要凭据，一旦涉及土地诉讼，查阅户口地档册便成为不可或缺之事。在这个层面上，乾隆八年（1743）的土地划拨具有了双重含义：一方面，这次土地划拨是蒙古土地开发程度加深和人地关系紧张的结果；另一方面，将土默特蒙古土地所有权法定化，也在理论上使蒙古人的活动范围被大大限定了。

在土默特地区，"户口地"划拨之后，蒙古兵丁很快以"不谙耕种"为由，陆续将土地出租。施添福和陈秋坤曾对台湾地区"平埔族"出租土地的原因进行探讨，前者侧重差事繁重的因素，后者强调开田费用和土地距离的因素。② 虽然土默特与台湾山水相隔，但土默特蒙古人与台湾地区平埔族所面对的问题及其处理的方式具有某种相似性。土默特蒙古人租地的原因大体有三个方面：

首先，差役繁重，无暇种地。土默特蒙古人平日当差，战时出征。日常差役包括守卫卡伦和渡口、驿递，在衙门轮值，看守衙署和旗库，承缉命盗人犯，操演以及到本参领、佐领处听差等。③ 在这种情况下，他们往往无力顾及土地经营。蒙古渠金架等在朝号尔村有户口地，但"自己按月轮流当差，不暇承种"④。此外，土默特蒙古人还需在战时从征。从顺治朝直至清末，曾多次奉调出征，死伤甚多。⑤ 清末战事频仍之际，"后值南方军兴，奉文调遣，不论有失落户地，挨次轮派兵差，男丁出征

①　《清高宗实录》卷 198，乾隆八年八月壬子，中华书局 1985 年影印本，第 11 册，第 543 页。

②　施添福：《清代台湾的地域社会——竹堑地区的历史地理研究》，新竹县文化局 2001 年版，第 117 页；陈秋坤：《清代台湾土著地权——官僚、汉佃与岸里社人的土地变迁（1700—1895）》，台北"中央研究院"近代史研究所 1994 年版，第 59 页。

③　土默特左旗《土默特志》编纂委员会编：《土默特志》上卷，内蒙古人民出版社 1997 年版，第 122 页。

④　《解送渠金架等控孟成贵等抗租不付一案之孟成贵等九人》，乾隆五十年十一月二十五日，土默特档案，内蒙古自治区呼和浩特市土默特左旗档案馆藏，档案号：80/5/89。

⑤　土默特左旗《土默特志》编纂委员会编：《土默特志》上卷，内蒙古人民出版社 1997 年版，第 122、123 页。

他省，女口乞食斯境，此等苦处实难尽诉"①。可见频繁征战对土默特蒙古人的生活造成很大影响。

其次，不具备开田的技术与费用。土地分给个人之后，如要开垦，一来需要掌握一定的耕作技术，二来需要农具、耕牛等生产工具。土默特蒙古人很难即刻达到上述条件。一些民人就如此说道，"贡布扎布是职员，长在城上当差，他家又没会种地的人，又没农具，又无工本，他告说要地回去自种是假话，明是他把地夺去要转租与人"②。在这里，民人正是以不具备耕作技术和生产工具等因素来指摘贡布扎布的"夺田"行为。

最后，土地与住地距离过远，不便照料。蒙古兵丁的居住地与田地不一定在一处。蒙古清泰居于归化城厅小毕斜气村，在王毕斜气村有祖遗房地基一块、户口地三十亩。③ 蒙古补音图是黄河渡口的渡丁，在托克托城厅召湾村"搬船"，其祖上一块二十五亩户口地，坐落在西营子村。④ 蒙古尔林报住在归化城厅大浑津村，在巧尔什营村有祖遗"租产"一项有余。⑤ 三个例子中的蒙古人居住地与田地都存在一定距离，这往往降低了人们前去开田耕种的意愿。

总之，由于差役繁重、不具备开田技术与工本以及离田弯远等原因，"户口地"划拨之后，土默特蒙古人很快就将其交与民人耕种了。在土地开垦的早期，由于地多人少，内地民人较易取得蒙古人许可，获得耕种土地的权利。曲有升等十二人"家贫无度，出口佣工，身无所栖，从乌兰不拉以近明安交界地方，不过酒肉邀问，邻近达子地方各盖土房，并无

① 《乞恩将六成地内赏给户口地亩的呈文》，光绪十二年十二月，土默特档案，内蒙古自治区呼和浩特市土默特左旗档案馆藏，档案号：80/5/285。

② 《申报前锋校贡布扎布强夺永租地一案情形的呈文》，乾隆四十七年八月二十三日，土默特档案，内蒙古自治区呼和浩特市土默特左旗档案馆藏，档案号：80/5/62。

③ 《移咨户司查明王毕斜乞房基地是否系丹则尔巴祖产》，咸丰九年六月二十一日，土默特档案，内蒙古自治区呼和浩特市土默特左旗档案馆藏，档案号：80/5/188。

④ 《为补音图告裴三斜眼霸地案移咨户司查复地亩何人之地》，同治四年二月二十六日，土默特档案，内蒙古自治区呼和浩特市土默特左旗档案馆藏，档案号：80/5/197。

⑤ 《呈诉福寿等争空争夺世守地亩乞拘传究断》，光绪十四年十月，土默特档案，内蒙古自治区呼和浩特市土默特左旗档案馆藏，档案号：80/5/293。

租银，打草活生"。① 以"酒肉邀问"的方式获得居住和打草的权利，显然只有在人地关系不太紧张的情况下才可能发生。在人烟稀少、土地富余的情况下，蒙古人和民人确定土地权属的意识都不强烈。随着时间的推移，土地成为越来越稀缺的资源，人们开始用契约来确认和保证耕种土地的权利。清廷不允许买卖蒙旗土地，因此民人种植蒙古户口地的方式主要有三种：一是永租；二是典；三是伴种。② 土默特地区的土地交易形式和地权状况是一个非常复杂的问题，非三言两语能够论述。兹仅举如下三例，略呈其貌，详细情况留待以后撰文讨论。

永租是指蒙古人将土地租给民人永远耕种。乾隆四十七年（1782）九月二十七日的一份契约反映了这一状况：

立合同约（骑缝）

立租约人达林太，自因使用不足，今将自己新地地一段，系东西畛，计地一十五亩，东至郭志宏，南至郭志宏，西至渠，北至哈儿炭，四至分明，情愿出租于王继成耕种为业，同众言定，押地钱四千五百文，每一年租钱一千文，秋后钱，永远耕种，恐后无凭，立租约存照用。

乾隆四十七年九月二十七日立

公盖、苏斩魁、达利、孟添宝 中见人

这份契约是一份永租约。契约内容是说蒙古达林太，将自己的一块土地，租与王继成耕种。收取押地钱四千五百文，每年租钱一千文。这一份契约虽然没有"永租"的字样，但有"永远耕种"的表述，表明这是一份永租约。蒙古人将土地永租与民人之后，如再发生转租，承租之人要向蒙古人交一笔过约钱，每年仍上交地租钱。但并不是每一笔交易都有押地钱或过租钱，这其中的差异和原因，仍需要进一步讨论。

---

① 《具申酌减曲有升等房课银》，乾隆元年十月，土默特档案，内蒙古自治区呼和浩特市土默特左旗档案馆藏，档案号：80/5/3。

② 关长喜也关注到了乾隆年间这几种土地交易形式。关长喜：《乾隆初年归化城土默特蒙丁地研究》，硕士学位论文，内蒙古大学，2015年。

典是指可回赎土地的交易，这类契约不像永租约那样多，但也有相当数量。嘉庆二年（1797）九月十五日的一份契约记载：

> 立典地约人色令班定，自因使用不足，今将自己村西南白地三段，南北畛，东至安四，西至色不架，南至道，北至他布代，四至分明，计地捌亩，情愿出典与付永发耕种为业，同人言定价钱拾仟零捌拾文，钱到回赎，不计年限，恐口无凭，立约存照。
>
> 计开每年出租钱二百文
>
> 嘉庆二年九月十五日立
>
> 嘉庆十九年十月廿一日原约原地原价推与韩国宝名下耕种为业
>
> 　　　　　　　　　　　　刘世义 、张志恕　　中见人
>
> 于咸丰四年十一月十五日同人备价，将此地赎回自种，所以此约以为故纸不用①

这份契约是一份典约。契约内容是说蒙古色令班定将自己的三段白地，典与民人付永发耕种，典价为十千零八十文，每年交地租钱二百文。出典的土地"钱到回赎，不计年限"。据《民事习惯调查报告录》记载："本属通例，若约内但书不计年限、钱到回赎，必代远年湮，纠葛易启。归绥县发现此种约据甚多，往往因当事人死亡，承继人已视同永业，不予回赎，两造因而涉讼者有之。"② 上引契约发现于民国时隶属于归绥县的呼和浩特市近郊。因此，可以推想像这份契约一样书写"钱到回赎，不计年限"的情况，很可能在年深日久之后，引发争端。

"伴种"是民人采取的另外一种耕种形式。伴种的具体办法是由土地所有者出生产工具等，由伴种者出种子等，收获物则按比例分成。道光二十年（1840）十一月十三日的一份就是关于伴种的契约。契文如下：

> 立半（原字如此——引者注）种荒地约人刘九恒，今半种到佛

----

① 嘉庆二年九月十五日契约，笔者收集民间资料。

② 南京国民政府司法行政部编：《民事习惯调查报告录》上册，胡旭晟、夏新华、李交发点校，中国政法大学出版社1998年版，第416、417页。

庙东沙沟荒地二处开垦半种，言明籽种粪土粮，俱以四六均出均分，穰草以贰八分，茭杆以三七分，种地人六七八，地主人四二三，限至廿八年秋后满，恐口无凭，立约存照。

　　道光廿年十一月十三日立

　　合同为证

　　经理甲头七十三、纳艮太、尔金兔、董国禄、克的扣、三喇嘛、色克达、郭昌和

　　见人①

　　这份契约是一份伴种约。契约内容是说民人刘九恒与东乌素图佛庙伴种两块荒地。籽种粪土粮食以四六分成，穰草以二八分成，茭杆以三七分成，其中种地人分别占六、七、八成，地主人分别占四、二、三成。这份契约中各种投入与产出均按照比例分成。但也有土地所有者出牛只人工等，收获物由土地所有者和伴种者按照比例分成的情况。色札布佐领下人蒙妇伍把什，在乾隆三十六年（1771）将水地三十亩与本村杨姓（杨天沼）伙种，"每年所用蒙妇人工牛只等项耕种，将收获粟粮，蒙妇作为六分，杨姓作为四分。又杨姓与蒙妇每年出租银二两一钱，言定伙种"②。在这里，蒙妇出人工牛只，收获物由蒙妇和杨姓按照六四分成。

　　康雍乾时期，由朝廷主导的土地放垦，为内地民人移入口外创造了相对宽松的社会环境，山西移民纷至沓来，从而大大加快了土默特地区土地开发的步伐。他们不仅承种官方放垦的官地，也向蒙古人租种户口地。随着内地汉人的不断增多，土地的辗转流动也日渐成为常态。而这也成为土默特地区村落形成的重要社会背景。

三　牵混不清的土地

　　尽管朝廷出于自身统治需要，将土默特地区的土地分成不同类型。但在实际生活中，这些不同类型的土地往往界限模糊、牵混不清。下面

---

①　道光二十年十一月十三日契约，笔者收集民间资料。

②　《详报审断蒙妇伍把什控杨姓一案情形（附书册）》，乾隆四十八年五月二十六日，土默特档案，内蒙古自治区呼和浩特市土默特左旗档案馆藏，档案号：80/5/66。

以"草厂"地为例，对这一问题进行讨论。乾隆八年（1743），朝廷划拨各村草厂，并明令禁止开垦。然而，不久之后，人们便不顾这一规定，将草厂私行"偷开"，"历今年远日久，嗣因幼年不肖之徒，不知法令，希图微利，渐渐偷开甚多"。① 乾隆三十五年（1770），朝廷对草厂进行了清查。此次清查命令，"前项偷开草厂内，与草厂妨碍之地仍放马厂，无碍之地分给土默特两旗穷苦蒙古永远为产。余剩草厂饬交该参佐领，不时严查，再不许偷开"②。从这一规定来看，"余剩草厂"尚且不难处理，但对于已经"偷开"的草厂，承租民人当然不会坐以待毙。乾隆三十八年（1773），民人郎攀月等上告衙门，声称他们从乾隆二十二年（1757）至乾隆二十八年（1763），陆续在主根岱村阁村蒙古处认领草厂七顷四十九亩。乾隆三十五年（1770）清查草厂之后，"原放地官兵老爷"令其退地。对此，民人郎攀月等说："此项地亩土默特各村皆有，别处皆系原人承种，蒙古吃租，独将小的等之地亩夺回，声言蒙古自种，似与情理不合。况且奉部所赏者，皆是穷苦蒙古。蒙古既云穷苦，何能备出资本，耕种地亩，明系从小的等手内夺去转租他人无疑矣。"③ 由于材料阙如，此案如何断定，不得而知。不过，从中可以看出，面对"原放地官兵老爷"退地的命令，民人尽力表达自己的诉求。④民人的说辞，似乎也透露出乾隆三十五年（1770）的草厂清查，可能为一些"原放地官兵老爷"留下了渔利之机。

相当一部分已经租与民人的草厂，则似乎未受清查影响，依旧由民人承种。咸丰十一年（1861），前珠尔沁村的蒙古人和苏家庄村的民人根据乾隆二十五年（1760）的一份契约，订立新约。这份乾隆二十五年（1760）的契约记载前珠尔沁村"蒙古社"将荒地（应为草厂——引者

---

① 《为查办伙同私开章圪图脑儿草厂之蒙民人等的咨文》，乾隆三十九年八月初八日，土默特档案，内蒙古自治区呼和浩特市土默特左旗档案馆藏，档案号：80/5/19。

② 《为查办伙同私开章圪图脑儿草厂之蒙民人等的咨文》，乾隆三十九年八月初八日，土默特档案，内蒙古自治区呼和浩特市土默特左旗档案馆藏，档案号：80/5/19。

③ 《为主根岱村官兵着令小的等退垦熟之地乞断的禀文》，乾隆三十八年二月初一日，土默特档案，内蒙古自治区呼和浩特市土默特左旗档案馆藏，档案号：80/5/14。

④ 乾隆三十八年，民人石发荣、张万宝等也因蒙古人要求退回业已承种的草厂而提起诉讼。《恳断令继续租种巧尔报村地亩的呈文》，乾隆三十八年三月，土默特档案，内蒙古自治区呼和浩特市土默特左旗档案馆藏，档案号：80/5/17。

注）一块，租给苏家庄村"永远住占场院牧养生（原字如此——引者注）
畜，不准开垦地亩。如若开垦者，每亩罚银五两，入蒙古社公用，每年
所出租钱仍系四千四百文字样"①。既然乾隆二十五年（1760）的契约所
载的内容，是咸丰十一年（1861）订立新约的依据，那么有理由相信这
份乾隆年间的契约确实存在。也就是说，前珠尔沁村的荒地，从乾隆二
十五年（1760）到咸丰十一年（1861），应该一直是由苏家庄的民人租
用，并且只要交纳罚金，就可以开垦耕种。

　　乾隆三十五年（1770）清查草厂之后，朝廷再次下令禁止"偷开"。
不过，在利益的驱动下，蒙古人和民人很快联合起来，将草厂垦辟成田。
其中有个别蒙古人不经全村蒙古人同意，私自将草厂租与民人的情况。
乾隆四十一年（1776），常合赖村蒙古人必力克图、吹木素玛、五把什
等，将常合赖村和石轴村两村草厂地一顷多租给民人范克成、申义德耕
种，后来被石轴村蒙古人上告衙门。② 也有全村蒙古人共同商议，主动将
草厂租与民人的情况。乾隆四十六年（1781），胡通图村有草厂八十顷，
由全村合议，将其中十顷租给民人。③ 而纠纷是否发生，不取决于土地是
否被开垦，而取决于草厂是由村中或外村个别蒙古人私自出租，还是由
村中全体蒙古人共同出租。如果是前者，则会导致未分得利益的蒙古人
不满，从而引发诉讼。土默特档案中关于草厂的争端，多半由此所致。
如果是后者，全村蒙古人利益均沾，往往并不追究草厂是否辟为田地。
召上村高姓蒙古家族契约中，就存有一定数量保什户（bošoyo，即领催，
蒙旗基层小吏——引者注）等将"公中"土地租卖的情况，道光四年
（1824），五喇嘛买到"西营子公中保什号长不浪、把儿旦等召村后公中
地一块"。④ 同治二年（1863），蒙古保什户有福子、天来保将"公中河
口镇后街大路东路南相连东滩空地基一块……情愿出租与王永亨名下永

---

① 《租给苏家庄村荒滩一块的合同文约》，咸丰十一年六月二十七日，土默特档案，内蒙
古自治区呼和浩特市土默特左旗档案馆藏，档案号：80/14/1188。

② 《申报断结什轴村控常合赖村必力克图等偷草厂案》，乾隆四十一年十二月十八日，土
默特档案，内蒙古自治区呼和浩特市土默特左旗档案馆藏，档案号：80/5/28。

③ 《胡通图村领催等控特士斯等私租私垦草场请派员会勘的呈文》，乾隆四十六年一月
二十八日，土默特档案，内蒙古自治区呼和浩特市土默特左旗档案馆藏，档案号：80/5/53。

④ 道光四年三月二十七日契约，笔者收集民间资料。

远管业"。① 这类契约频频出现，可知出租的"公中"土地，应得到了"公中"人等的认可，似乎也没有引起太多争议。

从上文可知，禁开草厂的律令在实施过程中似乎变成一纸具文，但这并不意味着这一禁令在乡村社会不再发挥作用。在实际生活中，为达到占有土地的目的，禁开草厂的律令时常变成人们谋利的一个法律依凭。这也使草厂地与其他类型的土地出现了牵混不清的情况。下面分述之：

首先，草厂与户口地的纠纷。乾隆四十五年（1780），巴拉盖村蒙古人圪得格尔声称早年将自己的"口粮地"（即"户口地"——引者注）租与民人梁姓耕种，后来突然有民人王玉全等向衙门控其所种土地为草厂。面对王玉全等人的控诉，圪得格尔辩解道，"小的虽系愚蒙，断不敢私开禁止草厂，前项地亩是属口粮"②。同年，民人张季仪呈控吕成美诬陷其侄张保山违禁开种草厂。对于吕成美的说辞，张季仪等声辩：吕成美在村窝贼为匪，被张宝山等告发，因此怀恨在心，妄生事端。并且坚决否认张宝山所种的是草厂，"小的侄子张宝山于乾隆三十三、四年租种蒙古取金架、甲炭儿二人口粮地二顷六亩。……难道东邻韩广仁，南邻段文魁，西邻陈大会，还有中间张文耀、刘运、陈大会们所种地亩不是草厂，惟有小的所种地亩就是草厂？"③ 如前所述，户口地为蒙古兵丁个人所有，可相对自由支配，而且朝廷并没有明确规定禁止开垦。草厂则属村中蒙古人共同所有，并且朝廷明令禁止开垦。这两个例子中，涉案一方为了胜诉，称对方开垦了禁开的草厂，而另一方则极力否认，称自己耕种的土地是蒙古人的口粮地。可见，所谓禁开草厂的律令，变成了双方为达到彼此目的的一套说辞。

其次，粮地和草厂的纠纷。乾隆四十八年（1783），补鲁兔村民人李明盛、郝可月状告偏关窑子蒙古丹巴尔架与民人张昶、高天佑等以"官地"兑换"草厂"为由，欲侵占草厂，"但厂离村近，地离村远，伊等竟

---

① 同治二年十二月初四日契约，笔者收集民间资料。

② 《申报王玉泉控圪德格尔案俟印官回任再行审结》，乾隆四十五年七月十一日，土默特档案，内蒙古自治区呼和浩特市土默特左旗档案馆藏，档案号：80/5/46。

③ 《申请委员会审吕成美控张宝山私草场案的呈文》，乾隆四十五年十一月十六日，土默特档案，内蒙古自治区呼和浩特市土默特左旗档案馆藏，档案号：80/5/50。

将挨村草厂硬行开种"①。同治七年（1868），领催阿勒腾、讨不气等呈控"萨所所属卯该图等村民人贺秀等借以小粮地为词，贿串快役张富等，将恩赏本佐领下众蒙古卯该图等处地方户口及公共牧厂地亩，越界霸种数十顷之多"②。前文已述，康雍乾时期，朝廷在土默特地区放垦了大量土地，招募民人耕种。这些土地一般被称为"粮地"或"官地"。这两个例子中原告呈控被告以"粮地"或"官地"为词，霸占草厂等地，其背后隐含的逻辑，正是草厂不能随意侵种。值得注意的是，在前一个例子中，告状人是民人，而不是蒙古人，这可能是因为草厂一旦为外村侵占，将影响本村民人承种草厂，因此，他们不惜与外村的蒙古人和民人对簿公堂。

最后，天主教教堂土地与草厂的纠纷。早在道光年间，天主教就在察哈尔西湾子村活动，并以该村为阵地，渐次向土默特地区和伊克昭盟等地渗透。到宣统年间，已经在土默特地区建立了大大小小十七所教堂。天主教在建立教堂的同时，还大量向蒙古人、民人购置土地，再转给教民耕种，以此吸引民众入教。③ 宣统三年（1911），骁骑校（orulan kügegegi）富林禀控佐领乌尔图达赖盗卖官滩。案件卷宗提到乌尔图达赖将章盖营村官滩五十顷，以价市钱一千五百千文卖与天主教教堂。同年，又有什力圪图村蒙民等控告该村蒙古雨丝，将村中官滩一百余顷全行卖

① 《为伍把什等与高昶等互换地块是否可行的呈文》，乾隆四十八年五月八日，土默特档案，内蒙古自治区呼和浩特市土默特左旗档案馆藏，档案号：80/5/63；《控丹巴尔架等违禁强占地亩的诉状》，乾隆四十八年五月，土默特档案，内蒙古自治区呼和浩特市土默特左旗档案馆藏，档案号：80/5/64；《再控丹巴尔扎布、张昶等违禁强占草场的禀状》，乾隆四十八年七月，土默特档案，内蒙古自治区呼和浩特市土默特左旗档案馆藏，档案号：80/5/70。

② 《禀控属下卯该图地亩再次被霸伏乞上裁》，光绪二年二月，土默特档案，内蒙古自治区呼和浩特市土默特左旗档案馆藏，档案号：80/5/218。

③ 关于土默特地区天主教的情况，参见牛敬忠《近代绥远地区的社会变迁》，内蒙古大学出版社2001年版，第15—17页。另，牛敬忠在著作中注意到了天主教堂向蒙古人购买土地的情况。此外，天主教堂也向民人购买土地。如，宣统二年（1910），黑训营村董正威将自己原置蒙古户口地，"情愿出佃与天主堂名下永为公产"（《租给天主堂黑训营村东地十八亩的租约》，宣统二年三月十九日，土默特档案，内蒙古自治区呼和浩特市土默特左旗档案馆藏，档案号：80/14/956）。

与天主教教堂。① 在这两个案件中，告状人都强调被告"盗卖"的是"官滩"，这里的官滩就是草厂。不管草厂卖与何人，由于有禁开草厂的律令，因此只要呈控人认为自己的利益受到侵犯，就可一纸诉状，将所谓的"盗卖者"告上衙门。

流动的土地关系折射出的是蒙古人与民人错综复杂的关系。由于粮地、户口地、草厂地分属不同的赋税体系并具有不同的产权归属。粮地为朝廷放垦，由民人承种纳税，土地由民人占有。户口地和草厂地为朝廷分配给蒙古人的当兵养赡之资，土地由蒙古人占有。在涉及草厂纠纷时，民人可以找到一个蒙古人承主，将草厂假称为户口地，从而达到占地的目的；反之，亦可联合蒙古人，将户口地等其他土地类型的土地，假称为草厂，进而据为己有。也就是说，在一些特定场合，蒙古人与民人游走于不同的赋税和产权体系之间，采取合作的方式，以达成某一共同目标。

第三节 北上南下：米粮贸易与土默特社会

一 旅蒙商与部票

西征结束之后，清廷在新疆和外蒙古等地驻扎大批军队戍防。在外蒙古，乾隆三十二年（1767），分别修建了乌里雅苏台和科布多城，并派兵驻守于此。每年派驻在乌里雅苏台城的将军、参领、满汉蒙古官员兵丁共需经费银三万八千余两，粮千四百余石。② 科布多每年发放银两也有三万八千二百二十余两。③ 在新疆，乾隆中叶勘定西北之后，从乾隆二十三年（1758）至乾隆四十八年（1783）共修筑了大小城堡近四十座，④

① 《奉派查勘和厅开窑及盗卖官滩情形的呈文》，宣统三年四月，土默特档案，内蒙古自治区呼和浩特市土默特左旗档案馆藏，档案号：80/5/615；《为出示晓谕严禁蒙民私卖官滩》，宣统三年六月，土默特档案，内蒙古自治区呼和浩特市土默特左旗档案馆藏，档案号：80/5/620。

② 嘉庆《乌里雅苏台志略》，《中国方志丛书·塞北地方》，成文出版社有限公司1967年影印本，第39号，第24页。

③ 道光《科布多事宜》，《中国方志丛书·塞北地方》，成文出版社有限公司1967年影印本，第42号，第42页。

④ 苏奎俊：《清代新疆满城探析》，《新疆大学学报》2007年第5期。

驻军大概有四万五千人。① 至 1862 年之前，朝廷每年拨饷新疆二百一十余万两，约占清政府年财政支出的十五分之一，总计达两亿一千余万两。② 为数众多的官兵驻防在外蒙古和新疆，其俸饷主要又是以银两的形式发放，这使得在外蒙古和新疆出现了一个具有相当规模的军需消费市场。

出于方便军民、以实军储等种种考虑，朝廷下令鼓励商人前往新疆和外蒙古经商。乾隆二十一年（1756），陕甘总督黄廷桂上疏称，"向来北路军营，与西路哈密、巴里坤一带，俱有大兵驻扎，商贩原许流通。往年西路军营所需牛羊，多借资于北路商贩。今巴里坤既经军营驻扎，而货物只由肃州一带贩往，远难接济，因而价腾。且伊犁平定后，与从前应防范情形迥异，自宜照旧流通"③。皇帝下令遵照速行。文中所说的"北路商贩"多指从归化城经由草地而来的商人。《清朝通志》记载，"西陲底定，自辟展、库车、阿克苏、乌什、和阗、叶尔羌、喀什噶尔等处均设市集。内地运往者，绸缎、褐毡、色布、茶封，易回部驴马、牛、羊、翠羽、花翎、毛革、金银、铜货及麦荞芎葵，以实边境军储"④。总之，在朝廷政策的鼓励下，越来越多的包括归化城商人在内的商贾前往外蒙古、新疆等地经商。

归化城商人外出外蒙古、新疆贸易，需要申领"部票"。"部票"是商人出口⑤经商所需的执照。⑥ 道光《钦定理藩院则例》载："该衙门给发部票时，将该商姓名及货物数目、所往地方、起程日期，另缮清单，粘贴票尾，钤印发给。"⑦ 可见部票是由两部分组成的：一个是部票本身；

---

① 齐清顺：《中国历代中央王朝治理新疆政策研究》，新疆人民出版社 2004 年版，第 138 页。

② 齐清顺：《清代新疆的协饷供应和财政危机》，《新疆社会科学》1987 年第 3 期。

③ 《清高宗实录》卷 513，乾隆二十一年五月丙申，中华书局 1986 年影印本，第 15 册，第 490 页。

④ 《清朝通志》卷 93《食货略·十三》，浙江古籍出版社 1988 年影印本，该书未标注页码。

⑤ 清代在长城沿线设杀虎口、张家口、古北口、喜峰口、独石口五口，是为内地前往蒙地的重要孔道。

⑥ 部票有时又叫作院票、印照、印票、照票、执照、路照等，不过这些"票"或"照"某些时候也是指户部或兵部或地方衙门发行的票据，其究竟所指为何要视具体情况而定。

⑦ 《钦定理藩院则例》卷 34《边禁》，《故宫珍本丛刊》，海南出版社 2000 年影印本，史部，第 300 册，第 140 页。

另一个是记有商人姓名、货物数目、起程日期的清单，清单粘贴在部票尾部。土默特档案中留下来的衙门间关于申领部票的往来文书中往往也附有粘单一纸，在这张粘单还记有商人的长相、籍贯、随身携带的行李、防身武器等项目。① 由此推断，粘贴在部票尾部的清单，除了登记上述道光《钦定理藩院则例》规定的条目外，可能还记录着更为丰富的内容。

部票一般由理藩院发给，"正在核办间，适准绥远城将军永德咨开：据本处商民禀，因现在京路不通，无从请领部票。商民以出藩贸易为生，请以上年余剩部票，钤盖将军印信，发给出藩贸易，暂行权变办理，自系实情，应即照准。拟将本处余剩部票，钤盖印信发给，后有不敷，暂由本处发给将军印票，饬交该商，持往贸易，随回随缴等因。咨请查照前来"②。也就是说，部票是由理藩院发给地方衙门，再由地方衙门发给商人。引文所讲的"因现在京路不通，无从请领部票"指的是八国联军侵占北京，慈禧太后逃亡西安一事，这导致部票一时无处请领。当时地方衙门应对的办法，是先由绥远城将军，将上年剩余部票发给商民。如若还不够，则由绥远城将军发给商民将军印票。

上文已经提到，部票由理藩院发给地方衙门，再由地方衙门发给商人，但商人究竟于哪个地方衙门请领部票，则前后有所变化，《清高宗实录》记载：

> 北路蒙古等以牲只来巴里坤、哈密、辟展贸易者，俱由乌里雅苏台，该处将军给与执照。其由张家口、归化城前往之商民，及内地扎萨克蒙古等，亦须折至乌里雅苏台领照，未免纡回，是以来者甚少。等语。新疆驻兵屯田，商贩流通，所关最要，着传谕直隶山西督抚及驻扎将军扎萨克等旗民愿往新疆等处贸易，除在乌里雅苏台行走之人，仍照前办理外，其张家口、归化城等处，由鄂尔多斯、阿拉善出口，或由推河、阿济行走，着各该地方官及扎萨克等，按其道里，给与印照，较之转向乌里雅苏台领照，程站可省四十余日，

---

① 参见土默特档案，内蒙古自治区呼和浩特市土默特左旗档案馆藏商旅类。
② （清）瑞洵：《整顿商人贸易验票章程折》，《散木居奏稿》卷5《筹笔集》，魏影点校，中国社会科学出版社2016年标点本，第97页。

商贩自必云集，更于新疆有益，该部即遵谕行。①

由此可见，朝廷初令商人出口至巴里坤、哈密、辟展三地经商，俱在乌里雅苏台领取印照，后来改为在乌里雅苏台行走之人，仍在该处领照，而由张家口、归化城等处出口，或由鄂尔多斯、阿拉善、推河、阿济行走的商人，则由该地地方官及扎萨克等，给予印票。引文中把这一改变的原因归结为"由张家口、归化城前往之商民，内地扎萨克蒙古等，须折至乌里雅苏台领照，未免纡回"，这个理由颇堪玩味。实际上，不去乌里雅苏台领取部票，很有可能是因为乌里雅苏台所处偏远，难于稽查，商人可以趁此之便，置朝廷法令于不顾，私自在外经商。而朝廷为便于控制，不得不将领取部票的地方改在张家口、归化城等这些更加便于管理的地区。

上述引文指出商人出口经商由乌里雅苏台、各地方官和扎萨克发给照票，从后面的发展来看，大部分商人到外蒙古、新疆经商，主要是从山西和直隶两地出口，因此至迟在道光年间，朝廷即下令"商人等出外贸易，由察哈尔都统（属直隶——引者注）、绥远城将军（属山西，绥远城距归化城五里——引者注）、多伦诺尔同知衙门（属直隶——引者注）领取部票"②。

就从归化城出口的商人而言，部票领取起初是在归化城副都统衙门，后来转移到了绥远城将军衙门。乾隆四十二年（1777），朝廷明确下令，由归化城前往乌鲁木齐贸易商民，俱在归化城副都统衙门领取部票，"乾隆四十二年准兵部来咨，归化城前往乌鲁木齐等处贸易商民，俱由副都统衙门发给部票，将该商人数，姓名及前往贸易之部落、扎萨克旗分，据该同知详报，到日填注详细，照例给发。等因。"③ 不过据土默特档案

① 《清高宗实录》卷610，乾隆二十五年四月己卯，中华书局1986年影印本，第16册，第856页。

② 《钦定理藩院则例》始修于嘉庆十六年，嘉庆二十二年正式颁行，道光三年至道光六年，再次撰修、印行，光绪时又重修。嘉庆年间撰修的《理藩院则例》，笔者未曾经眼。但嘉庆初修至道光重修，间隔不过几年，料想前后内容，相差不会太大。因此有理由相信，在嘉庆年间，即有此规定。

③ 咸丰《古丰识略》卷20《地部·市集》，《中国地方志集成·内蒙古府县志辑》，凤凰出版社2012年影印本，第6册，第182页。

来看，至迟在乾隆四十一年（1776）底，商民就已在副都统衙门领取部票。"归化城蒙古民事同知为申报查销路照事，乾隆四十一年十二月初六日，据三义号商民闫永旺呈称，缘小的等前往乌鲁穆齐等处贸易，从案下请领照票一张，赴彼贸易，事竣由迪化州领来回城路照一张，今于本年十二月初五日到城，理合将原领迪化州路照呈缴，查销转报等情。"①

嘉庆五年（1800），朝廷下令从归化城出口的商人，由绥远城将军给发部票，咸丰《古丰识略》记载：

> 嘉庆五年，经署定边副将军齐登札布具奏归化城商民于山后札萨克旗下，拥集过甚，稽查纷繁，且恐滋生事端，嗣后请发给部票，方准贸易，以便稽查。等因。蒙准由理藩院咨行绥远城将军，令将本院照票领去，给发各商民前往乌里雅苏素台等处及各蒙古地方，持票勒限贸易，派员赴都请领，俟商民贸易完竣，依限缴销。②

土默特档案中，自嘉庆五年以后，商人申请部票的资料，也都没有存留，这很有可能是因为嘉庆五年之后，商人改由在绥远城将军衙门申令部票，相关资料也因此留在了绥远城将军衙门。

商人在地方衙门领取部票，并不是即刻领到。商人请领部票之时，每年由归化城铺户按年轮流充任铺头，由铺头向绥远城将军汇报所需部票数目。绥远城将军再派员与铺户一同赴部领取部票，土默特档案记载："缘铺户等在案属设立后山生意。因请部票按年轮流充应铺头。原为经理缴旧换新，今铺户等系本年铺头，查往年每逢开正，凡后山贸易之散户于正二月内陆续预定部票三百余张。由铺头等约计总数呈报案下，申详将军委员协同赴部请领。"③

商人申领到部票之后，其持票经商的程序如何呢？乾隆四十三年

---

① 《申报查销三义号商民由迪化回城之路照一张》，乾隆四十一年十二月十七日，土默特档案，内蒙古自治区呼和浩特市土默特左旗档案馆藏，档案号：80/10/2。

② 咸丰《古丰识略》卷20《地部·市集》，《中国地方志集成·内蒙古府县志辑》，凤凰出版社2012年影印本，第6册，第182—183页。

③ 《为在归化城贸易之山西民人赵双元被劫毙命案的咨文》，嘉庆十六年九月二日，土默特档案，内蒙古自治区呼和浩特市土默特左旗档案馆藏，档案号：80/4/812。

（1778）土默特档案中的一段记载我们可以管窥其貌：

> 前据商民王枝选呈称，窃小的原住在乌噜（原字如此——引者
> 注）木齐卖货，有伙计王尚贤由归化城请照雇工民人、蒙古二十三
> 人驮运货物前来，今将伙计王尚贤并雇工张执礼等十一人，蒙古朝
> 圪图、打圪贝二名，共十四人，留住在乌发卖货物，俟完竣日另为
> 请照旋回外，其余雇工民人郭照等八名并蒙古公甲布公寸等二人，
> 连小的共十一人，先行旋回，合将原照呈缴，恳祈转请换给路照一
> 张，以便前往等情，转详给照请咨在案。①

由此可见，商人如果欲从归化城前往乌鲁木齐经商，先要在归化城
申领部票。至乌鲁木齐，待贸易结束之后，再到乌鲁木齐都统处，呈缴
旧照，换取路照，然后返回归化城。如果贸易未完，而又想返回，则需
禀明乌鲁木齐都统留下几人看守，又有几人旋回。这些留住贸易之人，
待贸易完竣之后，需再申请路照旋回。有时留住贸易之人也会附在其他
商队的照票中，与之一同返回。乾隆四十三年（1778），商民卫维廉申请
的部票中，就有乾隆四十三年七月初七日请照旋回归化城之商民闫永旺
票内留住在乌（即乌鲁木齐）变卖货物达子 2 人、伙计 10 人。② 乾隆四
十八年（1783），商民常肇基申请的部票中，则包括王伟票内未及旋回的
雇工 4 人。③

对于商人贸易完竣返回时如何办理相应手续，《清高宗实录》中的记
载也是由地方衙门大臣换给路引遣往，"仍将此通谕陕甘总督、山西巡
抚、驻扎新疆各处大臣、乌里雅苏台、科布多等处将军大臣等，嗣后如
内地喇嘛及实在商人出境，驻扎该处大臣等查明，准其换给路引遣往"④。

---

① 《移知副都统公甲布因伤滞留嗣后与王枝选同回的咨文》，乾隆四十五年九月十三日，
土默特档案，内蒙古自治区呼和浩特市土默特左旗档案馆藏，档案号：80/10/12。

② 《咨请归化城副都统查销郑希文原领路照》，乾隆四十五年十一月七日，土默特档案，
内蒙古自治区呼和浩特市土默特左旗档案馆藏，档案号：80/10/17。

③ 《移请将商民王常等六起原领路照查销的咨文》，乾隆四十八年四月七日，土默特档案，
内蒙古自治区呼和浩特市土默特左旗档案馆藏，档案号：80/10/41。

④ 《清高宗实录》卷 1024，乾隆四十二年正月丁丑，中华书局 1986 年影印本，第 21 册，
第 721 页。

这跟上述土默特档案中所说的情形是一致的。但在具体实施过程中，这一规定似乎有所变通，在科布多，"奴才等悉心参酌，拟请嗣后凡有请领部票前来科布多贸易商人，呈请查验即由参赞衙门于该票加盖印花，再行发交该商承领，以备回缴稽查，庶足以遏私贩之来源，杜一切之弊窦，即与例意符合"①。可见，商人来科布多贸易，在旋回时，不是到科布多衙门，以旧照换新照，而是将原照呈验之后，再由衙门返还给商人。因此才有了引文当中，地方官员要求在部票上加盖印花，然后发给商人承领，以杜私贩弊窦的建议。

商人到了申请的地点经商之后，如果还想去别处贸易，朝廷对此亦有规定，"如商人已到所往地方欲将货物转往他方贸易者，即呈报该处衙门，给与印票，亦知照所往地方大臣官员衙门，倘并无部票私行贸易者，枷号两个月，期满笞四十，逐回原省，将货物一半入官"②。商人回到归化城之后，还须将"路照"呈缴归化城相关衙门查销，乾隆四十五年（1780）的一份土默特档案记载：

> 据商民张以恭呈称，窃小的伙计等二人由归化城请票，雇工民人十八名，连小的伙计二人，共二十名来乌贸易，今将伙计刘景高，同雇工民人郝成等十五名、蒙古一名云庆，共十七名，随带原来马匹、驼只、器械一同旋回。合将原票呈缴，恳祈转请赏给路照一张，以便旋回等情……据此除呈请给照批发外，应请移咨贵（疑漏"归"字——引者注）化城都统大人查照，俟该商民张以恭等到日即将原领路照查销等情。③

部票制度的实际运作过程与其条文规定存在着相当的距离。原则上，部票必须到衙门申领，但在嘉庆年间，就已经开始有蒙古官员私自发给

---

①　（清）瑞洵：《整顿商人贸易验票章程折》，《散木居奏稿》卷5《筹笔集》，魏影点校，中国社会科学出版社2016年标点本，第97页。
②　《钦定理藩院则例》卷34《边禁》，《故宫珍本丛刊》，海南出版社2000年影印本，史部，第300册，第140页。
③　《移咨将商民张以恭等原领路照查销》，乾隆四十五年十一月二日，土默特档案，内蒙古自治区呼和浩特市土默特左旗档案馆藏，档案号：80/10/16。

商人执照的情况出现，"时蒙古佐领因行商赴山后各部落贸易，私立小票木戳，给发执照，需索百端，商旅几至裹足。道光元年（1821），经将军奏明交晋抚委员查办，观察会同审讯，将各员惩治"①。

商人一旦领取照票，去到口外，往往也不遵守制度行事。道光《钦定理藩院则例》规定："其商人部票着该地方大臣官员查验存案，务于一年内勒限催回，免其在外逗遛（原字如此——引者注）生事。"② 但是商人们频频违反"在外贸易不得超过一年"的规定。到乾隆末期，商人在归化城领取部票后，在外数载、逾期不归的情况就已经十分严重。据土默特档案记载，乾隆四十二年（1777）起至乾隆五十五年（1790）止，仅萨拉齐一厅，就有超过三分之一的部票发放之后，未能缴回。"兵司案呈，卷查萨厅自乾隆四十二年起至乾隆五十五年止，其申请部票三百六十张，除陆续申缴部票二百一十六张，净短未缴部票一百四十四张，屡经饬催，迄今尚未申送，但查部票久隐在外，若不催缴，难保无滋事之处，应请再行牌催等情。"③ 归化城的情况也与萨拉齐厅相若，"兵司案呈，卷查乾隆五十四年三月内饬发归厅催缴各商逾限部票共一百四十九张，嗣据该厅二次申缴部票六十张，其余部票迄今尚未申缴，但查印票久隐在外，难保无滋事之处，应请再行牌催等情"④。

商人不如期缴销照票，一旦被拿获，往往会找一些托辞搪塞，乾隆五十四年（1789）的一份土默特档案记载：

> 乾隆五十四年二月三十日，据商民武维礼呈称，缘小的开设仁和泰，走后山生理，于四十六年，小的铺伙康泽深承领照票前往喀尔喀地方贸易，不料买卖回来，走至推河被河水涨发冲去驼二只，连货箱、照票在内，一并冲没。今都统大人饬发蒙差役查问，不得

① 咸丰《古丰识略》卷28《人部·宦绩》，《中国地方志集成·内蒙古府县志辑》，凤凰出版社2012年影印本，第6册，第308页。

② 《钦定理藩院则例》卷34《边禁》，《故宫珍本丛刊》，海南出版社2000年影印本，史部，第300册，第140页。

③ 《呈请牌行萨厅差催全行申送未交照票》，乾隆五十六年三月，土默特档案，内蒙古自治区呼和浩特市土默特左旗档案馆藏，档案号：80/10/61。

④ 《呈请饬催归厅申交其余照票》，乾隆五十六年三月，土默特档案，内蒙古自治区呼和浩特市土默特左旗档案馆藏，档案号：80/10/62。

不将情由陈明。①

结合上述部票制度不能有效实行的状况来看，商人呈称部票丢失，不能缴回，或许另有情由。引文中的武维礼、康泽深丢失部票一事，就十分可疑。首先他们是乾隆四十六年（1781）申请的部票，但到乾隆五十四年才申请丢失，按照朝廷规定，商人前往外藩贸易，只允许在外一年，而他们已经逾期七年。更加耐人寻味的是，他们是在差役查问的情况下，才向衙门陈明情况。所以这极有可能就是商人持旧照久隐在外的实例。

一方面是在归化城领票后，一些商人不按时回来缴票；另一方面，他们一旦出来之后，也往往不到申请贸易地点的衙门验票。在科布多，这种情况十分常见，科布多参赞大臣瑞洵在光绪二十六年（1900）的奏折中称：

> 查科布多近年以来，贸易商人凡请领部票前来者，虽经该管衙门照例开列该商姓名，领票若干，货驮若干，粘单票尾知照奴才等衙门存案备查，惟领票前来贸易各商，多有不入科布多城呈验部票，竟自匿名潜往所属各和硕贸易，即间有前来验票者，亦仅为坐商，其行商迄无一人呈验，漫无稽核，任其越界渔利，盘剥蒙古，殊属不合，自非重申例禁，设法厘整不可。②

也就是说，商人置清廷法令于不顾，凭借一张部票四处贸易，而官府除了三令五申，似乎也没有行之有效的解决办法。

部票制度是清廷管理旅蒙商的重要手段。旅蒙商想要赴蒙古地区贸易必须向衙门申请部票。但他们也并非全然遵循朝廷的制度规定行事。不论部票制度的规定如何，旅蒙商的实际做法怎样，这一制度的存在都

---

① 《为仁和泰武维礼之照票被水冲失申请销号》，乾隆五十四年三月六日，土默特档案，内蒙古自治区呼和浩特市土默特左旗档案馆藏，档案号：80/10/54。

② （清）瑞洵：《整顿商人贸易验票章程折》，《散木居奏稿》卷5《筹笔集》，魏影点校，中国社会科学出版社2016年标本，第97页。

表明内地与蒙古之间的贸易都逐渐成为较为常见的经济现象，以致朝廷必须制定相应规定，管理汉商在蒙地的经济活动。

二 土默特与大青山后的米粮贸易

康雍乾西征时期，为保障军饷供应，朝廷就已经下令从归化城运输粮食到大青山后地区。军粮运输起初主要依靠官运，但官运粮饷，累官扰民、公私深为其苦。康熙六十年（1721）、康熙六十一年（1722），朝廷西征准噶尔，"道远粮运，石费一百二十金，多不能继，公私苦之"。在这种情况之下，内务府皇商范氏"愿力任挽输"，[①] 其为朝廷运输粮饷"先后凡八年，省帑藏以亿万计"[②]。此后屡有商运军粮之举。

归化城商人也参与到输送军粮的活动中来。从目前掌握的材料来看，从雍正末年到乾隆中叶，清廷至少三次下令归化城商人从归化城运送粮食至军营。第一次是雍正十三年（1735），由皇商范毓馪从归化城雇觅商人，运送部分粮食，"今军营运粮四万石。现在台站所运大半，其小半令范毓馪等别由归化城用商挽运，诸商辐辏，兼贩私货，即范毓馪等亦借其力"[③]。第二次是乾隆元年（1736），拟运粮二万石，后因大军已撤而停运。[④] 第三次是乾隆十九年（1754）至乾隆二十年（1755），分两年照雍正十三年（1735）运粮例，"雇归化城商人驼车运送"[⑤]。商人运粮，取得了很好的效果，乾隆皇帝曾经评价其"所办甚好"。[⑥]

归化城商人参与到军粮运输之后，乘便与运粮途中的军人及蒙古人贸易。乾隆二十年（1755），乾隆帝"谕军机大臣等，军营拨运禁

---

① 乾隆《介休县志》卷9《人物·范毓馪》，《中国地方志集成·山西府县志辑》，凤凰出版社 2005 年影印本，第 24 册，第 154 页。

② 嘉庆《介休县志》卷 12《艺文·参政范毓馪墓志铭》，《中国地方志集成·山西府县志辑》，凤凰出版社 2005 年影印本，第 24 册，第 528 页。

③ 《清高宗实录》卷 9，雍正十三年十二月戊子，中华书局 1985 年影印本，第 9 册，第 330 页。

④ 《清高宗实录》卷 20，乾隆元年六月甲子，中华书局 1985 年影印本，第 9 册，第 487 页。

⑤ 《清高宗实录》卷 461，乾隆十九年四月丙申，中华书局 1986 年影印本，第 14 册，第 984 页。

⑥ 《清高宗实录》卷 465，乾隆十九年五月乙酉，中华书局 1986 年影印本，第 14 册，第 1021 页。

带私物，原为无用，徒滋糜费。茶叶布匹官兵蒙古日用所需，乘便带售与蒙古有益，在商贾得利，着寄信恒文、富昌，由归化城运米往军营无庸禁止私带茶布，酌量驮载带往"①。一时之间，在归化城，"归化城商人糊口裕如，家资殷富，全赖军营贸易生理，又全借驼只牛马脚力，即为商人营运之资本"②。可见军旅贸易带动了归化城的商业繁荣。

西征结束之后，土默特与大青山后之间的米粮贸易进一步发展。山西忻州人赵双元"向在归化城外大青山后蒙古地方经商生理"。嘉庆十六年（1811），他和铺伙赵文远"由归化城驱骆驼二十一只，偕同小的族叔赵兴兆，驱骆驼八只，共骆驼二十九只，俱载米面货物行李等项，于初六日未刻时分，至中五力图地方"。③ 忻州人张金"素做大库伦外藩生理营业"。光绪二十年（1894），他"从城办起茶布杂货，遂雇尔的泥威晋宫和硕属□□……喇嘛察圪默忒、达什宁玛等二人揽载脚驮。从归化城上载驮至二十七台交卸倒脚。……迨后走至可可以力更，装运米面退后，约定准到什拉磨利召会齐，再行前进"。④ 清末民初在可可以力更（今武川县政府所在地）和归化城开设旅蒙贸易商号——义和堂的王可胜老人，在回忆土默特地区与大青山后的粮食交易时说道：

> 可镇街上有两种白面，给汉人的叫"栏柜面"，卖给蒙民的叫"搅掺面"，斗秤里也有很大的折扣。蒙民因为缺粮，每到冬天，可镇街上有一两千头骆驼，运送粮油。除了乌盟各旗，还有外蒙墨勒更王、博尔执更和迭力畔等处的牧民。蒙古人到来，各家字号都以黄酒、猪肉、馅饼、饺子招待，使蒙民在脑子里留下深刻的印象，

---

① 《清高宗实录》卷481，乾隆二十年正月丙申，中华书局1986年影印本，第15册，第20页。

② 《清高宗实录》卷20，乾隆元年六月甲子，中华书局1985年影印本，第9册，第487页。

③ 《为在归化城贸易之山西民人赵双元被劫毙命案的咨文》，嘉庆十六年九月二日，土默特档案，内蒙古自治区呼和浩特市土默特左旗档案馆藏，档案号：80/4/812。

④ 《呈控尔德尼揽运货物中途诓骗》，光绪二十一年，土默特档案，内蒙古自治区呼和浩特市土默特左旗档案馆藏，档案号：80/4/544。

祖祖辈辈和这家字号做"相与"。①

可镇是可可以力更的简称。可可以力更是蒙语，意为青色的山崖。可可以力更坐落在大青山以北，是归化城通往外蒙古的必经之路。清代以来可可以力更及其周边地区的发展历程反映了包括米粮贸易在内的旅蒙贸易对地方开发的影响。这一带本来是蒙古人的牧场，入清以后随着旅蒙贸易的兴起，不断有商人在这里开设商号。当地许多村落都是先有商号，后成聚落，因此许多村名以商号的名称命名，"如福如东、大兴长、西成丰、四合义、广义泰、三义元、康油房、大盛和与西火房等。"②这些商人经营的生意颇具规模，"如小五号自然村的居民张太和、张公和、张生和等户都经营通事行的生意。规模都相当大，甚至比三义元的规模还要大"③。通事行即做蒙古生意的商业组织。由此可见，大青山后存在着一批具有一定规模的商业组织。

在可可以力更一带，最为活跃的商号，当属大盛魁。大盛魁通过向蒙古人和召庙购地的方式，获得了大量的土地。光绪二十五年（1899），延寿寺向大盛魁借银一千两，后因无力偿还，遂"决定将本寺坐落在武川沙毕地乌兰伊力更地方草厂空地基一段，东至东山梁后、西至西山梁后、南至鄂博后、北至红山头后，四至开明，情愿将此项地产抵给大盛魁之鸿业堂名下，永远作业"④。这些土地主要用来牧放从外蒙古赶回的各种牲畜。《旅蒙商大盛魁》记载，留在这一带照看牲畜的牧工和杂工经常有二三百人，此外还有铁工、木工、毡匠和熟皮匠若干人。⑤

---

① 王可胜忆述，刘映元整理：《王氏义和堂的兴衰经过》，中国人民政治协商会议内蒙古武川县委员会文史资料委员会编：《武川文史（武川商业史）》第13辑，武川一中（燕南）印刷厂2008年版，第115—136页。

② 张文：《大青山北麓的商业古镇——可可衣力更镇》，中国人民政治协商会议内蒙古武川县委员会文史资料委员会编：《武川文史（武川商业史）》第13辑，武川一中（燕南）印刷厂2008年版，第151—154页。

③ 中国人民政治协商会议内蒙古自治区委员会文史资料研究委员会编：《内蒙古文史资料（旅蒙商大盛魁）》第12辑，内蒙古文史书店1984年版，第128页。

④ 转引自卢明辉《清代北部边疆民族经济发展史》，黑龙江教育出版社1994年版，第185页。

⑤ 中国人民政治协商会议内蒙古自治区委员会文史资料研究委员会编：《内蒙古文史资料（旅蒙商大盛魁）》第12辑，内蒙古文史书店1984年版，第127页。

为了满足旅蒙贸易从业人员的日常生活和贸易需要，可可以力更地区开始出现了诸多粮食加工商号，如富盛岐、玉盛岐、洪记、义隆泰、广益魁等。其中洪记就有三条杆的大磨四盘，每日可制成白面两千斤左右，又有两条杆的大碾两盘，每日可制成八百多斤莜面。合计每年可制成白面和莜面约一百万斤。除此之外，洪记还经营榨油和烧酒作坊。生产的粮食、油、酒大部分都用于供应大盛魁。[1] 这些物资，除小部分供当地食用和旅途备用外，大部分作为商品，销往蒙古各地。

在粮食贸易的推动下，可可以力更一带的土地得到了较大规模的开发。其生产的粮食不但供当地自食和旅蒙贸易所需，还运到大青山以南地区销售。在归化城，"来自前山、山后的粮车络绎不绝，像流水似的。郊区的粮食多是粗粮（糜、谷、黍、高粱），山后盛产细粮（小麦、莜面、胡麻、菜籽）。这些粮食的产区，有武川、四子王旗、达茂联合旗等地，武川占多数"[2]。在毕克齐镇，"康熙后期至民国十三年间，大青山后的粮食主要通过黑牛沟进入土默特平原，毕克齐是出黑牛沟到归化城的交通要道。一些善于经营的商户从黑牛沟运出粮食，不仅在毕克齐销售，还可进入归化城售卖。因此这段时间，毕克齐的粮店因应时运，获得发展"[3]。

军事需要的刺激和大青山后粮食贸易的发展，使土默特地区的粮食生产不再仅仅用于维持人们的基本生存，而且大量投放到市场获取更大的利润。这就进一步推动了土默特地区的移民进入、土地开发和聚落形成。

三　土默特与山西的米粮贸易

有清一代，山西地区服贾四方、不务本业者日渐增多，这使得山西成为比较缺粮的地区。康基田在《晋乘蒐略》说："太原迤南，多服贾远

---

① 中国人民政治协商会议内蒙古自治区委员会文史资料研究委员会编：《内蒙古文史资料（旅蒙商大盛魁）》第12辑，内蒙古文史书店1984年版，第126—127页。

② 赵萃：《归绥市的粮店行业》，中国人民政治协商会议呼和浩特市委员会文史资料研究委员会编：《呼和浩特文史资料》第4辑，1985年，第169页。

③ 李守义：《土默川重镇毕克齐（上）》，中共呼和浩特市委党史资料征集办公室、呼和浩特市地方志编修办公室：《呼和浩特史料》第4辑，内蒙古青山印刷厂1984年版，第338页。

方，或数年不归，非自有余，逐什一也，盖其土之所有不能给半岁之食，不得不贸迁有无，取给他乡。"① 乾隆《新修曲沃县志》云："服贾而走四方者，踵相接焉，则固土狭人满，恒产不赡之所致也。"② 乾隆《解州安邑县运城志》道："惟是地濒硗海，五方杂处，富商大贾，游客山人，骈肩接踵。圜阓之夫，率趋盐利，握算佣工，不务本业，至安邑缙绅，运城居半，或以科第奋迹，或以赀郎起家，是亦晋省一大都会也。"③ 道光《阳曲县志》言："省城居民，商贾匠作外，多官役兵丁以及外方杂处侨寓类，皆不耕而食，不织而衣。家家籴米，日日买粮。岁一不登，市侩贩夫借此居奇。"④ 由此可见，山西许多地方米粮缺乏情况都十分严重。

米粮的缺乏，使山西省的粮食多仰赖于外省，"山西山多田少，南借秦豫，北资归化城余粟，商贩不至，民常食贵"⑤。供应山西的粮食通道主要有三条：其一，关中粮食经渭水入运城盆地。其二，北路归化各厅，大同、朔平等府的粮食运往太原盆地；河套粮食沿黄河南下至蒲州、绛州等州。其三，直隶粮从获鹿经井陉越太行山入太原盆地。⑥ 山西巡抚曾国荃将这三条路概括为，"晋省地瘠民贫，素无盖藏，即遇丰收，不敷一年之食，向日蒲、解、汾、平仰给于秦，潞、泽、辽、沁仰给于豫，其余腹地州县无不以口外为粮食之来源"⑦。

作为山西主要粮食供应地之一的土默特地区，所产的粮食主要通过

---

① （清）康基田编著：《晋乘蒐略》卷2，《晋乘蒐略》点校组点校，山西古籍出版社2006年标点本，第1册，第131页。

② 乾隆《新修曲沃县志》卷23《风俗》，《中国地方志集成·山西府县志辑》，凤凰出版社2005年影印本，第48册，第121页。

③ 乾隆《解州安邑县运城志》卷2《风俗》，《中国地方志集成·山西府县志辑》，凤凰出版社2005年影印本，第58册，第485页。

④ 道光《阳曲县志》卷2《舆地图（下）》，《中国地方志集成·山西府县志辑》，凤凰出版社2005年影印本，第2册，第180页。

⑤ （清）王昶：《墓志·湖北布政使朱君墓志铭》，《春融堂集》卷53，嘉庆十二年刻本。

⑥ 曹新宇：《清代山西的粮食贩运路线》，《中国历史地理论丛》1998年第2期。曹新宇认为，这四条路线之中，后两条是发生饥荒时的临时路线，而前两条历时较久，对山西具有长期的经济意义。

⑦ （清）曾国荃：《沥陈晋省奇灾恳恩指定协赈确数疏》，《曾国荃全集·奏疏》，岳麓书社2006年标点本，第1册，第311页。

陆路、水路两个通道运往山西。① 因为陆路运输不及水路便捷，所以黄河水运一直是土默特的粮食进入山西的重要路线。康熙年间为了赈济口里灾民，康熙帝就曾下令勘测黄河水路，"谕硕鼐曰，自归化城，由水路过保德州、府谷县，至潼关，一直河道，尔宜详阅，如可输运，大有益于饥民。此河道，前令司官马奈往视，虚诳不实。尔须将可运水道，并盘剥路程，细心详察，勿于前人阅视之处有所瞻顾。"② 到乾隆八年（1743）从黄河运输粮食到山西的情况开始见于记载，是年山西巡抚刘于义在奏折中称：

> 商贩惟有乘大青山木筏之便带运米石。然木筏每年为数有限，故带运米亦不多。又有商人造船载运，因黄河之水建瓴而来，河中又多沙碛湍急，运米之船止能顺流而下，不能复逆流而上。所以商人所造之船，行至河津县之仓头镇，即须拆板变价。③

乾隆中叶以后，商人造圆底小船，沿黄河顺流而下，运米至山西贩卖，"因秦晋蒲同二郡，近岁歉收，粮价昂贵。……其商贩者赴归化城、府谷县聚米多处，买贩粮食，伐木为圆底船，自府谷葭州水次，顺流连下，至潼口。……及晋省之荣河永济，入市粜卖。现在大得此路粮食接济，约计每市石水陆运费，不过四钱内外，商民获利颇厚"④。在这种情况下，土默特地区附近村落的粮食就汇聚于黄河岸边的市镇，然后运销山西。在一份光绪末年的土默特档案中，就留下了大岱村村民运粮到河口的记录："据郭台儿供，系大岱村人，光绪二十九年十二月二十六日，

---

① 关于土默特与山西的米粮贸易，本书参考了张世满《逝去的繁荣：晋蒙粮油故道研究》，山西人民出版社 2008 年版。

② 《清圣祖实录》卷 154，康熙三十一年三月癸酉，中华书局 1985 年影印本，第 5 册，第 707 页。

③ 《山西巡抚刘于义为筹划将口外之米以牛皮混沌运入内地事奏折》，乾隆八年十月十八日，叶志如：《乾隆朝米粮买卖史料（上）》，《历史档案》1990 年第 3 期。

④ （清）乔光烈：《论黄河运米赈灾书》，（清）贺长龄等编《清经世文编》卷 44《户政·十九》，中华书局 1992 年影印本，第 1064 页。

伊邀车赴河口双和店送粮。"① 总之，山西省很大程度上依赖土默特地区的粮食供应，"省北大、朔、代、忻及归化七厅，向来产粮尚多，每年秋后，粮贩自北向南委输络绎不绝，近至省城，远逾韩侯岭。昔年太汾二府，米价低昂，恒视北路之丰歉为准，由包头一路循河而下，直达蒲、绛"②。

在粮食贸易的刺激下，土默特地区形成了许多重要的粮食贸易集散地。归化城是土默特地区最为重要的城镇。成书于道光朝的《马首农言》记载，"如朔州、归化城，俱有粮店，粟积如山，何不可为之？不知彼处为粟米聚会之所，五方辐辏之地，籴者必由此入，粜者必由此出。不论岁之丰欠，此其常事"③。雍正四年（1726），归化城就有了由粮食业各商号共同组成的面行，面行在嘉庆年间改为福虎社。乾隆中叶又有了碾行社，嘉庆年间改为青龙社。同治四年（1865）的一通碑刻，曾经对青龙、福虎社在土默特地区的地位这样评价，"原夫归化名区，领袖五厅，襟带诸部。其地毂击肩摩，人马云集，满汉蒙古□合，蝉联绵延数里，络绎不绝。问孰与相生相养者，则青龙福虎两社，其命脉焉。青龙福虎者，碾磨行也。其社为众社之源始"④。这里把青龙、福虎两社视为"众社之源始"，并与归化城民众"相生相养"。清代粮食贸易在土默特地区的地位和发达情况，由此可见一斑。民国京绥铁路通车之后，土默特地区的粮食贸易取得了更大的发展。截至抗日战争全面爆发前夕，归绥市有天荣店、德兴店、西盛店等十三家粮店。⑤ 民国时期在归化城粮店做过店员的赵萃这样回忆当时的情形，"粮店虽然家数不多，但它是一大行业，店院宽阔，规模甚大，当冬季粮车上市的时候，一般后院都能容

①　《详复根栓子被人杀死一案都参领向会首李凌宫索贿请提辖审办》，光绪三十年十一月二日，土默特档案，内蒙古自治区呼和浩特市土默特左旗档案馆藏，档案号：80/4/678。

②　（清）曾国荃：《申明栽种罂粟旧禁疏》，《曾国荃全集·奏疏》，岳麓书社2006年标点本，第1册，第283页。

③　（清）祁寯藻：《马首农言》，载王毓瑚辑《秦晋农言》，中华书局1957年标点本，第141页。

④　[日]今堀诚二：《中国封建社会の機構—帰綏（呼和浩特）における社会集団の実態調査》，日本学術振興会，2002年，第772页。

⑤　贾汉卿：《归化城粮店史话》，中国人民政治协商会议内蒙古自治区委员会文史资料委员会编：《内蒙古文史资料（内蒙古工商史料）》第39辑，内蒙古文史书店1990年版，第3页。

纳百辆以上"①。

归化城粮食贸易的兴盛拉动了周边地区的粮食生产和加工。归化城东郊的五路村成村于康熙年间。当时有一个从山西来的李姓汉人（现在五路村的李猫娃祖先）和蒙古人搭成地伙计关系种地。此后山西阳曲县姑姑寨张崔二姓朋合的"通事行"来这里扎占。乾隆年间随着绥远城军需和旅蒙贸易对粮食的需要，五路村人开始经营粮店生意，据后人追忆：

> 村北部那个查不出主人姓名的圈圈由崞县的武姓接收后，开了魁盛粮店。元亨永也兼营此业，其他几家同样大搞粮食交易。……因归化城商品面粉的大量需求，出售面粉比小麦合算，所需资本也不大，只要有劳力到魁树沟砍几块磨盘，有一头骡或马就可驾起磨杆磨面。所以，好多人争先磨面，于是以"三扎布"这家为主的蒙古居民点门前便出现了一条面铺街（现名当街）。其中最发达的是寿阳人开的任面铺，随面铺兴起的是炸麻花、烙月饼等干货铺也在这条街上出现了。②

五路村商人与归化城的商人来往密切，"光绪年间，归化城粮店中以东山沟李七十二老材的万成粮店最为雄厚……张华以万成粮店经理而当了乡耆总领。五路的几家老财以城东乡亲关系勾扯张华在五路买了田产。之后，五路这几家老财便把万成店当作他们的驻城办事处，张华在五路的田产也不出皇粮水费，彼此都有利图。现在五路的张宝宝就是张华的孙子"③。由此可见，归化城的米粮贸易和商人对五路村产生了深刻的影响。五路村的案例是土默特地区诸多村落的缩影。

土默特地区与山西的米粮贸易，既是土默特地域开发程度加深的表现，也是其进一步发展的推手。它与前述军需供应和大青山后米粮贸易

---

① 赵荦：《归绥市的粮店行业》，中国人民政治协商会议呼和浩特市委员会文史资料研究委员会编：《呼和浩特文史资料》第4辑，1985年，第169页。

② 韩云琴：《太平庄乡五路村商业史料》，中国人民政治协商会议呼和浩特市政协文史资料委员会编：《呼和浩特文史资料》第10辑，呼和浩特晚报印刷厂1995年版，第115—116页。

③ 韩云琴：《太平庄乡五路村商业史料》，中国人民政治协商会议呼和浩特市政协文史资料委员会编：《呼和浩特文史资料》第10辑，呼和浩特晚报印刷厂1995年版，第119页。

一样，成为今日土默特地区人烟稠密、田连阡陌、聚落丛集的重要社会基础。

小 结

土默特地区的村落是在特定的社会空间下出现的。行走在中国辽阔的大地上，不难发现在一个特定的区域，村落的样貌会呈现出某种相似性，同时又与其他地区的村落风格迥异。那么，不同地域千差万别的村落景观是如何形塑的？自然环境固然是村落营造的重要作用力，但村落所嵌入其中的社会空间对村落肌理亦有深远影响。

人的活动与村落的历史，都离不开特定的制度架构。对制度的研究应突破静态的条纹规定，走向动态的实际运作，这已经成为许多研究者的共识。① 就土默特地区的村落历史而言，是在蒙旗和道厅两套重要行政制度的动态行程中延展开来的。自 15 世纪中叶以来，土默特地区便成为土默特蒙古人的驻牧地。俺答汗统领土默特部时，为满足部族对粮食的需求，鼓励内地汉人在土默特地区建立板升，发展农业。板升由大小头目统领。入清以后，清廷先对土默特部编旗设佐，其后又设立道厅机构管理内地移民。在这个过程中，内地汉人逐渐改变了春来秋回的雁行模式，在土默特地区扎占定居。而蒙古人也渐渐从过去在一个较大范围内放牧的生活，转为定居收租为生。村落也因此成为土默特地区最重要的人文景观。而蒙汉民众的村落生活从一开始就与蒙旗和道厅制度息息相关，举凡土地开垦、水利利用、应差纳粮等一系列生活生产事务，都是在这两套行政系统下展开。因此，蒙旗和道厅这两套制度架构，始终是我们理解土默特地区蒙汉民众村落生活的关键所在。

重大历史事件是影响地方社会的重要因素。事件史曾是中国史研究中的重要部分，长期以来事件被当成是一个自足的事项来研究。但脱离

---

① 陈春声、刘志伟：《理解传统中国"经济"应重视典章制度研究》，《中国经济史研究》1996 年第 2 期；邓小南：《走向"活"的制度史——以宋代官僚政治制度史研究为例的点滴思考》，《浙江学刊》2003 年第 3 期；邓小南：《再谈走向"活"的制度史》，《史学月刊》2022 年第 1 期。

了具体的社会语境，事件就变成了人类漫长历史上的短促浪花。因此，在具体的社会语境下去考察事件，不但可以赋予事件研究新的活力，也可使我们透过事件去看更为深沉的历史长河脉动和社会结构变化。① 在土默特地区，明廷和北元的隆庆和议、明清易代、清代西征准噶尔等重大历史事件，都深刻地改变了地方社会的权力格局和地方秩序。隆庆和议使北元与明廷结束了剑拔弩张的战争局面，开始了和平互市的阶段，这也促使土默特地区的板升农业得到进一步发展。明清易代之际，土默特蒙古归附后金，自此之后，土默特蒙古不再是独立于中原王朝之外的游牧政权，而成为清廷统治之下的"内属旗"，这一变化对地方社会产生了深远的影响。康雍乾三朝西征准噶尔，土默特地区作为军事要地，不但有军队临时派驻，还在乾隆年间修成驻防八旗官兵的绥远城。为满足军队粮饷供应，朝廷在土默特地区放垦土地，招募民人耕种，这成为民人大量进入、村落渐次形成的重要历史契机。因此，如果在地方社会的具体场景下，明清时期北部边疆发生的一系列历史事件就不是一个游离于社会之外的孤立事项，而是了解社会运行深层逻辑的重要切入点。

市场经济是人们获取各种资源的重要手段。中国传统社会的市场经济并非是古典经济学意义上的市场经济。它是在贡赋体系下展开的，王朝国家在物资的调运和配置中扮演着十分重要的角色。正如刘志伟指出的："由于贡赋运作需要通过流通领域来进行，因此，长期以来，我们看到的商业活动，尤其是大宗商品和长距离贸易的市场，实际上是由贡赋体制的运作拉动的。"② 在中国的北部边疆，清政府用兵西北以及战后在外蒙古、新疆等地筑城屯兵，使官兵粮饷供应成为亟待解决的问题。为解决这一问题，清廷利用商人和市场实现物资的调配，满足官兵的生活需要。在这样的背景下，土默特地区的米粮贸易发展起来。粮食贸易与土默特地区的土地开垦相辅相成。一方面，为满足军需供应而进行的土地放垦，扩大了粮食生产，使土默特与外蒙古、山西的粮食贸易成为可

---

① 孙立平：《"过程—事件分析"与当代中国国家——农民关系的实践形态》，《清华社会学评论》（特辑1），鹭江出版社2000年版；李里峰：《从"事件史"到"事件路径"的历史——兼论〈历史研究〉两组义和团研究论文》，《历史研究》2003年第4期。

② 刘志伟：《王朝贡赋体系与经济史》，林文勋、黄纯艳主编：《中国经济史研究的理论与方法》，中国社会科学出版社2017年版，第434页。

能；另一方面，粮食贸易又反过来进一步刺激了移民进入、土地开垦和村落形成。总之，这一由王朝国家主导的长距离物资调配，使土默特与外蒙古、山西等地的经济联系越来越紧密，也成为土默特地区村落大量出现的重要社会背景。

总之，土默特地区的村落有其根植的深厚社会土壤。旗厅并立等行政体制、清廷西征等历史事件、旅蒙贸易等经济活动，都是形塑土默特地区村落内里与外观的重要因素。正是在这样一个广阔的社会图景下，蒙汉民众以村落作为活动舞台，在这里不断演绎着或波澜壮阔或喃喃细语的精彩历史篇章。

第 二 章

村落的生成路径与空间构建

自康熙中叶以后，土默特地区开始形成大量村落。由于土默特地区土地和赋役制度存在差异，其各处村落的形成契机和发展路径也不尽相同。村落形成之后，蒙汉民众因应变动不居的历史情势，不断地对村落空间进行组织和诠释，使村落内部的纹理更为复杂细密，呈现出内涵式发展态势。在这一过程中，一些蒙汉杂居的村落，在蒙汉民众的长期互动中，形成了蒙汉交融的复合文化景观。本章将从历时性的角度，对土默特地区村落的生成路径和空间构建问题展开讨论，借此反映康熙中叶以来土默特地区的社会结构变化，进而回应土默特地区地域认同形成以及跨地域社会整合的问题。

第一节 扎占下来：民蒙定居与村落形成

在各种力量的共同作用下，康雍乾时期，土默特地区开始形成大量村落。如前所述，经过康雍乾时期的土地放垦，土默特地区的土地大体可被分为官地和户口地。官地由民人认粮承种，户口地也由民人租佃耕种。民人在经历一段时间的"雁行"生活之后，逐渐在口外定居。在官地和户口地上，分别形成了民村、民蒙杂居村和蒙村。

民人定居形成村落，大体可分两种情况：其一，民人租佃官放土地，其后定居，形成村落，这些村落以民人聚居为主；其二，民人租种蒙古人土地，逐渐定居，进而成村，这些村落有的是民人聚居村，有的则是民蒙杂居村。这里先重点分析民人聚居村。蒙汉杂居村将在后文详论。

朝廷放垦土地、募人耕种之后，很多民人向官府承租土地，今于托

克托县大北窑村居住的一些村民的先人就属于这种情形。乾隆二年
（1737），托克托厅丈放安、兴、遵三里官地。① 在遵里八甲今大北窑村所
在地，张姓、范姓等承租了官府的土地，"立佃地人张有光、张有荣自因
官粮紧急，无处出变，今将自己遵里八甲大北窑村村南其（原字如
此——引者注）盘地一段。……情愿出佃于王成林名下承种"②。"立推
卖碱废地约人范恒生、范恒立，情因旧粮无措，别无展（原字如此——
引者注）转，今将自己祖遗遵里八甲大北窑村南牌边地一段……情愿推
与王成林名下顶交旧欠粮石，永远耕种承业。"③ 两条材料中"自己"
"自己祖遗"的说法，有两种可能性：一是张姓和范姓直接从官府承租土
地；二是他们从以前承租官府土地之人手中转租土地。但无论是哪种情
况，都可以表明大北窑村的许多民人以朝廷土地放垦为契机逐渐定居
下来。④

　　比张姓、范姓晚来的民人，通过向早来的民人转租官府土地，也在
村中居住。以上引文中提到的王成林来村较晚，他在嘉庆十三年（1808）
正月至道光十一年（1831）十月先后七次与同村民人交易，获得"遵里
八甲"土地一百余亩，之后在村中长住。⑤ 1944 年，王家所立的一份
"家普（原字如此——引者注）账簿"，也可以说明王家是从王成林开始
在大北窑村定居。"家普（原字如此——引者注）账簿"记王家来自
"口理（原字如此——引者注）寿阳县黄门街西山赌（原字如此——引者
注）二甲"，共载 8 代世系。家谱在王成林之前的世系十分简略，缺漏颇
多，甚至没有显示王成林父亲与祖父的系谱关系。从王成林开始，则脉

---

① 光绪《土默特志》卷 5《赋税》，《中国方志丛书·塞北地方》，成文出版社 1968 年影印
本，第 16 册，第 85 页。

② 嘉庆十五年十二月初九日契约，笔者收集民间资料。

③ 嘉庆十九年十二月十九日契约，笔者收集民间资料。

④ 大北窑村目前分为东围子和西围子两个部分，东围子原来是赵家忻营子，西围子才是大
北窑村，据当地人讲，赵家忻营子是民国时候，搬来此处，后来与大北窑村合为一村。本书引用
的大北窑村契约，实际上是今天大北窑村西围子王家的契约。（据笔者 2012 年 4 月 8 日在大北窑
村所做的田野调查笔记。）

⑤ 嘉庆十三年正月初七日契约、嘉庆十五年十二月初九日契约、嘉庆十九年十二月十九日
契约、嘉庆二十年十二月十五日契约、嘉庆二十三年十二月初十日契约、道光五年十二月二十三
日契约、道光十一年十月二十三日契约，笔者收集民间资料。

络清楚，一目了然。① 家族系谱在王成林之前的含混不清，以及在其之后的清晰明了，恰恰表明王成林是王家在大北窑村定居的关键人物。

据大北窑王姓契约记载，"大北窑村"的名称最早出现于嘉庆十五年（1810），由此推断嘉庆十五年之前就有大北窑村当无问题。② 不过，大北窑村形成的时间起点，目前仍然无法确定。然而，这并不妨碍我们得出如下结论：即便在乾隆年间开垦之前就已经有了民人在此定居，并形成了定居点，但是人数应该不多，聚落规模也当不大，正是以乾隆二年（1737）的土地放垦为契机，大北窑村才获得了跨越式的发展，当地老人在追溯大北窑村历史时，无一例外将开村的时间前推至乾隆二年，这一说法的正确与否并不重要，重要的是当地人对村落形成的历史记忆从一个侧面揭示了官放土地与村落发展之间的密切关联。③

直到今天，在土默特地区曾经由朝廷放垦的土地上，仍有数量不少以某某号命名的村庄，如和林格尔的十一号、冯家七号、梁家三十四号、韩家十一号、苗家二十九号、老爷庙十五号、樊家十五号、王家二十号、郭家二号、三十号十村。"号"可能就是官府在放垦过程中对土地所排的序号。这些村落的名称表明官府放垦与民人定居、村落形成之间存在着某种联系。④

很多民人来到口外，以租种蒙古人户口地为生，后来置地盖屋，形成村落，"各方农民租种蒙古地亩，初则数椽茅屋，略避风雨，比户聚居，渐成村落"⑤。在民人移入不多，人口密度不高的情况下，早期移民比较容易获得土地和居住权。这从曲有升等人的例子可以略知一二。曲有升等12人"家贫无度，出口佣工，身无所栖，从乌兰不拉以近明安交界地方，不过酒肉邀问，邻近达子地方各盖土房，并无租银，

① 王姓"家普〔谱〕账簿"，笔者收集民间资料。

② 嘉庆十五年十二月初九日契约，笔者收集民间资料。

③ 笔者田野调查笔记。访谈对象：SFX；访谈时间：2012 年 4 月 8 日；访谈地点：大北窑村。

④ 内蒙古自治区地名委员会编：《内蒙古自治区地名志·乌兰察布盟分册》，1988 年，第436、443—446 页。

⑤ 咸丰《古丰识略》卷23《地部·村庄》，《中国地方志集成·内蒙古府县志辑》，凤凰出版社 2012 年影印本，第 6 册，第 236 页。

打草活生"①。以"酒肉邀问"的方式获得居住和打草的权利，显然只有在人地关系不甚紧张的情况下才有可能发生。

今托克托县高家西滩的形成就与民人租种蒙古人土地有关。高家西滩村遗存契约中最早一份的时间是乾隆五十三年（1788），其中记载，"立卖蒙古地约人李金书，今因仓□官车使用不足，情原（原字如此——引者注）出卖与村东地一段……每壹年与板旦儿什租银九钱老八百文，不许反口。"② 契约中并没有特别交代"村东地一段"具体指的是何村之地，所以，李金书应该就住在此村之中，不需另外说明。道光十七年（1837）的一份契约又提到李金书，"立过业收租合同约人蒙古那顺倒尔计、髦诺海、民人高岱，情因高岱原接佃到西滩村刘支文、李金书、蒙汉惠、陈永发、永通号、刘支、辛士有老约七张，共地七顷二十亩"，③从中可知，李金书住于"西滩村"。因此，乾隆五十三年（1788）契约中提到的"村东"指的应该就是"西滩村"之东。在时隔不远的嘉庆元年（1796）一份契约中则明确提到"西滩村"。④ 乾隆五十三年和嘉庆元年中间只隔八年，因此，完全有理由相信"西滩村"在乾隆五十三年就已存在。

在很长一段时间"西滩村"曾是个杂姓村，据上述道光十七年契约可知，"西滩村"至少曾经有过刘、李、蒙、陈、辛、高等几个姓氏和一个商号。同约又载，高岱接佃土地之后，"每年统共与蒙古纳顺倒尔计、髦诺海地租钱十二千三百二十文"。从中不难推知这些在"西滩村"居住的诸姓人等都是直接或间接地从蒙古人手中获得土地。这就说明，在西滩村还是一个杂姓村的时候，其发展过程就一直与租佃蒙古人土地相互牵绊。

随着时间的推移，高家在村中一家独大，其他姓氏则因种种缘由逐渐消失。民国时期的一份"绥远省土地证照费收据"所录村名在"西滩

---

① 《具申酌减曲有升等房课银》，乾隆元年十月，土默特档案，内蒙古自治区呼和浩特市土默特左旗档案馆藏，档案号：80/5/3。

② 乾隆五十三年十二月二十一日契约，笔者收集民间资料。

③ 道光十七年十月二十一日契约，笔者收集民间资料。

④ 嘉庆元年三月二十一日契约，笔者收集民间资料。

村"之前加上"高家"二字，成了"高家西滩村"。① "高家西滩村"的名称蕴含两种可能：一是以高姓为主、杂以他姓的村落；二是只有高姓的单姓村。从今天高家西滩村无一外姓的情形来看，后一种可能性较大。也就是说，至迟在民国时期，高家西滩村似乎已经从一个杂姓村变成了单姓村。

高家在村中势力的抬升，与其购置蒙古人土地过程几乎同时发生。高士麟（"麟"有时写作"林"——引者注）是高家来口外的第一人，光绪四年（1878）高家立的"容"上记载高士麟世居"山西太原府丰义都八甲"。② 他在乾隆年间西出口外，起初春来秋归，在口外种植胡麻，回到口里榨油变卖，赚钱盈利之后，开始置地。③ 通过对高家西滩村契约统计发现，从乾隆五十五年（1790）到嘉庆七年（1802），高士麟共计交易土地十一次。在这十一笔土地交易中，只有乾隆五十五年、乾隆六十年（1795）、嘉庆五年（1800）分别与陈永法、刘枝、侯德兴签订的契约没有指出交易土地是否属蒙古人土地，其余九笔都清楚写明是蒙古人土地。④ 而在前述道光十七年（1837）契约中曾提到陈永发、刘支二人的土地来自蒙古人。考虑到在土默特乡村地区书写契约之人通常文化水平有限，立契时同音不同字的情况时常出现，因此，陈永法与陈永发、刘枝与刘支当分别为同一人。据此可知，高士麟的十一笔置地行为中至少有十次交易对象为蒙古人土地。置业之后，高士麟便在西滩村定居下来，娶妻杜氏，育有两子，其中二儿子高玉节去了高家西滩村以西今天叫高家当铺梁的地方。大儿子高玉俊则一直住在西滩村，高玉俊购置田产的行动跟他的父亲高士麟比起来有过之而无不及，因篇幅所限，不展开论述。

从以上讨论不难看出，高家西滩村的先民刘、李等姓的土地均来自

---

① 民国"绥远省土地证照费收据"，笔者收集民间资料。

② 高家"容"，立于光绪四年，笔者收集民间资料。

③ 笔者田野调查笔记。访谈对象：GFX；访谈时间：2012 年 4 月 13 日；访谈地点：高家西滩村。

④ 乾隆五十五年十月十三日契约、乾隆五十五年十一月十七日契约、乾隆五十六年十一月初三日契约、乾隆五十七年三月初七日契约、乾隆六十年五月初一日契约、嘉庆元年三月二十一日契约、嘉庆元年十一月十三日契约、嘉庆二年后六月二十七日契约、嘉庆五年十二月二十一日契约、嘉庆六年二月二十五日契约、嘉庆七年十一月十七日契约，笔者收集民间资料。

蒙古人，其后而来的高姓也主要通过直接或间接租佃蒙古人土地谋生、赢利。虽然我们很难确知西滩村成村之前的具体情形，但是，从西滩村历史发展来看，在杂姓村阶段以及从杂姓村到单姓村演变阶段，都与租佃蒙古人土地有着纠缠不清的关系。

　　民人的大量进入，加快了土默特蒙古定居的进程。不过，在这之前，蒙古人已经在一定程度上有了定居化的趋势。上文提到的把什村历史表明在明嘉靖年间，一部分蒙古人似乎就已经居于板升之中，这些蒙古人很可能在入清之后也一直在把什村居住生活。清初划定牧界时，圈定了土默特蒙古活动的最大范围，对于越界之事，朝廷有十分严格的规定，如有越界、侵占情形，均要处罚、治罪。[1] 同时土默特部左右两翼分别都有自己的游牧地界，土默特大小头目亦有各自的辖地，其属下披甲主要在辖地上活动。以上划界行为，不同程度地限制了蒙古人的活动范围，使蒙古人定居化趋向愈为明显。

　　蒙古人自身定居化的趋势，加上民人到来的刺激，最终使大量蒙古人的居住地固定下来。蒙古人的定居时间，可从其坟地情况加以判断。直至清代早期，蒙古人的丧葬方式较少土葬，"若父母妻子死，即委弃弗顾，唯喇嘛死，群以石垒覆焉"[2]。康熙年间钱良择在昭君坟附近"忽见死人三四和衣被弃于荒郊，盖其俗死即弃之，无掩埋之礼也"。[3] 昭君坟距离归化城不远，而康熙时期归化城已经是汉人相对较多的地方，在距归化城不远之地可以看到蒙古人放置逝者遗骸，说明这一习俗在当时蒙古社会还是相当普遍的。

　　大概在雍正、乾隆年间，土默特蒙古人土葬的情况逐渐多了起来。上文提到的蒙古姜姓在现居住地章盖营子村附近有冯彦、碱池两块坟地，各埋五代，冯彦较早，碱池较晚。冯彦坟地掩埋的第一位先人是纳木札布，纳木札布之前的坟茔据传在其最早的居住地——部独利，但其坟茔

---

　　① 《钦定理藩院则例》卷53《违禁》，《故宫珍本丛刊》，海南出版社2000年影印本，史部，第300册，第252—253页。

　　② （清）范昭逵：《从西纪略》，毕奥南整理：《清代蒙古游记选辑三十四种》上册，东方出版社2015年标点本，第125页。

　　③ （清）钱良择：《出塞纪略》，毕奥南整理：《清代蒙古游记选辑三十四种》上册，东方出版社2015年标点本，第50页。

情况无可考，难以确信。《承袭因病辞职世管佐领阿尔宾之遗缺家谱》记载，纳木札布于"雍正十二年（1734）间报部停止骑都尉世袭"，据此可知，纳木札布生活于雍正、乾隆年间。[①] 其身故之后，埋于冯彦坟地，冯彦以及其后的碱池坟地，距章盖营子不远，由此可以推断，此时姜姓很可能已经在今章盖营子村所在地定居下来了。

咸丰《古丰识略》中"村庄"一卷记载托克托县南乡七十三村中就有"章盖营"，书中"章盖营"出现位置附近又列有"海参不浪"（今"海生不拉"），依据常理推断编撰者在书写过程中，对村名的排序应该是遵循地理就近的原则。从今天的空间布局来看，上述姜姓蒙古人居住的"章盖营子"距"海参不浪"不远，因此，咸丰《古丰识略》中的"章盖营"应该就是蒙古姜姓居住的"章盖营子"。[②] 从中可知，至迟在咸丰十年（1860），"章盖营子"在当时人的心目中，就以一个"村庄"的面貌出现了。

从目前蒙村的人群构成来看，有些村落全部由蒙古人组成，没有民人居住，上文提到的托克托县章盖营子就是这种情况。这些蒙古人聚居村此前是否曾有民人居住？由于材料所限，目前还无法解答，有待查考。另外有些村落，则是蒙民杂居村。上文提到的土默特左旗把什村，在其康熙年间修建把什召的牌匾中，留下六十三个蒙古人的名字，其后张姓等民人不断移入，逐渐形成了一个蒙民杂居村。[③]

前文已经提到在蒙古社会中，主要的社会组织之一是"旗"。土默特部共分左右两"旗"，每旗之下设若干"参领"，参领之下再设若干"佐领"。参领、佐领的数目入清以后一直有所变化，到乾隆年间形成左右两翼每翼6个参领，每个参领辖5个佐领的定制。[④] 蒙古人定居、立村之

---

① 荣盛：《一份罕见的蒙古族家谱世系——浅论托克托县姜姓的世袭佐领》，戈夫、乌力更、姜润厚编著：《阿尔宾遗缺家谱浅考——托克托县章盖营村姜姓溯源》，内蒙古党委机关印刷厂2011年版，第29页。

② 咸丰《古丰识略》卷23《地部·村庄》，《中国地方志集成·内蒙古府县志辑》，凤凰出版社2012年影印本，第6册，第233—234页。

③ 《把什村史》编纂委员会编：《把什村史》，内蒙古人民出版社2003年版，第5、17—19页。

④ 土默特左旗《土默特志》编纂委员会编：《土默特志》上卷，内蒙古人民出版社1997年版，第333—335页。

后，"村"成为"参领""佐领"管理的基本单元。在乾隆朝一份土默特档案中，记录了各参领之下所辖村落的情况。其中载有和林格尔厅所属驻地管辖情况为左翼二甲12村、左翼三甲11村、左翼四甲6村，左翼五甲2村，左翼六甲32村，右翼首甲5村，右翼二甲1村。①

另外，需要指出的是在土默特地区，召庙与蒙古人的定居有一定关系。自俺答汗将黄教引入蒙古社会之后，召庙在蒙古物质和精神生活中扮演愈益重要的角色。托克托县格尔图营子村东，是广宁寺旧址。广宁寺蒙古语都贵召，咸丰《古丰识略》载，"都贵召，在托克托城东南，内设呼毕勒罕一名，达喇嘛一名，属章嘉呼图克图管理"②。广宁寺建筑年代无可考，寺中所遗大铁锅腹部铸有蒙文乾隆五十八年（1793）字样，③这表明至少在乾隆末年，广宁寺已经建成。由于对喇嘛教的尊崇，蒙古人竭尽所能供养召庙。当地流传着召湾伏家、章盖营子姜家、哈拉板升云家、满水井王家是广宁寺"四大寺主"的说法。"寺主"大概是指在维持召庙日常用度方面出力较多之人。"所谓'四大寺主'的版本很多，问询当地年长的蒙古族老人，他们多数会说其父祖曾口传是广宁寺的'寺主'"，④ 这一说法广为流传的事实反映了蒙古人与广宁寺密切的关联。今广宁寺周边有召上村、召湾村、格尔图营子村三个自然村。据召上村蒙古高姓契约记载，道光四年（1824）、道光十五年（1835）、咸丰元年（1851）、咸丰十一年（1861）分别出现"召村""格儿兔营子""招湾""湾召（应为'召湾'——引者注）前营子"的字样。⑤ 从文献出现的时间上看，关于这些聚落的记载晚于广宁寺的记载，但是不能因此认定聚

---

① 土默特档案，内蒙古自治区呼和浩特市土默特左旗档案馆藏（满文），财政类人丁户口项，第075卷第0132号。

② 咸丰《古丰识略》卷13《地部·寺塔》，《中国地方志集成·内蒙古府县志辑》，凤凰出版社2012年影印本，第6册，第136页。

③ 《托克托文物志》编纂委员会：《托克托文物志》，中华书局2006年版，第152—153页。

④ 伏飞平：《召湾蒙古伏氏家族族源、汉姓来历及其与广宁寺的关系考》，《托克托文史资料》编辑委员会、政协托克托县委员会编：《托克托文史资料》第7辑，内蒙古呼和浩特市宏达鑫彩印有限公司2009年版，第222页。

⑤ 道光四年三月二十七日契约、道光十五年十一月二十七日契约、咸丰元年十二月契约、咸丰十一年七月初八日契约，笔者收集民间资料。

落的形成晚于召庙的建立。吴滔曾经指出，"聚落的形成乃至人口的聚居与寺庙的建立、拓展完全有可能是同步的"①。尽管我们无法确定召庙与聚落产生的先后顺序，但是可以肯定召庙与蒙古人定居、聚落形成与发展之间存在千丝万缕的关系。

总之，几乎与民人村落大量形成的同时，蒙古人的村落逐渐多了起来。大致在乾隆年间，"村落"在土默特地区就已成为十分常见的聚落形态，村名的出现比比皆是。雍正九年（1731），"切缘毛代营子达子章三横行乡曲，动止抢夺，人人受害"②。乾隆五年（1740），"小的是忻州人，于旧年七月十九日在云守村开地"③。乾隆十五年（1750），"小的父靳光礼用价银二两典到白十户营子村蒙古黑龙洞地二十五亩"④。乾隆十八年（1753），"具甘结人二十家子保正兰发生、土城子保正胡大清、新店子保正田世琦、五素途路保正王建金……"⑤ 乾隆二十四年（1759），"据达什佐领下孔库尔等呈称，缘本村固穆色楞地租一事，控告民人王姓"⑥。乾隆三十八年（1773），"主根岱尔阁村蒙古指给小的等本村荒地前后共七顷四十九亩"⑦。类似材料的铺排反映这一时期村落的存在已经十分普遍。到咸丰十年（1860），土默特地区编成第一本方志——咸丰《古丰识略》，其中"地部·村庄"一卷，列村名974个。⑧

村名的出现，对于村落形成，具有特殊的意义。哈布瓦赫说，

---

① 吴滔：《从"因寺名镇"到"因寺成镇"：南翔镇"三大古刹"的布局与聚落历史》，《历史研究》2012 年第 1 期。

② 《状告蒙古章三抢夺柜内银两的状子》，雍正九年九月二十日，土默特档案，内蒙古自治区呼和浩特市土默特左旗档案馆藏，档案号：80/4/1。

③ 《巡捕兵雅舍泰报称班弟白玉孔互控盗牛望速审讯》，乾隆五年十一月，土默特档案，内蒙古自治区呼和浩特市土默特左旗档案馆藏，档案号：80/4/18。

④ 《状告韩国兴谋霸典地挟仇杀父》，乾隆十五年五月，土默特档案，内蒙古自治区呼和浩特市土默特左旗档案馆藏，档案号：80/4/34。

⑤ 《呈报和林格尔厅境内无内地逃犯的甘结》，乾隆十八年四月十四日，土默特档案，内蒙古自治区呼和浩特市土默特左旗档案馆藏，档案号：80/4/36。

⑥ 《乾隆初—乾隆二十七年案件简况》，乾隆二十七年，土默特档案，内蒙古自治区呼和浩特市土默特左旗档案馆藏，档案号：80/4/27。

⑦ 《为主根岱村官兵等着令小的等退地恳立断的禀文》，乾隆三十八年三月，土默特档案，内蒙古自治区呼和浩特市土默特左旗档案馆藏，档案号：80/5/12。

⑧ 咸丰《古丰识略》卷23《地部·村庄》，《中国地方志集成·内蒙古府县志辑》，凤凰出版社2012年影印本，第6册，第207—236页。

"在名字的后面，可以唤起许多意象，而这种可能性正是我们群体存在、延续和整合的结果"，这一观点源自哈布瓦赫对集体记忆的研究，他认为人名可以唤起并强化家庭集体记忆。① 在某种程度上，村名对于村落而言，具有类似的含义，村名的出现表明原来的定居点已经成为相对稳定的共同体，居住在这里的人们需要取一个名字与其他聚落相互区别。②

康熙中叶以来，随着土默特地区土地开发程度的加深，该地春来秋去的"雁行"之人逐渐居住下来，形成村落。而蒙古人因其自身定居化的趋势，加上民人到来导致人地关系紧张，也开始了定居生活，形成村落。到乾隆年间，村落已经在土默特地区普遍存在。时至今日，土默特地区已然是一派田连阡陌、村舍林立的人文地理景观。

第二节　地方动乱与修堡并村

一　变乱之中的地方社会

入清之后，土默特地区承平日久。同治年间，该地虽警报频传，但盗匪主要在沿黄河一带以及包头以西地区活动，没有深入土默特地区，未对当地造成太大侵扰。③ 随着朝廷对地方社会控制力度减弱，光绪末年，土默特地区匪患有日炽之势。④ 民国以后，境内盗匪蜂起。⑤ 据民国《绥远通志稿》卷73《民变》统计，绥远地区二十年来"著名匪首"共

---

① ［法］莫里斯·哈布瓦赫：《论集体记忆》，毕然等译，上海人民出版社2002年版，第125页。

② 施添福、吴滔都曾对聚落名称进行讨论。参见吴滔《从"因寺名镇"到"因寺成镇"：南翔镇"三大古刹"的布局与聚落历史》，《历史研究》2012年第1期；施添福《清代台湾的地域社会——竹堑地区的历史地理研究》，新竹县文化局2001年版，第264—270页。

③ 正如何文平指出的，"匪"只是对研究对象的称呼，不带有任何贬义。本书中所用的"匪"，也不带有任何价值评判色彩。参见何文平《变乱中的地方权势——清末民初广东的盗匪问题与社会秩序》，广西师范大学出版社2011年版，第2页。

④ 民国《绥远通志稿》卷73《民变》，内蒙古人民出版社2007年点校本，第9册，第416—419页。

⑤ 牛敬忠曾就民国时期"绥远"地区的匪患进行研究，着重对匪患的蜂起、成因、特点以及政府的剿匪进行讨论，可供参考。参见牛敬忠《近代绥远地区的社会变迁》，内蒙古大学出版社2001年版，第154—175页。

有 264 个，以致当时的记载常把这一时期的绥远形容为"无处无匪""群盗如毛""全绥几无一处干净土"。①

对于清末民初地方社会的历史变局，时人有相当深切的体会。清水河县"当有清末叶，并无土匪其名，县中仅设捕盗营，以作缉捕盗徒之用"，然而自民元鼎革，清水河迭遭匪患，先有民国六年（1917），卢占魁抢掠县城，民国十一年（1922），又遭兵变。清水河一县披"匪"之深，创痛之巨，给当地人留下了"永志难忘"的印象。② 和林格尔在民国以前，也鲜见"匪"踪，自民国以来，"土匪猖獗日甚一日，始则请财神勒限抽赎，继则地方无富户，逢人烧烤，不论多寡，三五元亦放，幼妇少女抢去为妻"③。总之，时人的观感反映出土默特地区土匪问题的严重性。

在民国的大小匪首之中，卢占魁最为知名，以卢占魁为例，可以管中窥豹，看到土匪对土默特地区的影响。卢占魁是绥远丰镇隆盛庄人，自民国二年（1913），卢占魁聚集党徒，自立匪首之后，其活动范围逐渐遍及绥远全境，以及陕西、宁夏等地。以下主要根据民国《绥远通志稿》等资料，勾稽卢占魁在土默特地区活动的情况。

民国二年，卢占魁占据武川，侵害两年余。民国三年（1914）攻包头，不克。遂劫掠绥远南境，掠夺财物，焚烧村落。复陷萨拉齐县城，萨县各商号损失财物共计大洋三十二万八千有零。民国初年颇称繁盛的萨拉齐，"自民国四年来，十余年间，中经卢占魁之骚扰，哥老会匪之陷城，或肆行抢劫，或勒借军饷，全城商业，因以不振"④。之后，卢占魁又至托克托县城、河口镇，铺户、民居半为所据。民国六年，入清水河，"放火焚烧商号十五六家，同时县署亦被毁，卷宗悉付一炬，所过乡村为

① 民国《绥远通志稿》卷 73《民变》，内蒙古人民出版社 2007 年点校本，第 9 册，第 463、464、473 页。

② 民国《清水河县概略》之《自卫概况》，内蒙古图书馆编：《内蒙古历史文献丛书》之七，远方出版社 2009 年影印本，第 228 页。

③ 民国《和林格尔县志草》卷 8《灾异·匪祸》，内蒙古图书馆编：《内蒙古历史文献丛书》之五，远方出版社 2008 年影印本，第 632 页。

④ 廖兆骏编著：《绥远志略》，正中书局 1937 年版，全国图书馆文献缩微复制中心：《中国边疆史志集成·内蒙古史志》，北京新华书店 2002 年影印本，第 33 册，第 262 页。

废墟"①。经此劫掠,清水河县元气大伤。② 此后,卢占魁离境入陕。卢占魁离绥之后,仍有其他"匪首"诈称其名,率匪行劫,其在绥远地区影响之大,由此可见一斑。③

上述据民国《绥远通志稿》等相关记载勾勒的卢占魁形象,不啻一个十恶不赦的暴徒。然而,对于"卢占魁之乱"的评价,不同史料的记载往往莫衷一是。在《大土匪卢占魁传》一文中就曾记载卢占魁对所部颇有约束,实际侵害并不像舆论渲染得那样大。④ 出现这样的差异,与文献创作者各自的立场不同有关。比如对于执政当局来说,极力强调匪患的严重程度,不仅可以为其争取财政资源,也可以为其治理不力提供托辞。⑤ 不过,即便有所夸大,也不完全是空穴来风,不管怎样,匪患对当地造成空前的影响,应是不争的事实。

"匪众"的来源主要分四种情况。其一,是裁汰或下野之军人。民国初年,"山西光复,其年秋,前此入伍之不良分子,尽行淘汰。绥籍被淘汰者,因感生计困难,多半落魄为匪"⑥。其后,屡有下野军人沦为"匪类","近年来,内地军事,迭起风云,一般下野军人各部属,每沦于匪,聚啸成群,截劫生财,更向日俄商人,偷购弹械,肆行扰乱,以供强邻之利用"⑦。其二,是生计无着、铤而走险的贫苦百姓。民国十七(1928)、民国十八年(1929),绥远发生前所未有之旱灾,灾民不堪饥馑,迫而为匪,"加之去岁大旱,颗粒未收,人民始以草根树皮充饥,继捕麻雀野鼠果腹,此灾未息,疫疠地震复又相继,如水益深,如火更烈,

① 民国《绥远通志稿》卷73《民变》,内蒙古人民出版社2007年点校本,第9册,第432页。

② 廖兆骏编著:《绥远志略》,正中书局1937年版,全国图书馆文献缩微复制中心:《中国边疆史志集成·内蒙古史志》,北京新华书店2002年影印本,第33册,第265页。

③ 民国《绥远通志稿》卷73《民变》,内蒙古人民出版社2007年点校本,第9册,第444页。

④ 综合整理:《大土匪卢占魁传》,包头市地方志史编修办公室、包头市档案馆:《包头史料荟要》第5辑,内蒙古教育印刷厂1981年版,第141—149页。

⑤ 关于"匪患"的实情与舆论之间的关系,何文平曾做讨论,给笔者很大启发,参见何文平《变乱中的地方权势——清末民初广东的盗匪问题与社会秩序》,广西师范大学出版社2011年版,第101—110页。

⑥ 民国《绥远通志稿》卷73《民变》,内蒙古人民出版社2007年点校本,第9册,第423页。

⑦ 李寿山:《内蒙近状》,《蒙藏旬刊》第33期,1932年11月30日。

老弱竟果犬腹，少壮流为盗匪，甚至卖妻鬻子，悬梁投井，种种惨状不一而足"①。其三，是受过一定教育，欲匡时济世的"血性青年"。"当时驻军剿匪不足，扰民有余，往往良莠不分。血性青年，目击家破人亡，愤而投身匪中者，张炳而外，尚有何全孝、冀天富、史华甫诸人。"② 其四，是为利所趋、借此发迹的投机之徒。"自土匪历年盘踞，乡愚无知目睹资财威势，或生歆动之心，遂致风靡一时。此唱彼和，先则入会，后则为匪，竟误认为此为发迹之途径焉。"③ 总之，这种"民匪不分""兵匪不分"的情况，给当政者的剿匪行动带来了相当大的困难，是土默特地区匪患长期存在的重要原因之一。

土默特地区的土匪除了零星小股分散活动，还结成匪帮，其中以"哥老会"影响最大。土默特地区的哥老会创办于光绪末年。民国年间，经杨万祯的组织，迅速发展壮大，会众遍布全境。绥远督统曾问杨万祯，"你有多少兄弟"，后者回答，"我亦不知道，反正有烟筒的地方，都有我的弟兄"。据说杨万祯之子结婚之时，"送礼的人真是数不清楚，宴会时都是发给宴会证，凭券入席，流水式的酒菜，从早晨开席，迄晚不停"。④因加入哥老会的民众甚多，以致出现了政府组织"剿匪"之时"只问匪不匪，不问会不会"的情况。⑤

土默特地区贼匪的主要行为方式是劫掠和绑票。⑥ 劫掠是贼匪最常见的行为方式。他们或三五成伙拦路抢劫，名曰"不浪队"，"各处无赖辈，三五成群，持棍行劫，名曰不浪队，明火路劫，遍地皆是"；⑦ 又或百十成群打家劫舍，这对地方造成侵害尤大，民国《绥远通志稿》记载，

---

① 绥远省赈务会印：《绥远灾情报告》，1929 年。

② 民国《绥远通志稿》卷 73《民变》，内蒙古人民出版社 2007 年点校本，第 9 册，第 431 页。

③ 民国《绥远通志稿》卷 73《民变》，内蒙古人民出版社 2007 年点校本，第 9 册，第 449 页。

④ 《哥老会在绥远》，《西线》1939 年创刊号。

⑤ 民国《绥远通志稿》卷 73《民变》，内蒙古人民出版社 2007 年点校本，第 9 册，第 443 页。

⑥ 绥远地区土匪与广东盗匪的盗匪行为方式具有相似之处。参见何文平《变乱中的地方权势——清末民初广东的盗匪问题与社会秩序》，广西师范大学出版社 2011 年版，第 65—92 页。

⑦ 民国《绥远通志稿》卷 73《民变》，内蒙古人民出版社 2007 年点校本，第 9 册，第 462 页。

土匪曾在绥远地区酿成"九大惨案"。如发生在 1926 年的第三次
惨案：

> 冯六套、尚得胜等首先哗变，一日之间，号召三四十人，与苏
> 八音、邬大个儿、麻住儿等伙合成一大股，约二百余人，围攻萨属
> 朝号尔村，村中筑有土堡，多备火枪自卫，居民向称富庶，土匪垂
> 涎已久，全村居民出动，竭力抵御，卒以寡不敌众，药尽援绝，堡
> 破匪入，不论男妇老幼，开枪乱击，共死男女五十七人，有二十余
> 户，悉成灰烬，尸体狼藉，光焰弥天，此为绥区第三次大惨
> 案也。①

从中可知，朝号尔村比较富庶，且购有枪支，筑有土堡，另据村
民回忆，截至此次"土匪"袭村之前，全村共有火枪二百支，二人抬
六杆，土炮三尊。并从村边连房筑墙，成为围堡。② 不难看出，朝号尔
村已经具备相当的自卫能力，但在人数众多的土匪面前，最终仍然无力
自保。

"绑票"，又叫"请财神"，也是土匪较为常见的行为方式。土默特的
土匪绑票，"始而以富户为目标，近年来则对贫苦之肉票，亦常架之，票
价有廉至三数十元者"。后因居民为躲避土匪，逃离家园，土匪无人可
绑，又有"绑架房屋"之举，"如某人之房院，价值千元，则通信达其得
知，限以时日，令以七八百回赎，否则纵火焚之，使成一片焦土，被焚
之房屋，为数已不少"。③

民国时期，土默地区的匪患对民众生活造成了巨大影响，成为政府
和百姓要共同面对和解决的主要社会问题之一。在这样的情形之下，地
方社会逐渐出现了军事化的趋势。

---

① 民国《绥远通志稿》卷 73《民变》，内蒙古人民出版社 2007 年点校本，第 9 册，第
463 页。

② 张尔杰：《匪徒血洗朝号记》，中国人民政治协商会议土默特左旗委员会文史资料研究
委员会编：《土默特文史资料》第 2 辑，土左旗印刷厂 1987 年版，第 124 页。

③ 《西北消息·绥远之匪患》，《兴华》第 28 卷第 13 期。

二　修堡与并村

入清以后，在土地开发的背景之下，大约在乾隆时期，土默特地区形成了大量村落。一些村落似乎较早修建城墙，据大北窑村嘉庆十二年（1807）十二月二十七日的一份契约显示，当时村中就有了"城墙路"。①不过，在民国之前，大部分村落应当没有修建堡寨等防御工事，"自归绥两城而外，官民均系野处，街市无城郭之固。村落无堡寨可凭"②。民国之后，因地方"匪患"频仍，民间开始自发地修建堡寨，土默特地区较早修建的，是归绥县的滨州海村（今土默特左旗兵州亥村），

> 前团总张荣遂提倡民团，以卫乡里。籍村中之壮丁百人，编以保甲之法，多制抬枪，以为守御之具。……先是张荣住宅，自筑围堡。遇吃紧时，即纳全村及外至之妇孺于其中。经十五六年溃军之事变，于是村堡始从事建筑，外环以壕，防御之力，益见充实。历年大小匪股，闻风远绕而行，概未犯境。有时乡村匪扰，则出发追缴，辄有击获。省垣警政及县府当局，颇予嘉奖焉。③

滨州海村位于大青山脚下，归化城西，水源丰沛，相对富庶，为土匪所觊觎。从上文可知，张荣是本村民团的倡导者，并率先在村中修建自家围堡。其后，在盗匪日炽的情况下，村中也开始修建。张荣是滨州海村的大户，至今当地依然流传着"一出城西三朵荣，兵州亥张荣、贾家营贾荣、中海流陈荣"的说法，可见其人在当地颇具影响。张家围堡至今保存相对完好，村堡残存部分墙体，依然清晰可辨。④滨州海村的围堡在抵御匪患方面，起到了显著效果，受到省垣的嘉奖。

---

① 嘉庆十二年十二月二十七日契约，笔者收集民间资料。

② 咸丰《归绥识略》卷 24《官制·附：钟秀上抚宪禀》，民国《绥远通志稿》第 12 册《归绥识略》（附册），内蒙古人民出版社 2007 年点校本，第 215 页。

③ 民国《绥远通志稿》卷 63《保甲团防》，内蒙古人民出版社 2007 年点校本，第 8 册，第 488 页。

④ 笔者 2012 年 6 月 12 日在土默特左旗兵州亥村所做田野调查笔记。

图 2.1　兵州亥村张家围堡残存墙体

图片来源：笔者拍照采集。

傅作义主政绥远时期，将建筑乡村防御工事列为本省要政。在傅作义的推动下，土默特地区修筑了相当数量的堡寨。绥远地区防御工事主要有围堡、围壕、碉楼三类。碉楼主要存在于集宁等地，土默特地区则以"围堡"和"围壕"为主，其中又以"围堡"居多。①

有关土默特地区各村建堡挖壕数量的统计，由于各种原因，不同资料或多或少存在差异。以归绥县为例，下面据 1933 年出版的《绥远概况》一书改制的表 2.1 中，归绥县建围堡的村落是 30 个；1935 年出版的《归绥县志》中录入的却是 54 个；② 而 1938 年成书的《绥远通志稿》中的记载则是 29 个。③ 虽然我们很难判断哪个数字更加接近实际的情况，但是，在一定程度上，这些统计结果还是反映了当地乡村军事化的趋势。

① 绥远省政府编印：《绥远概况》下册第 12 编《保安概况》，1933 年，第 38—66 页。

② 民国《归绥县志》之《建置志·营垒》，《中国方志丛书·塞北地方》，成文出版社 1968 年影印本，第 10 号，第 178—180 页。

③ 民国《绥远通志稿》卷 62《保甲团防》，内蒙古人民出版社 2007 年点校本，第 8 册，第 495—505 页。

表2.1　　　　　　　　　　土默特各县已建围堡围壕村庄表

县别	区别	建筑围堡村庄	建筑围壕村庄
归绥	第二区	1	0
	第三区	20	0
	第四区	9	0
萨拉齐	第二区	15	0
	第三区	6	5
	第四区	18	6
	第五区	14	20
包头	第一区	1	0
	第二区	2	0
	第三区	3	0
	第四区	6	0
托克托	第一区	5	0
	第二区	51	0
	第三区	34	0
和林格尔	第二区	5	0
	第三区	38	0
	第四区	3	0
武川	第一区	1	0
	第三区	1	0
	第六区	1	0
	第九区	1	0
总计		235	31

资料来源：绥远省政府编印：《绥远概况》第12编《保安概况》，1933年，第38—66页。

　　从表2.1可知，民国时期土默特地区的七个县中，只有清水河县的村落没有修堡，这可能是因其不具备修堡能力。关于清水河县的村落，咸丰《归绥识略》中留下这样的记载："清厅村庄除四乡总计二百九村而外，其零星无定名者，尚有一百七十七处，共三百八十六处，或五六十里始见一村，或一里数村，一村仅两三家居住，并无绅士富户，商贾亦甚寥寥。"可见，清水河县的村落规模都不大，不乏一村只有两三家的情形。这一聚落形态状况很大程度上是由清水河县的自然环境决定的，"清厅四面皆山，其地亩即就山坡耕种，遇有大风，则浮沙雍积，山水冲出则土尽石露，其地最为硗瘠，不堪耕稼"①。也就是说清水河地区土地贫瘠、水源稀缺、山势起伏、地形破碎，在这样的自然环境下，是很难产生较大村落的。正如德芒戈所说："既然平原更适于村庄，那么山地和被切割地区，就吸引了更多的孤立人家和小村，这是由于崎岖地区的碎块耕地面积不广，分布又不均匀，农业劳动困难很多。"② 这一状况也使清水河厅的行政建制多形同虚设，"清邑乡村零小，乡公所向无成立，每乡仅设有乡长一人，乡警一人，书记一人"③。因为如此，即便有傅作义的大力推进，清水河县依然很难组织起足够的人力和物力修建防御工事。

清水河县的例子说明，修建围堡，不得不考虑村子的规模，以及与之相适应的修建能力。因此，傅作义倡导在乡村修建围堡，但不是村村都修，而是由达到一定规模的大村或者几个小村联合来修：

> 住户够一百家的村子，必须要筑一堡四围。小村不够一百家的，如果没有力量独筑一座，可以搬到一个大村来住。大村内应该预先留下地方，预备帮工各村的人来堡内居住。近处如没有百家以上的大村，几个小村应当联合起来，伙筑一堡；地点由县区指定。这个公共堡子，凡是筑工的人都可以来堡内居住。④

这就意味着与"修堡"伴随的过程，便是"并村"。傅作义认为修堡与并村，于地方大有裨益："（一）食粮牲畜均可囤积堡内，股匪之来，野无所掠，无从得食。（二）户口集中，则兴办学校，及发达地方文化事业，均易普及。（三）人力集中，一切乡村建设，自治等事，亦易于举办。（四）良民团居，便于稽查，宵小不易混迹，匪

---

① 咸丰《归绥识略》卷 20《村庄》，民国《绥远通志稿》第 12 册《归绥识略》（附册），内蒙古人民出版社 2007 年点校本，第 144、161、162 页。

② ［法］阿·德芒戈：《人文地理学问题》，葛以德译，商务印书馆 1993 年版，第 151 页。

③ 强佐卿：《清水河县概况（续）》，《绥远农村周刊》第 109 期，1936 年 6 月 23 日第 2 版。

④ 民国《绥远通志稿》卷 62《保甲团防》，内蒙古人民出版社 2007 年点校本，第 8 册，第 490 页。

患自难发生。"① 然而，这一理想在多大程度上能够实现，值得怀疑。从民众实际生活的角度来看，居住地与耕作田地往往不能相距过远。如果小村并到大村或者几个小村并为一个大村，极有可能给日常的生产生活带来不便。因此，即便一些村庄规模不是很大、不足以达到百户，如托克托县南石崞子村、西石崞子村、东石崞子村，但还是自己组织修建了围堡。② 另外，由于居地远近以及人际亲疏等原因，一些村子还出现了一村两堡的情况，托克托县杜家壕村就是一村两堡，村民分别将其称为"南城"与"北城"。③ 总而言之，与绥远政府的施政理想比起来，社会生活的实际状况要远为复杂。

围堡的修筑往往由村中的有力者牵头，前述提到的朝号尔村，据村民追述，围堡是由安、尤、吴、孙、王、郭几家大户发起修筑。④ 一旦决定修建围堡，就要涉及筹措经费、组织人员、选择地址和划分土地等一系列问题。关于经费来源和人员组织情况，傅作义曾做如下规定："建堡土工，以征工制为原则，以免主办人员，借故聚敛。其必须款项，则指定抵押，由县政府担保，随时向县内商号贷借。惟此项借款，须将用途随时公布，并由人民组织监察团体，以免虚糜。"⑤ 从中可知，施工人员从村民中征调。经费方面，引文提到"必须经费"可由政府担保，从商号内借贷。不过，上述规定的实际执行情况，目前尚不清楚。鉴于能够找到的材料少之又少，还很难看到人员组织、经费筹集的细况。

围堡的选址和土地的划分是另外一个比较复杂的问题。但是，这方面的资料同样鲜有留存。所幸托克托县石崞子村保留着一份契约，契约内容即涉及堡成之后村民分配堡内土地的情况：

---

① 民国《绥远通志稿》卷62《保甲团防》，内蒙古人民出版社2007年点校本，第8册，第488—489页。

② 笔者2013年4月在托克托县南石崞子村、西石崞子村、东石崞子村所做田野调查笔记。

③ 笔者2013年9月5日在托克托县杜家壕村所做田野调查笔记。

④ 张尔杰：《匪徒血洗朝号记》，中国人民政治协商会议土默特左旗委员会文史资料研究委员会编：《土默特文史资料》第2辑，土左旗印刷厂1987年版，第124页。

⑤ 民国《绥远通志稿》卷62《保甲团防》，内蒙古人民出版社2007年点校本，第8册，第489页。

　　四号

　　为石峁子村公议城，今因健（原字如此——引者注）城堡，迄
今告竣工，同公议人等议决吴双牛应分到公议城内地第一截，地宽
五丈六尺，东至城墙，西至吴三好收，南至官道，北至城墙，四至
书明，本出在公议，恐后有争夺情事，各持分单约为据。

经理：周怀益、周怀美、贾二秃、吕三宽

秘书：周怀美

中华民国二十二年七月十三日立①

　　从可行性上来看，由于人力物力的限制，修堡之时，除非村民原本
的居所就比较集中，否则便不大可能也没有必要，修筑一个可将全部分
散居所容纳在内的围堡，而是应当选择一个适中的地点修筑，堡成之后，
不在堡内的村民再迁入堡中，搭建新屋。这便牵扯到在谁家的土地上修
堡，堡成之后如何分配土地等一系列问题，上述契约大概就是在处理这
一类问题的过程中产生。这份分单表明，南石峁子村城堡内至少应该有
吴家、周家、吕家、贾家有份居住。吴双牛家分到第一截土地，这似乎
暗示吴家可能是最早在堡中居住的人家。据吴家后人回忆，是先有他家
的居所，后来才在家屋外围修建了村堡，堡成之后，起初只有吴家一户
人家，村中其他诸姓则是随后搬进来的。② 不过，这一说法还需更多材料
的印证。有关修堡的具体情况，由于资料的限制，更多细节仍不能一一
揭示，留待以后详查。

　　为了防御匪患，保证安全，土默特民众开始自发修建围堡。傅作义
主政绥远之后，推行修围与并村等措施，使境内"匪氛"渐告平靖，"绥
远匪患，近来较为减轻，各乡亦多筑围堡，并购枪械自卫"③。面对前所
未有之历史变局，地方社会各方力量的因应举措，最终形塑了土默特地
区聚落形态的基本面貌。

---

　　① 民国二十二年七月十三日契约，笔者收集民间资料。

　　② 笔者田野调查笔记。访谈对象：WGZ；访谈时间：2013 年 4 月 5 日；访谈地点：托克托
县南石峁子村。

　　③ 《国内要闻·绥省农村组织及其自卫情形》，《农报》第 2 卷第 29 期，1935 年 10 月
20 日。

图2.2　南石峁子村围堡残存墙体

图片来源：笔者拍照采集。

第三节　空间构建与社会转型

一　蒙古人如何组织空间

在北依大青山、南临黄河湾的土默特平原上，星罗棋布着大大小小的村庄。位于包头市土默特右旗的板申气村就是其中一个。板申气村流传着一句顺口溜："南北不宽东西长，人字头上三官压。"这是村民对村落空间的形象描述。前一句是说村子的形状呈长方形，后一句是说村子的主要街道呈"人"字形，在"人"字头上有一座三官庙。时至今日，村落的空间格局已经发生一些改变，不过，其主体架构变动不大。这一空间格局是在数百年漫长的历史进程中形成的。

在今天的板申气村，生活着一些土默特蒙古人，他们的祖先从明中叶开始，就已在土默特平原上驻牧。天聪六年（1632），土默特部归附后金。崇德元年（1636），朝廷将其分为左右两翼，每翼一旗。在板申气一带活动的蒙古人隶属土默特右旗。① 自明中叶至清初，其主要以游

① 乾隆年间，土默特旗形成了左右两翼各30个佐领、每翼6个参领、每参领辖5个佐领的定制。这一建置直到清末没有太大变化。在清末的土地执照中记载，今板申气村属于土默特右翼六甲一佐。据此推断，至迟在乾隆年间，板申气村应该就隶于右翼六甲一佐。（光绪三十三年十二月初二日契约，笔者收集民间资料）

牧为生。

在游牧时代，"营盘"是蒙古人重要的活动空间。营盘一般有四季之分，其中比较主要的是冬营盘和夏营盘。冬营盘往往选在避风向阳的山南之地，有利于牲畜过冬。夏营盘通常选在凉爽宜人的开阔之处，有利于牲畜避暑。① 俺答汗率领部众在土默特平原上游牧之时，就曾随季节变化而转换游牧地，"虏不耐暑，每夏辄徙帐大青山口外避之，而富等居板升如故"②。入清之后，在很长一段时间内，他们依然以游牧为生。康熙年间，土默特平原上还是一派游牧风光，"穹庐簇簇，畜产成群，黑白相错，如垒雪堆云"③。在这种情况下，"营盘"是蒙古人活动的基本空间单元。当地至今还有以"那木架"（秋营盘）、"珠斯郎"（冬营盘）等命名的村子。④ 这正是游牧时代留下的印记。

在蒙古人的空间观念中，"山"具有十分特别的意义。自 12 世纪，他们就已经形成了对"山"的崇拜。此后，"神山"的信仰一直在蒙古民众中占据重要地位。⑤ 横亘在土默特平原北部的大青山之哈尔吉勒等峪就被蒙古人视为"祈福之山"，《清高宗实录》记载：

> 又议覆署绥远城建威将军舒明奏称：大青山之哈尔吉勒等十五峪地方乃土默特蒙古、喇嘛等祈福之山，且六十二佐领蒙古官兵、归化城之七处喇嘛等牧猎滋息，及绥远城之八旗满洲官兵演习射猎、

----

① 关于冬牧场、夏牧场的选定，青海可做一旁证，"平时逐水草而居者，论其暂则数迁其地，论其常则四时有一定之地。夏日所居曰夏窝子，冬日所居曰冬窝子。夏窝子在大山之阴，以背日光，其左右前三面则平旷开朗，水道倚巨川，而尤择树木阴密之处。冬窝子在山之阳，以迎日光，上不在高，高则积雪，又不宜低，低不障风，左右宜有两硖道，纡回而入，则深邃而温暖也。水道不必巨川，巨流易冰，沟水不常冰也"。（清）徐珂编撰：《清稗类钞》之《风俗类·青海蒙番之起居》，中华书局 1984 年标点本，第 5 册，第 2215 页。

② 《明世宗实录》卷 486，嘉靖三十九年七月庚午，台北"中央研究院"历史语言研究所1962 年校印本，第 8100 页。

③ （清）钱良择：《出塞纪略》，毕奥南整理：《清代蒙古游记选辑三十四种》上册，东方出版社 2015 年标点本，第 45 页。

④ 杨诚：《托县村落类型及其命名习俗》，《托克托文史资料》编辑委员会、政协托克托县委员会编：《托克托文史资料》第 7 辑，内蒙古呼和浩特市宏达鑫彩印有限公司 2009 年版，第424 页。

⑤ 有关蒙古人对"高地"的崇拜参见［德］海西希《蒙古宗教》，《蒙古史研究参考资料》新编第 32·33 辑，总第 57·58 辑，1984 年 5 月。

牧放官驼马要地。该处办事大臣屡请封禁，将私收地租之蒙古治罪，偷种之民人驱逐，积年总未办妥。①

"十五峪"又称作"十五沟"，分别是东哈尔吉尔沟（即哈尔吉勒）、恩都喇嘛沟、查汉不浪沟、波尔克素太沟、色尔登沟、蜈蚣坝沟、东西猪儿沟、忽寨沟、克力库沟、水磨沟、豪赖沟、白石头沟、千树背沟、五道沟、黑牛沟（内含蒙清坝沟、东梨树沟）。② 十五沟所在的地方是土默特蒙古喇嘛的"祈福之山"。"祈福之山"也就是"神山"。既然是神山，理应封禁，但一些蒙古人在利益的驱使下将土地偷租与民人。尽管如此，"祈福之山"仍然是地方官员管控该地的重要凭借，也就是说，这一说法并非空穴来风，而是具有一定事实基础。

除了农作，可能对"神山"造成破坏的是煤炭开采。大青山山沟之中，储藏着较为丰富的煤炭资源。不过，开采煤炭与土默特蒙古人的空间观念相矛盾。大青山各沟的煤炭大量采掘于雍正年间。③ 开采煤炭的前提必须是"与众人风水无妨，才具保准挖"④。大青山中的土地都为蒙古人所有，因此，这里"众人"指的就是蒙古人。采挖之人不能妨碍开挖地区蒙古人的"风水"，如果有碍"风水"，则可能引发纠纷。板申气就曾卷入这样的纷争之中。一份嘉庆年间的档案记载：

> 照得城西二百余里萨拉齐厅所属吉特库山内周围有新旧召四座，东至五当沟，西至神水沟，南至沙尔沁村北交水河，北至大海流素太，系属神地，间之十四村风水，理应严禁尔等无知之蒙民横行私自窑口，任意打草砍伐树木，不遵定例，合亟出示，严禁为此示，

---

① 《清高宗实录》卷631，乾隆二十六年二月戊戌，中华书局1986年影印本，第17册，第44页。

② 《申报大青山十五沟烟户人口并地亩各数（附清册）》，乾隆四十三年十二月十八日，土默特档案，内蒙古自治区呼和浩特市土默特左旗档案馆藏，档案号：80/5/39。

③ 乌仁其其格：《清代大青山各沟煤矿业概述——以归化城副都统衙门矿务档案为例》，《蒙古史研究》第9辑，内蒙古大学出版社2007年版。

④ 土默特档案，内蒙古自治区呼和浩特市土默特左旗档案馆藏，档案号：80/115/1009，转引自乌仁其其格《清代大青山各沟煤矿业概述——以归化城副都统衙门矿务档案为例》，《蒙古史研究》第9辑，内蒙古大学出版社2007年版。

仰蒙民人等知悉。自嗣之后，尔等毋许私挖窑口，任意打草砍树，倘有不法之徒，仍再抗不遵例，一经访闻，或被告发，定行按律治罪，决不故宽，毋违特示。①

从中可知，"无知蒙民"私自开窑、任意打草、砍伐树木，这侵犯了吉特库山上的召庙以及周围包括板申气在内的十四村的利益。② 官府以吉特库山附近属"神地"、事关"风水"为由，严禁"无知蒙民"有上述行为。除了这次案件，乾隆三十二年（1767）、乾隆四十七年（1782）、道光二十八年（1848）、咸丰九年（1859）、宣统二年（1910），围绕吉特库山的开采问题都曾发生过争控。③ 其中乾隆三十二年、乾隆四十七年、咸丰九年的案件所载不详。据保存了更多细节的道光二十八年（1848）、宣统二年（1910）的案件记录，召庙和十四村均以"风水之

---

① 《禀请严禁开采炭窑（禀文缺失，附图、嘉、咸禁令）》，宣统二年六月，土默特档案，内蒙古自治区呼和浩特市土默特左旗档案馆藏，档案号：80/7/22。

② 十四村分别是臭水井村、阿善沟门村、沙尔沁村、把拉盖村、袄尔圪森村、公鸡梁村、黑口莫尔板申村、公鸡板申村、板申气村、鸺鹩村、威郡村、水家沟门村等。参见《详邢玉玺在海流素泰采炭被广化寺阻挡请示祗遵（附地图、抄案）》，宣统二年二月十一日，土默特档案，内蒙古自治区呼和浩特市土默特左旗档案馆藏，档案号：80/7/17。

③ 记录了这些争讼案的土默特档案有：《详请邢玉玺在海流素泰开采炭窑请求遵照办理书册》，宣统二年二月十一日，土默特档案，内蒙古自治区呼和浩特市土默特左旗档案馆藏，档案号：80/7/16；《详邢玉玺在海流素泰采炭被广化寺阻挡请示祗遵（附地图、抄案）》，宣统二年二月十一日，土默特档案，内蒙古自治区呼和浩特市土默特左旗档案馆藏，档案号：80/7/17；《禀恳注册给照开采炭窑并乞出示晓谕》，宣统二年二月，土默特档案，内蒙古自治区呼和浩特市土默特左旗档案馆藏，档案号：80/7/18；《禀恳注册给照开采炭窑并乞出示晓谕》，宣统元年十月二十五日，土默特档案，内蒙古自治区呼和浩特市土默特左旗档案馆藏，档案号：80/7/19；《咨行副都统查明宽店子等处采炭有无窒碍烦查照办理》，宣统二年八月十九日，土默特档案，内蒙古自治区呼和浩特市土默特左旗档案馆藏，档案号：80/7/20；《禀恳严惩阻窑之喇嘛八十一并饬厅保护开采》，宣统二年八月，土默特档案，内蒙古自治区呼和浩特市土默特左旗档案馆藏，档案号：80/7/21；《禀请严禁开采炭窑（禀文缺失，附图、嘉、咸禁令）》，宣统二年六月，土默特档案，内蒙古自治区呼和浩特市土默特左旗档案馆藏，档案号：80/7/22；《呈请札饬萨厅先行禁止在宽店子等处开窑以杜争端》，宣统二年七月，土默特档案，内蒙古自治区呼和浩特市土默特左旗档案馆藏，档案号：80/7/23；《详请邢玉玺开挖炭窑应开应闭请批示书册》，宣统二年八月十七日，土默特档案，内蒙古自治区呼和浩特市土默特左旗档案馆藏，档案号：80/7/24；《咨行副都统查明广化寺与邢玉玺争控案件》，宣统三年四月十六日，土默特档案，内蒙古自治区呼和浩特市土默特左旗档案馆藏，档案号：80/7/29；《禀请集股自行开采宽店子炭窑恳请立案》，宣统三年三月，土默特档案，内蒙古自治区呼和浩特市土默特左旗档案馆藏，档案号：80/7/30。

说"同开采煤窑的商民等相颉颃。① "风水之说"固然有实际利益的考虑，但是能够将其当成一个争取权益的主要理由，并且还得到官府的支持，这本身就说明"神地""风水之地"的说法是深入人心的。换言之，"山"在蒙古人空间观念中，占有重要的位置。

"脑包"（即"敖包""鄂博"）也是蒙古人组织空间时的一个重要要素。脑包信仰在蒙古社会有着悠久的历史传统，一般被作为圣址或路标。在蒙古人生活的地方，通常都有大大小小的脑包。② 板申气的西北方向，就有一座"脑包"。据村中的蒙古族老人讲，这座脑包是板申气村与黑麻板申村的界限。脑包现在只有一座，不过，以前曾是由十三个脑包组成的脑包群，其中有一个大脑包，十二个小脑包。③ 在脑包附近，有许多以脑包命名的地名。板申气村西北方向有一座小庙，坐落在大青山南坡之上，西侧是一条山沟。庙中保留着一通乾隆四十年（1775）的碑刻，碑文记载，"或人忽忆脑包沟有神泉在焉，何不祷而神祇，拜水于此泉乎?"④ 可见，彼时人们就以"脑包沟"来命名庙宇紧邻的山沟。在板申气所遗存的民间契约文书中，也陆续出现了带有"脑包"字样的地名，如，"脑包道""脑包地""脑包上""脑包卜""脑包路""下脑包卜""脑包场""脑包梁"。⑤ 以上信息都表明，"脑包"是板申气较早出现的

---

①　道光二十八年的案件中有"具有风水之吉特库山"的记载。以上内容参见土默特档案，内蒙古自治区呼和浩特市土默特左旗档案馆藏，《详邢玉玺在海流素泰采炭被广化寺阻挡请示祗遵（附地图、抄案）》，宣统二年二月十一日，档案号：80/7/17。宣统二年的案件中有"因是风水山势，关系该旗并合旗休咎"的表述。以上内容参见土默特档案，内蒙古自治区呼和浩特市土默特左旗档案馆藏，《禀恳注册给照开采炭窑并乞出示晓谕》，宣统二年二月，档案号：80/7/18。

②　有关蒙古人对"脑包"的崇拜参见［德］海西希《蒙古宗教》，《蒙古史研究参考资料》新编第 32·33 辑，总第 57·58 辑，1984 年 5 月。

③　蒙古社会的脑包祭祀中，有一种"脑包群"的祭祀形式。这样的脑包群一般由 5 个、7 个、11 个、13 个脑包组成一组。其中有一个是较大的主脑包，其余的脑包较小，分布在主脑包的周围。参见刘文锁《敖包祭祀的起源》，《西域研究》2006 年第 2 期；纳钦《作用中的敖包信仰与传说——在珠腊沁村的田野研究》，《田野观察》2004 年第 4 期。

④　《板升气新修庙宇碑记》，乾隆四十年岁次乙未仲秋上旬之日，立于板申气脑包庙。

⑤　在笔者所搜集的板申气契约文书中，这些地名第一次出现的时间分别是：脑包道，嘉庆十年十二月初九日契约；脑包地，嘉庆二十二年十二月初九日契约；脑包上，道光十二年十二月二十二日契约；脑包卜，道光二十六年十一月二十一日契约；脑包路，道光二十七年十月二十三日契约；下脑包卜，同治二年十二月初九日契约；脑包场，光绪十八年十月二十五日契约；脑包梁，民国二十三年十二月十三日契约。在契约中，脑有时写成"恼""瑙"，"卜"有时写成"八""钵"，为行文方便，笔者将其统一写成脑、卜，不一一注明。

人文景观，汉人到来之后，向蒙古人租种"脑包"附近的土地，并把此前已经存在的"脑包"作为参照物，用它来给附近的地点取名。

图2.3 板申气村"脑包"

图片来源：笔者拍照采集。

蒙古人在长期生活之中，形成了自己独特的空间组织方式和空间观念。其中，"营盘""神山"与"脑包"是几个比较重要的空间要素。明中叶以后，随着山西移民的不断进入，土默特平原出现了由牧转农的趋势。伴随着社会结构的转变，当地的空间配置和人们的空间观念也出现了新的发展动向。

二 走西口与汉人的空间想象

在土默特地区，有一个广为流传的传说故事——"杨六郎战蒙古"。故事的主要内容是：

> 杨六郎与蒙古人在雁门关作战，后者战败。杨六郎向其要求赔偿，问道："你们给一箭地还是一马地？"蒙古人心想，马跑得远，箭射得近，于是回答："给一箭地。"不过，没有料到杨六郎一箭从雁门关射到了大青山。而实际上，是杨六郎让人提前将箭埋在了大

青山。从此以后，汉人就可以在从雁门关到大青山的地方居住。①

　　板申气村村民对这个故事耳熟能详。不过，故事内容与上述版本略有差异，差异之处主要是埋箭地点。在板申气，埋箭地点不再是地理位置较为含混的大青山，而是有了确切所指，即板申气西边的沙尔沁山。②从史实层面来看，"杨六郎战蒙古"的故事存在许多谬误。杨六郎即杨延昭，是北宋抗辽名将。故事把杨六郎抗击的对象，从辽改成了蒙古，这存在时空错位，明显不符合史实。但是，从历史记忆的角度来看，其在土默特地区的产生和广泛传播有着深刻的社会背景，这就是明中叶以来山西汉人走西口的历程。

　　板申气成村的历史也就是汉人不断移居口外的历史。明代嘉靖年间，就有不少汉人在土默特地区从事农业生产，他们"筑城建墩，构宫殿，甚宏丽，开良田数千顷，接于东胜川，虏人号曰板升，板升者，华言城也"③。在这一大环境下，地肥水美的土默特右旗应该也有了汉人的踪迹。与此同时，俺答汗为推广藏传佛教，积极修建寺庙。明代万历三年（1575），他在板申气东北方向二十余公里处，修建了一座召庙——"美岱召"。④此庙的具体工程由汉人工匠完成，在泰和门的石刻之上，就镌刻了温伸、郭江两个汉人工匠的名字。⑤在当时土默特平原板升农业不断发展的背景下，他们有留在这里生活的可能性。板申气距离美岱召不甚遥远，因此这些汉人工匠及其后代的足迹似可到达板申气。⑥

-----

　　①　笔者田野调查笔记。笔者2011年至2015年，在土默特地区所做的历次田野调查中，均听到过这一传说故事。

　　②　十分有意思的是，笔者2016年6月10日赴沙尔沁山（今改名为莲花山）考察时，在山中发现了一座被烧毁的小庙，当地人称此庙为"六郎庙"，并说在"六郎庙"后侧的石壁上，曾经就插有一支杨六郎的箭。以上内容引自笔者2016年6月10日在包头市沙尔沁山所做的田野调查笔记。

　　③　《明世宗实录》卷486，嘉靖三十九年七月庚午，台北"中央研究院"历史语言研究所1962年校印本，第8100页。

　　④　胡钟达：《呼和浩特旧城（归化）建城年代初探》，《内蒙古大学学报》1959年创刊号。

　　⑤　泰和门石刻，转引自薄音湖《明美岱召泰和门石刻考》，《民族研究》2005年第5期。

　　⑥　杨广山：《板升气村史稿》，未刊稿，也持此说法。

图2.4 沙尔沁山"六郎庙"旧址

图片来源：笔者拍照采集。

入清以后，土默特地区社会环境相对安定，汉人陆续私自出口拓垦。康熙中叶，农业生产已经达到一定规模。在过长城至归化城一段，一些地方"茅舍分列，地皆耕种"，归化城附近"地多垦辟，颇饶耕具"。[①] 康雍乾时期，朝廷西征朔漠，归化城作为"总要之地"，具有重要战略意义。不少士兵在此地路过或驻扎。[②] 乾隆年间，朝廷又筑绥远城，屯兵防守。为满足军粮补给需求，从康熙中期开始，朝廷先后在土默特平原上放垦了大片土地，招募汉人耕种。土地放垦政策为汉人大批进入提供了重要契机。此后，他们源源不断地来到口外谋生。其中一些汉人就在板申气所在的地方定居下来。乾隆四年（1739），朝廷在今土默特右旗范围内设立"萨拉齐厅"管理民人，板申气即归其管理。

在土地放垦的背景下，为了给移民行为找到合理依据，来自口里的汉人往往将自己移民的缘由与朝廷的土地放垦政策联系起来，板申气村LFY收藏的《李家百年历史》在记述其祖先出口经过时说：

---

① （清）钱良择：《出塞纪略》，毕奥南整理：《清代蒙古游记选辑三十四种》上册，东方出版社2015年标点本，第45、47页。

② 《清圣祖实录》卷159，康熙三十二年四月戊申，中华书局1985年影印本，第5册，第746页。

清嘉庆八年（1803 年），清朝颁布《流民耕垦蒙古土地法》，允许晋、陕饥民到蒙古草原开荒种地。大约在嘉庆十年（1805 年）左右，李竹与父亲、哥一行三人从忻州来到萨拉齐，先在兔尔沟垦荒。三年之后，李竹的父亲、哥回了忻州，李竹留了下来，在板申气买地，搭建茅屋，娶妻沈氏，成家定居。李竹、沈氏共有两子，大儿子李雁鹏，小儿子李雁鸿。如今，板申气东北方李家老坟最北端树下埋的是李竹和沈氏。①

核查史料，并未发现清廷在嘉庆八年（1803）曾颁布《流民耕垦蒙古土地法》。不过，朝廷是否在嘉庆八年颁布了这部法令，并不是本书讨论的重点。对于内地汉人来说，当他们郑重其事地将这一"法令"写入家史，其用意是想建立移民口外与土地放垦政策之间的关系，这就使自己的行为具备了合法性。因此，从历史叙述形成的动机来看，不管《流民耕垦蒙古土地法》有无颁布，它都具有历史的"真实性"。

汉人来口外谋生，首先要与蒙古人建立良好关系。其中有娶蒙妇者，雍正十一年（1733），一位官员巡查归化城等地，就发现有不少汉人娶了蒙古妇人为妻并生下子嗣。② 也有与蒙古人结为金兰者，呼和浩特市一户蒙古人家保留着一份嘉庆四年（1799）家中祖先与汉人结拜的盟约。盟约内容如下：

> 善辅仁皆之道也，从来交际胶漆相投，如金兰丽泽。己所共事，随（原字如此——引者注）不同胞，心志相孚，莫逆于患难之将久远。之后倘有私心，祈神鉴察，为之盟矣。
>
> 恼赖系归化城蒙古人，年二十七岁，十二月初二日生。
> 王满系崞县后沙池村人，年二十三岁，十月十一日生。
> 张成系崞县南阳店人，年二十二岁，十一月十八日生。

---

① 《李家百年历史》，笔者收集民间资料。

② 《清世宗实录》卷 129，雍正十一年三月丙戌，中华书局 1985 年影印本，第 8 册，第 679 页。

嘉庆四年五月二十六日□①

结为金兰的三人分别为归化城的蒙古人恼赖、山西崞县的王满和张成，他们年龄相仿，应是在频繁的社会交往中，结下了深厚的友谊，因此才定下了患难与共、义结金兰的盟约。还有与蒙古人认干亲、结奶亲者，今呼和浩特市土默特左旗把什村村民张虎心的爷爷就是通过与蒙古人珍珠、玉柱认"干亲"，和蒙古人海宽结"奶亲"的方式，在当地定居下来。② 不难推知，板申气的汉人应该也是通过类似方式，拉近了与蒙古人的关系，从而获得了居住和耕作的权利。

汉人出口时，往往呼朋唤友，结伴而来。在一些村子中，最早定居的汉人通常来自同一个地区。因此，一些聚落的名称就用原籍地的名称命名。比如，包头市的东河区，旧称代州营子，东河区下辖的沙尔沁村，旧称忻州圪旦。板申气虽然没有以原籍地命名，不过，村中汉人也大多来自同一个地方——忻州。

此外，在土默特地区不少村落中还流传着一个"姑舅亲"的说法。板申气故老相传，村中较早移民的傅姓与师姓就是姑舅亲。在板申气以东的东湾村，也有这一说法。由于板申气这方面资料留存较少，而东湾村则保留着一些相关材料。因此，我们可以通过对东湾村情况的分析，反观板申气的情形。

东湾村中的游家与贾家后人回忆，其先人是姑舅亲。贾家旧容上第一代祖先是贾赞（新编世系谱写为贾瓒），其配偶是"游氏"。容上的第一代人，一般是最早在口外定居者的父母，仍在口里生活。由此可知，在原籍地，两家可能存在姻亲关系。同时，在原籍地，两家住处也相隔不远。游家《游氏家谱续谱》记载，其原籍地是"山西省交城县洪湘乡安定村二堵二甲"③。贾家旧容记载，其原籍地是"交城县蛇头村一堵一截"。交城县洪湘乡今有"舍堂村"，"蛇头"与"舍堂"发音接近，应

---

① 嘉庆四年五月二十六日盟约，笔者收集民间资料。

② 《把什村史》编纂委员会编：《把什村史》，内蒙古人民出版社2003年版，第18页。

③ 新修《游氏家族续谱》，2013年，游氏后人曾赴山西交城寻亲，并查看了老谱，在此基础上，又新修了《游氏家族续谱》。因此，游氏关于原籍地的记载是可信的。笔者收集民间资料。

为同一地方。有意思的是，在贾家近年重新整理的新世系谱中，在"蛇头村"前面又加了"安定"二字，即"山西省交城县安定蛇头村一堵一截"①。"安定"与"蛇头"本为两个村落，但贾家在新修世系谱中，将两个村子合写一处，这反映了编撰者着意强调游、贾两家"姑舅亲"关系的想法。而对这一关系的强调可使其缔结某种盟约关系，便于他们在一个新的地方落脚和生活时互相扶持，彼此借力。虽然上述内容主要讨论的是东湾村的情况，但板申气"姑舅亲"说法的出现与流传状况当与东湾村大同小异。

来到口外的山西汉人起初与原籍保持着十分紧密的联系。板申气 LSS保存着一份口里的房契。契文如下：

> 立契书人董□成、董旺成自为钱粮紧急，别无展（原字如此——引者注）转，今将自己祖遗宅地一所，东至董玉玺，南至道，西至渠，北至董玉玺，四至分明，计地九分六厘七毫九，系今情愿出卖与本都六甲李永清住座，永远为业，言定价银六十九两七钱，旦月交足，如有户内人等争碍，卖主一面承当，恐后无凭，立契书存照。计开随粮七升八合，上随北半榆、枣、柳树数十株。
>
> 乾隆二十七年正月二十八日立
>
> 　　　　　　李万盛、李克□、董玉玺、董玉印 见人②

契约中"都""甲""随粮"的说法，表明这份契约是来自口里。此外，契约还粘贴着一份契尾，明确记载了这宗土地交易发生在山西省忻州。李家先人李喜绪至迟在乾隆五十三年（1788）就已在口外租地耕种谋生。③ 可能是李喜绪，也可能是李家其他先人，在出口时，随身携带了这份房契。无独有偶，板申气东边的威俊村张家也携带了口里的四份契约，其中三份是分单，时间分别是康熙四十三年（1704）、乾隆四年（1739）、乾隆十三年（1748），另一份是土地买卖契约，时间是乾隆四十

---

① 贾家旧容、贾家新世系谱，笔者收集民间资料。
② 乾隆二十七年正月二十八日契约，笔者收集民间资料。
③ 乾隆五十三年十一月十三日契约，笔者收集民间资料。

一年（1775）。① 出口之时，随身携带原籍的地契、分单等，这表明移民起初与原籍之间保持着经常性往来。不过，随着时间推移，彼此关系渐渐疏远。东湾村游家乾隆三十年（1765）出口，到了民国三十年（1941），其家人对原籍家族世系的记忆已经模糊不清，"七至十三世，耳闻传言，并未实踪"。②

以朝廷的土地放垦政策为契机，山西汉人大批进入土默特地区，板申气由此取得了更大发展。如前所述，在板申气西北山坡的小庙中，立有一块乾隆四十年（1775）的石碑，此碑名为《板升齐新修庙宇碑记》，碑阳、碑阴均有文字，碑阴为捐资名单，碑阳记载了建庙始末，碑文如下：

> 且夫天道昭彰，惟感而遂通，人心不贰，始有求则必应。癸巳之夏，五月既望，阴阳失偶而甘霖未降，则苗将稿之时也，而农贾恍然不知所之。或人忽忆脑包沟有神泉在焉，何不祷而神祇，拜水于此泉乎？吾众洗心涤虑，忻然前往。未几则云油然作，雨沛然降，则苗勃然兴之矣。吾里之人踊跃欢呼，献戏以酬神灵之有感则应矣。是以公议卜地于沟门，建庙塑像以表神功，以励阖村之虔诚耶。所建之庙貌虽微，紧靠青山之屏，前临黄河之滨，其形势亦足有可观者焉。故勒石镌志，永垂不朽云尔。
>
> 王岩
> 古高都郡王兴隆发源氏薰沐敬
> 山西太原府忻州傅有义沐手书
> 经理人
> 丰恒号　施钱肆仟肆佰文；傅有仁　施钱壹仟陆佰文
> 师琰　施钱肆仟壹佰文；刘璠　施钱壹仟陆佰文
> 元兴永　施钱叁仟九佰文；李兴　施钱壹仟伍佰文

---

① 康熙四十三年二月二十五日契约、乾隆四年十二月十八日契约、乾隆十三年三月初三日契约、乾隆四十一年十二月初三日契约，笔者收集民间资料。

② 《承继追远回原祭祀序》，民国三十年，东湾游德森回山西原籍寻根续谱时所留下的资料，笔者收集民间资料。

张如义　施钱叁仟伍佰文；张怀通　施钱壹仟伍佰文

马元德　施钱叁仟叁佰文；师尔贤　施钱壹仟伍佰文

李永清　施钱叁仟贰佰文；宁孝　施钱壹仟壹佰文

高士宁　施钱叁仟贰佰文；张文　施钱壹仟文

郭富乾　施钱叁仟文；郭奇福　施钱玖佰文

李广森　施钱贰钱叁佰文；刘培　施钱玖佰文

四至开明，北至山顶，南至坝堰，西至水沟，东至道口通山

住持僧人　应临济正宗

丹青　李

木匠　张斌施钱肆佰伍拾文 董成枢施钱叁佰陆拾文

泥匠　张鸾

崞县石匠　刘大寿　铁笔匠　李立杰

保什号　老赞、老赞打什、必力兔

甲头　毛寇、恼儿冒、邻木架、艮扣

施舍座庙地基一块

大清乾隆四十年岁次乙未仲秋上旬之日谷旦立

"板升齐"就是后来的"板申气"。在目前已知材料中，这是"板申气"的名字第一次见诸史乘。此碑的碑阳、碑阴开列了布施名单，经统计发现，共184人捐款施地，其中汉人159个、蒙古人25个。[1] 捐款施地人并未特别标明来自其他村落，似可推断这些人主要是板申气村村民。由此可见，板申气当时已经是一个较大的聚落。

"杨六郎战蒙古"的故事，正是在上述历史情境下产生的。随着汉人的移入，在山西地区广为流传的"杨家将"故事传入蒙古地区。为使传说故事适应新的历史形势，山西移民对其进行了改造，原本杨六郎抗辽的情节，变成了杨六郎战蒙古。杨六郎战败蒙古，获得从雁门关到大青山的地盘，这使山西移民在空间想象的层面，取得了在土默特地区的"入住权"。如果说"杨六郎战蒙古"的故事使汉人的移民行为获得了文化上的"合理性"；那么在定居之后，他们就开始用汉人社会的观念来构

---

[1]　统计数字未包括捐钱的两个木匠。

建农业聚落，这极大地改变了土默特平原的空间形态。

三　村落空间的形成

"南北不宽东西长，人字头上三官压"，这是今天板申气村民对村落空间的形象说法。其中，比较重要的是"人字头上三官压"一句。这句话是说，板申气村有前后两条大街，呈"人"字形排列，在"人"字头，即三岔路口处，盖有一座三官庙。①这一聚落格局的形成是汉人在走西口到来之后，逐渐运用自己的知识对空间进行构建的结果。

山西移民在口外种地谋生，起初春种秋回，居所多为临时性的。② 其后，随着定居意愿增强，人们需要一个相对固定的住处，这就要向蒙古人购置地基。板申气的师福就曾在道光二十七年（1847）十二月购买了三处屋宅地基。其中两处是直接从蒙古人色橙和色不利、财登坝处租来，另一处是从刘姓汉人转佃而来，均需向蒙古人交纳地铺钱。③ 与师家一样，山西移民大多通过直接或间接向蒙古人租取地基的方式，得以在板申气筑房而居。汉人所建宅院的主体是正房，正房分若干间，一般坐北朝南。④ 各家又根据具体情况在院内修建间数不等的东房、西房、南房、马棚等附属建筑。刘敏、刘惠家的房院就包括，"南房三间，正房三间，大门房一间，东马棚二间，西房五间"⑤。直到今天，除了建筑质料有所不同，土默特地区民居的基本形制依然大体如此。

在长期的历史行程中，板申气村民形成了诸姓杂处、插花而居的居住格局。较早来村的汉人是师姓和傅姓。师、傅二姓的老宅就位于村子

---

① 三官庙后来被毁，在原址上盖了信用社，现在是一处民居。

② 在河套地区，内地移民最早的住处是半穴居的窑子。参见哈斯巴根《鄂尔多斯农牧交错区域研究（1697—1945）——以准噶尔旗为中心》，内蒙古大学出版社2007年版，第77页。

③ 道光二十七年十二月十一日契约、道光二十七年十二月二十五日契约、道光二十七年十二月二十五日契约，笔者收集民间资料。朝廷法令规定，蒙古土地不得买卖，因此在契约中一般写的都是"租"或"佃"。

④ 宅院的坐落也有坐西朝东的情况，FQF在板申气前街一处宅院就是坐西向东，"今将自己原置到板申气前街路北小巷坐西向东宅院一所，内计正房四间半，西房三间半，南厦子一间，大闸子一合，上卡一间……"（"成吉思汗纪元七四十年二月二十七日"契约，笔者收集民间资料）。不过，坐西向东的情况一般较少。"成吉思汗纪元"，是日本侵略者建立的内蒙古伪蒙疆政权采用的纪年方式。

⑤ 道光二十七年十二月二十一日契约，笔者收集民间资料。

的中心。在傅姓和师姓之后，其他姓氏陆续搬来。前述脑包庙碑刻的捐资名单中涉及 28 个姓氏。到目前为止，村中已经发展为至少 60 余个姓氏。① 需要指出的是，同一个姓氏的人家并不一定同属一个家族，比如，板申气村的姓郭的人家就分属三个不同的家族。②

上述居住格局的形成与分家析产有一定关系。一名男子娶妻生子并拥有了一处宅院之后，随着家中男性子嗣长大成人，兄弟们就有了分家析产的诉求。在第一次分家之时，各个兄弟分得的是同一宅院的某一部分。同治十二年（1873）正月，范广祯将自己的"宅院房产地土家俱"析成两股，两个儿子范堆、范金各得其中一股，"一股宅院西边一半内计正房二间，南房一间，大门一合……一股宅院东北一半内，计正房二间，东房三间"③。不难推知，待范堆、范金的孩子长大，宅院很可能不敷居住，这就需要另外购置。1949 年 9 月，师连贵"自因外面买下住宅，情愿将原分的老院分出一半，情愿推与大胞兄师连存名下永远修垒住占"④。鉴于此，在板申气同一家遗留的契约之中，往往存在数量不等的宅院地基契约。SLX 收藏的契约就有道光、同治、光绪、民国时期的八份宅院地基契约。由于地基房院是在不同时期从不同人手中取得，因此，即便同一家族的成员，其居住地也可能是分散的。这从一个方面解释了板申气为何形成了诸姓杂处、插花居住的格局。

由于不断的分家析产和频繁的房产交易，房产地基权属日益复杂，这使住宅的"出路"成了交易者需要注意的一个问题。嘉庆年间的一宗地产交易中提道，"今将自己屋宅一所，南至官街，北至师有恒，东至师斌，西至公伙，出路四至分明"⑤。这里关于出路的说法还比较笼统。随着时间的推移，相关内容越来越细致。光绪年间和民国时期的两宗土地买卖中分别提到，"此宅内东西角有出路一条，南北宽七尺五寸，东西通

---

① 笔者田野调查笔记。访谈对象：YCS；访谈时间：2015 年 11 月 23 日；访谈地点：板申气村。

② 笔者田野调查笔记。访谈对象：GMM；访谈时间：2015 年 10 月 28 日；访谈地点：呼和浩特。

③ 同治十二年正月十五日契约，笔者收集民间资料。

④ 1949 年九月初七日契约，笔者收集民间资料。

⑤ 嘉庆十二年十二月初三日契约，笔者收集民间资料。

行";"出路通街，宽二尺五寸"。① "出路"问题的出现和变化，反映了板申气村的土地关系和社会关系呈现出日渐复杂的面貌。

盖房子并非杂乱无章，而是按照一定次序，久而久之，形成了街道。在板申气契约中，从咸丰年间开始，先后出现了"人四街"（即后来的"人市街"）"后街""前街""中街""水泉路"的说法。② 每条街中又有"小巷"，如"中街南巷""前街北小巷""前街南小巷"。③ 其中"前街""后街"是两条主街，"中街"可能是连接"前街""后街"的一条街道。"水泉路"是一条南北走向、纵贯全村的道路。"人市街"是"前街"中段一块较大空地，是村中举办各种集会和开设集市的地点。从字面上看，"人市"二字也蕴含着类似意味。"人市街"于20世纪80年代修建了戏台，直到今天依然是村民活动的中心场所。

庙宇是村落中的重要人文景观。乾隆四十年（1775），板申气村久旱未雨，蒙汉民众在板申气西北大青山中的脑包沟"神泉"祈雨，"未几则云油然作雨沛然降，则苗勃然兴之矣"，为感念神灵庇佑，人们在脑包沟沟门建庙塑像。④ 虽然碑文未载庙之名称，但从兴建缘由来看，这座庙应与龙王或水神有关。此庙现在被村民称作"脑包庙"。"脑包庙"虽是板申气村民修建，但距离村庄尚有一段路程。

村中最具影响的庙宇是"大庙"。此庙为"关帝之庙，龙王、财神配享其间"。⑤ 关于大庙的修建时间，有两种说法，一说"初始于雍正间"，⑥

---

① 光绪二十六年十二月十七日契约、民国三十四年九月初三日契约，笔者收集民间资料。

② 咸丰三年九月十三日契约、同治四年十二月二十九日契约、同治十一年十一月初五日契约、光绪三十三年新正月契约、宣统三年五月十九日契约，笔者收集民间资料。

③ "成吉思汗七三三年十二月初一日"契约、"成吉思汗七三九年二月初七日"契约、民国十二年阴历五月十五日契约，笔者收集民间资料。

④ 《板申气新修庙宇碑记》，乾隆四十年岁次乙未仲秋上旬之日，立于板申气村脑包庙。

⑤ 《重修关圣帝君庙碑志》，嘉庆十九年岁次甲戌林钟月，《丹府坟堂纪念碑碑文调查卡》（1941年11月20日），土默特档案，内蒙古自治区呼和浩特市土默特左旗档案馆藏，档案号：79/1/32。

⑥ 《重修关圣帝君庙碑志》，嘉庆十九年岁次甲戌林钟月，《丹府坟堂纪念碑碑文调查卡》（1941年11月20日），土默特档案，内蒙古自治区呼和浩特市土默特左旗档案馆藏，档案号：79/1/32。

另一说"于乾隆丁亥年新建关圣帝君庙"。① 究竟哪个说法更为准确，目前还不能确定。"大庙"创建之后，经过不断重修和增修，规模越来越大。乾隆四十七年（1782），对大庙的戏楼和二门进行扩修，使其"焕然一新，可与乐亭并森列焉"。② 嘉庆十一年（1806），因"禅房隘陋，不足以壮观瞻"，又"重盖东西禅房六间，补添容乐楼，起盖戏房三间"。③ 嘉庆十九年（1814），李生春捐资金镀圣像、刊刻对联，并新建鼓楼一座，添置石狮两个，还重新修葺了钟楼墙垣和内外四坊门，使庙貌焕然一新。④ 至此，大庙的规制基本确定下来，主要包括正殿、配殿、乐楼、鼓楼、钟楼、山门等建筑。此后，村民每隔一段时间便对大庙进行修葺。道光五年（1825），修整了正殿、配殿和乐楼的围垣。⑤ 道光二十二年（1842），重修了乐楼和戏房。⑥ 咸丰元年（1851），对全庙进行了整饬。⑦

村中另外一座比较重要的庙宇是"三官庙"。关于这座庙宇，没有留下当时的文字记载。村中耆老回忆，三官庙建于 20 世纪 30 年代。至于建庙的缘由，《板申气村史稿》说，"曾有术士称板申气村的两条街为人字形，应该在人字头处建一庙宇，方可保证出人才，于是有识之士就建了

① 《重盖关帝庙禅房等碑》，嘉庆十一年仲冬上浣之日，《丹府坟堂纪念碑碑文调查卡》（1941 年 11 月 20 日），土默特档案，内蒙古自治区呼和浩特市土默特左旗档案馆藏，档案号：79／1／32。

② 《重修关帝庙戏楼碑》，乾隆四十七年蒲月上浣之日，《丹府坟堂纪念碑碑文调查卡》（1941 年 11 月 20 日），土默特档案，内蒙古自治区呼和浩特市土默特左旗档案馆藏，档案号：79／1／32。

③ 《重盖关帝庙禅房等碑》，嘉庆十一年仲冬上浣之日，《丹府坟堂纪念碑碑文调查卡》（1941 年 11 月 20 日），土默特档案，内蒙古自治区呼和浩特市土默特左旗档案馆藏，档案号：79／1／32。

④ 《重修关圣庙碑志》，嘉庆十九年岁次甲戌溽暑月，《丹府坟堂纪念碑碑文调查卡》（1941 年 11 月 20 日），土默特档案，内蒙古自治区呼和浩特市土默特左旗档案馆藏，档案号：79／1／32。

⑤ 《重修关帝庙》，道光五年岁次乙酉南吕月立，《丹府坟堂纪念碑碑文调查卡》（1941 年 11 月 20 日），土默特档案，内蒙古自治区呼和浩特市土默特左旗档案馆藏，档案号：79／1／32。

⑥ 《重修乐楼戏房碑记》，道光二十二年岁次壬寅黄钟月上干，《丹府坟堂纪念碑碑文调查卡》（1941 年 11 月 20 日），土默特档案，内蒙古自治区呼和浩特市土默特左旗档案馆藏，档案号：79／1／32。

⑦ 《重修关帝庙碑》，咸丰元年岁次辛亥南吕月上浣，《丹府坟堂纪念碑碑文调查卡》（1941 年 11 月 20 日），土默特档案，内蒙古自治区呼和浩特市土默特左旗档案馆藏，档案号：79／1／32。

'三官庙'"①。此外，还有一种说法，是说三官庙的修建压住了村子的运势，妨碍了村里人才的出现，这一说法没有形成文字，但在村中流传更为普遍。② 两种说法都将空间格局与村子的气运联系起来。随着时间的演进，"人字头上三官压"，这一带有风水意味的表达逐渐在村中出现并广为流布，而这正是体现了汉人如何运用风水知识组构和阐释村落空间。

风水观念在村中的传播，与阴阳先生的活动不无关系。GYY 是村中的阴阳先生，其高祖 GPW 就已操此为业。③ G 家至今仍保留着署有 GPW、GHK、GS 三代人名字的科仪书。其中，署名 GPW 的一本科仪书中记载："□（原字不清——引者注）据南赡部洲大清国山东、西、○○府、州、县、○乡、村、○都、○甲人氏，寄住在口外归化城等处西萨拉齐地方○村居住。信士○○○阖家老幼男女人等，处心喜舍资财，买办金钱财马，信心供物之仪。"④ 可见，G 家看阴阳的范围主要是萨拉齐一带的村庄。正是通过阴阳先生的活动，风水观念逐渐在乡村社会产生了越来越大的影响。

与此同时，村中汉人对蒙古人原有的空间景观——脑包，重新予以解释。尽管板申气周围有不少以"脑包"命名的地名，但在今天，"脑包"更为当地人所熟知的名称是"十二寡妇"。板申气的汉人大多认为，"十二寡妇"是"为纪念宋朝杨家遗孀八姐九妹、烧火丫头杨排风等征西战死沙场而建的"。⑤ 不过，与前述"杨六郎战蒙古"一样，村民一般把"十二寡妇"征讨的对象也当成"蒙古"。至迟在民国时期，"十二寡妇"的讲法就在板申气流传。1927 年 3 月的一份分单记有"十二寡妇地"的字样，这说明在人们的心目当中"十二寡妇"已是约定俗成的表达了。⑥ 有意思的是，在这份分单中，以"脑包"命名的地名和"十二寡妇"的名称同时出现，"又分到脑包卜子东西畔西边一股，又分到十二寡妇地一

---

① 杨广山，《板申气村史稿》，未刊稿。
② 笔者田野调查笔记。访谈对象：板申气村民；访谈时间：2015 年 4 月；访谈地点：板申气。
③ 笔者田野调查笔记。访谈对象：GYY；访谈时间：2013 年 11 月；访谈地点：板申气。
④ G 家科仪书，笔者收集民间资料。
⑤ 杨广山：《板申气史稿》，未刊稿。
⑥ 民国十六年三月十九日契约，笔者收集民间资料。

块"①。在新修的《板申气村史稿》中，又将"十二寡妇"和"脑包"连写，把这一空间景观称为"十二寡妇脑包"。② 时至今日，在板申气，每年还在五月十三（阴历）、七月十九（阴历）分别唱两台戏，其中五月十三这台戏，一般叫作"脑包会"。在2016年6月17日（即阴历五月十三日）板申气村"脑包会"清早的领牲仪式中，主持和参与仪式的成员全部是汉族，他们在"十二寡妇"处虔诚地拜祭。③ 由此可见，不同时期的历史记忆往往不是相互替代，而是层累叠加的。④

在"十二寡妇"旁边。Y先生讲述了关于脑包的两个民间传说故事。第一个传说故事是说，有一个买卖人从板申气官道经过，去包头做生意。走到"十二寡妇"时，天阴下雨，有一个老太太从屋子里走出来，对他说："你在这里休息吧。"第二天，买卖人醒来，发现自己睡在一个石头堆上。买卖人心想这是一块宝地，做完买卖，要回来祭祀。第二个传说故事是说脑包附近原来是王家的地界。王家人在地里耕作时，吃了供奉脑包的寿桃，安然无恙。一个与王家人一起劳作的村人，也要吃。王家人说："你们不能吃，我们一直是老邻居，吃了没事儿，你要吃了，大神要惩罚。"这个人吃了贡品之后，果然就生了病。这两个历史故事分别透露了两个层面的历史信息。第一个故事讲述经商的汉人如何看待脑包，尽管脑包原本属于蒙古人，但在汉人看来，同样具有神圣的灵力。第二个故事反映了汉人王家如何主张在脑包附近居住的权利。不难发现，这些看似无稽的民间传说故事实则蕴含着地方历史的脉动。

村中汉人之所以用"十二寡妇"重新命名和解释"脑包"，与如下两个因素有关：

一是，伴随着"晋剧"的传播，"十二寡妇"的故事逐渐在当地家喻

---

① 民国十六年三月十九日契约，笔者收集民间资料。

② 杨广山：《板申气史稿》，未刊稿。

③ 笔者2016年6月17日在板申气村所做的田野调查笔记，由于参与此次领牲仪式的成员不愿对外公布姓名，笔者尊重当事人意愿，在文中未加提及。

④ 饶有趣味的是，在内蒙古东部地区，也存在汉人对脑包重新阐释的现象。故事是说："康平县正南三里许，有山曰闹宝山。山景优雅，山中有石坟十三个，相传系十三太保李存孝之墓。每年春秋两季，蒙民前来祭祀。""石坟"是"十三太保李存孝之墓"的说法，显然是汉人的诠释，这一故事载于沈阳市图书馆社科参考部编印《东北名胜古迹轶闻》，1985年，第235页。此条材料由学友申海义提供，谨致谢忱。

户晓。山西汉人移民口外的同时，也移植了原乡的文化。像在山西一样，酬神演戏是日常生活中的重要活动。板申气一年要唱七台戏，因此，村里流传着一句顺口溜，"板申气不成气，一过大年就唱戏"①。在这一场合，"晋剧"是最受欢迎的剧种之一。而《杨门女将》是晋剧的经典曲目，其中就包括"十二寡妇征西"的内容。正是借由"酬神演戏"，"十二寡妇征西"成了村民耳熟能详的故事。

二是，板申气脑包的形制容易让汉人将其与"十二寡妇"建立联系。诚如前述，板申气脑包是一个脑包群，包括一个主脑包，十二个附属小脑包。随着汉人逐渐掌握了构建和阐释空间的主导权，他们很自然地将"脑包"联想成"十二寡妇"的纪念性景观。

对于"十二寡妇"的说法，村中的蒙古人有自己的理解。YCZ 老人说"十二寡妇"是蒙古人的"脑包"，是板申气和黑麻板申二村的分界线。他的侄子 YJW 保留的契约中，有一份记账单，里面提到了"香油""木耳""干姜""白米""砖茶""青花炮""红表布""绵（原字如此——引者注）花""羊（原字如此——引者注）肚手巾""裤代（原字如此——引者注）""黑卡己（原字如此——引者注）布"等物品。YJW说这张单子是祭祀脑包时留下的。而实际上，这份账单并没有标明时间和物品用途，因此，很难断定是否跟祭祀脑包有关。不过，保存者 YJW认为单子是祭祀脑包时留下的，这在一定程度上表明，尽管"脑包"已被汉人用"十二寡妇"重新命名和解释，但在蒙古人的心目中，依然保留着关于"脑包"的历史记忆。

乾隆中叶以后，随着西北的勘定，旅蒙贸易呈现日益繁盛之势。蒙古地方的牛羊、皮毛经由土默特地区，贩运至内地。内地的砖茶、布匹也在这里中转，销往蒙古地方。同时，土默特平原上生产的粮食等还远销到蒙古、山西等地。板申气处于交通要道之上，东连土默特地区的政治、经济、文化中心——呼和浩特，西接日渐繁荣的水陆码头——包头，

---

① 第一台：平安社；第二台：西大社；第三台：三官社；第四台：请龙王（请神戏）；第五：单刀社（关云长），五月十三日；第六台：脑包会，七月十九日；第七台：谢茬会。以上内容引自笔者田野调查笔记。访谈对象：WXC；访谈时间：2013 年 7 月；访谈地点：板申气村。也有另外一些说法，如"板申气不成气，月月唱大戏"，"板申气不成气，接罢上就唱戏"。

其商业逐渐有了长足的进展。乾隆年间，商人已在板申气活动，"癸巳之夏，五月既望，阴阳失偶，而甘霖未降，则苗将稿（原字如此——引者注）之时也，而农贾恍然，不知所以"①。到嘉庆年间，板申气已然成为"商农错处，烟火万家"的一大聚落。②

商人的活动在板申气庙宇兴修中有所体现。经过对板申气庙宇所遗碑刻中商号经理、施钱情况统计发现，在历次修庙行动中，担任经理人的商号分别有丰恒号、元兴永、丰裕亨、永丰泉、永顺德、永盛泉、元合德、复成泉、永和公。施钱者不一定开设于本村，但担任经理人者则极有可能在本村开设。商号的陆续开设，表明板申气并不是一个封闭的聚落，而是始终与外部世界保持着千丝万缕的联系。板申气 ZHS 的先人就曾开设商号，"跑大圐圙"。③ "大圐圙"指的是库伦（乌兰巴托），"跑大圐圙"就是赴外蒙古做买卖。ZHS 家至今仍留着几页账簿，记录了其与复兴恒、广顺恒、兴盛号、仁德堂等商号的往来账目。④

表 2. 2　　　　　　板申气村商号经理、施钱修庙情况表

时　间	碑　刻	经理人	施钱人
乾隆四十年	板升气新修庙宇碑记	丰恒号、元兴永	合顺昌、兴珍局
嘉庆十一年	新建关圣帝君碑记		天成永、复盛泉、广丰永
道光五年	重修龙王、关帝、财神碑记		永茂元、义和局、永丰泉
道光二十二年	重修乐楼碑记	元兴永、丰裕亨、永丰泉、永顺德、永盛泉	元兴永、丰裕亨、永丰泉、永顺德、永盛泉

---

① 《板申气新修庙宇碑记》，乾隆四十年岁次乙未仲秋上旬之日，立于板申气脑包庙。

② 《重修关圣庙碑志》，嘉庆十九年岁次甲戌溽暑月，《丹府坟堂纪念碑碑文调查卡》（1941 年 11 月 20 日），土默特档案，内蒙古自治区呼和浩特市土默特左旗档案馆藏，档案号：79/1/32。

③ 笔者田野调查笔记。访谈对象：ZHS；访谈时间：2015 年 11 月；访谈地点：板申气村。

④ 账簿时间不详，笔者收集民间资料。

时　间	碑　刻	经理人	施钱人
咸丰元年	重修关帝庙碑记	元合德、永丰泉、丰裕亨、元兴永、复成泉、永和公	元兴永、双兴成、永丰泉、丰裕亨、永旺局、永盛泉、永顺号、永顺局

资料来源:《土默特旗民国档案》,土默特档案,《丹府坟堂纪念碑碑文调查卡》(1941 年 11 月 20 日),内蒙古自治区呼和浩特市土默特左旗档案馆藏,档案号: 79/1941/32;脑包庙碑刻。

　　板申气村民通过大大小小的道路与更广大的世界建立了联系。在板申气形成的同时,周边地区也形成了许多村落,村与村之间均有道路相通。道路往往以村名命名,比如,"公吉(积)板申路""朱尔圪代路""南营路""后湾路""黑麻板申路""马留路""铁气板申路""此老气路""吴霸路"等。① 此外,村南还有一条"官道"②,村北又有一条大路。直到清末,路上往来的主要是马车、牛车,"商运各货,如皮毛、糖、布、杂货、药材,往来于天津、张家口、祁、禹各州,皆赖单套马车以资转运"③。民国以后,旅蒙商大盛魁召集众商,创办了土默特地区最早的汽车公司——西北汽车公司。汽车往来于呼和浩特、萨拉齐、包头之间。自此之后,"汽车运输已渐有取代驼运之趋势矣"④。在这种情况下,经过板申气的道路开始被称为"汽车路"。⑤

　　平绥铁路绥包段的贯通也对板申气产生了影响。⑥ 1921 年,平绥铁路通至呼和浩特之后,交通部提出展修绥包段的计划,"经国务会议议决,由路局派员测勘定线,购地逐段兴工"。绥包段铁路于 1923

---

　　① 公吉(积)板申路,道光二十一年十二月二十五日契约;朱尔圪代路,同治元年十二月二十五日契约;南营路,光绪二十六年十月二十七日契约;后湾路,嘉庆二十年正月契约;黑麻板申路,1953 年土地证;马留路,1953 年土地证;铁气板申路,民国十七年十二月十五日契约;此老气路,1953 年土地证;笔者收集民间资料。

　　② 乾隆五十三年十一月十三日契约,笔者收集民间资料。

　　③ 民国《绥远通志稿》卷 80《车驼路》,内蒙古人民出版社 2007 年点校本,第 10 册,第 75—76 页。

　　④ 民国《绥远通志稿》卷 79《公路》,内蒙古人民出版社 2007 年点校本,第 10 册,第 43—44 页。

　　⑤ 民国三十六年十二月初九日契约,笔者收集民间资料。

　　⑥ 平绥铁路原称"京绥铁路",南京国民成立之后,改称"平绥铁路"。

年竣工通车。① 在板申气契约中，共有三家保留了四份"京绥铁路管理局占地凭据"。② 不过，这几份占地凭据的时间均是 1925 年 4 月，可能是后来补发。此外，距板申气不远的萨拉齐、公吉（积）板申都是平绥铁路停靠的站点，这势必对板申气村民的出行方式和商品运输方式产生影响。总之，经由这些道路，板申气与"外蒙古"、新疆、甘肃、青海、山西、河北、北京、天津乃至海外紧密联系起来，成为一个广大的贸易网路中的一环。

山西汉人移民口外之后，开始按照自己的方式组织和阐释空间。在板申气，渐次出现了房屋、街道、庙宇、商号，最终形成了"人字头上三官压"的空间格局。汉人还从自身文化传统出发，赋予蒙古人的"脑包"新的意义。而蒙古人则依然保留着对"脑包"的历史记忆。世易时移，民国之后，随着地方政局的演替更迭，板申气的村落空间又一次出现了重大改变。

四　小村并大村与蒙古人的空间表达

1942 年是蒙古族 YCZ 老人终生难忘的一个年份。这一年，日本侵略者烧毁了板申气东北角的一个小村子——"后湾村"，这个小村子是 Y 家世代居住的地方。家园被毁之后，YCZ 一家被赶到了板申气。由于在板申气的祖遗房产已经出租殆尽，Y 家过了几年居无定所的日子。在巨大的变故之下，YCZ 的奶奶、母亲、爷爷、父亲相继离世。对于 Y 家搬到板申气后的遭遇，YCZ 老人的侄子 YJW 用"搬到天坑"这一具有风水意味的说法进行解释。"天坑"是指北斗星勺把所指的方向。北斗星勺把春夏秋冬四季各指向一个方位，这四个方位就是天坑，如果搬家时恰巧搬到了这一季节北斗星勺把对应的位置，就是搬到了天坑，这会给全家带来厄运。YJW 认为搬家的时机不对是导致短短几年之内 Y 家先人先后过世的原因之一。③ 而实际上，这一说法的形成源自长久以来地方社会的结

---

① 民国《绥远通志稿》卷 78《铁路》，内蒙古人民出版社 2007 年点校本，第 10 册，第 2 页。

② 民国十四年四月三日契约、民国十四年四月四日契约、民国十四年四月九日契约，笔者收集民间资料。

③ 笔者田野调查笔记。访谈对象：YJW；访谈时间：2015 年 4 月 12 日；访谈地点：呼和浩特。

构性变化。

清末以降，土默特地区匪患连年不止、社会动荡不安。毗邻萨拉齐城的板申气也不能独善其身，"立证明事约人陈顺自因昔年被土匪骚扰，将原置地老契遗失"①。土匪骚扰村庄的目的是劫财，最被土匪觊觎的财富是"鸦片"。罂粟自道光年间传入土默特地区，种植规模不断扩大。②到民国时期，土默特地区已成为与陕甘等地齐名的"出产鸦片极著名的区域"③，"往年绥远种烟，每届收割烟浆时，必有土匪出现，此不啻种烟招来之主顾。成为土匪竞相争夺的对象，因此，鸦片能够带来滚滚财富。人民所受之害，不可胜计。"④ 土匪的侵扰对地方社会秩序造成的严重冲击可想而知。

面对经年不断的匪患，民众开始自发修筑围堡。如前所述，土默特地区最早采取行动者修建围堡的是今土默特左旗的"兵州亥"村。傅作义主政绥远时，宣导修建围壕或围堡。其时，板申气修筑了围壕。⑤ 1937年，日本侵占了土默特地区，为了控制人口和税收，并抵抗大青山抗日根据地的进攻，开始强制地方民众修堡并村，"将各小村房屋，一律拆毁，强令人民移居，合并于大村，违抗者杀戮之"⑥。由于日本侵略者的强力推行，不少村子在这一时期被归并起来。今天的板申气就是在这个时候，由"后湾""脑包上""板申气"三个村子归并而成。

后湾和脑包上分别位于板申气的东北角和西北角，是两个人口不多的小村，前者紧邻大青山山脚，后者也距大青山较近。后湾是一个由云、马、陈姓等杂姓组成的蒙汉杂居村落，其中马姓、陈姓等汉人都向蒙古人云姓租地。嘉庆七年（1802），契约中出现了"后湾"的字样，嘉庆十

---

① 民国二十五年九月初九日契约，笔者收集民间资料。

② 牛敬忠：《近代绥远社会变迁》，内蒙古大学出版社 2001 年版，第 131—154 页。

③ 标：《复兴蒙古与鸦片》，《蒙古前途》第 23、24 期合刊，1935 年 7 月 1 日。

④ 《绥远烟款摊派各县宽严不等》，天津《大公报》1931 年 8 月 6 日第 5 版，转引自马模贞《中国禁毒史资料》，天津人民出版社 1998 年版，第 990 页。

⑤ 民国《绥远通志稿》卷 62《保甲团防》，内蒙古人民出版社 2007 年点校本，第 8 册，第 507 页。

⑥ 察哈尔蒙旗特派员公署编：《伪蒙政治经济概况》，《中国边疆学会丛书》第 1 辑，全国图书馆文献缩微复制中心：《中国边疆史志集成·内蒙古史志》，北京新华书店 2002 年影印本，第 21 册，第 29 页。

六年（1811），则明确有了"后湾村"的说法。① 脑包上是一个由王姓单姓构成的汉人村落，道光十二年（1832），契约中有了"脑包上"这一地名，到民国三年（1914），则出现了"脑包上村"的记录。② 日本占领土默特地区之后，后湾和脑包上这两个小村被归并到了板申气。此后，作为村落的"脑包上"和"后湾"永远地消失了，而作为标指方位的地名，它们还被人们运用于日常生活之中。

在并村的同时，日本侵略者开始强令村民修筑围堡。YCZ 老人回忆，日本人毁坏后湾村之后，用从他家房子拆下的松木檩子，修建了板申气城墙的城门。根据这一说法，城墙应该修建于 1942 年。③ 在目前已发现的板申气契约中，日占之前，没有"城墙"的字样，日占之后，"城墙"二字频频出现。"成吉思汗纪元七三七年"（1942）的一份契约中提到"东至大路，西至任德水，南至城墙，北至任德水"。④ "成吉思汗纪元七三七年"（1942）的一份契约中说道"东至大路，西至任德水，南至郑三牛，北至城墙"。⑤

脑包上和后湾二村的村民被迫搬入板申气之后，起初租房居住，在有能力之时，才开始置办房产。后湾村蒙古族 YCZ 老人的讲述详细地呈现了这一过程。在日本人拆村的那一年，YCZ13 岁，大姐已经出嫁至沟门村，哥哥 22 岁，妹妹 11 岁，两个弟弟分别是 9 岁、7 岁，五个孩子跟着爷爷、奶奶、父母被迫搬到板申气。几年之中，他们先后在郭二虎、李安平、李银官的房院中居住。经历了家园被毁的劫难，又遭受流离失所的痛苦，三年之内，家中奶奶、母亲、爷爷、父亲四位亲人相继离世。⑥ 直到 1946 年，由哥哥 YGZ 出面，花了六万元大洋，从板申气傅金同子手中购得宅院一所，"内计西正房一间，东房一间，西房三间，南房

---

① 嘉庆七年二月廿九日契约、嘉庆十六年十二月二十六日契约，笔者收集民间资料。

② 道光十二年十二月二十二日契约、民国三年五月十一日契约，笔者收集民间资料。

③ 笔者田野调查笔记。访谈对象：YCZ，蒙古族；访谈时间：2013 年 7 月 24 日；访谈地点：板申气。此外，村中曾经亲身经历修建城墙的 YFH 老人也回忆城墙修建于 1942 年。（笔者田野调查笔记。访谈对象：YFH；访谈时间：2015 年 11 月 23 日；访谈地点：板申气。）

④ "成吉思汗纪元七三七年七月十二日"契约，笔者收集民间资料。

⑤ "成吉思汗纪元七三七年十月十五日"契约，笔者收集民间资料。

⑥ 笔者田野调查笔记。访谈对象：YCZ；访谈时间：2013 年 7 月 24 日；访谈地点：板申气。

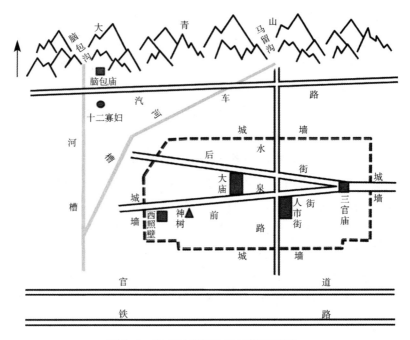

图 2.5 日占时期板申气村落示意图

图片来源：笔者根据耆老回忆和实地考察绘制。

一间"，自此以后，一家人才有了稳定的住所。[①]

如前所述，Y 家后人 YJW 是用"搬进天坑"这一风水话语解释他家三年四位亲人过世的悲惨遭遇的。而这一表述的出现则是源于村落中蒙汉的互动关系。由于后湾是一个蒙汉杂居的村子，周围的村庄也生活着许多汉人。在长期的生产生活之中，后湾村的蒙古人在文化上已经深受汉人的影响。[②] YJW 家收藏着一批契约，时间跨度是从雍正年间到 1953 年，具有较强的延续性。自光绪末年开始，契约中开始出现了与风水有

---

① "民国三十五年六月十二日"契约，笔者收集民间资料。

② 蒙元时期，蒙古上层社会就已一定程度受到道教影响。成吉思汗就曾召见全真教丘处机。以上内容参见卿希泰主编《中国道教史》卷 3，四川人民出版社 1996 年版，第 178—211 页；俺答汗在修建了归化城之后，也曾向明朝官员请求派一阴阳先生，以帮助择看进城日期，以上内容参见（明）郑洛《抚夷纪略·答房王请出边阅城》，薄音湖、王雄编辑点校：《明代蒙古汉籍史料汇编》第 2 辑，内蒙古大学出版社 2000 年版，第 162 页；不过，普通蒙古百姓受到道教影响相对有限，入清以后，随着蒙汉民众交流的日渐频繁，蒙古人才更加广泛而深刻地受到汉人社会的风水观念的影响。

关的表述，如"水土木石相连，一切由主自办""阴阳二宅""地内金木水火土，一切居地主人自便""此地栽树穿井居住，五行造化一切皆由地主人自便"。[①] 这说明至迟在光绪末年，Y 家已经受到了风水观念的影响。

日占时期的修堡并村政策，使后湾和脑包上两个小村并入板申气。对于这次重大变故，搬入板申气的后湾村蒙古人，用汉人的风水话语——"搬进天坑"进行空间表达，这一表述反映了蒙汉文化长期交互影响的历史实况，也正在两种文化的互动中，板申气的物质空间和观念空间不断呈现出新的发展样貌。

小　结

本章重点讨论村落的形成路径与空间构建问题。村落的形成和演变，是清代以来内蒙古地区一个显著的历史变化。在政治、经济、文化等各种因素的交互作用下，土默特地区的村落是怎样形成的，蒙汉民众如何营造村落的聚落形态？这些物质和观念的空间又反映了什么样的社会意涵？在具体的历史情境中进行细致的个案分析，将帮助我们更为深入地思考这些问题。

自 20 世纪 30 年代以来，受西方地理学影响，中国学界开始关注"乡村聚落形态"。[②] 随着研究的深入，学者们逐渐意识到乡村聚落形态除受自然环境影响，还与政治、经济等人文因素密切相关。一些学者注意到社会历史变动与乡村聚落形态之间的关系。陈春声就从较长时段出发，以韩江流域为例，深入剖析了在明清社会转型、制度因革中，地方社会从分居散处到合族共居的发展历程，对了解聚落演进的运作机制深具启发意义。[③]

在土默特地区，村落这一人文地理景观的形塑也是不同历史时期各种因素层累叠加的结果。明代嘉靖年间，俺答汗招徕汉人进行农垦，土默特地区开始出现了以"板升"命名的农业聚落。"隆庆和议"之后，社会环

---

① 光绪十九年十二月初七日契约、宣统元年四月初五日契约、民国九年九月二十五日契约、民国十一年十一月十七日契约，笔者收集民间资料。

② 金其铭：《农村聚落地理》，科学出版社 1988 年版，第 13—15 页。

③ 陈春声、肖文评：《聚落形态与社会转型——明清之际韩江流域地方动乱之历史影响》，《史学月刊》2011 年第 2 期。

境相对安定，板升农业进一步发展。明清鼎革之际，由于战火兵燹的影响，板升遭到很大破坏。入清以后，康雍乾时期为满足西北战事的军需供应，朝廷在土默特地区放垦大量土地，以此为契机，土默特地区的村落开始大量形成。民国时期，土默特地区社会动荡、匪患频仍，蒙汉民众与地方政府通过修堡并村，应对时局变化。日本占领时期，为维护其殖民统治，继续推行修堡并村政策。由此可见，在不同历史时段各方力量的共同推动下，土默特地区乡村社会的聚落形态不断经历着各种变化。

"空间"的营造是村落历史的重要组成部分。"空间"是人类学、社会学、地理学等学术领域的重要议题。经过长期研究，现在学者们一般认为"空间"不是僵冷的物理参数或人类活动的容器，而是特定社会组织、权力关系的投射和表达，随着社会结构的变化而具有不同的文化意义。[①] 麦思杰就从"风水"的角度着手，探讨中国乡村社会民众空间观念与社会权力结构变动之间的关系。[②] 钱晶晶从空间与历史记忆的角度切入，阐述人们是如何借助空间来记忆，又以怎样的空间意象来表达记忆。[③] 这些分析向度对我们理解聚落的空间构建富有启发性。

板申气的空间格局是在蒙汉两种文化的交融互动中被层叠地制造出来的。游牧时代，生活在板申气一带的蒙古人按照自己的方式组织空间。敖包、神山等都是重要的空间组织要素。汉人走西口到来之后，运用汉人社会的相关知识，营造了板申气这一农业聚落的空间形态。板申气村开始有了房屋、庙宇等建筑。日占时期的修堡并村政策，再次改变了板申气的村落格局。可以说，板申气村落空间的生产过程与地方社会的结

---

① 相关研究成果众多，在这里仅择主要者介绍数种。［法］涂尔干：《宗教生活的基本形式》，渠东、汲喆译，上海人民出版社 1999 年版；［法］列斐伏尔：《空间的生产》，包亚明编：《现代性与空间的生产》，上海教育出版社 2003 年版；［法］福柯：《规训与惩罚》，生活·读书·新知三联书店 1999 年版；［美］段义孚：《空间与地方——经验的视角》，王志标译，中国人民大学出版社 2017 年版；［日］菊地利夫：《历史地理学的理论与方法》，辛德勇译，陕西师范大学出版社 2014 年版。另外，一些学者在相关研究中对空间理论进行了梳理，可兹参考。如，郑震：《空间：一个社会学的概念》，《社会学研究》2010 年第 5 期；卞友江：《空间转向和"后现代"地理学的兴起》，《华侨大学学报》（哲学社会科学版）2013 年第 4 期。

② 如，麦思杰：《风水、宗族与地域社会的构建——以清代黄姚社会变迁为中心》，《社会学研究》2012 年第 3 期。

③ 如，钱晶晶：《村落空间与历史记忆——三门塘人的家族故事与船形隐喻》，《原生态民族文化学刊》2010 年第 2 期。

构转型息息相关。而在这一历史进程中，不断有"新"的因素加入到地方社会中来，但"旧"的因素从来没有被"新"的因素彻底取代。在已经形成的农业聚落中，蒙古人的自身传统依然若隐若现存在于日常生活之中。同时，空间这一范畴，不仅包括人们基于各自的文化传统或功能性的缘由所构建的物质空间，还包括人们头脑当中对山川河流和人文景观所想象的观念空间。"杨六郎战蒙古""人字头上三官压""十二寡妇""搬进天坑"这些说法，都不仅仅是物质空间的营建，还包含了人们对空间的理解和阐释。在这个层面上，空间获得了界定和意义，变成了承载着人们情感与记忆，为人们提供亲切体验与安全庇护的"地方"。①

总之，蒙汉民众在特定自然环境和社会结构下，主动运用各种策略应对复杂历史变局，不断形塑着土默特地区村落的聚落形态和空间布局。这一空间的营造过程，既包括物质空间的层累生产，还包括人们如何对物质空间进行诠释和想象。对这一历史过程的探讨，不仅可以更加具体地呈现村落历史与社会结构之间的关系，还能够更为深刻地揭示地域认同的形成和跨地域社会整合程度的加强。

---

① ［美］段义孚：《空间与地方——经验的视角》，王志标译，中国人民大学出版社 2017年版，第 110 页。

第 三 章

蒙汉家族的土地经管与社会交往

家族是中国社会重要的组织单位，与村落有着密切关联。在中国各地，家族与村落的关系呈现出不同面貌。在广东、福建等华南地区，单姓村较为常见。在山西、内蒙古等北方地区，杂姓村更为普遍。土默特地区的村落也以杂姓村为主。大部分民村、蒙村和民蒙杂居村，都是由多个姓氏的蒙汉家族组成。这些家族大多没有成长为拥有控产机构的强宗大族，而是以没有族产的小型家族的形式存在。这些在村落中居住的小型蒙汉家族是如何生活的？其成长轨迹有哪些独特之处？又是如何在社会生产生活中交往互动？本章将围绕这些问题展开论述，希望能够通过一些具体案例，揭示中国北方无族产家族的运作情况和发展轨迹，从而丰富我们对中国社会宗族发展状况的认识。

第一节　蒙古家族的土地租佃与生计方式

一　高家与高家契约

高家是隶属于土默特旗右翼四甲第三佐领的蒙古人，居住在托克托县城东南方向的召上村。召上村得名于乾隆四十三年（1778）建成的广宁寺。在嘉庆二十三年（1818）八月十九日的一份契约中，有"召上把尔旦"的字样。把尔旦是目前可以确定的高家最早的祖先。这表明至迟在嘉庆二十三年，高家已经在召上居住。不过，在较早留下土默特地区村名记录的咸丰《归绥识略》中，并没有留下召上的名字，只记录了与召上比邻的召湾（书中记作"招湾"）。这可能是因为召上规模较小，并入召湾记录之故。民国二十一年（1933）的户口册，也将居住于召上的高姓蒙古人计入召湾村统计。户口册在召湾村下共记录蒙古人 11 户，其中 4 户属于本书所论的高姓家族、3 户属于伏家家族，其他几户的后代情况暂时不能确定。日本占领土默特期间，为加强管控，将召上、召湾等村居民并入刘家圐圙村。日本败退之后，高姓蒙古人又从刘家圐圙搬回召上村。时至今日，虽然广宁寺已经被毁，但召上村仍有六七户人家居住。

高家契约是召上村高家后人高升升（音，已过世）保存的一批家传资料。高升升后来迁至县城居住，房院卖与同村王美金。这批契约，高升升搬家时没有带走，由购房者王美金保存。在王美金保存期间，文书损毁颇多。其后又几经辗转。目前残存契约共 900 余份，起于乾隆十一年（1746），迄于公元 1955 年，清代乾隆以后历朝、民国、日占、中华人民共和国时期皆有分布。除契约外，还有少量票据、地摺和土地证等资料。

从契约内容所反映的契约所有者人物关系来看，如果人物之间有父子、兄弟、伯/叔侄等亲属关系，一般会在行文中注明。依据这些信息提示，可发现这批契约中共计 471 件可以梳理出人物关系。这 471 件契约的活动主体是高家先祖把尔旦及其后人。本书主要围绕这 471 件契约展开讨论。为便于下文分析，根据契约内容和田野调查，将已知高家把尔旦以后的世系情况整理如下：

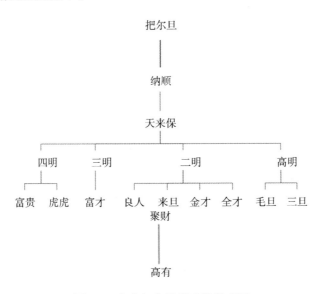

图3.1 高家把尔旦以后的世系图

二 高家土地的来源与种类

(一) 自家土地与公中土地

高家土地主要来源于乾隆年间朝廷的土地划拨。此次划拨，朝廷按照每丁至少一顷为准，为每个家庭划拨了户口地。此外，还为每一佐领划拨了公共草场地，这些草场地由佐领、保什户进行管理，一般被称为"公中"土地。在这批契约中，大部分交易土地都是高家自家土地，少部分交易土地是公中土地。无论是自家土地，还是公中土地，蒙古人经常在契约中标明"自己""名下""祖遗"等字样，表明土地的权属。一份道光四年（1824）四月初六日的契约记载：

> 立租到地基约人宋敏政，今租到把尔丹（即把尔旦——引者注）名下伊自己祖遗托克（疑漏"托"字——引者注）城东坡底地基一块，计地叁分，东至任天宠，西至宋敏政，南至通街公路，北至武开泰，四至分明，情愿出租与宋敏政永远承业，修造房屋，由其自便，同人言定，每年出地铺钱伍伯（原字如此——引者注）叁拾柒文，按春秋两季交纳，永远不许长缩，日后如有蒙古人等争夺者，把尔丹一面承当，恐口难凭，立租约存照。
>
> 道光四年四月初六日
>
> 立租到地基人宋敏政
>
> 合同为证
>
> 在中人 康顺 、刘必福 、陈耀
>
> 此约不用推冯姓

这份契约是一份租地基约。契约内容是说把尔旦将自己托克托城的地基一块，面积三分，出租与民人宋敏政，每年收取地租钱五百三十七文。土地交易的重要前提是土地权属的排他性。"自己""名下""祖遗"表明土地的出让者具有对土地的占有权、处置权、经营权和收益权。

高家文书中高家自家土地，一般由每一家庭中的成年男性出面交易。当男性族人年老之时，便与家中子侄一同租佃土地。道光六年（1826）十二月初六日的一份契约揭示了这一内容。契文如下：

　　立永远认地租合同约人薛荣山，今因道光六年拾式（原字如此——引者注）月内佃到杨正枝名下托克托城东坡底地基壹段，计地壹亩伍分，东至苏大荣，西至李枝明，南至孙世熊，北至路，四至分明，由己修理住座永远承业，同中言定，每年与蒙古把尔旦同子那顺（即纳顺——引者注）名下出地租钱壹仟伍百文，春秋两季收取，不许长支短欠，亦不许长缩，当日那顺使过过约钱壹仟文，当立合同式纸，各执壹张，恐后无凭，专立合同约为照。

　　道光六年十式月初六日立

　　永远合同式纸，各执一张

　　中见人　高三喇嘛、弓廷勋

　　于同治六年二月廿八日倒过新约，旧约以为故纸。

　　这份契约是一份永租约。契约是说薛荣山从杨正枝名下佃到托克托城东坡底地基一段一亩五分。这段地基原本为蒙古把尔旦同子纳顺所有，因此每年蒙古把尔旦同子纳顺收取地租钱一千五百文。在交易当日他们还收取了过约钱一千文。除把尔旦同子纳顺以外，纳顺同子天来保，天来保同子高明以及二明、三明、四明兄弟四人和子侄也都有同时交易土地的情形。这表明由朝廷初次分配的土地，一直由高氏家族成员继承和租佃。

　　高家文书中同佐共有公中土地，由高家每一代充当保什号的家族成员与同佐的其他保什号一同经理。保什号是蒙古社会中的基层小吏，又称领催。顺治十八年（1653），清廷规定，"蒙古每百五十丁编为佐领，设佐领一人，骁骑校一人，领催六名，马甲五十名"。[①] 也就是说每二十五丁，设领催一名。高家每一代都有家庭成员充任领催。咸丰元年（1851）二月二十二日的契约反映了公中土地的经营情况。契文如下：

---

　　① 光绪《钦定大清会典事例》卷976《理藩院十四·设官》，《续修四库全书》，上海古籍出版社1996年影印本，史部，第811册，第677页。

立出租永远地基过租合同文约人保食（原字如此——引者注）
户纳顺、有福子，今同公中人等将本箭下河口镇三道街南头东巷地
基壹块，东至傅姓、吴姓，西南北俱至官道，四至分明，上下土水
相连，水旱出入路通行。情愿出租与天德店史襄晋名下永远管业，
嗣后由伊任意拆改修理转佃自便。仝中言定，每年随地基与公中出
地租钱壹千肆百文，当日仝中公中现使过天德店过约钱壹千肆百文，
日后再不准长支短欠，亦不许长迭地租，情出而愿，永无反悔，倘
有蒙民人等争端者，有保食户纳顺、有福子等一面承当，恐口无凭，
专立出租永远地基过租合同文约为证。

咸丰元年二月廿二日　　公中纳顺、有福子　立

将应出地租，开去钱摺壹个，嗣后凭摺来取，认摺不认人。

合同约式纸，各执壹张

中知人　康有财、方可绅、闫仲智、把图、铁圪达

这份契约是一份永租约。契约内容是说保什号纳顺、有福子同公中
人等将本佐领下河口镇三道街的一块地基出租给天德店史襄晋。每年收
取地租钱一千四百文，交易当日使过过约钱一千四百文。这里的"保食
户"即"保什号"。"本箭"指的就是"本佐领"。这份契约的两个保什
号，纳顺是高家人，有福子的身份需要查考。在高家文书所有涉及有福
子的记载中，均没有标写其与高家有亲属关系，因此他应该不是高家人。
由此可知，在公中土地的经营中，充当保什号的高家族人与本佐领其他
家族充当保什号之人是共同出让主体。

（二）耕地、地基房院、坟地与硝碱地

从土地的种类来看，这 471 件契约涉及的土地有耕地、地基房院、坟
地和硝碱地。耕地是最大宗，地基房院次之，此外，还有少量的坟地和
硝碱地。下面主要对这四类土地的情况进行介绍。

耕地交易共计 256 笔，占全部土地交易的最大比重。嘉庆十三年
（1808）九月二十九日的一份契约反映了蒙古高家出租土地的情况。契文
如下：

立出地租约人黄元武，今租到把而旦名下海子白地肆段，共计

地壹顷零陆亩五分，黄姓永远耕种为业，因众言定，每年出地租钱式千式百五拾文，每年秋后收□□日，把而旦使过押地钱叁千五百文地租，永远不许长迭，□许长支短欠，日后倘有河塔水偃，地租不出，恐口无凭，立出地租约存照用。

嘉庆拾叁年九月式十九日

合同约式张，各执壹张

中见人 长不浪、□璧、□恭

蒙古文（略）

这份契约是一份永租约。契约是说嘉庆十三年（1808）九月二十九日，把而旦（即把尔旦）将自己海子白地四段，共计一顷零六亩五分，租与黄姓耕种。每年出地租钱二千二百五十文。交易当日，把而旦使过押地钱三千五百文。这里的"白地"，是指未经开垦的土地。押地钱，是蒙古人为抵御风险而收取的费用。关于押地钱，下文再论。

地基房院交易共计199笔，在高家契约土地交易中占据相当比重。交易涉及的地基房院主要分布在托克托城和河口村（镇），少数分布在其他村落。嘉庆二十二年（1817）的一份契约体现了蒙古高家交易地基的情况。契文如下：

立租置地基约人郭荣，今租置到蒙古把尔旦名下托城城隍庙东滩祖遗地基壹块，情愿出佃与郭荣名下永远住坐修理承业，今将四至开明，北界蔡玉信，南界王姓，东界苏宗禄，西界曹文运，东西阔柒丈，南北长玖丈伍尺，西南曹文运地基留曹、郭两家同行走路，壹条阔壹丈，南至大道曹姓，前面留空地壹块，两家永远起土修理，仝众言明，佃价钱壹千伍百文整，其钱笔下交清不欠。言定每年随到蒙古地铺钱式（原字如此——引者注）百伍拾文，按春秋两季交纳，日后地铺不许长迭，亦不许长支短欠，倘有蒙名（即民——引者注）人等争夺者，有把尔旦壹面承当，恐口无凭，转立合同佃约存照用。

大清嘉庆廿式（原字如此——引者注）年十一月十四日立

立合同约贰张，各执壹纸

知见 张进喜、武□天在中、王有栋

这份契约是一份永租（佃）约。契约内容是说，把尔旦将名下托克托城城隍庙东滩祖遗地基一块，租与郭荣永远为业。佃价钱一千五百文。每年交与把尔旦地铺钱二百五十文。这里的"佃"与"租"具有相同含义。佃价钱相当于押地钱。这批契约中交易的地基大部分位于托克托城和河口镇，这一情况与两地商品经济的发展有关。关于这一内容，下文详述。

坟地交易14笔。这类契约虽然不多，却是山西民人定居口外的历史见证。同治七年（1868）正月二十日的一份契约反映了民人向蒙古人租佃坟地的情况。契文如下：

> 立出地租约人天来保今将自己原占柴东（即"墩"字——引者注）村湾地一块，计坟地五奉（原文如此——引者注），东至牛姓，西至张锦花地界，南至万和店地界，北至陈姓地界，四至分明，情愿收与刘志增名下，租钱四千文，永远立坟出租，不许长支短欠。日后如有蒙古民人争夺者，有天来保一面承当，恐口难凭，立出租约证用。
>
> 大清同治七年正月廿日立
>
> 立合同约弍张，各执一张
>
> 知见 史煜 刘苍

这份契约是一份永租约，也是高家契约中时间最早的一份坟地契约。契约内容是说蒙古人天来保将自己柴墩村坟地五分，租与民人刘志增永远立坟，租钱四千文。民人初到口外，在身故之后，大多将遗骸运回口里安葬。久而久之，则在口外安坟立墓，形成墓园，而坟地往往是民人从蒙古人手中租佃。坟地契约的出现体现了口里民人在口外落地生根的历史过程。

硝碱地交易只有两笔，硝碱地是指产硝碱的土地。这类契约不多，但却是土默特地区硝碱生产情况的历史写照。同治十年（1871）二月初二日的一份契约记载：

　　立出租永远窑厂、硝碱厂地受价过租合同文约人蒙古天来保，
情因差事用钱不给，将己祖遗河口镇北坝南北坝北硝碱厂地砖窑取
土厂地，坝南坝北相连式段，系坝北东至自己荒地为界，坝南东至
王姓地界为界，西界坝南坝北俱至小路为界，南界大路通郭姓地为
界，北至坝北恒地为界，此地东界王□水路壹条，四至分明，水旱
路出入通行，情愿出租与荣升昌王永亨名下永远管业，嗣后任由王
姓修理铺面房屋，栽种修埧澄地，修理砖窑以及扫埒（即
"硝"——引者注）扫城（即"碱"——引者注）或取土出售，一
应自便。仝中言明，每年随此地与己共出地租钱壹千四百文。当日
仝中自己受过王永亨地价过租钱叁拾千文整。日后再不准长送地租，
亦不许长支短欠，情出两愿，永无反悔。倘有蒙汉户族人等争端者，
有蒙古天来保等一面承当。恐口无凭，专立出租永远地受价过租合
同文约为证。

　　中人　保什户有福子、民人倪福昌、民人□……□

　　合同约据式张，各执一张

　　同治十年二月初二日立

　　这是一份永租约。契约内容是说蒙古人天来保将自己河口镇的硝碱
厂地和砖窑、取土厂地租与民人荣升昌王永亨。砖窑和土是重要的建筑
材料。随着河口镇商业的日渐繁盛，市镇及其周边地区的人口与日俱增。
契约中提到的建筑材料主要是为了满足人们不断扩大的建筑需求，砖窑
和取土厂地才应运而生。硝碱的主要用途是食用和鞣制皮革。今内蒙古
的乌兰察布市、呼和浩特市、包头市、鄂尔多斯市、阿拉善盟等地，都
有硝碱分布。托克托县河口镇则是硝碱的重要生产地和贸易集散地。民
国《绥远通志稿》记载，托克托县碱业生产均在河口镇，"碱料由杭锦旗
地收买。每万斤值四十余元。……每百斤价约五元。除售本县外，并由
水路运销晋南一带"。每年产碱为 40 余万斤，输出 30 余万斤。民国时
期，河口镇较为著名的碱店有玉生昌、义生隆、双和全等。这份契约正
是河口镇碱业发展的历史映照。

　　统言之，高家土地从来源上看，主要可分为自家土地和公中土地。
自家土地来自乾隆年间朝廷为每位土默特蒙古兵丁划拨的户口地，公中

土地则来自此次划拨为每一佐领配置的公共草场地。高家土地从种类上来说，主要有耕地、地基房院、坟地与硝碱地。高家土地不同的来源和种类，反映了当地土地制度的具体安排和社会经济的发展状况。

三 土地租佃与地租构成

（一）土地租佃

高家从把尔旦开始，六代持续从事土地交易。每一代除了某一族人单独交易或与兄弟子侄共同交易外，如果担任保什号，还与同佐其他保什号一同交易。从已经梳理的家族世系来看，在高家六代族人中，把尔旦、纳顺、天来保三代均为单传，未见兄弟共同出租土地的情况，至高明四兄弟一代，才有兄弟或叔侄共同交易的情形。从高明四兄弟及其以下两代土地出租情况来看，高氏家族中至少有部分土地没有在诸子之间分配，而是由兄弟及其子侄共同管理。在这批文书中，没有保留分单，因此土地在高明兄弟四人及其后代中继承和管理的细况，仍然有待查考。

表3.1　　　　　　　　高氏家族成员活动时间表

姓名	姓名出现起止时间	活动时长
把尔旦	1805—1831	27 年
纳顺	1825—1863	39 年
天来保	1848—1878	31 年
高明	1872—1924	53 年
高二明	1879—1924	46 年
高三明	1895—1926	32 年
高三明孀妻	1923—1925	3 年
高四明	1879—1935	57 年
高巨（聚）才（财）	1923—1943	20 年
高富才（财）	1924—1927	4 年
高三旦	1924—1947	24 年
高全才	1924—1929	6 年
毛旦子	1925	1 年
高有	1927—1933	7 年

姓名	姓名出现起止时间	活动时长
二旦	1930	1 年
高有蛇	1935	1 年
高进财	1943—1944	2 年
高存才	1955	1 年

高家土地的交易形式主要是永租，没有回赎年限。地摺主要是典，有回赎年限。这些交易中以租出为主，租入土地仅两笔。这表明高家主要以出租祖上遗留的户口地维持生计，基本没有租入土地扩大经营的行为。

耕地、坟地和硝碱地主要分布在托克托城以东和召湾以西的地带，主要村镇有托克托城、河口村（镇）、狼窝壕（前狼窝壕、中狼窝壕、后狼窝壕）、鲁家火盘、东营子、西营子、柴墩村、双墙村、皮条沟村、兴县窑子村、召湾、召湾前营子、花尔圪台、杨家窑子、召上、召村、格尔兔营子、纱拉湖滩村、海生不浪、准格尔旗柳林滩等地。在这些村镇中，兴县窑子、柴墩村暂不可考，中狼窝壕、西营子已归并，其余村名今天仍在。也就是说，上述聚落的形成与发展都同高家存在关系。

地基房院大部分坐落于托克托城和河口镇。托克托城和河口镇是托克托城厅的两大重要城镇。托克托城是托克托城厅的治所。乾隆元年（1736），托克托设协理通判厅，此为托克托设厅之始。此后，托克托城的商业也日渐繁荣。河口镇位于托克托城东南，紧临黄河。乾隆十三年（1748）契约有"河口村"的记载，表明当时河口还没有发展成镇。嘉庆十六年（1811）契约中出现了"河口镇三道街山陕店"的记录，说明此时河口镇已经成了至少有三道街的市镇。作为黄河中上游重要的物资中转站，蒙地的盐碱、甘草、木料等汇聚于此，通过河运销往各地。在京绥铁路全线通车以前，这里一直是土默特地区最为繁荣的市镇之一，"河口向为托县巨镇，十年前尚为水陆交通之著名码头。三十年前，市面尤称繁盛。由河套运来之粮食、盐、碱、甘草，均屯积于此，转销各地。自京绥路包绥段筑成后，甘草码头移包，商业一落千丈，现在全市仅有小商数十家而已"①。可以说，高家契约中托克托城和河口镇的地基交易数量较多，正是与两地繁荣的商业贸易息息相关。

承租者有社会组织和个人。社会组织主要是商号和寺庙。其中商号占比最大，分别为河口镇的涌盛园、聚魁店、永吉成、鹤鸣园、福星篓铺、自成局、祥云店、四成局、通益成、六合兴邬姓、合义永、天德店、知足堂、元亨堂，柴墩村的万和店，不知地点的广荣店、万成全、永和如、义成局、刘缸房、永和号。此外，广宁寺也与高家有交易5宗，其中土地交易1宗，地租交易4宗。

承租个人绝大部分为民人，共有秦、张、杜、王、杨、傅、高、史、刘、吕、宋、崔、韩、曹、范、李、贾、孙、薛、鲁、侯、卢、郭、赵、霍、丁、荣、康、苗、逯、蔡、车、郝、樊、牛、黄、钱、陈、米、于、孙、姚、徐、贺、马、武、胡、闫、金、段、乔、池、任、吴、单、温、魏、梁、白、裴、成、许、周、翟、卜、董、方、弓、苏、孟、谢、石、刑、阎、程、薄、田、管、陶、党、朱、尹、屈等80余个姓氏。在上述承租民人中，没有租入大量土地的大姓，基本都是杂姓租种。承租个人中有少量蒙古人，分别为奥法、保儿中只汗、哨克尔、满家保、秃孟、铁孟、丹增喇嘛、六十三喇嘛、喇嘛尔计生、二银，共计10人。其中奥法、保儿中只汗、哨克尔、满家保、秃孟、二银是租地，铁孟、丹增喇嘛、六十三喇嘛、喇嘛尔计生为典租。由此可见，土地大部分被民人租种，蒙古人较少有购置土地的行为。

（二）地租构成

土默特蒙古人的地租收益主要来自地铺钱、押地钱（过约钱）和典租钱。蒙古人土地租出之后，每年向承租人收取地租，这些地租在当地被称为地谱钱。"蒙古之户口地向例不准出卖，其辗转典租，无论移转何人，必须向蒙古纳租，谓之地墙。"地铺钱是蒙古人地租收入中的最大宗。嘉庆二十年（1815）十月三日的一份契约记录：

> 立租地约人张富，今租到把尔旦名下壹块，东至张姓，西至大

---

① 民国《绥远通志稿》卷17《城市》，内蒙古人民出版社2007年点校本，第2册，第437—438页。

路，南至申姓，北至杨生户，四字（原字如此——引者注）分明，同人说合，每年出租钱三百四八文，许退不许夺，不许长支短欠，恐口无凭，立合同存照用。

嘉庆拾式年拾月初三日立

立合同约，各执壹张

知见人 任德泰、杨生才

蒙古文略

这份契约是说把尔旦将自己的一块土地租与民人张富。每年收取租钱三百四十八文。由于蒙古人土地是永租的性质，在首次出租之后，无论其后几经转手，承租者都需向蒙古人交纳地租。但由于年深日久，土地辗转迷失的情况时有发生，地租也不能尽数收纳。

押地钱是在土地交易时，承租人除地租外，向蒙古人交纳的押金。押地钱有时也称过约钱。这是蒙古人地租收入的重要组成部分。道光五年（1825）十一月十一日的一份契约记载：

立永远租地约人把儿旦，今将自己租遗柴墩村村南坡荒地路上路下式段，上一段东至圪凌，西至道，南至万和店，北至刘贵，下一段东至道，西至道，南至万和店，北至刘贵，四至分明，情愿出租与曹、范二姓永远耕种修理为业，同中言明，每年地租钱壹千文，按春秋二季交纳，不许长支短欠，亦不许长迭地租，日后如有蒙民人等争夺，有把儿旦一面承当，现支过押地钱壹千五佰文，恐口无凭，专立租约存照，立合同一样三张，各执一张。

道光五年十一月十一日立

合同一样三张

中人　郑九皋、刘光亮 、王珠

这份契约是说蒙古人把尔旦将自己柴墩村两段荒地出租与曹、范二姓耕种，每年收取地租钱一千文，并支过押地钱一千五百文。押地钱在其他地区叫"押租钱"。押地钱是承租者向蒙古人交纳的一笔保证金。押地钱与地租钱一般成反比，押地钱高，则地租钱低。押地钱低，则地租钱高。需要注意的是，土地在初次交易后，如土地再次转手，新的承租人也要向土地原主蒙古人交纳过租钱。道光九年（1829）四月初八日，四成局租到把尔旦同子纳顺原佃与祥云店河口镇的一块地基，四成店每年向把尔旦、纳顺父子交纳地铺钱二两余，并交纳过约钱三千二百文。

地租交易是指蒙古人以地租作为抵押物，进行借贷的交易。这类契约共有19份。同治二年（1863）十二月八日的一份契约记载：

> 立指地增（即"铺"——引者注）租摺出借钱合同文约人永和如，今指地增、租摺出借与蒙古有福子、天来保等九六本钱，壹拾叁仟柒佰伍拾文。同中言明，指伊公中，每年应收地增租摺叁个，共计钱伍仟伍佰文，情愿兑与自己名下收使，五年为满，自同治三年起，至同治七年底收清为止，倘摺内有有不能收讨者，有蒙古有福子、天来保等照摺如数抵补，本利一并清讫，两不欠短，摺归本主，其租摺字号人名开列于后。两出情愿，各无反悔，恐口无凭，专立指地租增租摺，出借钱合同文约为证。
>
> 合同约式张，各执壹约。
> 同治二年十二月初八日永和如立十
> 刘尚玉钱叁仟柒佰文
> 知足堂钱陆佰文
> 璋钱壹仟弍佰文
> 中见人 王永亨、色磴

这份契约是借约。契约内容是说有福子和天来保将公中应收地铺租摺三个，共计五千五百文，兑与永和如，以五年为限，借钱一十三千七百五十文。契约中所说的租摺，俗称地摺子。这是一种记录收租情况的小册子，一个承租人立一个地摺。地摺如火柴盒大小，因其交叠成摺而得名。由于土地多次流转，土默特地区也形成了"地铺凭摺来取，认摺不认人"的俗例。这类交易，多为有回赎年限的借贷。而向商号指地摺借钱，也反映了土默特蒙古人越来越深地卷入市场经济活动。

通过对高家六代土地租佃中的出租者、地块分布、承租者的情况分析，可以知道出租人以家中男性成员为主，除了某一男性成员单独出租，也有父子、叔侄、兄弟共同出租的情况，共同出租土地应该是在未分家时的土地交易情形。从目前掌握的资料来看，高家并没有共有族产。用于交易的土地地块多分布在河口镇及其附近，这反映了商业活动对土地市场的影响。承租者较为多样，有商号、寺庙和个人。蒙汉交易土地的契约没有买卖先尽亲邻的规则。地租收入是蒙古人的主要经济来源。这一部分收入直接或间接来源于土地。直接来源土地的收入，是指将土地出租后获取租金和过约钱。间接来源于土地的收入则将租地地摺抵押获得银钱，这反映了土默特蒙古土地市场化程度的加深。

第二节　汉人家族的土地经营与生计方式

一　刘家与刘家契约

刘氏家族一世祖于洪武年间落籍山西省定襄县邱村，并逐渐形成了东中西三股世系。乾隆年间，口外放垦土地。刘氏家族中西股二系的三支族人迁居至口外保同河村谋生。保同河村位于土默特平原腹地，北距大青山约 25 千米，南距黄河约 35 千米，东北距呼和浩特市约 60 千米，西北距包头市约 90 千米。历史时期大黑河曾从村东穿过，今河道已东移。《呼和浩特市地名志》记载保同河村康熙年间形成村落。[1] 不过，这一说法并无当时文字资料佐证。乾隆九年（1744）在保同河村东修建龙王庙，并盖戏楼一座。[2] 这表明至少在乾隆初期保同河村已经是一个规模较大的聚落。

保同河村是内地民人租佃蒙古人土地，并依蒙古人定居而形成的村落。不过，由于资料的缺失，村中蒙古人的情况最早见于文字记载已是嘉庆年间。嘉庆年间的一份契约记载李姓蒙古人的祖先吾拉曾将自己土地租与刘姓族人刘德豹。[3] 光绪二年（1876）的修井单，记录了保同河半村 48 户人家的情况，其中就有蒙古人保保 1 户 1 口 2 牛、宰根 1 户 3 口、

---

① 呼和浩特市人民政府编：《呼和浩特市地名志》，1985 年，第 220 页，该书未标注出版印刷机构。

② 《善岱方舆志》上卷第 1 编第 2 册，2013 年，第 43 页，该书未标记出版印刷机构。

③ 嘉庆拾□……□三月十三日吾拉卖渠地约，笔者收集民间资料。

黑不楞1户3口、拿木架1户5口、仓娃1户4口，共5户16口。① 1932年土默特旗进行户籍调查时，保同河村有蒙古人老根1户12口、润月1户4口、满收1户12口、啦嘛1户6口、计计1户4口、万万1户3口、宽宽1户16口、二卜义1户7口、蓝锁1户5口、全全1户6口，共计10户75口蒙古人。其中领催2人、披甲28人、闲散1人，男40人，女35人，皆以务农为生。②

刘姓并不是来村最早的内地民人。他们移居保同河村后，大多向同村的张、黄、王等姓购置土地。《善岱村镇志》记载保同河村较早迁居而来的姓氏有黄、宁、权、勾、边、曾、冀、刘、曲等。这些姓氏中黄、宁、权、勾、曾、边已湮没无存，冀、曲、王、张和刘则发展为村中大姓。③ 刘氏家族二系三支族人至保同河后择地而居。中股十二世祖刘端，住村东路北，称东刘。中股十二世祖刘建基，住村西路南，称西大门。西股十四世祖刘威，住村西路北，称西刘。④ 本书主要讨论的是西大门刘建基一系LD直系祖先历代家庭的土地经营与生计方式问题。

刘家契约目前由LD收藏，共计69份，另有执照、凭条16份，未计入统计。契约分为两个部分：一为LD保管的中股刘建基一系契约；一为刘蛇蛇保管的中股刘端一系契约。前者共57份，其中白契47份，红契4份，分单6份，时间从乾隆五十年（1785）至1937年；后者共18份，其中白契16份，红契1份，分单1份，时间从乾隆四十九年（1784）至1922年。刘端一系契约是LD先生为编修家谱从刘蛇蛇家借来，后混入自家文书。本书主要分析LD保存的刘建基一系契约，刘瑞一系契约将另文讨论。刘建基一系契约是LD以上五代直系祖先保留下来的，反映了这五代直系祖先家庭的土地经营和生计方式情况。刘家契约数量虽然不多，但有两个特点在口外汉人家族契约中较为稀见。一是同时包含了家庭成

① 光绪二年（1876）保同河修井单，《善岱方舆志》上卷第1编第2册，2013年，第144—145页，该书未标记出版印刷机构。

② 呼和浩特市塞北文化研究会、土默特左旗人民政府：《土默特旗民国二十一年户口册》下册，内蒙古大学出版社2018年版，第786—789页。

③ 《善岱方舆志》上卷第1编第2册，2013年，第127—130页，该书未标记出版印刷机构。

④ 《善岱方舆志》上卷第1编第2册，2013年，第31页，该书未标记出版印刷机构。

员在口里与口外置地的契约，这可以使我们了解口里与口外的经济联动情况和土地交易特点。二是保留了 LD 以上五代祖先历代分单，这让我们能够了解其历代家庭人口、经济状况。

除了上述资料，刘家还存有《刘氏族谱志》和《善岱方舆志》两种重要史料。《刘氏族谱志》由 LD 先生编修，该谱 1956 年始修，2002 年修成。《刘氏族谱志》包括本纪（即家族大事记）、籍贯志（即家族在口里口外的居住地）、世系志、人物志、阴阳宅志、文献经籍志、杂记志、补遗志。①《善岱方舆志》也由 LD 先生编撰，该书共有十编，主要包括序言目录本纪、行政村镇志、土地农业水利志、工商业手工业志、林业牧业动植物志、文化教育医药卫生志、文物宗教寺庙志、风俗习惯族谱杂记志、人物志、经济生活及补遗外志。其中序言目录本纪和风俗习惯已经分别于 2010 年、2011 年、2013 年、2017 年出版，其余部分仍在编写。②

刘家契约记录了刘家土地经营和分家析产的情况，《刘氏族谱志》记叙了刘家的家族世系、人物传记、家族历史等内容。《善岱方舆志》记载了土默特旗、善岱镇的历史。三种资料相互补充、彼此印证，使我们可以在整体的历史进程中把握刘家的生活轨迹。

二　口里口外的土地经营

（一）河工社与土地灌溉

民人自口内迁至口外，大多以土地种植为生。土地垦种的过程伴随着水利设施的营修。大黑河从保同河东侧流过，是灌溉河道两侧土地的重要水源地。至迟到乾隆末年，保同河村及其周边村落应该就兴修了水利设施。乾隆五十年（1785），刘德龙向赵承尧租佃公布村蒙古土地一块，契约记载土地的四至为"东顶头，西至渠，南至工布庙上地之渠，北至王尔全之渠"。公布村距保同河村直线距离约 3.5 千米。此时已经有了水渠。保同河村关于水利兴修的详细记载出现在嘉庆二十一年（1816）

---

① 《刘氏族谱志》第 1 部，2002 年，该书未标注出版印刷机构。

② 十编题目遵从原书的写法，笔者未加改动。《善岱方舆志》上卷第 1 编第 2 册，2013 年，该书未标记出版印刷机构。

的一份契约文书中。契文如下：

> 立合同筑坝约人河工社与中渠、五里桥地渠头如意隆、曲长德、冀元金等，今因所种之地亩邻接黑河，每受河水之患，中渠、五里桥地户地亩无多，力薄不能相随。今河工社情愿偕而后止，所有一切经费银钱，应动工程以及日后急需工作，勿论所费多寡，河工社、中渠、五里桥地渠头等两项贰股均摊，各出各钱，各起各项，此系两出情愿，各无异说，日后按约立公议相办，率由旧章，毋越成规项。此除两出情愿，不得有悟（原字如此——引者注）工程大计，恐后无凭，立此合同筑坝文约存照。
>
> 嘉庆二十一年四月二十五日立　河工社等①

这份契约是"河工社"与"中渠""五里桥"渠头订立的契约。主要是为了解决黑河筑坝如何分摊费用的事情。契约内容表明嘉庆二十一年（1816）时，保同河村已经有了"河工社"，由"河工社"负责黑河水利设施的修筑与维护。道光十一年（1831）的契约，则更加具体地记录了保同河东大渠的水利兴修与渠水的使用办法。契文如下：

> 立东大渠至东西水利锹分约人众地户等，今合众公议，同蒙古吾拉言明，如渠内有水灌地，禁止乱开口界，不许损坏渠堰，如有强从不忠者，损坏渠堰。罚钱叁千文，入地亩公用。下余锹分子，打坝修渠，花费银钱多少，以按地亩公摊。如旧日莫（原字如此——引者注，下同）水分子地亩，旧规行事。每亩与蒙古出水银三分，以八百合数。下余一切水利，与蒙古出水银三分，以八百合数。下余一切水利，与蒙古无干。如有令蒙古挣持水利者，有吾拉一面承当。渠内水流浇完保同河村南，东渠头分子地，至五分子头，至西渠黄黑土地，一切浇完。如有余水，交与吾拉由己自办。内有蒙古一日一夜水分子，打在公中用，以吃旧日莫水分子地内水银，

---

① 嘉庆二十一年四月二十五日契约，笔者收集民间资料。

每亩三分，以八百合数。恐口无凭，立合同存照。

　　大清道光十一年二月一日众地户立

　　东渠头分地起头水二天。丁头坐在二分小渠口。二分地二水一天。丁头坐在三分渠口。三水浇在五分大地开口子。此分子地浇水三天。西渠黄土地起水一天。黑土地二水一天。西渠用水二天。上轮共水六日六夜一轮子。[①]

　　这份契约是保同河村众地户与蒙古人吾拉订立。由于渠水归蒙古人吾拉所有，因此需向其交纳水租，并议定用水事宜。契约的核心内容是确定水利设施维护的费用、使水规定以及违法规定的惩罚措施等。乾隆五十九年（1794），刘德豹永租张麟趾、张麟定蒙古人土地的契约中，就提到"随带浇地每亩出渠坝钱二十四文"。可见，刘家享有浇地的权利，也负有维护水利设施的责任。

　　"河工社"的契约记载了口里汉人为进行农业生产而发展水利事业的情况。历史时期，大黑河曾经从保同河村畔流过，因此该村水利条件比较优越。村中蒙汉民众也较早营修水利，进而推动了土地开发进程。刘家正是在这一个背景下，从口里移居口外，购置土地，发家致富。

表3.2　　　　　　　　　刘德龙置入口外口里土地情况表

交易时间	契约类型	土地坐落	土地数量	出让人
乾隆五十年十月	佃约	口外，工布村北开坎蒙古地	一段二十六亩六分	赵承尧
乾隆五十五年二月廿七日	佃约	口外，宝同河西白地	一段六亩	景禄奇
嘉庆八年二月廿一日		口外	一段八十亩	王作瑄

---

　　① 道光十一年水利锹分约，《善岱方舆志》上卷第1编第2册，2013年，第107页，原约已失，该书未标记出版印刷机构。

交易时间	契约类型	土地坐落	土地数量	出让人
嘉庆拾□……□年	卖约	口外，保同河村东南二分子		吾□
嘉庆十五年十二月二十七日	卖约	口里，沙长畎地	一段十亩	李耀
嘉庆十五年十二月廿七日	卖约	口里，大塔地	一段六亩三分	杨文财、杨四保二人
嘉庆二十五年十二月二十二日	典约	口里，横道地	一段四亩五分	王士元
嘉庆十六年十二月二十七日	卖约	口里，大东地	一段二亩	刘玉瀛
嘉庆十六年十二月廿九日	卖约	口里，正季道地	一段九亩五分	李耀、李天亮
嘉庆拾七年十二月十九日	卖约	口里，横道地	一段四亩	杨佑山
嘉庆十九年十二月十五日	典约	口里，横道地	一段四亩	刘门樊氏
道光八年□……□	典约	口里，陀监道	一段四亩	□……□

（二）口里口外的土地积累与经营

刘家契约显示其家族从刘德龙、刘德豹兄弟开始土地经营。刘德龙从乾隆五十年（1785）到嘉庆十几年（具体年份不详），分四次共计在口外置地112亩6分。从嘉庆十五年（1810）到道光八年（1828），分八次共计在口里置地44亩3分。刘德豹在口外乾隆五十八年（1793）购买了住宅一所，乾隆五十九年（1794）至嘉庆元年（1796）购地计亩数11亩，不计亩数二段。另有不知年份土地5亩，不计亩数一段。从嘉庆十七年（1812）到道光十五年（1835），分五次在口里置地，共计21亩。综上可知，刘德龙、刘德豹兄弟从乾隆五十年（1785）至道光八年（1828），共计在口外置地128亩6分，又四段（块），在口里置地65亩3分。

表3.3　　　　　　　　　刘德豹置入口外口里土地情况表

交易时间	契约类型	土地坐落	土地数量	出让人
乾隆五十八年□……□		口外，住宅一所		黄亮
乾隆五十九年十一月三十三日	推约	口外，啦嘆营村西北	十一亩	张麟趾、张麟定
乾隆五十九年十二月廿五日	推约	口外，啦嘆营村西北	一段	张麟定
嘉庆元年十二月廿一日	推约	口外，拉莫营村北	一段	张□芝
□……□	推约	口外，工布村圁家圈子地	五亩，又一段	张俣
嘉庆十七年十二月十五日	典约	口里，应道地	四亩五分	王士元
嘉庆二十一年十二月十一日	典约	口里，大椿地	一亩	高尔韶
道光□……□年	典约	口里，大椿地	熟地首下下地四亩	郭相辰
道光六年十二月廿五日	典约	口里，沙长畎道地	五亩	邢开林
道光十五年十二月初五日	卖约	口里，大东地	六亩五分	邢门夏氏

　　道光中叶，刘德隆和刘德豹兄弟经济状况似乎开始变差。道光十六年（1836）九月，刘德豹与子刘源将口里土地42亩5分5厘和住宅一所，典与侄子刘裕。刘裕则在道光十八年（1838）至道光二十六年（1846），分七次典出土地34亩5分和宅院一所。刘德豹典给刘裕的土地与刘裕典出的土地，在坐落四至上有颇多重合的地方，应该有不少是同一土地。对于这一情况，《刘氏族谱志》记载可能是因为刘德豹将土地交与刘裕经管。因此，刘裕出典土地之后，典约仍收回刘德豹手中。[①] 道光

①　《刘氏族谱志》第1部，2002年，第251页，该书未标记出版印刷机构。

二十七年（1847）十二月，刘德豹再次回口里，同一天写立四张契约，出典土地27亩。刘德豹两次出典土地69亩5分5厘，这与其和刘德龙二人此前在口里所置土地65亩3分，数量大体相当。也就是说，道光中叶以后，刘家已经逐渐放弃了口里的土地经营。大约在同一时期，族人也开始出典口外土地。道光二十五年（1845），刘德豹的孙子刘明裕就将保同河蒙古土地一段出典于李春旺。

表3.4 **刘德豹出典口里土地情况表**

交易时间	契约类型	土地坐落	土地数量	承典人
道光十六年九月廿日	典约	口里，大东地一段，横道地一段，季庄道地一段，郭家围地一段，沙长畛地一段，梁家地一段，八堰地，大垟地一段，屋宅一所	共计四十二亩五分五厘	刘裕
道光二十七年十二月廿一日	典约	口里，大东地	六亩	高达莱
道光二十七年十二月廿一日	典约	口里，沙长畛地二段	十五亩	张联
道光二十七年十二月廿一日	典约	口里，大东地	一段二亩	高福泉
道光二十七年十二月廿一日	典约	口里，正季道地一段	一段四亩	张典

表3.5 **刘裕出典口里土地情况表**

交易时间	契约类型	土地坐落	土地数量	承典人
道光十八年十二月廿九日	典约	口里，屋宅一所	不详	不详
道光十九年十二月廿三日	典约	口里，沙长畛地两段	十五亩	张联
道光十九年十二月廿五日	典约	口里，正季庄道一段	四亩	张典

续表

交易时间	契约类型	土地坐落	土地数量	承典人
道光十九年十二月廿七日	典约	口里，宏道道地一段	四亩	宋汝明
道光廿伍年十二月廿日	典约	口里，大东地一段	二亩	高福泉
道光廿六年十二月廿一日	典约	口里，郭家坟地一段	三亩五分	高世昌
道光廿六年十二月廿七日	典约	口里，大东地一段	六亩	高建荣

刘德龙、刘德豹兄弟时期，其家庭的主要生计方式是经营土地。不过，道光以后，刘家契约的土地交易频次开始减少，目前只保留了民国时期的两份土地契约。1916 年，刘濯、刘六十一将一块 15 亩的土地出典与冀承功名下耕种为业。1937 年，刘状元将典于蒙古四毛刘瀛的土地推与刘继文名下承守。出现这一情况，一方面，可能是因为资料散佚，相关记载没有保留；另一方面，结合族谱资料可知，土地交易活动的减弱很大程度上可归因于分家析产和天灾人祸导致的家道中落。

三　分家析产与生计变动

刘家在定居口外之后，随着家族人口的生息繁衍，家族成员不断分家析产。由 LD 上溯至刘建基，共七代人，经历了道光二年（1822）、道光二十年（1840）、咸丰六年（1856）、光绪三年（1877）、光绪三十四年（1908）和 1930 年六次分家。从这六次分家的情况，我们可以看到刘家的家产分割和生计变动情况。

刘建基一系来口外之后，第一次分家是在道光二年（1822），刘德龙、刘德豹、刘德魁三兄弟分家。这次分家主要是分割祖父刘展向遗产，包括前后院至中西畔正平房四间，前院正房三间，东房二间，西房二间，大门连房树颗在内，门外粪厂树木，由三兄弟共有。此外，有土地十三块，合计四十九亩八分五厘，又零二步四尺。由于兄长刘德龙承担较多

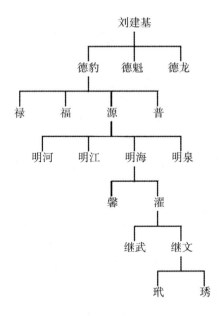

图3.2 刘家分家示意图

家庭事务，将公中土地分给刘德龙二十九亩。[①] 这次分家只能看到刘建基遗产情况。这次分家之前，三兄弟应该还有一次分家，分割刘建基养老田之外的家产，不过，由于没有资料存留，具体情况已无从查考。道光二十年（1840），刘德豹四子刘普（刘普身故，由其子明裕承受家产）、刘源、刘福、刘禄分家。这次分家的一项重要内容是写立刘德豹的养老约。养老约如下：

> 立奉除养老约人长孙刘明裕、二子刘源、三子刘福、四子刘禄
> 今因父母年迈，不能照应，将家产恩是（原字如此——引者注）众
> 子，今情愿与父母奉除养老地壹顷柒拾式亩，东房陆间，南正房式
> 间，相连大门壹间，新大门扇壹合，家居壹切全有，骡子壹头，牛
> 式条，大小毛驴叁头，碾磨房肆间相随，大小碾磨三盘，扇车绳线
> 在内，西厦子一间，各物俱有，花单执照，神社地租官差渠水坝钱，

---

① 该分单原件已经遗失，文中内容引自《刘氏族谱志》第 1 部，2002 年，第 37 页，该书未标记出版印刷机构。

随地所出，如恕奉养父母，倘日后父母百年归乡，花费银钱若干，下余壹切房产地土生（原字如此——引者注）畜家居，以四股均分，今同本族言明，并非强逼，恐口无凭，立奉养约存照。

大清道光式拾年十一月廿七日立

本族人等晚刘燦 刘炤 刘统

父母养老房地生（原字如此——引者注）畜单

六七圈地九十亩；曹三地十五亩，西畔净地；野场畔地六亩；渠×地二块廿五亩；头俸路南地十八亩；门前地三块十八亩；九块共地一顷七十二亩；东房一排至书房连大门，共九间，新大门扇在内；公中用碾磨房，大小扇车，一切相连；使用大小木植在内；大小硌碉、碌碡、地石翁公用；拉犁推粪二车公用；大小锣钗鼓公用；有厦棚一间；红炕桌一张；黄酒榨一支；连二大□柜一支；连小梳匣子一个；骡子一头；毛驴三头（大小）；铡草刀一口，代（原字如此——引者注）刀床；大犁牛、小黄牛共二条；新耙一片；铁犁大小式张；椅屋子式口；福龛一位；全共（原字如此——引者注）器一付；钱柜一支；车头锅二口，代三角；风匣一支，在大房放；油瓮一个；白菜瓮一个；盒头瓮二个；铜茶乎（原字如此——引者注）一把；烧酒乎（原字如此——引者注）一把；马鞍子一坐；新旧粘二块；驴鞍子一坐；新黑口袋一条；旧白口袋五条。①

从上可知，刘德豹的养老地有 172 亩，另有房屋、家居、牲畜、农具、器皿等若干，这些房产田地牲畜物件表明，在道光二十年（1840）分家之时刘德豹的家境十分殷实。但除刘德豹养老房地牲畜外，四子所分产业不详。这里值得一提的是，约文中的“倘日后父母百年归乡，花费银钱若干”一语。山西民人在口外过世，曾有将灵柩运回口里的习俗。刘蛇蛇家保留咸丰九年（1859）、同治四年（1865）两份契约，记录的就是郭刘氏为将父亲和堂叔刘秉德灵柩运送回乡归葬祖茔，出典园子地以筹盘缠的事情。②

① 道光二十年十一月二十七日养老约，笔者收集民间资料。

② 咸丰九年十一月初三日契约、同治四年十二月初三日契约，笔者收集民间资料。

　　咸丰六年（1856），刘德豹的子嗣再次分家。刘家契约中只留了刘源的分单。从分单内容可知，此时刘德豹已经去世。次子刘源分得六顷圈子地五亩，此地原为刘德豹的养老地。这次分与刘源，仍为养老地，用以奉养母亲。待母亲过世后，"各守各约"。光绪三年（1877），刘源的四个儿子刘明泉、刘明海、刘明江、刘明河分家。根据刘明海的分单，这次分的主要是地基、旧场，没有涉及田地。刘明海（LD 的曾祖父），为一无赖子弟，嗜吸鸦片，不事生产，陆续将先人遗产挥霍殆尽。光绪三十四年（1908），刘明海的两个儿子刘濯、刘馨分家。刘濯（LD 的祖父）的分单如下：

　　　　立分单约人刘濯，今因本族家长亲友人等应分到地基壹半南截，正平房壹间，至□以东，上下根基瓦石无干，南房壹间，西房壹间，南边分到圈子地南截壹块，中北两□……□拉喇营地壹块，老林地□……□新场南截壹半，两出情愿，恐口无凭，立分单存照。
　　　　大清光绪三十四年九月廿七日立
　　　　知见人□□ 、刘明永、刘吉、刘同锁、刘稳德、刘检德、高玉虎、马银官、韩众贵①

　　从分单可知，刘濯分得了部分住宅、地基和田地等。这些田地只标明名称和方位，没有标明亩数，因此无法据此判断刘濯的家资薄厚。《刘氏族谱志》记载，由于刘明海不守家业，肆意挥霍，刘濯、刘馨兄弟分家之时，其家境已经十分贫寒。刘濯家中仅有薄田二三亩。因此，仅靠种地已难以为生，其主要收入来源之一是在私塾教书。刘濯幼时曾读私塾。此后在自家和喇嘛营村开馆教学。② 1930 年，刘濯二子刘继文（LD 的父亲）、刘继武分家，刘继文分单如下：

　　　　立分单约人刘继文，今本父命，协同家长亲戚人等，兹因饥馑

---

① 光绪三十四年九月廿七日分单，笔者收集民间资料。
② 《刘氏族谱志》第 1 部，2002 年，第 350 页，该书未标记出版印刷机构。

之岁，不能度日，因此将家分离，自行生活，应分到圈子、大堰子地南北三截，拉嘆营子、六子地西边带东边小地壹块，四分子地北边董家营子村西茹家畔地东边，大红躺柜壹支，穿衣镜壹架，炕桌子壹张，碌石由壹颗。

中华民国拾九年正月廿七日立

合同为证

知见人 刘汉、周作维、□□□、清（原字如此——引者注）笔书①

　　这次分家，正值绥远地区遭遇旱灾，百姓生活深受其苦。分单中"饥馑之岁，不能度日"反映的正是这一情况。此次分家刘继文分到的土地块数多于其父刘濯。但因不计亩数，难以进行有效比较。刘继文一生贫苦，1930 年，因连年灾荒，甚至欲卖妻求生。② 其收入来源除了家中薄田外，还曾做过小生意，不过其主要以教书行医为生。刘继文幼时随父亲刘濯读书，年长又在本村和外村读私塾和官学，所学内容以四书五经为主。1919 年至 1948 年他曾在本村和大袄兑、毛岱、忽拉格气、民安、习力气、杭盖、大阳、哈素等村教书。其间又在 1928 年在杭盖村随杨修渠学医，1948 年以后在归绥元泰和工作，从此从事半农半医的职业。③

　　从 LD 直系祖先六次分家经过和家谱记载可知，刘家在家族发展过程中，没有发展出家族共有的祀产，只是在分家时，留有父母的养老田。父母身故之后，这些养老田在诸子之间再次分配。其家产分割，奉行的是仁井田陞提到的"均分主义"，即"大凡可分之物，原则上都要算入总财产中，一一加以均分，无论是农田、住房、役畜、农具，还是其他财产，以至于碗、碟之类的器物，全部都要分割"④。分家析产和天灾人祸，

① 民国十九年正月廿七日分单，笔者收集民间资料。

② 《刘氏族谱志》第 1 部，2002 年，第 353 页，该书未标记出版印刷机构。这一时期，土默特地区连年天灾，百姓生活无以为继，卖妻鬻子的情况并不罕见。笔者曾搜集到一份婚书，记载了 1929 年温天德卖妻子和女儿的事情，"因年岁凶荒，无能以养，无吃无穿，饥饿难忍，万板（应为'般'——引者注）无耐（应为'奈'——引者注），今将自己本妻韩氏年二十五岁，情愿出嫁与王福清名下，配为正夫正妻，随带小女一名，年四岁"。

③ 《刘氏族谱志》第 1 部，2002 年，第 353、354 页，该书未标记出版印刷机构。

④ ［日］仁井田陞：《中国法制史》，牟发松译，上海古籍出版社 2011 年版，第 176 页。

也使小家庭的生计方式处于变动之中。刘家几代家庭的生计方式从土地经营，转为教书从医并兼事农耕。

第三节　蒙汉家族的系谱编修与族际互动

一　蒙古家族的系谱书写

蒙古人编撰世系谱的历史可以追溯至元代。其时蒙古贵族与平民均有家谱。至明代，蒙古贵族留有世系谱，但普通平民则没有家谱。清代以后，出于"袭职"的需要，蒙古贵族和世职家族等普遍编修家谱。平民也编写家谱，但为数较少。① 20 世纪 80 年代以来，由于社会环境的变化，经济实力的增长以及文化水平的提升，不少土默特蒙古人开始编修家谱。但与清代情形不同，蒙古人编修家谱不再出于"袭职"的目的。无论其先人曾有世袭职衔，还是身为平民百姓，越来越多的蒙古人出于慎终追远、凝聚认同的目的投身于编修家谱活动。这一过程体现了伴随着盟旗制度的废除，蒙古人的家谱从官谱到私谱的变动趋势。《伏氏家谱》《富荣家族宗谱》《阿尔宾遗缺家谱浅考——托克托县章盖营村姜姓溯源》（以下简称《阿尔宾遗缺家谱浅考》）就是在这一历史过程中出现的三份资料。

托克托县章盖营子村蒙古姜姓，为世管佐领之家。其家中留有一份由第十三次承袭世管佐领阿尔宾口述，旗府中笔帖式记录的遗缺家谱。家谱藏于土默特左旗档案馆。家谱写在一张宣纸之上，标题为《承袭因病辞职世管佐领阿尔宾之遗缺家谱》。② 这一家谱主要是为家族承袭"世职佐领"所用。清代土默特旗佐领分为世管佐领、勋旧佐领和公中佐领，其中世管佐领和勋旧佐领为世袭。光绪《土默特志》载："归化城土默特两翼额设参领、佐领、防御、前锋校、骁骑校等官遇有缺出，由绥远城将军拣定正陪送院，带领引见补放，如佐领中有世袭者，即照袭

---

① 于永发：《土默特蒙古族的家谱》，呼和浩特市政协文史资料委员会编：《呼和浩特文史资料（少数民族与宗教专辑）》第 9 辑，内蒙古人民出版社印刷厂 1994 年版。

② 荣盛：《一份罕见的蒙古族家谱世系——浅论托克托县姜姓的世袭佐领》，戈夫、乌力更、姜润厚编著：《阿尔宾遗缺家谱浅考——托克托县章盖营村姜姓溯源》，内蒙古党委机关印刷厂 2011 年版，第 1—46 页。

职例办理。"① 正是为满足"袭职"需要，土默特两翼世管、勋旧佐领的官谱应运而生。土默特旗是仿照八旗制度编设，八旗佐领家谱册自雍正朝开始逐渐变为官有，到乾隆三年（1738）完全成为国家档案。② 因此，土默特蒙古勋旧、世职佐领的家谱也应经历了这一过程。可以想见，像阿尔宾家族的承袭官谱，在有袭职资格的土默特蒙古人中应该是普遍存在的。

《承袭因病辞职世管佐领阿尔宾之遗缺家谱》从正中自上而下用蒙、汉两种文字书写十一代男性子嗣的名字以及世袭佐领的十三次顺序。蒙文在左，汉文在右，承袭之人则用红笔框出。由遗缺家谱可知，世职承袭不完全是长子承袭，同时，承袭家谱只包括部分家族成员。这主要是与清廷关于佐领承袭的一系列规定有关。清廷规定："原立佐领长支子孙承袭缺出，应拣选出缺人子孙拟正，别支子孙曾经承袭者拟陪，其余各支，毋论曾经承袭与否，每支拣选一人列名。……原立佐领绝嗣，应令伊胞兄弟子孙拟正。"③ 这些内容在遗缺家谱中均有所体现。毕理克初次获得世职后，由其长子补尼斯贺二次承袭，补尼斯贺传其子纳木扎布三次承袭。纳木扎布无嗣，世职转回到毕理克次子补木色楞一系，由补木色楞四次承袭。同时，家谱在袭职人员之外，还另外列有别支人名，但并不包含全部家族男性成员。

随着1949年盟旗制度的取消，同时受到各地修谱热的影响，土默特地区的蒙古人也开始编修家谱。从20世纪90年代，姜姓族人就着手整理家史，编撰家谱，并于2011年出版了《阿尔宾遗缺家谱浅考》。如果说《承袭因病辞职世管佐领阿尔宾之遗缺家谱》是族中为承袭世职而做；那么它在载入《阿尔宾遗缺家谱浅考》一书时，则更多出于"敬宗收族"的目的而得以传延和变型。新的家族世系在誊录旧有家谱的基础之上，又续写了

---

① 光绪《土默特志》卷7《政典考》，《中国方志丛书·塞北地方》，成文出版社1968年影印本，第16号，第118页。

② ［日］细谷良夫：《〈八旗通志·旗分志〉的编纂及其背景——雍正朝佐领改革之一》，陈佳华、刘世哲译，《民族译丛》1989年第2期。

③ 《清高宗实录》卷749，乾隆三十年十一月庚子，中华书局1986年影印本，第18册，第249页。转引自赵令志《〈钦定拣放佐领则例〉及其史料价值》，《清史研究》2013年第3期，已核对原文。

三代，直至最新的世代。续写的三代人名，只有汉文，没有蒙古文。与《承袭因病辞职世管佐领阿尔宾之遗缺家谱》相比，新谱记录了全部的家族男性成员和第十代以后的女性成员。例如，在遗缺家谱中记录阿尔宾的两子姜继宗、格勒增，但在续谱中，则记录了其全部四子一女，除姜继宗、噶勒增（即"格勒增"——引者注）以外，还有达兑、拉格僧二子，老女子一女。由此可见，姜姓族人新修的私谱系谱比清代的官谱系谱内容上要更为复杂丰富。

托克托县噶尔图营子村伏氏家族的家谱则反映了平民蒙古人编修家谱的情况。伏氏家族祖上是守卫托克托县城南湖滩河朔黄河官渡的土默特兵丁，乾隆年间住在黄河北岸的西营子村，后黄河改道，西营子涸于河南。伏氏家族随广宁寺迁往噶尔图营子村（召湾村）。① 其族人于1982年整理了家族世系，并于1991年制成《伏氏家谱》。《伏氏家谱》全部内容都记录在三张 A3 纸拼成的白纸之上，全部用汉文书写。纸张右侧写有"伏氏家谱"四个字，盖有"伏"姓印章。"伏氏家谱"右侧有一行小字："公元一九九一年夏七月制。"左侧则为从左至右按长幼次序书写的宝塔形家族世系，共计七代。左上角四行小字记录了此谱所据资料和整理人情况：

> 　　根据史实资料《同治四年二月十六日钦命功牌四□（该字辨识不清——引者注）号绥远城将军、归化城付都统和光绪元年四月廿二日功牌第一千三百五十九号镇守绥远城等处将军斐凌阿巴图鲁定》及伏老石（时年七十七岁）口述，由伏成义（40 岁）、伏占元（36 岁）叔侄二人于托克托县城整理。一九八二年五月十日。

由上可知，这份家谱是在 1982 年根据两份"功牌"和族中老人伏老石口述资料整理。伏氏家族族人在清代曾有人获过军功，并无人担任世职，此前家中也没有编写家谱，所以，这是一份从无到有的私谱。其在家族世系的记录方式上，与上述《承袭因病辞职世管佐领阿尔宾之遗缺

---

① 伏飞平：《召湾蒙古伏氏家族族源、汉姓来历及其与广宁寺关系考》，《托克托文史资料》编辑委员会、政协托克托县委员会编：《托克托文史资料》第 7 辑，内蒙古呼和浩特市宏达鑫彩印有限公司 2009 年版，第 224 页。

家谱》存在较大差异。《伏氏家谱》，最上方为人名"哈斯（哈计）"，以下是连续的七代世系，记录包括男女全部族人的姓名。显然，《伏氏家谱》在家族世系的范围上具有更强的包容性。

随着定居化的进程，大约在乾隆年间，蒙古人逐渐改变了丧葬习俗，开始了土葬的传统。在土默特地区，一般蒙古人家都有自己的家族墓地。而家族墓地的坟茔次序，也成为一些没有留下文字资料的蒙古人追记祖先、编修家谱的重要依凭。2006 年出版的托克托县《富荣家族宗谱》就是根据坟地情况和族中口传追溯的家族世系。富荣家是驻守五十家子台站的蒙古兵丁，康熙三十一年（1692）从沙尔沁搬到了五十家子。但家族世系在乾隆末年土葬之前，已无法确定。其老坟共埋葬六代人，分为富、荣两门。富氏一门在土葬后的四代无法查考，只能看出是四代单传。到第五代才有人名传世。荣氏一门土葬前和土葬后二代无法考察，唯能看到的是二代单传。第三代以后方有人名流传。对此情况，家谱主修人佟格拉感叹道："家族土葬前的历史不清；而土葬后四代前的情况也不了解，使《宗谱》只能'厚古薄今'。"①

近年来，一些蒙古人还在家族坟地立碑，追记自己的祖先世系。托克托县满水井村的王氏蒙古人，家族先祖铁甲半，乾隆年间因军功受封满水井村，此后兼营农牧业和旅店业，至今已繁衍生息十代人。其家族于 2007 年 4 月 5 日，在家族墓地竖立了一座钝角三角形大理石石碑。正面镌刻宝塔形的家族世系，从铁甲半开始共记七代，从名称上看，应该只录入了男性先人。背面则简要地记录了家族历史。土默特左旗云家的家族墓地，也竖立了一块长方形的石碑，上面镌刻自纳海齐，共四代先人。

上述几份世系图和家谱，姜姓家族祖上拥有世职，留有官谱。族人在这份官谱的基础之上，又续修了新谱。其余几份家谱或世系表均是祖上没有世职的普通蒙古人于近年新修。二者共同反映了盟旗制度取消之后，蒙古人家谱由官而私的变动趋势。由于家谱在各个时代承担着不同的社会功能，其在形制和内容上存在较大差异，总的来说，私谱比官谱具有更大的丰富性和包容性。

---

① 佟格拉主修：《富荣家族宗谱》，2006 年，第 2、25、26、179 页，该书未标记出版印刷机构。

图 3.3　蒙古族王家墓地

图片来源：笔者拍照采集，图片最后方是"敖包"。

二　汉人家族的系谱编修

民人从山西等地迁至口里，早期大多单身前来，久而久之，在口外定居，并不断生息繁衍，从个人发展为家族。在家族的发展过程中，家族谱系的记录和传流是一项必不可少的重要内容。在土默特地区，民人主要通过"麻纸谱单""容""家谱账簿""家谱"等形式记录其祖先谱系，此外，墓地坟茔的排列也反映了家族世系。这些多样化的记录方式体现了土默特村落社会家族的发展历程。

（一）坟地上的家族系谱

汉人在口外落地生根的重要标志之一是立坟。但汉人从初至口外到扎根塞上，往往经历了几代人才完成。2016 年印制的善岱镇董家营村《董氏宗谱》记录了这一过程："董姓祖坟分布在董家营村周边，祖坟里埋的最高辈分是才字辈。才字辈以上先祖的遗骨都运回祖籍崞县大莫村安葬。由于当时生活艰难，立足未稳，究竟能不能扎根，长久定居，先人们还在犹豫不决。他们眷恋故土，不愿意抛尸他乡。"[1] 董家是乾隆时期从口内迁至口外，其至口外第一人是五世祖董荐国，引文中的"才"字辈，已是第九世，也就是说，从董荐国后，又过了两代，董家才从心理层面在口外生根。这一过程直到近年还在发生。武川县邓先生的祖父在民国年间，从山西右玉来至武川做长工谋生。祖父过世之后，拉回口里埋葬。但其父亲过世之后则葬在口外。[2]

汉人的家族墓地一般呈三角形排列。最顶端的坟茔有时是一个衣冠冢，是在口外定居埋葬的立世祖向上追溯的祖先，实际并没有来过或者葬于口外。立世祖以下按照世代顺序依次分层排列。当一块墓地土地用尽或族人外迁时，家族便另外开辟新的坟地。因此，一般土默特地区的家族都有不止一块墓地。坟地实际上就是铺在大地上的一幅家族世系图。[3] 2012 年修成的《王氏成林之宗谱》记载了家族的白武营坟地坟茔排列情况：

> 第一层安葬王成林，第二层安葬永字辈五子，第三层润字辈 15 人中安葬了 9 位，东起第一坟葬润礼，第三坟葬润 C（按脚下埋王德高而定），第八坟葬润稷，最西一坟葬润泽。第四层东起第一坟葬德广，第四坟葬迁往古城的德高，第七坟葬德厚。第五层东起第二坟葬有发（大挠），第三坟葬迁往把栅的二挠，第四坟葬古城善小。第

---

① 董进华、董进和执笔：土默特左旗善岱镇董家营村《董氏宗谱》，2016 年，第 13 页，该书未标记出版印刷机构。

② 笔者田野调查笔记。访问对象：DXS；访问地点：武川县；访问时间：2019 年 8 月 11 日。

③ ［美］孔迈隆：《中国北方的宗族组织》，夏也译，中国社会科学院社会学研究所：《家庭与性别评论》第 4 辑，社会科学文献出版社 2013 年版，第 163 页。

六层东起第一坟葬世昌，第二坟葬世汉。茔地纵、横各 40 米，占地 2.4 亩。……王三挠在长征地祖坟东起坟，西距祖茔百米。王世威另起坟茔，在村东长畛地西庙湾地，东距祖茔三四百米。把栅王世兰在村东呼大二级公路东叫大地的地方另起坟，远离祖茔东，基本在东西一条线上。①

《王氏成林之宗谱》表达墓地坟茔次序时，经常使用"第×××层"，"层"是指代不同的代际。比照家族世系表，可发现这处坟地正是按照代际排序。但由于坟地占地面积的限制以及家族人口的繁衍，也不断有族人另起坟地。汉人家族族人在每年清明节、阴历七月十五、阴历十月初一、阴历大年三十和阴历正月初三上坟，这些仪式活动不断地强化着家族认同。

（二）笔记本、麻纸上的家族系谱

呼和浩特市土默特左旗沙尔沁乡六犋牛村石先生保留着一份记录在笔记本上的祖先世系。② 笔记本第一行写着"供俸（原字如此——引者注）"二字，下面自上而下共列有石生洞、石傅、石召恒、石岱、石如太、石旺六代六个人名。据石先生介绍家族祖先石生洞和其子石儒从忻州迁居口外谋生。二人过世后，均由石生洞的孙子石召恒送回原籍埋葬。至石召恒时，才在六犋牛立坟。③ 因此，这份家谱应该是石先生直系祖先的名字。这份祖先世系内容浅易单一，字迹横趔竖仰，显示记录人文化水平不高。但这恰恰反映了那些没有机会接受更多教育的普罗大众希望记住自己祖先的朴素情感。

和林格尔县巧尔气营子村石先生家中珍藏着一份谱单，用毛笔书写于麻纸之上。④ 从书写工具和纸张判断，这张谱单应该是家族成员较早记录下来的家族世系。谱系从立世先祖石都开始，共记录了八代。从立世祖石都至第五代石进府都是单系，在石进府之后，子嗣呈宝塔状分布。

---

① 《王氏成林之宗谱》编纂委员会编：《王氏成林之宗谱》，2012 年，第 92 页，该书未标记出版印刷机构。

② 石家祖先世系，笔者收集民间资料。

③ 笔者田野调查笔记。访问对象：SXS；访问时间：2011 年 8 月 11 日；访问地点：土默特左旗。

④ 石家家谱单，笔者收集民间资料。

这表明这张谱单侧重记录石进府一系的后代。祖先世系的最后两行有故父、故显考父、故兄、故堂兄等字样，这表明只有故去的人，才登录其上。根据石先生介绍，石家是从第八代石富移居口外，谱单的左下角写着"故显考父石富"，所以，这份谱单应该是由石富的后代所记，其意在保留石富以上的家族谱系。

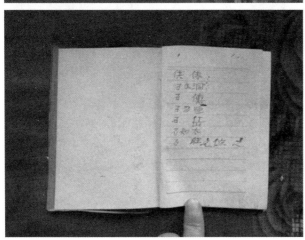

图3.4　石家笔记本上的祖先世系

图片来源：笔者拍照采集。

无论是形制，还是内容，这些笔记本和麻纸上的祖先世系记录都相当简单。但立容修谱需要相对稳定的社会环境、一定的经济条件、相当的文化水平。当这些客观条件不具备，人们又有记录自己祖先愿望的时候，族中粗通文墨的人就可能会采用这样的形式记住自己的祖先。

图3.5 石家麻纸上的祖先世系

图片来源：笔者拍照采集。

（三）容、家谱账簿上的家族系谱

容普遍流行于甘肃、山西、河南、河北、山东各省，是中国北方家族构建过程的重要载体。[①] 土默特地区的容，由山西民人带入，逐渐四散

---

① 参见韩朝建《华北的容与宗族：以山西代县为中心》，《民俗研究》2012 年第 5 期；龙圣《多元祭祀与礼俗互动：明清杨家埠家堂画特点探析》，《南京艺术学院学报》（美术与设计）2018 年第 1 期；王爱侠、李平《家堂：平面的祠堂——以山东昌邑玉皇庙村为例》，《民俗研究》2020 年第 1 期。

流传，在当地又被称作"云""云谱"，一般记录家族中过世先人的名字。上述和林格尔县巧尔气营子村石家，于1964年11月23日立容。石家的容，绘制了一座祠堂，祠堂入门牌坊上书"祖光堂"，祠堂中间供奉高祖石富、刘氏画像。祠堂上悬挂楹联，横批为"光前裕后"，上联为"绚彩灿烂守祖德"，下联为"香烟缭绕承宗恩"。右上角画了一口钟，钟上写有"一九六四年十一月廿三日"。容上共有五代祖先，第一代是"高祖石富之位"，以下又有四代。① 如前所述，石富是石家移居口外和林格尔巧尔气营子的第一人。与前述石家麻纸谱单重在记录石富之前的系谱不同，这份"容"重在记录石富以后的家族系谱。

图3.6　石家"云谱"

图片来源：笔者拍照采集。

---

① 石家容，1964年11月23日立，笔者收集民间资料。

除了"容"以外，土默特地区的汉人还利用简易的"家谱"来记录祖先的世系。乾隆年间，张维春、张维屏兄弟二人从山西忻州后合村，移居今土默特右旗威俊村。张维春过世之后，由弟张维屏将其遗骸运回口里埋葬。张维屏及其后人则在土默特川上落地生根。[①] 在今族人张先生家中收藏着一份"家谱"，这是一份记录在麻纸本子上的简单世系谱，没有标注成谱时间。在旧谱之上，又于1981年重新接续了部分内容。旧谱共记录至十五代，接续部分记录十六、十七、十八代。

家谱第一页是封面，第二页至第三页为1981年重新誊写的内容，第二页首先写"立世先祖"张讳彦连、妣王氏和四位二世祖"敬贤、敬先、敬礼、敬名"的名称。第三页是四位二世祖和三世祖的名称。从第四页开始，纸张破旧，为旧谱。下面分别是立世祖和二世祖的名称，以下各页是历代世系，共记录十八世。[②] 2012年，张氏家族根据这份家谱又制作了《张氏家族家谱》。这份家谱是一张大幅打印纸。左侧小字自下而上记录从一世先祖张彦莲至十二世先祖张安仁的名字，每代记录一人。中间是宝塔式谱系。最上方书"先祖张安仁"，其下是张维屏。从前述内容可知，张氏家族是从张维屏开始移居口外，也就是说在写立此份家谱时，立谱人在张维屏以上又往前追溯了一代。家谱共记录了九代家族男性成员。[③]《张氏家族家谱》形制上与"容"类似，但并不像"容"一样，只登录家族中过世先人的名字，而是记录全体家族成员。

托克托县大北窑村的王家，其先人王成林在乾隆年间从原籍寿阳县迁入口外。在今族人王培义家中保存着一份《家普（原字如此——引者注）账簿》。[④] 这份《家普账簿》由家族的第五世（王成林为一世）王缵绪于民国三十三年（1944）记录。王缵绪生于光绪十二年（1886），亡于1962年。其人颇通文墨，曾做村社中的记账先生。

---

① 土默特右旗沟门镇威俊村编委会编：《威俊村史》，未刊稿，第18、19页。
② 张家《张氏家谱》，笔者收集民间资料。
③ 张家《张氏家族家谱》，笔者收集民间资料。
④ 王家《家普账簿》，笔者收集民间资料，原书即为"普"。

图3.7　张家"家谱"

图片来源：笔者拍照采集。

《家普账簿》只记载了家族的谱系。从高祖王昱武记起，共收录六代。从王成林以上有高祖、曾祖、祖、父四代，王成林以下两代。王成林以上世系有无法接续的情况。世系表首先记载高祖王昱武，下有曾祖三人王汝材、王汝含、王汝曾。祖父五人王贵发、王贵富、王贵德、王贵花、王贵青。父亲王贵富有王成山、王成海、王成林三子。家谱中没有具体标明曾祖到祖父之间的关系，即无法知道贵字辈五人的父亲是汝字辈中的哪一个。而从王成林以后，则世系清晰。这也表明王成林应为家族迁往口外的第一人。族中王先生根据其家传契约、口述资料和《家普账簿》对此推断："关于何祖外迁的问题无口传，更无记载。但是完全可定为王成林。从王缵绪老人笔抄家谱账簿看出，从王成林以后，其下辈辈有传人，世系清楚。……从所留地契老约中也可窥见一斑，唯王成林一人辈分最高，再无他人。"① 这份家谱只是一份简要的世系谱，却成为后世编撰家谱的重要依据。2009 年，王先生据此谱记载，回原籍查访，于 2012 年，编修印制了《王氏成林之宗谱》。②

图 3.8 王家《家普账簿》
图片来源：笔者拍照采集。

"容"与《家普账簿》相较"笔记本"或"麻纸"记录的祖先世系，内容更为复杂。在无力修谱的情况下，"容"与《家普账簿》显然是土默特地区汉人家族凝聚认同的重要凭借。同时"容""家谱"又是人们创修内容更为翔实的"家谱"主要依据。

（四）家谱中的"门""柜"与"支系"

20 世纪 80 年代以来，土默特地区的汉人开始积极编修家谱。这些家谱中的相当一部分是在原来"世系谱""容"或者"旧谱"的基础上修

---

① 《王氏成林之宗谱》编纂委员会编：《王氏成林之宗谱》，2012 年，第 6 页，该书未标记出版印刷机构。
② 《王氏成林之宗谱》编纂委员会编：《王氏成林之宗谱》，2012 年，第 6 页，该书未标记出版印刷机构。

撰而成。乾隆初年，曲家先人曲国孝从山西五台县苏家庄迁居保同河村。曲氏家族中曾保留三个"容谱"，分别修于 1930 年之前、1930 年前后和 1973 年，其中前两个"容"已湮没无存。到 1973 年重修"容谱"时，所能依凭的只有族人手抄于白麻纸上的简要遗谱。曲家根据这份简要遗谱，加上家族保留的修井单、契约以及口传资料，于 2009 年修成并印制了家谱。①

保同河曲家曲国贤、曲国孝兄弟二人最早移居口外。曲国贤生一子曲富银，父子二人后来回到口里。曲国孝一脉则定居口外。曲国孝生有一子曲富成，曲富成生有曲长德、曲长发、曲长富、曲长成、曲长财五子。这五子分为长、次、三、四、五门。次门"门祖"曲长发生有曲文宴、曲文殿、曲文科三子。曲文宴生凤仪、凤祥二子。曲文殿无子嗣。曲文科生凤春、凤林二子。曲凤仪一家，家境富裕、人丁兴旺，生韩音、皋音、世音、忠音四子，此后开始立柜，分为大柜、二柜、三柜、四柜，而其余同父兄弟或堂兄弟凤祥、凤春、凤林仍称"次门"。② 曲氏家族从在口外立祖，到第三代"立门"，再跃两代曲凤祥"立柜"，表明家族系谱出现了非均衡裂变。

《陈氏家谱续》也是依据家中先人流传的内容较为简单的"家谱册"等资料修成。陈氏家族的先人陈玉龙、陈玉风大约在乾隆末年到嘉庆初年，从山西朔州南乡榆林村迁居今土默特左旗二十家子村。族人陈功在 1935 年以前曾撰写一部"家谱册"，这是其家族最早较为完整地保存了家族历史的文字资料。此后因为战乱等原因没再续写。家族第六代国富曾撰写草稿，但未能完成，其将草稿遗交于第七代陈森。20 世纪 80 年代以后，第七代陈彬开始撰写家谱，1995 年完成印刷。2003 年后再次续谱，2006 年完成《陈氏家谱续》。③ 陈氏家族以"柜"区分支系。光绪二十九年（1905），家族按照陈健明、陈健亮、陈健昌三支分家，分别称"大柜""二柜""三柜"。民国二年（1913），"三柜"内部陈钧（当时已经去世）、陈镒、陈跃弟兄三人再次分家，陈钧仍然为"三柜"，陈镒和陈

---

① 曲胜利主编：《曲氏宗谱》，柯林工作室打印，2009 年，第 1 页。

② 曲胜利主编：《曲氏宗谱》，柯林工作室打印，2009 年，第 19—67 页。

③ 陈孝达主编：《陈氏家谱续》，内蒙古国税局印刷厂 2006 年版，第 1—6 页。

跃分立"四柜"。民国十四年（1925），"大柜"内部陈功和陈峻分家，陈功仍然为"大柜"，陈峻成为"五柜"。同时，二柜内部因陈巍是从大柜过继的，称"小二柜"，而陈岗是陈健亮亲生，因此称"老二柜"。从此便有了"大柜""老二柜""小二柜""三柜""四柜""五柜"的称呼。① 由此可见，家族第一次立柜时，强调的是陈健明、陈健亮、陈健昌三人的关系。此后三人子侄辈分家重组，三个柜横向裂变为五个柜，但仍然强调横向同辈关系。这一裂变过程和系谱特征与钱杭在沁阳的观察是一致的。②

山西汉人从口内迁至口外，一些家族中的有力之人每有"汇谱"之举，即修谱者将口内和口外的宗亲汇为一谱。早在民国时期，在口外的山西人便有联结口内外族人，理清家族世系的行动。山西河曲县巡检村任家，从乾隆年间就从原籍来口外谋生，并逐渐在各处开枝散叶。民国时期，族人任全熙到绥远读中学，此后一直留在当地工作生活。他感叹："每有族人询及世系，不敢贸然解答。窃思余尝遍及绥远各县，本族世系尚不明白，何以与族人联络感情？"③ 为此，任全熙亲赴包头、萨拉齐、河套等地，逐处询查，搜求家谱，依次排辈，终成"西谱"，并与山西原籍的"东谱"汇于一处，这就是任氏家族最早版本的 1934 年汇谱。

2011 年，任氏家族针对 1934 年旧谱存在的虽为合编实则合印、实际排辈与相延称呼矛盾、家谱中断等"三不足"，重新续谱。家族成员借助"登广告发短信上网开博"等现代化通信手段联络族人，还驱车四处访查，"循着当年雁行人走西口之足迹，跑遍大后套"，在各地设立"续谱召集人"，2012 年终于修成了《晋北巡检司任氏族谱》。④ 该谱弥补了1934 年旧谱的"不足"，合并东西两院，以系相称，依例顺排。原东院谱称君瑞系，西院谱称君旺系，系下分支，自第九世起，分为义、祥、海、

---

① 陈孝达主编：《陈氏家谱续》，内蒙古国税局印刷厂 2006 年版，第 27 页。

② 钱杭：《沁县族谱中的"门"与"门"型系谱——兼论中国宗族世系学的两种实际类型》，《历史研究》2016 年第 6 期。

③ 任全熙：《汇谱缘起》，任存弼主编：《晋北巡检司任氏族谱》，山西出版传媒集团、三晋出版社 2012 年版，第 15 页。

④ 任存弼主编：《晋北巡检司任氏族谱》，山西出版传媒集团、三晋出版社 2012 年版，第 7 页。

恭、温、伟六支，共记录了口里口外三十四代，收入族人 1.7 万余位，仍有族人限于家谱截稿日期，未能尽数收入。修谱人寄望家族后人"赓续我辈未竟（实不能竟——作者语）之事业，将我任氏族人一辈辈谱写下去"①。由是观之，口内外汇谱的目的是不限家族世代，囊括全部族人，以此实现家族整合。

土默特地区的汉人家谱，存在按"门""柜""支系"等编排系谱的情况。其中"门""柜"内涵基本一致，强调家族中平行的同辈关系。这一系谱编排原则强化了移居口外的家族内部的团结。同时，汉人家族还存在遵循大宗谱法原则编排的"支系"。这种编排方式一般出现在联结"口里""口外"两边家族的汇谱之中。由于大宗谱法强调宗族始祖的来源、宗族直系主干的延续且不限制宗系世代，② 这无疑更加有利于凝聚"口里""口外"的家族认同。

三　系谱编写与族际交往

在土默特地区，蒙汉民众共处同一地域空间，彼此依存，相互交融，这在修谱活动中得到具体呈现。土默特左旗保同河村 LD 先生的修谱事迹就是一个实例。LD 先生是土默特左旗旗志办的退休人员。退休之后，在家乡保同河村居住，曾主持或参与自家以及乡里多个蒙汉家族的修谱活动。LD 先生的修谱活动始于自家修谱。他尝谓"其一曰小说报国；二曰方志报乡；三曰家谱报家。此外欲修博物园变乡为旅游区，此为老朽垂死之志"。③ 早在 1956 年，他就制成中股世系图表；1971 年，为西股画容；1985 年开始全面收集资料；1995 年完成初稿；2002 年付之梨枣。④此后，LD 先生多次参与乡里其他家族修谱。除自家家谱和母族家谱以外，他还参与编修家谱 8 部，其中汉族家谱 5 部，蒙古族家谱 3 部，有些已经出版，有些还在编修（详见表 3.6）。

---

① 任存弼主编：《晋北巡检司任氏族谱》，山西出版传媒集团、三晋出版社 2012 年版，第498 页。

② 钱杭：《血缘与地缘之间——中国历史上的联宗与联宗组织》，上海社会科学院出版社2001 年版，第 207 页。

③ 《十字架上的忏悔》（画作题词），2018 年 11 月 24 日。

④ 《刘氏族谱志》第 1 部，2002 年，第 1—5 页，该书未标记出版印刷机构。

在 LD 先生的修谱活动中，值得注意的是他为三个蒙古族人家修谱的事迹。这三个蒙古家族分别为与 LD 先生同村的李家、刘家和察素齐的云家。本书重点讨论保同河村李家。李家在清代是平民蒙古人，乾隆年间领受户口地，自此以后在保同河村居住生活。2011 年修成的《蒙古李氏家谱》是李氏家族第一次纂修家谱。该谱全部由 LD 先生执笔书写。[1]《蒙古李氏族谱》有云：

> 蒙古族除上层王公贵族有谱而外，普通平民是无谱的。《土默特志》除了几家台吉、世管佐领留谱而外，还有几家平民，这已够特殊的了。保同河李氏蒙古族谱的出现，这也是个大胆的创举。这也是土默特蒙古族由马背民族，多年以来定居农耕的结果。这也是蒙古族走向新现代化文明，为地方文化和土默特蒙古族文化添写的一章画卷。[2]

这段话反映了近些年蒙古平民编修家谱的社会背景和变动趋势。《蒙古李氏族谱》在形制和内容上都融合了蒙汉两种元素。谱书前附图片十页，第一页是"成吉思汗像"。第二页是一幅水墨骏马图。第三页是"世祖"乌拉与妻子的画像，下方空白处是双龙戏珠图。第四页是一幅题字："开民族谱志先河，载游牧定居文明，筑蒙汉血肉长城，建天骄为国雄风。二零一一年十一月十二日。"下方空白处则绘有孤舟垂钓图。其余六页则是初稿、契约、道路、井、石碾、旧宅、新居的照片。谱书正文包括"前言、世系传略简介、世系表、李氏全家福、李氏阴宅概况、李氏阴宅、土默特蒙古风俗习惯、后记、捐款花名"九个部分。其涵盖的内容与一般汉人家谱大同小异。所不同者，有"土默特蒙古风俗习惯"专章。这一章内容，主要先介绍时令、服饰、饮食、住宿、婚姻、丧葬、宗教、生育、教子等方面，再介绍土默特蒙古人的风俗习惯。LD 先生曾

---

① 李老虎、李长在、李宝财主编：《蒙古李氏族谱》，2011 年，第 53 页，该书未标记出版印刷机构。

② 李老虎、李长在、李宝财主编：《蒙古李氏族谱》，2011 年，第 1 页，该书未标记出版印刷机构。

参与新修《土默特志》的编修工作，谙熟地方历史。在家谱中加入这一内容，意在彰显李家蒙古人的社会身份。总之，在执笔人 LD 与倡修人李家的共同参与中，《蒙古李氏族谱》蒙汉文化交相映衬，这在李家家族系谱书写中也有所呈现。

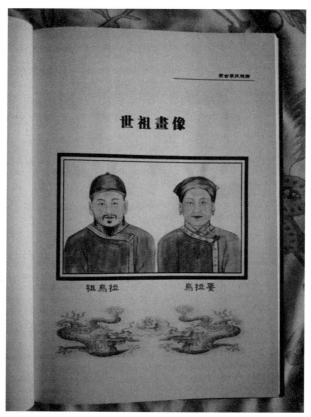

图 3.9　《蒙古李氏族谱》中的"世祖画像"

图片来源：笔者拍照采集。

蒙古平民修谱最大的困难在于追溯祖先世系。由于大部分蒙古平民并没有记录下自己的祖先世系。因此，在族中倡修家谱时，首先要解决的问题是祖先世系的连缀。《蒙古李氏族谱·前言》中说：

关于我系一族，在初稿中追述在乾隆朝，但由于世系连不起来，我们也不敢肯定。相传我族并非保同河土著，依军功从西南迁徙而来，并领有户口地。乌拉约为迁来第一人，在村中胡氏契约中有记载。乌拉墓下三丘，即三个儿子：拉莫古楞、五十一，另一子不知名字。今修谱我族以五十一立祖。为了保存材料，我们只得将乌拉（"乌拉"即"吾拉"——引者注）一祖提出，乌拉是嘉庆道光朝人，五十一在其略后，至光绪朝初期仍在世，这是没问题的。①

由此可见，修谱者根据 LD 先生提供的契约和家族墓地，追溯到了家族中最早迁入保同河的祖先乌拉，但对乌拉以前的情况，以及乌拉除五十一以外的其他子嗣的情况，则并不清楚。同时，由于家谱的倡修者是五十一的后人，因此这份家谱以五十一为一世祖，共记录八世。五十一的资料则主要取自善岱七圣庙碑刻、契约以及族中耆老的口传资料。《蒙古李氏族谱》一世五十一，二世四人分别为长子根宝、次子（出家无名）、三子录录、四子万象（绝嗣），其家族世系表以四子各为一门，由于次子出家，四子绝嗣。因此家谱只记录"长门"和"三门"的后代。前述《富荣家族宗谱》也是依据坟茔排布情况，以墓地埋葬的兄弟二人各为一门，即富门、荣门。按照"门"来记录家族世系的方式，显然是受到了汉人的影响。而且，可能在修成家谱之前，蒙古人在日常生活中已经普遍用"门"来区分家族世系了。不过，由于蒙古家族的世代较浅，根据目前已有的资料还无法看到家族的系谱分门裂变情况。

《蒙古李氏族谱》是 LD 先生主修的第一部蒙古族家谱。此外，他还在 2017 年帮助察素齐镇蒙古族云先生编修家谱，目前这份家谱仍在撰写，还未出版。② 同时，他还协助出生于保同河村的老一辈蒙古族无产阶级革命家奎璧家族（即刘姓家族）整理了家族世系。总之，正是借着蒙汉民众日常生活中频繁的交往交流，蒙古族新修家谱才呈现出蒙汉文化交织交融的样貌。

---

① 李老虎、李长在、李宝财主编：《蒙古李氏家谱》，2011 年，第 1 页，该书未标记出版印刷机构。

② 笔者曾于 2020 年 4 月 21 日打电话向云先生咨询家谱编修进度情况。

表 3.6　　　　　　　　　LD 先生参与编修蒙汉家谱一览表

序号	民族	名称	承担工作	地点	印刷时间
1	汉族	《刘氏族谱志》	主修	土默特左旗保同河村	2002 年
2	汉族	《曲氏家谱》	执笔	土默特左旗保同河村	2009 年
3	蒙古族	《蒙古李氏族谱》	LD 执笔美术	土默特左旗保同河村	2011 年
4	汉族	《呼和浩特东大岱李族支谱》	参与撰写初稿	土默特左旗大岱村	2012 年
5	汉族	《母族范氏族谱》	主修	土默特左旗兵州亥村	2019 年完成，待刊印
6	蒙古族	《云氏家谱》	参与撰写初稿	土默特左旗察素齐镇	2019 年完成，待刊印
7	蒙古族	《刘氏家谱（奎壁家族）》	整理世系	土默特左旗保同河村	未刊印
8	汉族	《刘氏族谱》	参与撰写初稿	土默特左旗大岱村	未刊印

小　结

　　家族是土默特地区重要的社会组织。土默特地区较少一村一姓的单姓村，大多是一村多姓的杂姓村。虽然土默特地区的家族组织很少发展成实力强大的控产机构，但在村落社会中，这些小型蒙汉家族依然是人们进行各种社会活动的基本单位。那么这些在特定村落中生活的小型蒙汉家族的生计方式是什么？蒙汉家族又是如何展开社会交往的？这是本章着力分析的内容。

　　在中国汉人宗族问题研究中，作为控产机构的宗族组织，长期受到研究者的关注。弗里德曼、科大卫、郑振满、刘志伟等分析了华南地区宗族如何发展成为以营利为目的的经济实体及其控产机制。① 不过，一直以来学界对没有发展为控产机构家族的研究则相对较少。近几年，一些学者对这一问题展开研究。赵思渊利用歙县萧江氏的家族文书，分析了一个经济基础薄弱的小型宗族的衰亡过程。② 这些研究不断地丰富着我们对中国社会宗族问题的认识。那么在一个蒙汉杂居的民族边疆地区，蒙汉家族如何发展？呈现出怎样的特征？这都是需要进一步探索的问题。

土默特蒙古在北元时期是以阿寅勒、爱玛克、鄂托克等社会组织形式进行游牧生活的。其中阿寅勒是土默特蒙古最基本的社会组织单位。阿寅勒类似今天依然在新疆游牧的阿乌尔，是由若干有血缘关系的家庭组成的游牧团体。③ 王明珂将这些在游牧社会中广泛存在的基层社会组织统称为"牧团""牧圈"。④ 入清以后，清廷对土默特蒙古编旗设佐。直至康熙中叶以前，土默特蒙古应该还是在旗界范围内进行游牧生活，但由于史料的阙如，这一时期旗—佐之下的社会组织形态无法确知。乾隆初年，朝廷重新调整和划拨土默特蒙古户口地之后，土默特蒙古以"佐—村"为单位被登记在户口地册档之上，一般一村有若干家蒙古人。可见这一阶段，土默特蒙古人已经开始了定居生活。这些村中居住的蒙古人有的有血缘关系，有的没有血缘关系。在土默特地区，有世职的蒙古人家，因需要编制世袭承袭谱的缘故，其世系可以追溯到清初设职之时。但对于大部分普通蒙古人来说，如果要追溯其家族起源，仍需依赖乾隆初期编订的户口地档册。⑤ 今天土默特蒙古的家族也基本上是从这些登记在户口地档册上的蒙古人发展而来。

---

① ［英］莫里斯·弗里德曼：《中国东南的宗族组织》，刘晓春译，王铭铭校，上海人民出版社 2000 年版；郑振满：《明清福建家族组织与社会变迁（增订版）》，北京师范大学出版社 2020 年版；萧凤霞、刘志伟：《宗族、市场、盗寇与蛋民——明以后珠江三角洲的族群与社会》，《中国社会经济史研究》2004 年第 3 期；［英］科大卫：《皇帝和祖宗：华南的国家与宗族》，江苏人民出版社 2009 年版。

② 赵思渊：《微型宗族组织的衰落过程研究——歙县驼岗萧江氏的世系演变与祀产经营（1869—1928）》，《安徽大学学报》（哲学社会科学版）2014 年第 3 期。

③ 陈祥军：《杨廷瑞"游牧论"文集》，社会科学文献出版社 2015 年版，第 84—108 页。

④ 王明珂：《游牧者的抉择——面对汉帝国的北亚游牧部族》，广西师范大学出版社 2008 年版，第 40—48 页。

⑤ 清代在蒙旗地区，还有三年比丁制度，每次比丁均留下比丁册。关于土默特地区的比丁册问题有待今后进一步查考。

自康熙中叶以后，随着山西移民人数的不断增加，土默特蒙古土地租佃的情况越来越普遍。租佃土地获取租金，成为土默特蒙古最重要的生计方式。土默特蒙古高家是隶属于土默特旗右翼四甲第三佐领的蒙古人，居住在托克托县城东南方向的召上村。从其家族所遗留契约来看，其家族世系可追溯到把尔旦。他从嘉庆十年（1805）开始，向外出租土地。以后其子孙后代继续向外出租土地。从把尔旦一系的家族发展情况来看，族中并没有设置族产。但因历代都有人充任蒙旗中的基层小吏—保什户（领催），所以还管理着部分佐领公中土地。土默特蒙古高家的主要经济来源是地租。其土地能够源源不断地出租，主要是因为汉人移民的增加和黄河河口商业的发展。在土地大部分出租之后，高家又通过抵押地摺的方式借钱。这也表明蒙古人的生活已经越来越深地卷入市场经济之中。

伴随着走西口的移民进程，土默特地区还形成了众多经济基础不强，没有发展为控产机构的家族组织。相比较那些经济实力雄厚，最终成长为控产机构的强宗大族，这些普通家族组织的发展轨迹在土默特地区更为常见。刘家正是这些小型家族中的一个。刘家在口外置地发富，继而回口里购买田产，其家业在道光中叶达到鼎盛，此后开始走下坡路，并逐渐放弃了口里的土地经营，也没有发展出全族共有的族产，家产在"均分主义"原则下分割。由于天灾人祸和分家析产，刘家的土地规模日渐狭小，家族成员的生计方式从以土地经营为主，转为教书从医和兼理农耕。通过对刘家发展轨迹的探讨，我们得以观察中国社会宗族发展的复杂面相。

刘家契约记载家族在口里口外土地经营活动的情形，这使我们可以借此观察不同社会结构下，土地交易的方式与特点。刘家契约反映出其家族在移民早期，与口里存在着相当紧密的经济联系。但是随着时间的推移和家道中落，刘家与原籍地的关系日益疏离，家族活动逐渐以迁入地为中心。刘家契约还表明由于社会治理方式、土地赋役制度的差异，契约在形制和用语上，都存在一定区别。不过，两地契约的基本要件和主要格式大体一致，这说明口外的土地交易市场逐渐遵循与口里一样的商业逻辑，同时也意味着其整合进入了更大的全国性市场。

蒙古家族与汉人家族的社会交往在双方的系谱编修有所体现。系谱编修一直是中国宗族研究中的一项重要内容。陈其南、孔迈隆、钱杭等学者都对这一问题进行了深入研究。其中，陈其南立足台湾社会和西方中国人类学研究提出强调"房—族"异辈纵向关系的系谱编修原则。[①] 孔迈隆（Myron L. Cohen）指出，在中国北方宗族系谱编写中存在两种模式，即"父系亲属固定系谱模式"和"父系亲属团结模式"，前者强调纵向的长子继嗣制度，后者强调宗族世系的平等性。[②] 钱杭在山西沁县家谱中发现了侧重同辈横向关系的"门"型系谱结构。[③] 不过，这些讨论大都基于学者们对汉人社会的观察。在多民族共生共存的区域，不同民族家谱系谱的编修情况如何？怎样相互融汇？这一问题还需要更多讨论。

在"走西口"的历史进程中，山西汉人把"口里"的修谱传统带到了"口外"。受经济条件、识字水平和文化传统等因素影响，这些记载汉人家族世系的资料载体不一、形制各异、内容有别，与迁出地山西的家谱相比，有同有异。钱杭在山西沁县发现的强调同辈关系的"门"型系谱，在土默特地区也有发现。[④] 但在"门"型系谱之外，还有按照大宗谱法原则编修的"支系"系谱。前者注重强化迁居口外汉人的家族团结，后者侧重加强"口里"与"口外"汉人的家族整合。因此，土默特地区汉人家族的系谱书写，不仅反映了汉人系谱的地域实践过程，还揭示了口里和口外的汉人如何通过家族谱系编修实现更大范围内的跨地域整合。

内蒙古地区还保留着一些清代贵族和世职家族的官修世系谱。[⑤] 这些世系谱的出现和流传，与清代盟旗制度有紧密联系。它们是清政府为掌握蒙古贵族或世职家族内部情况，确定承袭次序，令其编写而成。不过，

① 陈其南：《家族与社会》，台北：联经出版事业公司 1990 年版。

② ［美］孔迈隆：《中国北方的宗族组织》，夏也译，中国社会科学院社会学研究所：《家庭与性别评论》第 4 辑，社会科学文献出版社 2013 年版，第 163 页；Myron L. Cohen, "Lineage Organization in North China", *The Journal of Asian Studies*, Vol. 49, No. 3（Aug. 1990），p. 511.

③ 钱杭：《沁县族谱中的"门"与"门"型系谱——兼论中国宗族世系学的两种实践类型》，《历史研究》2016 年第 6 期。

④ 钱杭：《沁县族谱中的"门"与"门"型系谱——兼论中国宗族世系学的两种实践类型》，《历史研究》2016 年第 6 期。

⑤ 参见李金花《从〈中国蒙古文古籍总目〉分析蒙古族家谱特点》，王华北主编：《少数民族谱牒研究》，中央民族大学出版社 2013 年版，第 224—229 页；伯苏金高娃：《蒙古族家谱的收藏与特点》，王鹤鸣、王洪治等：《中国少数民族家谱通论》，上海古籍出版社 2018 年版，第 94—104 页。

1949 年以后，随着盟旗制度的变化，这些官修世系谱失去了赖以存在的社会基础。近年来，蒙古人家谱编修出现了由官到私的新动向，其家族世系的记录方式也随之改变。在中国汉人社会的家谱研究中，宋代以来伴随着中国社会宗族庶民化的趋势，"族谱"发生由官而私的变化，家族谱系也呈现新的表现方式，这一观点已经是学界的共识。潘光旦、多贺秋五郎、常建华、陈爽等学者都对这一历史过程进行了深入探讨。① 然而，对于清代以来才与内地逐步实现一体化的蒙古地方，因应社会结构从藩部到民族自治区的转变，蒙古家族也像宋代以来的内地汉人家族一样，其家谱的编修出现从官到私的转变，并且不断受到汉文化的影响。这一类似历史过程在不同时空场域中的铺展延伸，生动地诠释了中国"多元一体"社会结构的形成机理。

在土默特这一多民族共生共存、相辅相依的边疆地区，随着蒙汉民众日常生活中频繁的互动往来，其家族系谱编修也呈现出蒙汉文化融汇的特征与趋同现象。山西汉人的"门"型系谱编修方式，深刻地影响了蒙古人的家族观念。近年来，蒙古人在日常生活和家谱编修时，也用"门"来编排家族世系。因此，编修系谱这一具体活动，呈现了民族边疆地区不同民族之间自然而然的交往互动和相辅相依的共生关系，而这也是中华民族多元一体格局凝成和铸牢的重要现实基础。

总之，在土默特地区的历史发展进程中，蒙古人和民人逐渐形成了家族组织。这些家族组织大多是没有族产的小型家族。在蒙汉家族的行进历程中，蒙古人以出租土地、收取租金为生，民人以承租土地、耕田犁地为业。双方以土地为媒介，结成了相辅相依、相伴相生的关系。除此之外，通过蒙汉家族的系谱编修，我们还可以看到蒙汉人群在家族系谱观念上的彼此陶染、相互影响。还需注意的是，蒙汉家族虽然居于村落，但是他们的经济、文化活动都不仅仅局限于村落。围绕着土地经营，蒙汉家族都与周边村落、城镇的商号、人员有着千丝万缕的关系。同时，

---

① 参见潘光旦：《中国家谱学略史》，《东方杂志》1929 年第 26 卷第 1 号；［日］多贺秋五郎：《中國宗譜の研究》，日本學術振興會，1981 年；［日］多贺秋五郎：《中國宗譜》，周芳玲、阎明广编译，中国社会出版社 2008 年版；常建华：《中华文化通志·宗族志》，上海人民出版社 1998 年版；陈爽：《出土墓志所见中古谱牒研究》，学林出版社 2015 年版。

蒙古家族还在佐领制度架构下，与佐领内外的蒙古人发生各种社会联系。汉人家族也跨越口里和口外，在长城内外搭建了一个彼此联通的社会网络。也就是说，在村落中居住的蒙汉家族，是在一个远超村落的活动半径中，不断地编织和拓展着自己的关系之网。

第 四 章

基层组织与村落社会

　　无论是对于王朝国家的地方治理，还是对于普通百姓的日常生活，基层组织都具有非常重要的意义。在某一特定地域，往往会有一些占据主导地位的基层组织，在华南地区是宗族，在山西是村社，在中国其他地区还有各式各样的支配性基层组织。这表明这些占据核心地位的基层组织因社会结构的差异而呈现出不同面貌。土默特地区既是一个蒙旗社会，又是一个移民社会，这样的社会性质，决定了当地的基层社会组织融合了不同的官方行政策略和地方历史传统。从基层社会组织的角度，可以使我们从一个侧面具体地了解土默特地区的历史演变和村落社会的实际运作。本章将围绕基层组织与村落社会这一问题展开讨论。

第一节　佐领制与牌甲制

　　明代土默特蒙古的基本社会组织是阿寅勒。阿寅勒是由数个主要由有血亲、姻亲关系的家庭（帐幕）组成的小型游牧集团。符拉基米尔佐夫将其解释为"若干个帐幕和幌车组成的牧营或牧户"①。这样的社会组织在游牧社会广泛存在。哈萨克人称这样丛集居住和游牧的几户人家为阿乌尔。阿乌尔是由父母居住的老房子和儿子居住小房子组成的。老房子上面有老房子，小房子下面还有小房子，但最老的房子只有一个。②青海藏族游牧

---

　　①　［苏］Б. Я. 符拉基米尔佐夫：《蒙古社会制度史》，刘荣焌译，中国社会科学出版社1980年版，第59页。

　　②　新疆维吾尔自治区丛刊编辑组《中国少数民族社会历史调查资料丛刊》修订编辑委员会：《哈萨克族社会历史调查》，民族出版社2009年版，第164、165页。

民中的帐房圈组织称为科尔或措哇。措哇中的人多为同宗所出，称为老户。后来加入的称为新户或外来户。① 王明珂将这样的组织称为"牧团"（比牧团更小的是牧圈）。② 总之，阿寅勒、阿乌尔、科尔、措哇等这些主要由血缘关系组成的牧团组织，是游牧社会中最重要的基层组织。

在阿寅勒（ayalal）之上依次为爱马克（aimaγ）、鄂托克（otoγ）和土绵（tümen）。各个爱马克的首领是源于同一祖先的台吉（tayiji），每一台吉都有自己的封地和属民，属民少则几户，多则几百户，组成一个小的爱马克，几个小的爱马克又联合组成大的鄂托克。随着人口的不断繁衍，属民和封地又被其主人分割，从而衍生出新的爱马克。无论是爱马克还是鄂托克，都不是纯血缘组织，也不是纯地缘组织，而是以人身隶属关系为基础形成的一种社会组织。在爱马克和鄂托克之上是土绵，土绵是一个同姓贵族及其属民构成的更大集团。③

清初土默特部归附之后，清廷下令将土默特部编设"佐领"，此后"佐领"成为朝廷对土默特蒙古进行管理的最基本的行政单元。至于清代在土默特部推行的这一套制度，与明代土默特部的组织形式土绵、鄂托克、爱马克等之间的关系，由于史料阙如，目前尚不清楚。"佐领"是蒙旗制度下的一个军政单位，又是一个官职名称，土默特部蒙古被编为左右两旗。两旗各设都统一员，副都统两员。④ 其下再设参领若干，每参领辖佐领五员（参领一般也由佐领兼任）。每个佐领管理一百五十名丁。每个佐领额设骁骑校一名，协助佐领办理本佐军政事务。又设领催六名，负责催办钱粮和督促披甲按时操演、应差。每十户再设一十户长，专司稽察约束。

入清以后，随着来土默特地区谋生的民人越来越多，大部分土地渐次被开垦为农田，蒙古人也逐渐在一个相对固定的地方长期居住下来。雍正九年（1731）就有了蒙古人居住在"村"里的记载，"状告人张金

---

① 青海省编辑组《中国少数民族社会历史调查资料丛刊》修订编辑委员会：《青海省藏族蒙古族社会历史调查》，民族出版社 2009 年版，第 92 页。

② 王明珂：《游牧者的抉择——面对汉帝国的北亚游牧部族》，广西师范大学出版社 2008 年版，第 42 页。

③ 达力札布：《明代漠南蒙古历史研究》，内蒙古文化出版社 1997 年版，第 166—196 页。

④ 乾隆中叶，两个都统和四个副都统被裁撤为一个副都统，统管两旗事务。参见王奎元、于永发《土默特旗务衙署》，远方出版社 2000 年版，第 16 页。

系曲阳县人，告为白昼抢夺银两事。切缘毛代营子达子章（即'张'——引者注）三横行乡曲，动止抢夺，人人受害情因。小的在毛代营子开杂货铺生理……时值正午，遭达子张三闯入铺内，将寄银八两二钱，皮袄一件，一并抢去。"① 据此可知，蒙古章（即"张"——引者注）三在毛代营子居住。乾隆元年（1736）的一份土默特档案称，"据东五素儿口甲头石贵荣报前事，报称缘本月二十七日，本村石仁菜园内，有外来达子三人赶羊进园牧放，石仁不依，被达子三人□伤，二十八日身死，外来达子三人俱在本村达子哦肯家居住"②。由此可见，蒙古人哦肯住在东五素口村。乾隆五年（1740）的一份土默特档案谓，"据供小的是忻县人，于旧年七月十九日在云守村开地，不料本村班弟将小的子母牛抢去二只，声言此牛是他的。……据班弟供，我是土默特西翼跟敦佐领下兵，乾隆三年（1738）腊月二十五日，我一个院子里住的我的侄儿媳妇丢过四只牛，旧年七月记不的（原字如此——引者注）日期，有浑津住的蛮子，往我庄子里耕地来了，就认着这个牛"③。显然，蒙古班弟和他的侄子一家一起住在云守村。

　　值得注意的是，同属一个佐领的土默特蒙古人往往分散居住在不同的村落。在土默特档案乾隆八年（1743）的户口地档册就记有，右翼四甲所辖里克希特佐领下一百一十一户六百五十口人分别居住在三金、茂诺海、萨耀、纳苏图、诺莫珲、苏布尔干、萨里沁、青内、毕车齐、小毕车齐、土谢图、频吉、豁罗苏泰、插素齐十四个"村"中。④ 由此可

---

① 《状告蒙古章三抢夺柜内银两的状子》，雍正九年九月二十日，土默特档案，内蒙古自治区呼和浩特市土默特左旗档案馆藏，档案号：80/4/1。

② 《报明东五素兔村发生命案请委员会同相验的呈文》，乾隆元年七月二十八日，土默特档案，内蒙古自治区呼和浩特市土默特左旗档案馆藏，档案号：80/4/10。

③ 《巡捕兵雅舍泰报称班弟白玉孔互控盗牛望速审讯》，乾隆五年十一月，土默特档案，内蒙古自治区呼和浩特市土默特左旗档案馆藏，档案号：80/4/18。

④ 土默特档案，内蒙古自治区呼和浩特市土默特左旗档案馆藏，满文译文，第三函第四号。又据于永发《土默特六十佐领沿革》（呼和浩特市政协文史资料委员会编：《呼和浩特文史资料》第9辑，内蒙古人民出版社1994年版，第80—97页）一文中引用的民国年间档案，可以推断，三金就是参将，茂诺海就是毛垴亥，纳苏图就是那速图，苏布尔干就是苏波尔盖，诺莫珲就是脑木汗，青内就是成犁，土谢图就是黑蛇兔，频吉就是平吉。于永发文章引用的档案记录右翼四甲五佐分布在毛恼亥、成犁、善友板升、西马群、黑蛇兔、苏波尔盖、平基、参将、那速图、脑木汗、倒拉土木、归化城，共十二村，262人。

知，虽然蒙古人的基本行政架构是佐领制，但在蒙古人定居之后，村落就成为他们活动的重要空间。

同属一个佐领的蒙古人散居在不同的村落居住，原来的佐领制在对蒙古人进行管理时，难免会有诸多不便，于是朝廷在土默特蒙古人中间推行另外一套制度，对其进行管束，这就是乡屯制度。雍正八年（1730）朝廷就曾下令在近畿各府旗庄推行乡屯制：

> 各员所辖旗庄大约广袤三百余里，而旗人杂处各村，若不按屯计户，设立屯目乡长分任，防闲纠举，势难稽查管辖等。伏查直省州县原设有保正甲长分任防闲，今既设官专办旗人之事，似应仿佛保甲之例，不计旗分佐领，第以屯住之旗人，酌量以若干户口设立屯目一名，再合附近各村庄，更设乡长一名统辖。①

从中可知，乡屯制是以"村"为单位选出屯目，然后再合并若干村，设立乡长。这里说的是近畿各府旗庄实施乡屯制的情况。而土默特部的乡屯制始于何时，则一时难查。成书于光绪年间的《蒙古及蒙古人》记载：

> 现在这些居民大多是在农村或乡屯种田，过着定居的生活。象这样的乡村和官屯，在左翼三十个苏木管辖下的总共有二百九十个，在右翼三十个苏木管辖下的总共有二百二十六个。在这个五百二十二个乡屯里住的都是土默特人。较大的乡屯设两名乡长，小的则设一名。② 原文如此，在注释中说明。

由上可知，乡屯制以蒙古人的一个居住点为单位制定，这个居住点应该就是"村"。乡屯制与佐领制采用不同的组织方式，前者遵照属地原

---

① 《世宗宪皇帝上谕旗务议覆》卷8，《景印文渊阁四库全书》，台湾商务印书馆1986年版，史部，第413册，第450页。

② ［俄］阿·马·波兹德涅耶夫：《蒙古及蒙古人》第2卷，刘汉明、张梦玲、卢龙译，内蒙古人民出版社1987年版，第156页。引文中前后数字不符。

则，后者依循属人原则。在相当长的一段时间中，乡屯制与佐领制在乡村生活中并行不悖，原来的佐领制下的官员，依然在乡村中发挥作用。

入清以后，越来越多的民人来口外谋生，对于这些民人，朝廷主要实行牌甲制（即保甲制），对其进行管理。需要指出的是，除牌甲之外，在土默特地区不同地方的民人中间也实施过"里甲制"或"十家长制"等制度，但相关史料或语焉不详，或所载互异，详情已难稽考。归化城、清水河、萨拉齐、和林格尔、托克托五厅，在朝廷划拨官地时，是以"里"为单位进行划分，光绪《土默特志》记载："归化城厅于乾隆二年、七年、九年、十六年、五十四年，奏放浑津、黑河二里官地。……萨拉齐厅于乾隆二年，奏交丈放长、泰、宁、善四〔里〕官地。……托克托厅于乾隆二年，奏交丈放安、兴、遵三里官地。……和林格尔厅于乾隆二年，奏交丈放物、阜、民、安、上、下七里官地。……清水河厅于乾隆二年，奏交丈放时、和、年、丰、家、室、盈、宁八里官地。"[1] 光绪九年（1883）《署和林格尔理事通判造送各里各村原额粮地界址清册》也留有"物、阜、民、安、上、下七里官地"及所属村庄的记载。[2] 光绪《山西通志》则载归化城厅"旧未分里，凡四乡三百一十二村"。又载和林格尔厅"编户未设里甲，分为八路凡二百二十八村"。[3] 因此，归化城厅和和林格尔厅划拨土地时的"里"和里甲制的"里"具体的含义似不相同。但在清水河厅则确实推行过里甲制，光绪《新修清水河厅志》说："年里前五甲，在正东管三十八村，前甲现存二十二村"；"年里后五甲，在正东管三十八村，后甲现存十六村"；"义冢地一区约七十余亩，俗谓之一十八饷，在厅署南，平顶山底，南沟村梁上，距署五里而遥，若由小路大约不过三里许，查此地原系时里祈家沟甲逃户牛通名下荒地，应征银一两一钱九分，经前任通判定福将此地施做义冢矣"。[4]

---

① 光绪《土默特志》卷5《输田记附》，《中国方志丛书·塞北地方》，成文出版社1968年影印本，第16号，第82—91页。

② 《署和林格尔理事通判造送各里各村原额粮地界址清册》，光绪九年七月，土默特档案，内蒙古自治区呼和浩特市土默特左旗档案馆藏，档案号：80/5/552。

③ 光绪《山西通志》卷30《府州厅县考》，《续修四库全书》，上海古籍出版社1996年影印本，史部，第641册，第716、729页。

④ 光绪《新修清水河厅志》卷4《市镇村庄》、卷4《附义冢》，《中国地方志集成·内蒙古府县志辑》，凤凰出版社2012年影印本，第11册，第31、32、41页。

此外，在清水河厅，种地民人是将税银都统一交给"柜头"，再由"柜头"将银两上交清水河厅。"乾隆二年（1737），在清水河地方严行出示，遍晓种地民人，将地租在八柜头处交纳，仍将所有旧档查封征收，若至一二千两，即将此银解送归化城等因，遵照在案。"①"柜头"，恰好也是八个。因此，他们很有可能是以"里"为单位选出的。但因资料的限制，"里甲"与"柜头"之间的具体关系无从查考。乾隆四十一年（1776），户部还下令在大青山十五沟地编排十家长，有无真正实行，则无从确知。"户部咨行大青山十五沟民人，开垦地亩，每年应交租米由地方官照额征收，解充绥远城满营兵米，按照兵米折价，每米一石折银一两五分解交归化城都统衙门，为穷苦蒙古岁需赏赐公事之用，俱照现在烟户人口，编充十家长，册报各衙门备案。"②

相对而言，史籍所载"牌甲制"的相关情况则较为清晰可见。清廷入关伊始，就下令将"就抚之众"编设牌甲，"兵部右侍郎金之俊启言，凡土寇率众归顺者，应赦罪勿论。缚渠来献者，应分别叙功。就抚之众，州县官编置牌甲，令安故业。无恒产者，设法安插。请颁谕各镇道府，以便遵行"③。乾隆八年（1743），朝廷奏准在土默特地区实行牌甲制，光绪《钦定大清会典事例》记载：

> 八年奏准山西、陕西边外蒙古地方种地民人甚多，设立牌头总甲，令其稽查，即于种地民人内择其诚实者，每堡设牌头四名、总甲一名，如种地民人内，有拖欠地租，并犯偷窃等事，及来历不明之人，即报明治罪，如通同徇隐，将该牌头等一并治罪。④

由此可知，在土默特地区，牌甲制是以"堡"为单位编排的，"堡"

---

① 《申解岔河口柜头交到地租银》，乾隆二年二月二十五日，土默特档案，内蒙古自治区呼和浩特市土默特左旗档案馆藏：档案号：80/5/5。

② 《申送大青山十五沟人口地亩各数清册》，乾隆四十一年二月十日，土默特档案，内蒙古自治区呼和浩特市土默特左旗档案馆藏：档案号：80/5/25。

③ 《清世祖实录》卷6，顺治元年七月丙戌，中华书局1985年影印本，第3册，第66页。

④ 光绪《钦定大清会典事例》卷158《户部·户口·流寓异地》，《续修四库全书》，上海古籍出版社1996年影印本，史部，第800册，第564页。

应该是指一个"村"。其具体的编排办法是以"堡"为单位，每堡设牌头四名，总甲一名，牌头、甲头的主要职责是催征钱粮和维护治安。不过，咸丰《古丰识略》记载，"编查保甲，仿照古人十家牌式，设立甲长、保长、乡长名目，平时则田赋徭役，按籍可稽，有事则团练联庄，互相救护，其法至为妥善"①。从中可知，朝廷曾经在土默特地区推行过十进制的牌甲制。对牌甲制的具体编排，民国《绥远通志稿》记载，"雍正年间，始有编甲之法，合十户为一牌，设一牌长。合十牌为一甲，设一甲长。彼时村户零散。多为联合数小村庄。始可编为一甲"②。由此观之，牌甲制似乎不完全是按照前述以"堡"为单位编制，而是按照十进制的方式编设。

从土默特档案来看，土默特地区确有推行过牌甲制。乾隆十八年（1753）的一份土默特档案记载，在和林格尔，"具甘结人二十家子保正兰发生、土城子保正胡大清、新店子保正田世琦、五素途路保正王建、金坝底保正李贵扬、八十家子保正曹一龙……依奉结得小的等各村乾隆十八年春季分并无隐匿内地外人，不致扶隐，甘结，是实"③。据此，上述每村均有一名保正，负责稽查事宜。不过在乾隆三十五年（1770）的一份土默特档案中，二十家子村是由甲头负责上述稽查事宜，"具甘结二十家子等村甲头联知彰等今于与甘结事，依奉结得小的等村内乾隆三十五年秋季分并无隐匿内地外人，不致扶隐，甘结，是实"④。在托克托这些人则被称为地保，"据地保闫格等结称乾隆十八年春季分，本城及各村庄地方遍行确查 并无隐匿内地外人，不致扶隐等情，复查无异，加具印结，是实"⑤。以上几条材料的记载显示各村的名称互歧，但可以肯定的

---

① 咸丰《古丰识略》卷23《地部·村庄》，《中国地方志集成·内蒙古府县志辑》，凤凰出版社2012年影印本，第6册，第237页。

② 民国《绥远通志稿》卷62《保甲团防》，内蒙古人民出版社2007年点校本，第8册，第409页。

③ 《呈报和林格尔厅境内无内地逃犯的甘结》，乾隆十八年四月十四日，土默特档案，内蒙古自治区呼和浩特市土默特左旗档案馆藏，档案号：80/4/36。

④ 《具报境内无隐匿内地逃人的甘结》，乾隆三十五年十月，土默特档案，内蒙古自治区呼和浩特市土默特左旗档案馆藏，档案号：80/4/75。

⑤ 《呈报境内无隐匿内地逃人的甘结》，乾隆十八年四月，土默特档案，内蒙古自治区呼和浩特市土默特左旗档案馆藏，档案号：80/4/42。

是土默特地区在乾隆年间就已经实施牌甲制，每村则有保正、甲头、地保等负责缉盗安民之事。

牌甲制在实施过程中，却很难被很好地执行。土默特地区是一个人口流动性相当大的边陲社会，口外"民人""有利则认粮而种地，无利即弃地而之他"，①因此，牌甲制在很大程度上形同虚设。咸丰《古丰识略》所载钟秀禀文称：

> 编查保甲原为弭盗安良，屡奉宪檄，饬令实力妥办，无如厅属地方与内地不同，除本城及附近村中尚能遵照宪章程办理外，其离城窎远之处，多系无业游民，迁移靡定，并有搭盖窝铺随地牧宿，一处水草净尽，旋往别处谋生。此辈草野性成，一丁不识，纵极力劝诱，仍复置若罔闻。而欲使之悬门牌，造户册，填写循环簿籍，似犹强瞽者而使视，强聋者而使听也，此查保甲之难也。②

到光绪初年，时任山西巡抚的张之洞面对土默特地区户籍混乱的情形，提出对其进行重新编审。他针对不同的情况，制定了具体编定办法，

> 其土默特各旗界与察哈尔各旗界本为各该厅该管境地者，应令各厅员分为三等办法，将种地纳粮者，编为粮户，无论久暂，均编入籍；置有房产种有田地者，编为业户，虽不纳粮，亦应编籍；携有眷口，并无房产，不常厥居者，编为寄户；如寄居年久，情愿入籍，准取里甲保结，编入现住里甲，准其一体应试；其有只身佣趁，无户可编者，应附于三等户籍之内，倘三等中皆不具保容留，即行

---

① 民国《归绥县志》之《经政制·赋役》，《中国方志丛书·塞北地方》，成文出版社1968年版，第10号，第227页。

② 咸丰《古丰识略》卷33《人部·艺文》（上），《中国地方志集成·内蒙古府县志辑》，凤凰出版社2012年影印本，第6册，第570—571页。因此，当光绪年间成书的《清水河厅志》留下"乾隆年间本街分为两甲二十五牌，约计二百五十零户，男一千五百余丁，女一千五百口，四乡分为十甲一百六十牌约计一千六百零户，男七千余丁，女六千五百余口"这样翔实的记载时，我们不得不质疑实际的情况是否真的如此。这段引文见光绪《新修清水河厅志》卷14《户口》，《中国地方志集成·内蒙古府县志辑》，凤凰出版社2012年影印本，第11册，第67—68页。

驱逐，递籍管束；蒙古仍隶该旗，不入民籍；回民与汉民一体编审，但注明回民字样，以备稽考。①

张之洞这一编定户籍的办法是配合着"七厅改制"进行的。晚清边疆危机，将边疆地区变成王朝有正式建置的行省，是清廷巩固边疆的重要策略。在这种情势之下，张之洞建议把原属山西省派出机构的归绥道，由临时改为正式，其所辖的七个厅由理事同知厅改为抚民同知厅，口内来土默特地区谋生的移民，也由寄籍改为正式落籍。张之洞提出"七厅改制、客民立籍"，在朝堂引起了激烈的辩论，辩论的结果是以张之洞一方的获胜而告终。②但"七厅改制、客民立籍"的许多具体措施，并未真正实施，它们大都随着张之洞的离任，而石沉大海、不了了之。

值得注意的是，牌甲制虽然从来没有按照官方的设想实施，但"牌甲"的名目，却始终存在，吏役也因此常借编排牌甲之名，行需索乡民之实，"口外各厅，向有冬令差查之例，其名目颇多，有私造斗称，私藏鸟枪、军器，出口车马，二麦收成，保甲门牌，人地户口，邪教，奸匪以及采买炭、草、料、豆、麦、糠、棘、针、鞘、车等，吏役借端需索，乡民苦累久矣"③。

综上所述，清初，朝廷仿照八旗制度在土默特部编旗设佐，此后佐领成为土默特部最基本的基层组织。但随着内地民人流寓日众，与蒙古人一起生活，在其影响下，蒙古人的生活方式也发生了很大的变化，开始聚集在一个地方长期居住，这些地方慢慢就形成"村落"。在这种情况下，朝廷又推行了乡屯制对蒙古人进行管理。对于民人，则主要推行了"牌甲制"予以管制。不过，由于口外人口流动性很大，牌甲制流于具

---

① 王树枏编：《张文襄公全集（奏疏）》卷6《筹议七厅改制事宜折》，《近代中国史料丛刊》第1编，文海出版社1966年影印本，第453册，第684—685页。

② 王树枏编：《张文襄公全集（奏疏）》卷6《筹议七厅改制事宜折》、卷8《口外编籍无碍游牧折》，《近代中国史料丛刊》第1编，文海出版社1966年影印本，第453册，第673页、第453册，第798页。另参见土默特左旗《土默特志》编纂委员会编《土默特志》上卷中转引的绥远城将军的丰绅和归化城副都统奎英的奏折，内蒙古人民出版社1997年版，第431—432页，该段引文未查回原档。

③ 民国《绥远通志稿》卷88《人物·仕绩·胡孚宸》，内蒙古人民出版社2007年点校本，第11册，第204页。

文，很难真正落实。有鉴于此，土默特蒙汉民众采用了另外一套制度，实现自我组织和管理。

第二节 村社的建立

一 民社与蒙社

至迟到嘉庆年间，土默特地区的乡村就已存在着很多由民人、蒙古人自发建立的以神庙为中心的"社"。"社"又分民社和蒙社。如果一村之中，既有民人又有蒙古人，一般情况下是民人有"民社"，蒙古人有"蒙社"。民国《绥远通志稿》曾对这一情况进行描述，"归绥县所属各村，无论住户多寡，均有公社……若系蒙民杂居之村，蒙人亦各自立社，惟村中蒙人甚少时，亦有不自立社，并不入社者"①。

"社"是清中期以来逐渐形成的。同治元年（1862）《重建四乡农民社免捉役草豆碑》记载：

> 归化城本蒙古之地，农民之适乐土者，侬蒙民之村舍以安居，开蒙民之荒野以为田。时有军□运送差使，而捉农民牲畜，谓之捉役。或捉于牧厂，或捉于耕种，或要路，途之车马而越境不返。农民之牲畜肥者瘠，而瘠者毙，甚至扣留不与，为农民者，其何以堪此？复有府署，因喂养号马，差役沿村采买草豆，斯二者其大端也。其余如麦糠等差，诚难历举。悍役之到乡，呼号于南北，驰骋于东西，虽鸡犬不安焉。是以四乡在五十家子村龙王庙内，立农民之社，奉后稷先农田祖之神，春祈秋报，为应差之公所，而社首郭保等呈恳酌减，甫定章程，每年春夏季交草六千束，秋冬季如数交纳，每束草定以七觔为率，发价白银二分，由是行之亦有年矣。稽夫农民自立社以来，捉役草豆，渐有划一之规。②

---

① 民国《绥远通志稿》卷 63《司法》，内蒙古人民出版社 2007 年点校本，第 9 册，第 592 页。

② 民国《归绥县志》之《金石志·重建四乡农民社免捉役草豆碑》，《中国方志丛书·塞北地方》，成文出版社 1968 年影印本，第 10 号，第 464—465 页。

由此观之，这一农民社至迟在嘉庆年间就已经建立。农民社立于龙王庙之中，为四乡之总社。五十家子村坐落在归化城西南，离城不远，农民社选择在这里立社，是为应差方便。事实上，土默特地区在七厅改制、客民立籍之前，来此地谋生的民人都属寄籍，朝廷并没有在制度上规定这些民人该应何差，但官府其实是可以随时借各种名目捉差，因此民人自发立社摊差。既然农民已经立总社应差，当有分社分理其事，惜无相关材料可供详论其中关系。

咸丰年间蒙社也已见诸记载。咸丰九年（1859）的一份土默特档案记载，"据蒙古万家保供，系色佐领属下人，年五十五岁，在王毕斜气村居住，本年轮应村中蒙古会首，本村有公社空地基一块，约二十余亩，中间一块约十余步。嘉庆十九年间，会首朱计、五十六们租给民人刘荣，即刘油房建房住占，后因房屋坍塌，将空地基退归本社"①。据此，王毕斜气村在嘉庆十九年（1814），就已经有了蒙古社，当时会首是朱计、五十六。到咸丰九年（1859），由万家保轮应会首。

从资料产生的时间来看，蒙古社的记载要早于民社的记载，但事实上，蒙古在清代以前并无立社的传统，蒙社的建立显然是受民人的影响，一份光绪二十四年（1898）的土默特档案记载：

云骑尉毕勒克图谨禀司宪大人阁下：敬禀者，窃职向居城南朝尔亥，俗名水泉子村。缘本村先年众蒙古建有佛庙社会，每年讽念大经，设供领牲，惟有原蒙古轮办，不准外来蒙民干预，历年久矣。迨至咸丰年间，凡蒙古等奉调出兵阵亡，以致人少户稀，因此佛庙事务渐成疲衰。延及光绪十四年以前，殿宇倾颓，莲花坐下、院内丛草延蔓，又将入项账目失落无存，会事几至废弛，彼时职恐为民人耻笑，心又不忍见废，发愿振理社事。②

---

① 《移咨户司查明王毕斜气房基地是否系丹则尔巴祖产》，咸丰九年六月二十一日，土默特档案，内蒙古自治区呼和浩特市土默特左旗档案馆藏，档案号：80/5/188。

② 《禀蒙古七十三欲占我村庙产的呈文》，光绪二十四年九月，土默特档案，内蒙古自治区呼和浩特市土默特左旗档案馆藏，档案号：80/4/587。

观此可知，材料所说的水泉子村，是一个蒙汉杂居的村子。从村中蒙古人"恐为民人耻笑""发愿振理社事"来看，村中蒙古人明显是以"民人"为重要参照。重建社事以蒙古官员云骑尉毕勒克图牵头，这表明蒙古人定居并形成村落之后，原来旗制系统中的官员，依然在村落事务中发挥作用。

"民社"是民人自发建立的组织，在其推行的过程中逐渐与官方推行的"牌甲制"融合。这一趋势，到光绪年间尤为明显，光绪三十二年（1906）的一份土默特档案称：

> 据倭参领兼佐领下蒙妇桃尔呈称：缘氏所生孤子们个，现年二十七岁，夫妻佣工受苦为业，男人耕地，女人割莎蓬、柴火度日。于七月二十七日氏子耕地，媳妇割柴，至午间儿媳背柴火相随回家，不想午后平空有出社恶民张兴朝子、伊弟张四来朝、伊子张德金仔到氏家院，诬赖氏之儿媳背伊莎蓬五捆，入院就搬……本村甲会陈银扣子、不甲不会陈银玉子并不拉劝，反而喝令将氏子锁押看管龙王庙社房。即日起更时分，氏与儿媳上庙探望，而甲会阻挡不容见面。二更时分，小服（原文如此——引者注）冲痛难忍，因伤身死，绝后除根。三更时分而老道到氏家明言，我儿肚痛寻沙药止痛，氏与儿媳又上庙探望，早已身死绝气。……并据二十家子村甲会陈银扣、张殿华报称：为起衅完结后身死原情恳恩核办事，原小的村向有蒙古佛庙，系蒙古们个受雇照庙，并在庙内住家，伊有地不应小的等民人社事。……据尸母桃尔供：在城东二十家子村居住，……经甲头陈银扣的儿子陈罗罗拦劝把儿子并张兴朝、莎蓬一并送到龙王庙上。①

这段引文有两项内容值得注意。一是蒙古人如何看待"牌甲"与"民社"的关系。二是民人自身如何看待"牌甲"与"民社"的关系。下面先就前者进行分析。上文中提到的陈银扣子是民人，属民社。"状告

---

① 《详报会讯过蒙古们个系服毒身死一案供情格结》，光绪三十二年四月十一日，土默特档案，内蒙古自治区呼和浩特市土默特左旗档案馆藏，档案号：80/4/710。

人"桃尔是蒙古人，其子们个，是被害人，受雇照管蒙古佛庙事。在第一次申诉中蒙古桃尔将陈银扣称作甲会，这里"甲会"，应为甲头与会首的合称。在第二次申诉中，她将"甲会"陈银扣子称作"甲头"。这表明在蒙古人的观念中，民人的"甲头"和"会首"可以混同，不需区分。但"不甲不会陈银玉子"的说法又隐约表明"甲"和"会"原本应该来自两套不同的系统，这恰恰表明，至少在蒙古人看来，官方推行的"牌甲制"与民人建立的"社"已经合二为一。那么民人自己是如何看待"牌甲制"和"社"的关系呢？在这段引文当中，陈银扣和张殿华自称甲会，在同案的另一份文件当中，张殿华则自称自己是甲头，而陈银扣依然称自己是甲会。① 这表明在民人的观念中，也不对牌甲与社进行区分。可见，无论对于蒙古人还是民人，牌甲制与社都不必刻意做出区分，二者已经融为一体。

以上说的是"民社"的情况，"蒙社"中也有"甲头"的称呼，在蒙古人的观念中，甲头和会首也具有相同的意味。这在前述引文提到的咸丰九年（1859）万家宝一案中有所反映：

> 具甘结人蒙古清太今于与甘结事，依奉结得户司大老爷案下，缘王毕斜齐（原字如此——引者注）村蒙古甲头万家保与小的们争控地基一案，今蒙讯明将村东地三十亩，断令小的按约收租，所有民人傅国正住占村中空地基一块，因小的并无确实约据，已蒙断令该村会首等管业，以后小的再不敢妄争，所具甘结，是实。②

在这里涉案人清泰称万家保为蒙古甲头，而在同案的另一份讼状中涉案人万家保则自称为公社会首：

> 据万家保供称，伊是王毕斜气公社会首，本村中有本社空地基

---

① 《再控张兴朝弟见诬良为盗通死儿子》，光绪三十二年二月，土默特档案，内蒙古自治区呼和浩特市土默特左旗档案馆藏，档案号：80/4/702。

② 《移咨户司查明王毕斜气房基地是否系丹则尔巴祖产》，咸丰九年六月二十一日，土默特档案，内蒙古自治区呼和浩特市土默特左旗档案馆藏，档案号：80/5/188。

一块，约二十余亩，中间一块约十余步，先年会首五十六们租给民人刘荣建房住占，迨刘荣因房屋坍塌，将木植拆去，地基退归本社。①

涉案人万家保既是"会首"又是"甲头"，这反映出在土默特蒙古人的观念中，蒙社中的甲头与会首也具有同样的意涵。

需要注意的是，上文提到在蒙古社会中曾以村为单位推行过乡屯制，但在目前所见资料中，"甲头""会首"的称呼更为常见。这表明在土默特蒙古中，"乡屯制"与"社"很可能也已相互融合，在一件光绪二年（1876）的土默特档案中记载：

> 具诉呈人哈拉沁村蒙古佛庙甲会恼木图、禄德扣、太保年属不同，为强霸庙产捏情狡控，乞恩根究斧断不致庙宇零落，香火不结，以免滋生别祸事。缘倒尔济同侄沙尔圪楞一力免于昨年以事霸庙产等情，捏控小的等在案，已蒙多佐领堂讯。……于道光二十四年由倒尔济先人世充会首，经理庙上一切账簿。被伊兄五十二将庙上租银地亩朦胧架卖，当时控经伊参领委查明断重立账簿，凡本庙应收租谱，列号注明，无不悉载。……近因庙宇倾颓，众会首不忍袖视，公议补修。②

由上可知，在哈拉沁村有蒙古佛庙一座，道光年间，村中倒尔济先人世充会首。至案件发生的光绪年间，恼木图、禄德扣、太保充当甲会，也称会首。不过，在村中发生纠纷时，他们依然是上控至所属佐领，由佐领堂讯裁定。在这一案件中，不仅可以看到蒙古人定居之后的"村社"系统，还可以看到蒙旗体系中的"佐领"组织。可见蒙古人所身处的社会已经渐渐处于一种复合结构之中。

---

① 《移咨户司查明王毕斜气房基地是否系丹则尔巴祖产》，咸丰九年六月二十一日，土默特档案，内蒙古自治区呼和浩特市土默特左旗档案馆藏，档案号：80/5/188。

② 《诉倒尔济同侄串霸庙产乞验约堂断》，光绪二年四月二十六日，土默特档案，内蒙古自治区呼和浩特市土默特左旗档案馆藏，档案号：80/5/220。

除了以上蒙古人、民人各立各社之外，也有蒙民人等同社办事的情况。光绪年间民安村留下一份契约记载：

> 立公议约照旧章阖社合同约人民安、新营村蒙民人等，情因当年原为一村，同□办事，历年已久。遵照旧章，凡民安蒙古应分祖遗户口自种之地，不论多寡，均不应社。倘若续置本族与外人之地以及佃卖与本族并外村之人，无论蒙民亲族远近，均随公社，按亩照规摊办，不准取巧，紊乱旧章。嗣于道光年间，因河水涨发泛滥，村中因此蒙古居于前，名为民安，民人移于后，名为新营，建修龙王大庙一座。每年献牲唱戏，一切花费，均归公社，按亩摊办，并无异说。不料近年邻村有向民安置地之家，串通蒙古从中生奸，取巧欲在民安庙上，更立一社，以致废弛公立旧社，并将所歉（原字如此——引者注）社中摊派之钱，推抗不给。因此，阖村蒙民大户，同会首等从中商和议定，此后仍照旧章，民安庙上每年献牲，均归公社办理，花费□均摊，永不更改，如有奸猾之人，再违旧章，轻者罚钱拾吊，□者禀官究□，均出情愿，各无反悔，恐口无凭，立合同议约两纸，各执一纸为证。
>
> 公议合同信约
>
> 经理纠首　民安村　太保　宫来　四旦
>
> 　　　　　新营村　刘富　尹鹤鹏　田璧
>
> 　　　　　安仁　安守智　周士德　白会元
>
> 　　　　　安守礼
>
> 大清光绪二十年二月初五日。[1]

由上可知，在道光年间遭受河水冲击之前，民安村原为一村，村中立有公社，村中蒙民人等在同一公社应社。道光年间河水泛滥，蒙古人与民人一分为二，蒙古人依然居于民安村，民人则在民安村后新立一村，名为新营。这一居住格局，在民安村遗存的一口古钟中也有所反映。古

---

[1] 《照旧章摊给龙王庙献牲唱戏花费的合同约》，光绪二十年二月五日，土默特档案，内蒙古自治区呼和浩特市土默特左旗档案馆藏，档案号：80/14/1302。

钟造于道光十三年八月。铭文记载"前民安村龙王庙献钟一口",献钟人为"把读赖、扎拉芬、登不楞、塔宾泰、哈令丹巴",金火匠人是"万义炉"。① 古钟称民安村为"前民安村"。依据上述契约内容,此时原民安村应该已经受河水涨发影响析分为民安、新营二村。又因献钟人都是蒙古人,这也与契约中所说村落拆分后蒙古人和民人分别居于民安、新营二村的情况相符。村落裂分之后,二村蒙民人等依然归属同一公社应社。但光绪年间,因有邻村向民安村蒙古人置地,欲另立新社。这一举动,挑战了原有的村落秩序,遭到民安、新营二村蒙古、民人大户的反对。因此,才写立契约,维护旧章。这一契约表明从道光到光绪末年,民安村以及析村之后的民安、新营二村的蒙古人、民人,都是在同一村社中应社。

"社"在出现以后,也开始逐渐进入官府的视线。晚清,官府在开展赈灾等公共事务时,也常常借助"社"的力量。光绪二十年(1894),归化城厅同知方龙光上禀归绥道称:"惟现值大祲(即光绪十八年口外大旱一事——引者注)甫过,更不免有逃亡之户、荒弃之地,现经卑职等谆切晓谕各村粮甲会首等,令即详细稽查。"② 此处的会首显然是指"社"中的会首。又如,清末拟征收土默特蒙古的土地——户口地的地亩捐,在提到如何确定征捐的土地数目时,其主要的依据就是"社"中的"社帐",

　　　　惟蒙地各若干亩数,各厅衙门并无册档可稽查,口外各村都有公社,大村则一村自立一社,小村则数村公立一社,每年所出神社官差一应花费,均系按地亩摊钱,凡有入社应摊之地,其花户姓名地亩数目,各村社均有社帐可查,大率实种之地多,入社之地少,应请从宽,止按社帐上开载亩数抽收亩捐。③

　　① 《从祖籍民安村先辈遗留唯一的一口古钟说起》,https://blog. sina. com. cn/s/blog_6447e6c90100v7sx. html,2011 年 5 月 8 日。

　　② 民国《归绥县志》之《经政制·赋役》,《中国方志丛书·塞北地方》,成文出版社 1968 年影印本,第 10 号,第 230 页。

　　③ 《咨送归绥道所拟筹款八条清折》,光绪二十七年八月九日,土默特档案,内蒙古自治区呼和浩特市土默特左旗档案馆藏,档案号:80/6/460。

征收户口地"地亩捐"一事，后来虽然没有实行，但从这段引文，我们可以清楚地看到，到清末，"社"已经引起了官府的足够重视，甚至要凭借"社帐"来征捐。

要言之，至迟在嘉庆年间，土默特地区已经出现了很多"社"，"社"最先当由民人而立，其后影响到蒙古人，蒙古人也开始立"社"。但民社、蒙社与官方推行的佐领制、乡屯制、牌甲制不是截然两分，两套体系在乡间有机地融合在一起，逐渐成为土默特地区最主要的基层组织，与民众的日常生活息息相关。

二　大户与村社

土默特地区杂姓村居多，村中家财丰厚、人口众多的家户，在村落生活中扮演重要角色。土默特左旗沙必崖村关帝庙保存的《施庙碑》，反映了大户在村落社会中扮演的角色。碑文如下：

> 文殊菩萨、行雨龙王、关圣帝君、增福财神、子孙圣母
>
> 施庙碑序
>
> 盖闻古圣主善与人同，是善不私诸己，而与人公共者也，且欲人皆乐善，使善永垂不朽者也。然天下之与人同不朽者，莫如建庙修寺。何也？盖人之尽礼神明，则敬心生无敢戏豫，无敢驰驱者也。萨郡东北隅沙兵崖儿村侯翁旺元旺泉，诸侄侯普等者，可谓善与人同矣。翁家忻郡人也，其先人寄居斯村，蒙神庇佑，家道渐裕，于嘉庆年间建修诸神庙宇正殿廊房，以及钟鼓楼、山门、乐楼以为酬神报德之所。嗣后家业富有，子孙众多，虽曰人事之勤修，亦由神灵之默佑也。翁今年逾古稀，精力不衰，诸侄辈恪守成业，耕读是务，堪称家门之盛也。然皆以为□姓蒙神获福，何若合村均受圣恩，于是一心无异，将庙宇原施香火地亩载植树株，皆施公村，此亦可谓善与人同，永垂不朽之事也。兹刻石勒志问序于予，予不揣固陋，援事直书，使后之揽者，知侯翁公善之心与诸侄乐施之意也。是为序。
>
> 刘□□施钱壹千文，郭炳施钱五百文
>
> 偏关县儒学生员陈溶熏浴撰并书　铁笔匠刘石局邢宁

本年纠首：李世宝、阎福其、韩玉魁、天顺成、李万财、毛福祥

侯旺元、侯旺泉

侯岐、侯永、侯普、侯裴、侯忠、侯岱

侯执躬、侯九龄、侯德金、侯德配、侯金山、侯立山

侯和、侯良、侯芳、侯昭。

大清道光二十九年岁次己酉敬立　　住持善友杨富荣①

这通碑刻讲述了沙必崖村的侯姓一家在发家致富之后，如何创修庙宇和向村中舍树的事迹。从碑文来看，沙必崖村是一个由侯、李、阎、韩、毛等诸姓组成的杂姓村。其中侯姓家资殷富，人丁兴旺。碑文显示其家族取名方式应该是不同辈分之间单双字轮流排序。因此，从嘉庆年间侯旺元、侯旺泉创修庙宇到道光二十九年（1849）向村中舍树，侯家已经发展成为一个四世同堂的大家族。侯姓在村落中创建庙宇、施舍树木，显然在村落中扮演着重要角色。关于大户在村落中的积极作为，也得到了田野资料的印证。巧尔什营子村的ZYG老人在回忆村落历史时说："巧尔什营子从前有四大户、八小户、三十二中户，筑桥、修路、盖庙都是以大户为主。"② 随着时间的推移，村中的各族势力也不断此消彼长。2000年，沙必崖村以史金福为首的十三名村民开始重新修庙。这十三名村民分别为蒙古人云姓、汉人刘、王、高、郝、毛、卢、李、宋诸姓。侯姓则出现在2000年和2001年两次"修古迹捐款名单"中。这表明历经一百多年的时间，侯家在村落中的势力已经不复从前那么显耀。

除了参与创修庙宇等公共事务，土默特地区各个村落中的会首，多由村中土地较多的地户充任，"各县乡村旧规，村有公社，社有甲会，检定种地多者若干户，几年为一轮，按年分派，若干人轮流充当，周而复始，每年仍以各户地之多寡而进退之。谓之值年会首。一村事务，皆取

---

① 《施庙碑》，道光二十九年岁次己酉闰四月二十五日谷旦，立于沙必崖村关帝庙。

② 笔者田野调查笔记。访谈对象：ZYG；访谈时间：2011年11月18日；访谈地点：巧尔什营子村。

决焉。若甲头者，则地位较次，为公社供奔走，备官府之传呼"①。

从土默特各地留下的记载来看，情况大同小异。萨拉齐县，"清时及民国以来，各村即沿用公社之组织，设甲头一二人，会首数人至十余人，由村中大户轮流担任，办理一村摊款支差及官厅委托各事"②。包头县，"从前为萨县一镇，各村均沿旧制组织公社，设置甲会，由村民推选村中大户三五人充当，办理村中一切公众事务"③。托克托县，"县属各村，尚皆立有公社。会首、甲头办理社事，与各县同。会首由较大地户轮充，人数无定，甲头一人或二人，各村有公雇与轮当之别。必择有阅历，善酬应者充之，此亦为从前各县志所同也"④。之所以选择大户或者"较大地户"充当会首，是因为他们较有财力，比其他"小地户"更有能力应对摊款过程中可能产生的各种拖欠亏空。

民国时期，绥远地区推行"地方自治"，村中的会首、甲头被村长副／乡镇长副取代。由于这一时期社会动荡、差役繁重。"村长"一职为人们避之不及。在清水河县，"村长多不识字，且多数均不愿担任，成绩亦不佳。此盖初步推行自治必经之过程，亦应有之现象也。再过数年，民智渐开，村间邻长均经过相当训练，一般人知道自治乃权利非义务，争之惟独恐不得，断无推诿之理"⑤。在这种情形之下，村长的身份和角色都有了一些新的变化。在和林格尔县，村长有包揽、雇佣和轮流三类。"包揽"是指"将村中各款，详加估计，年出若干，招商包办"。"雇佣"是指"择村中无业游民，且能与官厅差役接洽者，雇其充任，月给薪洋七八元，此等村长乡人呼为'恶水缸子'"。"轮流"是指在离县城较远，

① 民国《绥远通志稿》卷61（上）《自治》，内蒙古人民出版社2007年点校本，第8册，第195页。

② 民国《绥远通志稿》卷61（上）《自治》，内蒙古人民出版社2007年点校本，第8册，第115页。

③ 民国《绥远通志稿》卷61（上）《自治》，内蒙古人民出版社2007年点校本，第8册，第147页。

④ 民国《绥远通志稿》卷61（上）《自治》，内蒙古人民出版社2007年点校本，第8册，第193页。

⑤ 《清水河县县长王士达呈报出巡情形》，内蒙古图书馆编：《内蒙古历史文献丛书》之七，远方出版社2009年标点本，第202页。

或者位置偏僻的村落，"其村长职务，多由村中大户，轮流担任"[1]。可见，民国时期，村长的身份和角色出现了无赖化、职业化的趋势。

总而言之，土默特地区的村落以杂姓村为主。在村落的发展进程中，一些家户成长为占有土地较多、经济实力较强的大户。这些大户在村中建庙、摊差的公共事务中扮演重要角色。民国时期，在动荡的地方局势下，土默特民众承担的差役大为增加。一些村中的大户为免赔累，不愿充当村长，村落中甚至出现了"包揽类""雇佣类"的村长。

第三节　村政改革与保卫团设置

一　村政改革与基层组织变化

民国时期，土默特地区的基层社会组织经历了一些变化。[2]民国肇建，执政当局在土默特地区实行区村制行政组织。在基层社会组织形式上，与清代相比则没有太大改变，"县属乡村，民初虽已划区，并迭次调查户口，但仍旧制，每一乡村，立有公社、设会首若干人，主持社事，甲头一人至二人，支应官差。……入民国后，乡村甲会之制，仍相沿未改"[3]。

20世纪20年代，在地方自治的声浪下，绥远地区开始办理"村政"。[4]不过，在办理"村政"之前，一些地方就在村级基层社会组织的名目上做了一定调整，1923年，萨拉齐县就将会首改为正副社长，归区董节制，并取消了甲头。[5] 1924年，绥远当局颁布了《绥远试办村政大纲》："规定村制，以立官治自治互助之基础，凡一村之区域各以本村固

---

[1]　继先：《绥远农村实况（续）》，《绥远农村周刊》第86期，1936年1月7日第2版。

[2]　穆俊对民国时期土默特地区的基层社会组织进行了研究，本节内容部分参考了穆俊的研究，所有相同之处，均视为穆俊的研究成果。穆俊：《清至民国土默特地区水事纠纷与社会研究（1644—1937）》，博士学位论文，复旦大学，2015年，第100页。

[3]　民国《绥远通志稿》卷61（上）《自治》，内蒙古人民出版社2007年点校本，第8册，第61页。

[4]　民国初年，在绥远城将军辖区，即土默特左右两旗、乌兰察布盟、伊克昭盟等地，设"绥远特别区"，1928年改"绥远特别区"为"绥远省"。

[5]　日伪《萨拉齐县志》卷6《政治》，包头市地方志办公室、包头市档案馆、内蒙古社科院图书馆合编：《内蒙古历史文献丛书》之八（下册），远方出版社2009年标点本，第531页。

有之境界为标准，其编制之法，凡足五十户以上者，应设村长一人，其居民尤多者，得酌增村副。"① 1925 年绥远当局制定了《绥远各县局村制简章》，该简章第二章规定了村的编制。与《绥远试办村政大纲》有所不同的是，这份简章进一步规定在村长、村副之下设立闾长、邻长，"闾长受村长副之指挥，邻长受村副闾长之指挥，各执行其职务"②。不过，由于这一时期，绥远地区政局不稳、时事多艰，绥远地区这些法规政策似乎并未得到实际实施，"各县历年奉令筹办自治，以灾祸迭乘，及政局变易之故，终未能切实进行。自十九年区公所均告成立。乡镇闾邻实行编制，斯地方自治，渐入正轨。此后一切法令，始得有所附丽，设法推进，不至动成具文，此固本省自治转变之一大关键也"③。

1928 年，南京国民政府颁布了《县组织法》等法令法规。根据这些法令法规，绥远省各村成立村公所，改选村正副为村长副，改区董为区长。1929 年，南京国民政府对《县组织法》进行了修订。相较于 1928 年的《县组织法》，这次修订在自治层级上进行了较大调整，规定各县自治组织自上而下的层级，从县—区—村—里—闾—邻，变为县—区—乡镇—闾—邻。也就是说，"村"不再作为自治的层级单位，为"乡镇"取代，同时又取消了"里"的设置。根据这些法律法规，绥远地区很快就成立了新的自治组织。"（一）各县区公所成立之情形。本省各县区公所，于十九年夏季委派训练合格区长后，均已依法正式成立。其内部组织为文武助理各一员，区丁四名，至有特殊情形者，不在此限。（二）乡镇或坊公所成立之情形，本省乡镇公所于乡镇区域划定后，均已先后依法成立。"④

编乡有两种情况：在人烟稠密、聚落较大的地方，直接将村改为乡；在人烟稀少，聚落较小的地方，是将若干村合为一乡，一乡之中分主村

---

① 《绥远试办村政大纲》，《西北半月刊》1924 年第 4 期。

② 民国《绥远通志稿》卷 61（上）《自治》，内蒙古人民出版社 2007 年点校本，第 8 册，第 10 页。

③ 民国《绥远通志稿》卷 61（上）《自治》，内蒙古人民出版社 2007 年点校本，第 8 册，第 116 页。

④ 民国《绥远通志稿》卷 61（上）《自治》，内蒙古人民出版社 2007 年点校本，第 8 册，第 54 页。

和附村。萨拉齐县在土默特地区开发较早，人口较多，聚落丛集，1930年编乡时，"将各村编乡，由主村及三五附村组合而成。居民须在二百户以上，乡公所之地在主村，设乡长一人，乡副一人至四人"①。从《萨拉齐县区镇乡编制表》中可知，萨拉齐县5个区，共有176个乡镇，其中有71个乡镇有主、附村之分，其余均为将原来的村直接改为乡。②包头县是民国时期从萨拉齐县、五原县析出，县境内"地阔人稀，小村最多，约占十之六七，皆居民三二十户。合计全县各区村庄三百有余。百户以上者，仅三十余村。五十户以上者，五十余村而已"。1930年编乡时，全县300余村共编为53个乡。从《包头县区乡镇编制表》来看，包头县60个乡镇，只有12个乡镇无附村，其余都是由若干小村合并为一乡。③

乡长、副的人选，有时直接酌留原来的村正、副。在萨拉齐县"二十一年，又将全县五区各村编为十四镇二百一十四乡，设乡镇公所，酌留原有村正副改充乡镇长，以下则有邻闾等名目"④。自设立乡镇公所后，原来甲头和会首的权力有所减弱。"今各村于旧日之会首甲头，虽间有残留未去者。然全村重要事权，已不属诸会首甲头，甲头仅供官差之应付，会首则岁时酬神赛社，出而分任其事而已。各县区公所成立以来，除依法组设乡镇公所外，其调查户口、编制闾邻，并已竣事。"⑤从中可知，甲头、会首的地位虽然有所削弱，但是仍在村中扮演一定角色。和林格尔县也可以看到这一情形。"村各有社即以龙王关帝等庙为村正公议之所，每年例事应由村长甲会照例处办，遇有暴差暴事，临时发生鸣钟集众在庙公议，又有村禁约、社规，值年簿账，祈雨规则等事，阖村一律

① 民国《绥远通志稿》卷61（上）《自治》，内蒙古人民出版社2007年点校本，第8册，第116页。

② 民国《绥远通志稿》卷61（上）《自治》，内蒙古人民出版社2007年点校本，第8册，第117—146页。

③ 民国《绥远通志稿》卷61（上）《自治》，内蒙古人民出版社2007年点校本，第8册，第149—160页；日伪《包头市志》卷2《地理志·乡村》记载包头县为54个乡镇，包头市地方志办公室、包头市档案馆、内蒙古社院图书馆编：《内蒙古历史文献丛书》之八（上册），远方出版社2009年标点本，第140页。

④ 日伪《萨拉齐县志》卷6《政治》，包头市地方志办公室、包头市档案馆、内蒙古社科院图书馆合编：《内蒙古历史文献丛书》之八（下册），远方出版社2009年标点本，第532页。

⑤ 民国《绥远通志稿》卷61（上）《自治》，内蒙古人民出版社2007年点校本，第8册，第58页。

遵守，有故意违犯者，公议处罚。"①

日本占领时期，最初沿用过去的区—乡镇—间—邻制，在数量和辖区上有所改变。萨拉齐县在日本占领前共为五区十四镇二百四十乡，日本占领之后仍保留五个区，乡镇改为一镇十六乡，各区设立警察署和乡镇公所。②此后为节省行政经费，又迭经调整，至1940年，调整为十二乡镇，"乡置乡长一人，下设司计及总务、自卫、经济三系，各系置系员若干人，镇置正副镇长各一人，余同乡制"③。1942年，又废止区的设置，将间邻制改为甲牌制，在包头县，"乡镇长直接由市长委任，甲长由乡镇长委任，以二十牌为一甲，二十户为一牌，牌长由甲长指定之。其组织如下：市—乡（或镇）—甲—牌"④。

二 保卫团与民团

民国时期，土默特地区还出现了一些新的社会组织。保卫团与民团就是这些新的社会组织之一，保卫团和民团是蒙汉民众为保卫自身安全而成立的地方自卫组织，在保境安民方面扮演重要角色。

民国初期，绥远当局为保全地方，曾创办民警，但推行时间不长，民国五年（1916），便被保卫团取代，"民国初年，创办民警，乡民很不愿意，后来因受土匪的害甚大，差不多都是自动起来办保卫团，很著成效"⑤。保卫团成立之后，一直是土默特地区重要的自卫组织之一。关于保卫团创建始末，民国《绥远通志稿》记载：

① 民国《和林格尔县志草》卷6《村社》，内蒙古图书馆编：《内蒙古历史文献丛书》之五，远方出版社2008年版，第519页。

② 日伪《萨拉齐县志》卷6《政治》，包头市地方志办公室、包头市档案馆、内蒙古社科院图书馆合编：《内蒙古历史文献丛书》之八（下册），远方出版社2009年标点本，第532、533页。

③ 日伪《萨拉齐县志》卷2《建置》，包头市地方志办公室、包头市档案馆、内蒙古社科院图书馆合编：《内蒙古历史文献丛书》之八（下册），远方出版社2009年标点本，第457页。

④ 日伪《包头市志》卷4《政治志·地方制度之组织》，包头市地方志办公室、包头市档案馆、内蒙古社科院图书馆合编：《内蒙古历史文献丛书》之八（上册），远方出版社2009年标点本，第140页。

⑤ 丁君匋编：《今日的绥远》，全国图书馆文献缩微复制中心：《中国边疆史志集成·内蒙古史志》，北京新华书店2002年影印本，第35册，第9页。

五年，内务部以三边划区而治，连年匪氛不靖，人民应训练自卫能力，颁布《各县地方保卫团条例》，亦即旧日乡团之遗法也，于是各县民警一律停办，改组保卫团，其被匪县区，亦先后依章成立。保卫团之创设也，萨县最早，成立于五年秋季，次为归绥、武川，均在六年春季，其他各县，踵相仿办。①

从上引材料来看，保卫团组建的经过，是先由内务部颁布《各县地方保卫团条例》，萨拉齐、归绥、武川等"被匪县区"再依据章程，渐次成立。这一逻辑，看似顺理成章，但实际情形却并非如此简单。民国《绥远通志稿》中一段按语，对保卫团的建立，给出另外一番解释：

匪皆乘马，飘忽如飞，官兵此剿彼窜，疲于奔命，当时归、萨、武川境内，被祸尤烈。乡董士绅为求苟安一时，遂兴收抚之议。长官俯从民意，姑准收编。时有部颁保卫团组织条例，归、萨首先成立，武川继之。此本省创办保卫团最初之动议，实由各区发起，而总成于县，非由县依法统筹而来者也。②

从中可知，土默特地区保卫团的成立是乡董士绅、地方长官和"贼匪"三者相互妥协的结果，其创办的经过并非自上而下，而是自下而上。在地方有意收编"贼匪"之际，正是中央颁布成立保卫团政令之时，于是，被收抚的"贼匪"便以"保卫团"的名义组织起来。这一"最初之动议"，使土默特的保卫团从一开始就与"土匪"有牵扯不清的关系。就萨拉齐、归绥两县而言，萨拉齐县最早设立保卫团。民国五年（1916），该县侯斌成收抚土匪周鸿宾、刘镇海等而一百余人，组成保卫团；归绥县则在民国六年，由士绅武尔功等，"请准收抚昌昌、万寿各股，遵照部

---

① 民国《绥远通志稿》卷62《保甲团防》，内蒙古人民出版社2007年点校本，第8册，第420页。

② 民国《绥远通志稿》卷62《保甲团防》，内蒙古人民出版社2007年点校本，第8册，第431页。

颁通章，成立西南两区保卫团"①。至于托克托、和林格尔、清水河、武川、包头几县，目前还没有找到可以说明其保卫团成立之初有无收编"土匪"情况的相关资料。不过，除了保卫团，许多"土匪"被收编进入"军队"之中。比如，在包头，"土匪"被收抚之后，"随即叛去，去而又抚，渐至不可收拾。甚至匪首皆团旅长之阶级，遂变土匪为官匪矣。无怪乎民人之畏官也，盖人民见官如见匪耳"。② 时人常把匪患不灭的原因归结为政府的这一收抚政策，"官方剿匪，不用'除恶务尽'的方法斩草除根，一味敷衍，姑息养奸猾，一抚再抚，匪党成兵，匪首成官"，以致"兵匪循环，兵变为匪，匪抚成兵"。③

　　各县区在保卫团之外，又有民团。"是时，各县村庄，以年来土匪为害，驻防军队多在较大乡镇，区团人少，驻守又未能遍及。遇有匪警，相距稍远，每感缓不济急，于是渐有组织民团者，以备军团之不足。"④ 质言之，保卫团成立之后，驻防能力有限。一来团丁人数不多，各县依据大小，设立数目不等的团丁名额，其中大县 240 名，小县 60 名。二来驻防不能遍及县境，各县团丁分别驻守在县境内东南西北中五区的较大乡镇之中。⑤ 因此，设置民团，便成为各地防卫事宜的题中应有之义。以和林格尔为例，"民团，四里民团二十名，保长一员，由四里公推，经费由四里公摊，其余各村俱由本村办理。按户指派，有事则共同防守，各村团丁无定额，多系义务"⑥。可见民团，还可细分。和林格尔分为四里，四里共推出人，组成民团；同时，各村又设有村团，由本村办理。不过，民团驻防，依然有兵力不足之虞，在包头地区："皆无村保卫团之组织，

---

　　① 民国《绥远通志稿》卷 62《保甲团防》，内蒙古人民出版社 2007 年点校本，第 8 册，第 446、449 页。

　　② 日伪《包头市志》卷 4《政治志》，包头市地方志办公室、包头市档案馆、内蒙古社科院图书馆合编：《内蒙古历史文献丛书》之八（上册），远方出版社 2009 年标点本，第 112—113 页。

　　③ 焕然：《绥远匪患不灭之原因》，《西北》1929 年第 1 期。

　　④ 民国《绥远通志稿》卷 62《保甲团防》，内蒙古人民出版社 2007 年点校本，第 8 册，第 329 页。

　　⑤ 民国《绥远通志稿》卷 62《保甲团防》，内蒙古人民出版社 2007 年点校本，第 8 册，第 422 页。

　　⑥ 民国《和林格尔县志草》，内蒙古图书馆编：《内蒙古历史文献丛书》之五，远方出版社 2008 年影印本，第 517、518 页。

当时第一区共有保卫兵十余人，由区长直辖，轮流至各村中驻扎，但多驻于沿县城至石拐沟一带之村中，以卫护运炭之要路。调查时只在刘宝窑村中遇有团兵五人，因当时村中种植鸦片，正将收获，乃常有小股土匪出没山中，乘机行劫也。"①

保卫团和民团的实际控制权往往落入地方势豪之手。晚清民国时期，"土豪"在地方权力格局中占有重要一席，"同村著名土豪李瑞饶于资财，其侄子李世隆在城开设长盛和羊店，广交官场，声势浩大，村中有事动辄悖谬武断，不遂其意，则施官吏淫威以害之"②。这一引文出自一起诉讼中的状词，不排除夸大事实的可能。不过从其后李世隆对村民的强势行为，仍能看出其在地方上的影响力。随着社会变乱的加剧，势豪越来越广泛地参与到地方事务中来。前述归绥县保卫团的设置便是地方绅董的提议。保卫团成立之后，他们往往在其中担任要职。民国十三年（1924）制定的《绥区保卫团施行细则》中便规定，"绅董，每区一人，由总监督遴选当地乡绅充任，并呈报警务处备案"③。

在地方上掌握保卫团或民团实际控制权的地方势豪时常与土匪勾串一处，时人在对绥东缴匪问题的观察中指出：

> 绥东各县的士绅，多半是土地连阡累陌，羊马三群五群，一方面就是本地的财主，因这缘故，他们便竭力拉拢土匪——多结交一个土匪，财产便稳固一分，所以今天送土匪一匹马，明天暗暗给土匪买枝枪，土匪遇上危急的时期，士绅便设法安插在地方保卫团里，或者是窝藏在自己的家里，地方官虽明知之，也不敢去搜索逮捕，好比一座人寿保险公司：有时土匪被捕了，士绅也要出来说人情，设法营救。④

① 李树茂：《绥远包头县五个农村的调查》，《寒圃》1934 年第 11、12 期合刊。

② 《控土豪李瑞串通司法科员贾希贤控指长寿为贯贼的呈文》，1912 年 12 月，土默特档案，内蒙古自治区呼和浩特市土默特左旗档案馆藏，档案号：79/1/71。

③ 民国《绥远通志稿》卷 62《保甲团防》，内蒙古人民出版社 2007 年点校本，第 8 册，第 423 页。

④ 好色：《关于绥东剿匪的一篇拉杂语》，《西北青年》1932 年第 13 期。

这一状况给"剿匪"工作带来了很大的困难。"历年来匪患难清，原因固多，而乡镇长未能协同官府认真举发，要不失为重要原因之一。甚或地痞势豪，勾匪为奸，扶同隐匿，官府总舵剿缉之方，盗匪尽有隐避之地。"① 也就是说，欲彻底清除"匪患"，必须对保卫团和民团进行清理，削弱地方豪强对保卫团与民团的影响，并将权力收归省府。

实际上，上述问题的产生与北洋政府时期绥远政局有很大关系。北洋政府时期，绥远政局不稳，各派军阀你争我夺，从 1912 年至 1928 年，十数年间，绥远都统八易其人，他们分属不同派系军阀。② 在这种情形下，当政者很难真正顾及保卫团与民团的整编以及"剿匪"等一系列地方政务。这一状况在傅作义主绥时期（1931—1937）发生改变。傅作义主政绥远时期，开始了重建统治秩序的努力。面对绥远地区的复杂情况，傅作义"不得已以剿匪理财为治标之计"③。在"剿匪"工作中，他从整理保卫团和民团入手。傅作义的做法与此前的各种改革有很大不同，这在保卫团各级长官的遴选上体现得尤为明显。比如民国十三年（1924）制定的《绥区保卫团实施细则》中规定：

> 各县保卫团应设职员如左（下）：一、总监督，由县知事充任；二、团董，每区一人，由总监督遴选当地乡绅充任；三、区长、分区长，由警务处遴选富有经验相当之军官或警官，呈请都统核准后由处给委，但总监督审知本县内确有此项相当人员，亦得呈保委派。④

可见，保卫团的职员除了总监督以外，团董、区长和分区长都不由县行政系统内的长官兼任，而是另外遴选。其后，屡有改编保卫团之举，但均未取得多大成效。傅作义主政绥远之后，对保卫团严行整顿，其中

---

① 《绥远省民政厅训令》，绥远省民政厅编印：《绥远民政刊要》，第 794 号，1935 年第 3 期。

② 牛敬忠：《近代绥远地区的社会变迁》，内蒙古大学出版社 2001 年版，第 29—31 页。

③ 绥远省政府编印：《绥远概况》上册《绥远概况序》，1933 年，第 1 页。

④ 民国《绥远通志稿》卷 62《保甲团防》，内蒙古人民出版社 2007 年点校本，第 8 册，第 422 页。

非常主要的一个方面，就是施行行政长官负责制，即，以省县区乡（镇）村各级行政长官兼任保卫团各级长官。具体而言，省主席为全县保卫团总监督，县长、公安局长、区长、区副、乡（镇、村）长、乡（镇、村）副分任保卫团团长、副团长、区团长、区副团长、乡（镇、村）甲长、乡（镇、村）副甲长。① 与此同时，傅作义还将保卫团的改革与官员的考绩直接挂钩，"案查各县保卫团，业于二十二年，依据整顿方案改编，并经本厅按照编制成绩，平定优劣，呈请省府分别记功，记过，通令遵照各在案"②。这些策略都使得此次保卫团改编与既往历次改革比起来，具备了更多成功的可能性。

然而，此次改编并非一帆风顺，县保卫团整编完毕之后，各乡民团还有很多维持原样。民团迟迟没有改编的原因，很有可能与"豪强把持"有关，"各县多以此种乡团，经费时有时无，人员集散不定，为放任改编之借口；坐令豪强把持，团丁骚扰，依然如前，殊失本省整理改编，造福地方之初意"③。对此，傅作义提出的解决方案是，"乡保卫团与县保卫团之系统相同，以免豪绅把持，仍如从前团丁作个人爪牙，以为武断乡曲之工具，凡关于指挥剿匪，召集训练及其他一切团务利弊事宜，均由各县治长切实负责，总其承转"④。也就是说，在对"民团"的整顿中，也奉行行政长官负责的原则，以求最大限度地削弱"豪绅"对民团的控制。

保卫团、民团设置之后，其经费主要由乡民摊款，这便涉及蒙汉摊差的问题。清代以来土默特地区渐渐形成蒙汉"各随各社"，"各应各差"的民间俗例。民国之后，土默特地区一度沿用清代的做法，蒙汉分别摊差。但由于地方动荡，各种差役日益增多，"百倍于前"⑤。在这种情况下，蒙汉围绕如何摊差展开了长期的纷争。1921 年，双方商议制定摊派

① 民国《绥远通志稿》卷 62《保甲团防》，内蒙古人民出版社 2007 年点校本，第 8 册，第 436—437 页。

② 《绥远省民政厅训令》第 84 号，绥远省民政厅编印：《绥远民政刊要》1935 年第 3 期。

③ 《绥远省民政厅训令》第 84 号，绥远省民政厅编印：《绥远民政刊要》1935 年第 3 期。

④ 《本厅法规·绥远省民政厅整理乡团办法》，绥远省民政厅编印：《绥远民政刊要》，1935 年第 3 期。

⑤ 《饬令伊精额等参领会同办理缓丈地亩事（附：请修正清丈章程的呈文）》，1914 年 11月，土默特档案，内蒙古自治区呼和浩特市土默特左旗档案馆藏，档案号：79/1/125。

草料办法。但事情远未停止，围绕土地的归属权问题，摊差的纠纷仍然时有发生。① 保卫团、民团经费也属摊派之列，蒙汉民众因之亦发生纠纷，在汉人看来，蒙古人摊差是理所应当，"旋据覆称保卫团之设，原为保护全区人民生命财产，对于蒙汉并无区别。……应出区款，何能自居化外，抗不认摊，是以权利义务两两相校，亦无不摊之理"。在蒙古人看来，分摊"区款"，有失公允，"况本旗蒙人负担敝署各项差徭，如再与汉社摊派实属一羊二皮，未免偏苦"。② 可见，在社会急剧变化之中，蒙汉双方分别采取有利己方的说辞，为自身的行为寻找合理依据，从而争取最大权益。

小　结

地方民众为应对日常生产生活需要，执政者为实现对地方社会的有效管理，都需要借助某些基层社会组织。在有着不同历史传统的地方社会中，基层社会组织的面貌也不尽相同。就历史行动的主体而言，这些基层社会组织有时由民众自发建立，有时又由执政者统一编制，有时民间自动结成的组织与官方设计编制的组织又彼此渗透和嵌合，存在错综复杂的关系。在土默特这样一个农牧并存，蒙汉共生的社会，基层社会组织呈现出怎样的发展历程？这是本章重点讨论的内容。

20 世纪二三十年代，学者们就已经对传统中国基层组织展开研究。以往成果多集中于汉地，重在探讨州县系统下的保甲、里甲等王朝推行的典章制度。萧公权就在"控制论"的视角下，考察乡村社会的保甲、里甲、乡约、家族等社会组织，揭示王朝国家如何通过这些组织控制乡村社会。③ 近年来民族边疆地区基层社会的演变受到越来越多学者关注，学者们也越来越注意民间自发建立的社会组织与官方组织之间的关系。

①　参见唐仕春《绥远土默特摊差交涉：五族共和下的蒙汉族群互动（1911—1928）》，《近代中国的城市·乡村·民间文化——首届中国近代社会史国际学术研讨会论文集》，2005 年 8 月，第 307—321 页。

②　《朱堡尔村蒙汉担负区款交涉一案兹以地方公益应一律摊派请转令摊交的咨文》，1925 年 2 月 7 日，土默特档案，内蒙古自治区呼和浩特市土默特左旗档案馆藏，档案号：79/2/371。

③　萧公权：《中国乡村——19 世纪的帝国控制》，张皓、张升译，九州出版社 2018 年版。

清代以来土默特地区基层社会组织的变化为观察上述问题提供了一个很好的案例。

蒙古游牧社会中原有的社会组织是"阿寅勒"。"阿寅勒"是由若干个带有血缘或姻亲关系组成的小游牧集团。入清之后，清廷在土默特地区设旗编佐，佐领成为土默特蒙古最重要的基层组织。随着越来越多的蒙古人开始在一个地方长期居住下来，佐领制渐渐不适应新的形势，朝廷又推行了乡屯制，入清以后，大量移民从山西来口外谋求生计。清廷在他们中间推行牌甲制。牌甲制整齐划一的规制很难适应人口流动性较大的土默特社会。乡村社会的日常事务又需要通过特定社会组织统筹安排。在这种情况下，汉人自发建立了"社"以实现对乡村社会的管理。蒙古人在汉人的影响下，也纷纷立社。在村落社会，一般是民人有民社，蒙古人有蒙社。这些"社"在大多数情况下以自然村为基点。到晚清，"社"已经成为土默特地区最主要的基层社会组织。官府也要借助"社"来征收赋税、办理赈务。清末以来，随着地方自治和村政改革，这些"社"的职能逐渐被村公所、乡/镇公所取代。

清代土默特村社中的主事人，主要是由蒙汉民众推选的"甲头""会首"，一般由村中的地多粮足的大户轮流充任。清末以来，在地方自治的声浪下，绥远地区也进行了一系列村政改革。在这一背景下，村落的主事者都发生了较大变化。村落中原来的甲头与会首，让位于村长副/乡镇副，村长副/乡镇副之下又设闾长、邻长。但会首、甲头并没有取消，仍在村落事务中发挥一定作用。以往村中会首、甲头由村中大户轮流充当。民国以后，由于差役繁杂、摊款沉重，村长副/乡镇长副的职务为村中大户规避，因此多有包揽、雇佣等现象。

从上述过程可以看到，在清代，无论官方还是民间的基层社会组织，都有较为明显的蒙汉之别。到民国之后，由政府推动的村政改革，却不刻意强调蒙汉之别。这表明执政者在对土默特地区基层社会组织的设计上，与内地的一体化程度不断增强。但彼时土默特地区在行政设置上依然是旗县并治、蒙汉分治。那么，这样一套村政系统，在面对摊差、水利等一系列事务是如何运作呢？换言之，村政系统下的"村"与原来的"蒙社""民社"之间存在着怎样的关系？这些问题仍待将来进一步讨论。

需要注意的是，在清末民国时期的历史变局中，除了在原有社会组织基础上改造而成的社会组织之外，还出现了一些新的社会组织。保卫团、民团就是其中之一。清末以来土默特地区匪患频仍、社会动荡。地方士绅为了维护地方治安，收编部分土匪组成保卫团。保卫团是区县一级的武力组织，由于人员不足，无法派驻各村。因此，在保卫团之下又有民团。民团主要分驻各村，维护村落安全。保卫团、民团等新兴社会组织的设置，一方面是因应新的社会情势而产生，另一方面也表明土默特的社会组织越来越复杂和多元。

　　总而言之，个人不是孤立地存在，总是以不同身份加入各类社会组织。麦克法兰在对英国个人主义的研究中提道，"在英格兰的历史上，个人并非单独的原子，而是加入了一些自愿结成的板块或团体，也就是结成'社团'，这些社团赋予个人的生命以意义和力量，厚实地横隔在个人与国家之间并发挥作用"①。此语道出了个人如何借助各种中间组织与国家发生联系。与英格兰不同，在中国个人加入的社会组织，不都是民间自愿结成，很多时候也是官方有意编制。民间组织与官方组织之间又存在千丝万缕的联系。同时，从土默特地区基层社会组织的演进，可以看到个人与国家发生关系的方式经历了一系列的变化。清代编制的佐领，是一套基于"属人"的原则编制的社会组织。清中叶以后设立的乡屯、牌甲、村社以及民国时期村政改革的各种设置，是基于"属地"的原则构成的社会组织。由于蒙汉民众在共同的村落空间交往互动、渗透融合，村落以及以村落为中心的社会组织逐渐成为人们日常生产生活的重要单元。国家也顺应这种变化，对土默特地区的治理逻辑，从侧重对"属人"的编制到注重对"属地"的管理。

---

① ［英］艾伦·麦克法兰：《英国个人主义的起源》，管可秾译，商务印书馆 2008 年版，第 3 页。

第 五 章

水利秩序与村落社会

　　"水"是人们日常生产生活的必要资源，也是理解地方社会的重要切入点。基于不同的地理环境、生计模式、社会结构，人们的水权观念、水利管理、用水方式，都有相当大的差别。18世纪中叶以来，位于半干旱区的土默特平原，经历了从游牧到农耕、从北元到清朝、从传统到现代的社会转变。在这一历史过程中，由于国家政策、地方政府和蒙汉民众等不同社会力量的共同参与，地方社会的水利秩序呈现出与其他地区同中有异的发展路径。本章将从"沟水水权""水利经费""沟水利用""水井灌溉"等几个不同方面，考察土默特地区的水利进程，并借此观察水利所嵌入的社会结构的深层变化。

第一节　水权的生成

一　游牧时代的用水状况

　　土默特平原地处蒙古高原南缘，北依大青山（阴山山脉支脉），南临黄河。矗立在土默特平原北方的大青山，挡住了来自蒙古高原的寒冷气流，使这里终年保持着适宜的温度。大青山之中纵横交错着众多山谷，当地称为"沟"。贯通山前山后、南北走向的大沟有19条，俗称"十八道半沟"。大小各沟均有水量不等的沟水流出，为大青山前面的土地提供了相对丰沛的水源。优越的历史环境使这里宜农宜牧，历史上不同人群曾在这片土地上活动。

　　15世纪，土默特部开始在土默特平原驻牧。土默特蒙古人主要以游牧为生。在游牧生活中，游牧地的选择始终受到水源条件的制约。南宋彭大雅在《黑鞑事略》中留下了关于蒙古人如何"定营"的记录，"其居穹庐，即毡帐，无城壁栋宇，迁就水草无常。……得水则止，谓之定营"①。蒙元时期《蒙古秘史》记载了蒙古人掘井取水的情况，窝阔台为部众划分牧地时，"派察乃、畏兀儿台二人为司营，去荒原戈壁地方掘井取水"②。这种依水草迁止的情况，一直延续到明代，土默特蒙古人活动的主要范围正是大青山前水源丰富、草木茂盛的地方。

游牧时代，水主要用于满足蒙古人日常生活的饮用需求，保持水源的清洁为蒙古人所重视，也由此形成了一些关于水的禁忌和习俗。蒙元时期《成吉思汗法典》第 58 条规定，"保护水源，不得在河流中洗手，不得溺于水中"③。这一禁忌的核心思想，是保持水源的洁净。一旦冒犯禁忌，会遭到天神的惩罚，引来令蒙古人惊恐万分的雷击④。此外，蒙古人形成了对"水"的崇拜，《柏朗嘉宾蒙古行纪·鲁布鲁克东行纪》记载，"他们每天用最早的第一份饭菜和饮料来供奉它们，而且最喜欢在清晨吃饭甚至饮用东西之前举行"⑤。同时，蒙古人还举行祈雨仪式，上引南宋彭大雅所撰《黑鞑事略》描述了祈雨仪式的具体做法，"蒙古人有能祈雨者，辄以石子数枚浸于水盆中玩弄，口念咒语，多获应验。石子名曰'酢答'，乃是走兽腹中之石"⑥。这些禁忌、崇拜和仪式，体现了以游牧为生的蒙古人对"水"的认知与理解。由于史料阙如，明代土默特蒙古人的用水情况，我们不能确知。但只要生活方式仍是游牧，那些先辈们基于日常经验而形成的基本生存法则和思想观念，就会被土默特蒙古人所传衍、遵循。

---

① （宋）彭大雅：《黑鞑事略》，王国维：《黑鞑事略笺证》，《王国维遗书》第 8 册，上海书店出版社 1983 年版，第 203 页。

② ［蒙］策·达木丁苏隆编译：《蒙古秘史》，谢再善译，中华书局 1956 年版，第 274 页。

③ 内蒙古典章法学与社会学研究所编：《〈成吉思汗法典〉及原论》，商务印书馆 2007 年版，第 10 页。

④ 耿昇、何高济译：《柏朗嘉宾蒙古行纪·鲁布鲁克东行纪》，中华书局 1985 年版，第 218 页。

⑤ 耿昇、何高济译：《柏朗嘉宾蒙古行纪·鲁布鲁克东行纪》，中华书局 1985 年版，第 33 页。

⑥ （宋）彭大雅：《黑鞑事略》，王国维：《黑鞑事略笺证》，《王国维遗书》第 8 册，上海书店出版社 1983 年版，第 238 页。

嘉靖年间，俺答汗以强虏而来和主动投奔的汉人为主导，发展了"板升农业"。明代的板升主要坐落在大青山南麓和大黑河沿岸等水资源丰沛的地方。如前所述，今天在这些地区仍有不少以"板升"命名的村庄，其中一些有可能就是明代板升的遗存。在俺答汗等人的支持下，汉人开垦了大片农田。《明世宗实录》记载，丘富等人"筑城建墩，构宫殿，甚宏丽，开良田数千顷，接于东胜川，虏人号曰板升。板升者，华言城也"①。据常理推断，汉人在进行农业垦殖时，可能已经开展了一些简单的水利开发。此外，主要以游牧为生的土默特蒙古人也从事一些简单的农业生产，"但其耕种惟借天，不借人。春种秋敛，广种薄收，不能胼胝作劳，以倍其入。……倘能深耕灌种，其倍入又当何如？"② 也就是说，土默特蒙古人在进行农业生产时，并不精耕细作，也不水利灌溉。

天聪六年（1632），土默特部归附清朝，清廷将其部众编旗设佐、分为左右两翼。此后，土默特蒙古人在其属地之内，继续着游牧生活。如前所述，直到康熙年间，一簇簇的穹庐和成群的牛羊依然是土默特平原上十分常见的景象。同时，一些内地民人源源不绝地出口谋生，自发地拓荒开地。到康熙中叶，土默特平原的农业生产已经达到了一定的规模。不过，直到这一时期，土默特平原上农田水利灌溉的情况仍未见诸文字记载，这也从一个侧面表明，此时这里的农田水利开发仍然较为初步和简单。

需要说明的是，虽然15世纪至清初的土默特地区，还没有或甚少农田灌溉意义上的"水利"，但这并不是说生活在这里的以游牧为生的蒙古人，没有自己的用水方式和观念，只是因应游牧生活的特性，蒙古人关于水的思想观念、行事逻辑与农业社会相当不同。不过，随着社会环境的改变，土默特地区的农田水利灌溉逐渐发展起来。

二 水分来历与产权观念

入清以来，由于内地人口增长、天灾人祸等原因，山西民人源源不

---

① 《明世宗实录》卷486，嘉靖三十九年七月庚午，台北"中央研究院"历史语言研究所1962年校印本，第8100页。

② （明）萧大亨：《北虏风俗》之《耕猎》，薄音湖、王雄编辑点校：《明代蒙古汉籍史料汇编》第2辑，内蒙古大学出版社2000年标点本，第243页。

断地移居口外谋生。康雍乾时期，朝廷数度出兵，西征朔漠。为了解决军粮供应问题，自康熙中叶开始，朝廷先后在土默特平原上放垦了大量土地，招募民人耕种。这些因素都推动了土默特地区的农业发展。为了满足生产需要，人们花费工本、筑渠引水，这使原本自然流淌的河流溪水，被赋予了新的意义。乾隆四十八年（1783）的一份档案资料，就反映了蒙汉民众共同兴修水利的情况：

> 讯据杨天沼供：小的是太原县人，今年三十九岁，小的祖杨世林于乾隆二十三年，从蒙妇伍把什之夫波罗气名下租地三十亩，永远耕种，小的每年出租银二两一钱，现支过三年租银，后被河塌水淹，苦赔租银甚多，退地他也不要，又有三十八、九年、四十四年三次打坝，花费工本钱八千八百零，到四十五、六年，才能耕种。……讯据民人坝头要照、刘德子、蒙古坝头色旺等同供：小的们村里三十八、九年、四十四年三次修筑坝堰，每分地三十亩，共摊花费钱八千八百有零，现有账目可凭。①

从上可知，为抵御水灾、保障生产，这一村落的蒙汉民众推举要照、刘德子担任"民人坝头"，色旺担任"蒙古坝头"，分别于乾隆三十八年（1773）、三十九年（1774）、四十四年（1779）三次修筑坝堰。也就是说，在从游牧向农耕的社会转型过程中，地方社会正在逐渐发展出一套配合农田作业的水利行事方式，蒙古社会的"自然之水"也由此变为了农业社会的"人工之水"。

生活在土默特地区的蒙古人具有大青山沟水的所有权。乾隆三十九年（1774）的一份档案资料记载："惟山沟之水，系土默特地之利，理合由各该村蒙古人众作主。"② 这一权利来源在于乾隆年间朝廷对蒙古户口地的划拨。这一说法一直为蒙古人所申说。直到民国年间，一位蒙古官

---

① 《详报审断蒙妇伍把什控杨姓一案情形（附书册）》，乾隆四十八年五月二十四日，土默特档案，内蒙古自治区呼和浩特市土默特旗档案馆藏，档案号：80/5/66。

② 《为查办巴颜察罕村与果咸营等村争渠边地案事的呈文》（满文译件），乾隆三十九年十一月二十七日，土默特档案，内蒙古自治区呼和浩特市土默特左旗档案馆藏，档案号：80/33/210。

员还是强调："五百余里逢沟有水，有水者必灌地，此即雍正十三年暨乾隆八年两次赏放户口地亩，水连地，地连水，凡系蒙民自种者，地水随其自用；如租给地户者，地有地租，水有水租，皆属蒙民养命之源，实为生计之命脉。"①

水资源首先在蒙古人中分配，这些按照特定计量单位划分的水被称作"水分"。乾隆末期，土默特地区就已经有了水分交易。② 一份民国土默特档案资料对毕克齐蒙行的追记，透露了水分分配的具体讯息："窃查蒙行曾于道光年间组设专司各属目水份暨蒙众支付差徭事。"③ 这表明水分是以属目（即苏木，佐领）为单位在蒙古人中划分的。在水分交易中，契约是最重要的凭证。土默特地区的契约由山西汉人带入，其后被蒙古人习得，并逐渐在蒙古社会中广泛使用。由于土默特地区的户口地不允许买卖，因此清代户口地、水分契约均为私人之间订立的租地、水白契。

财产能够用于交易，财产来历清晰是重要前提。我们首先来看交易时蒙古人如何在契约中说明水分来历。在土默特蒙古金氏契约中，嘉庆二十五年（1820），蒙古人捏圪登与民人杨光彦进行了一笔交易，

> 立出租地文约人捏圪登，今因差事紧急，无处辗转，今将自己云社堡村祖遗户口白地壹顷，随水壹俸贰厘五毫，情愿出租与杨光彦名下耕种为业。同众言定现使过押地钱四十八千零七十文整，其钱当日交足，并不短欠。每年秋后出租地地普儿，共钱七千五百文。同众言定，许种不许夺，地租不许长支短欠，不许长迭。日后若有户内人等争夺者，有捏圪登一面承当，恐口无凭，立约为证用。
>
> 嘉庆二十五年正月初七日立
>
> 合同约一张

① 《请停止水利公司》，转引自土默特左旗《土默特志》编纂委员会编《土默特志》上卷，内蒙古人民出版社1997年版，第167页。

② 李艳玲、青格力：《土默特蒙古金氏家族契约文书整理新编》上卷，乾隆五十五年公庆出租与顾清ம约，中国社会科学出版社2018年版，第20—21页；云广藏：《清代至民国时期归化城土默特土地契约》第4册上卷，一四一、张木素喇嘛约，内蒙古大学出版社2012年版，第113页。

③ 《毕镇水利社将各租户租水价额年限详查补报的指令》，1931年6月，土默特档案，内蒙古自治区呼和浩特市土默特左旗档案馆藏，档案号：79/1/721。

毛不陆、顾清、八十六、哈不计　　中见人①

在这宗交易中，蒙古人表达其土地、水分来历的说法是"自己云社堡村祖遗户口白地壹顷，随水壹俸贰厘五毫"。"祖遗户口地"，是土默特地区蒙古人与民人土地、水分交易中的惯常表述。"户口地"，就是指乾隆八年（1743）朝廷调整划拨土地时，给每个蒙古兵丁分配的土地。"祖遗"的说法意在强调土地和水分由君主授予，表明了其来源的正当性与合法性。而水附着于土地之上，自然来源于蒙古人对土地的占有。

民人的水分是从蒙古人手中租来的，其关于水分来历的表述则与蒙古人有所不同。咸丰八年（1858）在广兴园与四合园发生了一宗交易，

> 立出佃永远水地约人广兴园，今将自己原置到田丰应到复信魁租〔祖〕遗白地叁段，坐落在西包头村南架场地壹段，计地贰拾捌亩，系南北畛，东至复成魁，西至广泰园，南至解景发，北至老渠，相随第拾天、长夜水半奉，随蒙古嗯挠土木儿租钱、老金架租钱□……□（此为苏州码——引者注），又相随蓝池六面、土房叁间，地内一应在内，又场园地块，计地陆亩五分，系东西畛，北至大道，东至现时本主场面墙根李二疤子、李七金子，南至老渠，西至复成魁，随蒙古书〔苏〕目上毛扣等，每年地租□……□（此为苏州码——引者注），又一段计地六亩四分五厘零，系南北畛，北至卜学龄，南至祥盛园，西至老渠，东至张仁政，每年随蒙古八扣地租钱叁千贰百文，相随第拾壹天轮流大水壹厘，另又贰段一块，东西畛，北至大道，南至巷，通街出路，东至万兴公，西至现时本主，又粪场一块，东至龙王庙园地，每年随蒙古地租钱五百文，出与温都儿户，前后共地五块，四至俱各分明，情愿出佃与四合园，永远耕种管业。同众言定佃地价钱捌佰千文整，其钱常交不欠，日后若有人争夺者，有广兴园一面承当，恐口难凭，立出佃水地永远约存照，随去田姓原置老约贰支（原字如此——引者注）。

---

① 李艳玲、青格力：《土默特蒙古金氏家族契约文书整理新编》上卷，嘉庆二十五年捏圪登出租与杨光彦白地文约，中国社会科学出版社 2018 年版，第40—41页。

园行总甲　阎步青　李瑄　王辅清　梁有义　赵德

广兴园立

大清咸丰八年十二月初二日①

　　这份契约中的"佃",相当于"租",契文中提到的"立出佃水地永远约",指的就是在土默特地区普遍存在的"永租约"。此次交易,广兴园共向四合园佃出土地五块,其中第一块地和第三块地都有相随之水一并出佃。对前三块土地的来源,广兴园言及的是"原置"和"租〔祖〕遗",但这里的"租〔祖〕遗"并非上文所述蒙古人的"祖遗",而是指广兴园向蒙古人租来,成为其"祖遗"。契约中四处提到每年随蒙古地租钱,这既是租地人需向蒙古人交纳的地租,也表明了所租土地和水分的来历。由此可知,民人水分也是来源于租种蒙古人的户口地。

　　在土默特地区的水分交易中有水随地走、水地分离两种情况。对于这一问题,学者们已经进行了较为充分的分析,本书不再重复。② 不过,为讨论方便,兹举两例水分交易契约,简单说明这一情况。③

　　其一:

　　　　立租约人公庆,自因差事紧急,今将自己云社堡村水地一顷,白汗地五顷,随水三俸,空地基一块,东至五把什,南至道,西至道,北至讨圪司,四至分明,情愿出与顾清名下耕种。同人言定,每年一应等出租银四十两整。照粮店行市交办,秋后交足。若有人争碍者,公庆一应承当,许种不许夺,不许长支短欠,亦不许长迭。恐口难凭,立租约存照用。

　　① 〔日〕滿鐵包頭公所等:《包頭附近の農村事情(外四種)》,1939年,内蒙古大学内蒙古近现代史研究所、内蒙古自治区图书馆学会主编:《内蒙古外文历史文献丛书》(第2辑),资源经济系列(一),咸丰八年十二月初二日约,内蒙古大学出版社2012年版,第507页。

　　② 穆俊:《清至民国土默特地区水事纠纷与社会研究(1644—1937)》,博士学位论文,复旦大学,2015年;张俊峰:《清至民国内蒙古土默特地区的水权交易——兼与晋陕地区比较》,《近代史研究》2017年第3期。

　　③ 穆俊博士在博士论文中,曾对土默特地区的水契进行整理,笔者在引用这两例契约时,一方面查考原文,一方面也参考了穆俊整理的契约。穆俊:《清至民国土默特地区水事纠纷与社会研究(1644—1937)》,博士学位论文,复旦大学,2015年,第292页。

计开随粘单一纸

有买房开地压地约式张共存

乾隆五十五年七日廿五日立约 合同约诸有清字语

照把什召上租约抄来典租合同约①

其二：

立租水约人张木素喇嘛，今租到什不吞水半分。同人言定，租钱七钱五分。以良店合钱，使钱三千整。许用不许夺，秋后交租。如交不道〔到〕，许本主人净〔争〕夺。恐口无凭，立租约存照。

合同〔骑缝〕

乾隆伍拾六年九月廿五日

中见人：王开正　水圪兔　范士珍②

上引第一例契约属于水随地走的情况，第二例属于水分单独流通的情况。正如张俊峰指出的，地水分离、水权商品化的现象，表明了当地民众开始利用市场的力量配置水资源，反映了传统农业社会发展的一些新动向。③ 不过，上述讨论侧重利用契约分析水分交易的情形，但只有在实际的水事活动中，观察蒙汉民众如何使用这些契约，才能更加清楚地看到人们对水资源产权观念的变化。乾隆四十七年（1782），巧尔报村发生了一起水案：

讯据色令多尔济、托克托户、查独忽浪等同供：小的们在巧尔报村务农为生，四月初间，被这哈力不岱村郭老六、邢有（即邢友——引者注）、岳金山们与小的本村张成宗、张三子串通将本村河

① 李艳玲、青格力：《土默特蒙古金氏家族契约文书整理新编》上卷，乾隆五十五年公庆出租与顾清地约，中国社会科学出版社 2018 年版，第 20—21 页。

② 云广藏：《清代至民国时期归化城土默特土地契约》第 4 册上卷，一四二、张木素喇嘛约，内蒙古大学出版社 2012 年版，第 113 页。

③ 张俊峰：《清至民国内蒙古土默特地区的水权交易——兼与晋陕地区比较》，《近代史研究》2017 年第 3 期。

水改挖成渠，往哈力不岱、伍里营子两村拨水浇地，毁坏了草厂二十多亩，张成宗们又暗受水价，浇地一亩，得钱四十文。……讯据张成宗、辛有、郭照进、岳金山、石宗同供：小的们先人自康熙年间，租下巧尔气召罗树喇嘛名下沿河荒草地亩，陆续开成熟地。到雍正三年上，与地主商议明白，开渠引水，费用工本有一百多两银子。召里立下文契，不许旁人拦阻，又有桥梁，并不妨碍行人。①

在本案之中，原告色令多尔济等宣称被告张成宗等修渠破坏了"草厂"。"草厂"是朝廷命令禁止开垦的土地。但他们并没有拿出相应的文据。民人则强调租了召庙喇嘛的土地，因此可以开渠引水，并订立"文契"。归化城同知和户司参领依据双方供词作出裁断，他们既承认了张成宗等对土地和渠水的占有，允许其依旧开渠灌地，同时"姑念蒙古地面"，断令张成宗等每年向蒙古出一千文的念经钱，两造遂告息讼。地方官员对案件的审理主要是为平息争讼、维护社会秩序，辨析产权并不是他们的目标。但从断案结果来看，地方官员实际上是承认了被告张成宗等提供的文契的效力。这就表明官府和被告张成宗一样，在水权的权属问题上，都依循了因地得水的逻辑。

嘉庆十八年（1813），保通河村发生了一件水案，在谈到水的权属问题时，原告尔登山等宣称："小的村中先年有户口地十顷，租与南挠尔村张鹏万、张连会，随去水分灌溉，并无立约，亦未使过押地钱，除灌浇十顷地亩外，余水归小的等阖村人等浇灌，已历有年。"② 尔登山等通过强调对户口地的占有来证明其对水分的占有，但他们没有约据可以佐证。被告武双的子等则可拿出租水合同，"民人武双的子等所供原租两日水分，未限顷亩之语，验有合同"③。在此案审理中，官员们的意见出现分歧。户司参领那穆达克、佐领三音五合图等认为武双的子等浇灌蒙古户

---

① 《详送色令多尔济控张成宗等完结销案册》，乾隆四十九年闰三月二十五日，土默特档案，内蒙古自治区呼和浩特市土默特左旗档案馆藏，档案号：80/5/77。
② 《牌行归厅会办尔登山等控武双的子霸水案》，嘉庆十八年十一月十一日，土默特档案，内蒙古自治区呼和浩特市土默特左旗档案馆藏，档案号：80/5/129。
③ 《牌行归厅会办尔登山等控武双的子霸水案》，嘉庆十八年十一月十一日，土默特档案，内蒙古自治区呼和浩特市土默特左旗档案馆藏，档案号：80/5/129。

口地十顷之外，余水应归蒙古自行"管业"。但萨拉齐厅同知佛宁阿则认为民人"现有约据为凭，难以讯断"。双方意见不相统一，因此不得不查阅乾隆二年（1737）案卷，经查后发现"乾隆二年案卷实有五拉特祖父水分，迨后已将户口地十顷，随水租给民人灌浇，务令先尽民人灌足十顷地亩之数，如有余水断给蒙古自便"①。最终此案以乾隆二年案卷为准审判。这件水案表明，单独的水分契约缺乏充足的法律效力，记录户口地、水分的案卷才是为官府所仰重的产权凭据。也就是说，水权必须依赖地权予以证明。不过，由于资料的限制，我们并不清楚案中所说乾隆二年案卷具体是什么。

道光十三年（1833），察素齐、云社堡、古城村三村争水。这个案件让我们看到官府处理此类争水纠纷的主要依据，除了契约，还有户口地册档。归化城同知在审理案件时向土默特旗户司咨请核查户口地册档：

> 惟查察素齐、巴什板申、荣硕堡三村始初原给蒙古当差分拨户口水旱地亩册档。敝府衙门并无底据，碍难稽核，拟合备文移查。为此合移贵司烦查文内事理。希将此案彼时原给该三村蒙古分拨户口水旱地亩数目及曾否分注每村、分水若干档案一并查明。②

户口地册档是乾隆八年（1743）朝廷在土默特蒙古中调整划拨户口地时编立的册籍，主要登记了土默特蒙古兵丁的地亩情况。民国《绥远通志稿》记载，在托克托厅"惟蒙民交涉地亩事件，往往纠葛难清，遇有此等呈词，除亲诣勘视丈量明确外，必须咨查归化城土默特户司档册。令四至界址了如指掌，方足以折服其心，且照例申请副都统添派蒙员会审"③。在本案中，户口地册档亦是判定水分来历和权属的重要依据，由

---

① 《牌行归厅会办尔登山等控武双的子霸水案》，嘉庆十八年十一月十一日，土默特档案，内蒙古自治区呼和浩特市土默特左旗档案馆藏，档案号：80/5/129。

② 《为贡楚克与巴力赞等争水份案资查察、云、巴什三村地亩册档》，道光十三年五月二日，土默特档案，内蒙古自治区呼和浩特市土默特左旗档案馆藏，档案号：80/5/142。

③ 民国《绥远通志稿》卷74《司法》，内蒙古人民出版社2007年点校本，第9册，第537页。

此可知水分与户口地处于捆绑状态。这一依据户口地册档判断水分权属的做法一直延续至清朝末年。光绪三十年（1904），古城村村民欲"偷使"上述三村之水，由三村共同成立的水神社立碑宣告："夫我察素齐自康熙年间分拨户口以来，向有大沟流出之水，载入户口册籍，把什板申村、云社堡村与我三村轮流浇灌，均沾利益，已奉将军、都统出示定章，成规不乱，诚乃世世不易之常规也。"①

通过以上论述，我们可以知道土默特地区在乾隆末年就已经出现了地水分离、水分单独交易的情况，这表明水随地走这一地水关系已经发生了松动。然而，尽管在水分交易中，水契的使用越来越普遍，但无论是在民间还是在官府，在用水纠纷中，水分权属都与户口地权属绑定，在法律上不具备独立的地位，这就使单独的水契在证明水分归属时存在制度上的制约，官府和民间所仰赖的最重要的产权凭证是户口地册档等官方文书，这一局面到了民国时期开始被打破。

三 水利法规与产权变更

清朝末期，清廷在边疆危机和财政压力下，推行放垦蒙地政策。水利事业与土地放垦息息相关，也因此成为垦务官员关心的重要事项。时任督办蒙旗垦务大臣、绥远城将军的贻谷，就在与土默特比邻的后套地区（今包头以西临河地区）躬身相度，修治渠道。② 这些动向扰动了土默特的水利秩序。清末的土默特档案资料记载："事关蒙古生计，且现在时势多艰，屡奉明文，广兴水利之际。"③ 不过，这一时期土默特的水利事业基本上仍以民间力量为主导。官员们虽然开始在土默特倡行水利，但水资源的产权问题尚未进入其理政视线。

民国肇建，水权的国有化进程加快。1918年8月29日，大理院统字第845号解释："查江河及其他公之水面，其所有权自应属之国家，除国

① ［日］今堀诚二：《中国封建社会の构造—その历史と革命前夜の现实》，日本学术振兴会，1978年，第683页。

② （清）贻谷：《巡视渠地并带查广觉寺折》，光绪三十三年三月二十一日，《绥远奏议》，《近代中国史料丛刊》续编，文海出版社1974年影印本，第103册，第313页。

③ 《详张庆和控贾荣娃违断填渠案已会审明确请销案批示》，光绪三十二年九月十七日，土默特档案，内蒙古自治区呼和浩特市土默特左旗档案馆藏，档案号：80/5/496。

家特别限制使用方法或使用之人外，人民皆有自由使用之权。"① 大理院解释的要旨在于将水资源所有权收归国家。这一时期，绥远当局也在后套展开将渠利收归官有的举措。② 这些规定和行动都在不断地改变着土默特社会原有的水利格局。土默特的蒙古官员就表现出对大青山沟水产权被侵夺的担忧，1922 年 5 月 20 日，土默特旗参领联合上书：

> 　　伏查绥远实画特别区域，本旗东至察哈尔厢兰旗，西至乌拉特东公旗五百余里，逢沟有水，有水者必灌地，此即雍正十三年、即乾隆八年两次赏放户口地亩，水连地，地连水，凡系蒙民自种者，地水随其自用，如租给地户者，地有地租，水有水租，皆属蒙民养命之源，实为生计之命脉。如系实有组织公司阴谋夺水之举，蒙民当此流离播迁之后，何堪再受此苦。况自民国以来，历任大总统均有优待蒙人暨筹给生计并保护固有私产各命令，墨尚未干，倘旦被其设局实行办理，则蒙民固有私产，必被霸夺，而蒙民之困苦冻馁，转乎沟壑者，亦必在所不免。③

在这份呈文中，土默特官员指出土默特蒙民对沟水的所有，依据的是雍正十三年（1735）、乾隆八年（1743）两次赏放的户口地亩。同时，民国政府颁布的有关蒙古的法令，也被土默特官员援引，成为其维护沟水产权的重要凭据。民国成立之初，为了稳固和维系其对蒙古地区的统治，曾颁布《关于满蒙回藏各族待遇之条件》等法令，其中有"保护其原有之私产"④ 的规定。不过对于"私产"是什么，这些法令的界定十分笼统模糊。因此，土默特官员申诉的主要依凭仍然是清代因地得水的逻辑，这也就是说水的权属还没有从户口地的权属中剥离出来。

---

① 大理院致修订法律馆函（统字第 845 号，民国七年八月二十九日），《政府公报》1918 年第 952 期。

② 民国《绥远通志稿》卷 40（上）《水利》，内蒙古人民出版社 2007 年点校本，第 5 册，第 591—593 页。

③ 《请转呈停止水利公司立案的呈文》，1922 年 5 月 20 日，土默特档案，内蒙古自治区呼和浩特市土默特左旗档案馆藏，档案号：79/1/872。

④ 《宣统政纪》卷 70《关于满蒙回藏各族待遇之条件》，宣统三年（1911）十二月下，《清实录》，中华书局 1987 年影印本，第 60 册，第 1296 页。

南京国民政府时期，绥远当局在水利方面投注了更多注意力。1928年，绥远建设厅颁布了《绥远建设厅奖励兴办水利章程》；1929年，又颁布了《绥远建设厅河渠管理章程》。^①其中《绥远建设厅河渠管理章程》第2条规定："凡绥远地上、地下流动或静止之水，为人民公众利益所系，无论何人或团体，不得占为私有，但得依本章程之规定，呈准引用之。"第3条则规定："凡开引河渠经人民呈准后，均由建设厅分别注册并发给用水证书，以资保障。"^②上述规定在法理上否认了清代大青山沟水权属源自户口地权属的证明逻辑，也使原来的民间私契失去了法律效力。这为土默特民众重新确立地方水利秩序制造了机会。武当沟分局长云鹤翔试图改变武当沟沟水的权属，他在1934年7月9日的呈文中称：

> 窃查绥远大青山一带所产煤炭各物所有权完全均归我旗，兹查武当沟河水系活泉水，长年不断，以本旗定章，主权应归我旗所有。……因此鹤翔追问，据该村年老人言谈，此水当初向一蒙人以外兑钱三十千置到，究系何年，该蒙人名姓住址，现在有无后人，尚说不清，惟此水之根据，除所持该蒙人契纸而外，迄今并无其他之字样。伏思此水上流，头约有数十里之远，可想此水之主权，不能归为该蒙人一人私有。即以该沟内各沟所产煤炭，历来租税均归我旗征收，而此水与此煤炭同一出处、同一路线，则主权亦应归我旗公有。^③

从中可知，云鹤翔以"主权应归我旗所有"为由，提出将武当沟沟水收归旗有。在他看来，汉人与蒙古人签订"契纸"不足以证明沟水的"主权"。可见，在新的水利法规下，以往通过户口地权属即可证明水之归属的逻辑和确定产权的私人契约，受到了质疑和挑战。

1942年，国民政府公布了第一部《水利法》。《水利法》共九章，其

---

①　穆俊对章程的颁布做了详细的梳理。参见穆俊《清至民国土默特地区的水事纠纷与社会研究（1644—1937）》，博士学位论文，复旦大学，2015年，第222—226页。

②　《绥远建设厅河渠管理章程》，《绥远建设季刊》1929年第1期。

③　《五当沟河水主权应收为公有的呈文》，1934年7月9日，土默特档案，内蒙古自治区呼和浩特市土默特左旗档案馆藏，档案号：79/1/153。

中与水权有关的内容共两章，分别为第三章《水权》、第四章《水权的登记》。第三章《水权》规定："本法所称水权，谓依法对于地面水或地下水取得、使用或收益之权。"第四章《水权的登记》指出："水权之取得、设定、移转、变更或消灭非依本法登记不生效力。"申请水权应提供如下文件："一、声请书；二、证明登记原因文件或水权状；三、其他依法应提出之书据图式。"①《水利法》援引西方的产权观念界定了水权。同时，通过水权登记，用"水权状"等官方契据取代原来民间的"契约"。不过，《水利法》颁行之时，中国正笼罩在抗日战争的战火硝烟之中，并不具备全面实施的条件。

《水利法》公布实施之时，土默特地区正为日本扶植的伪蒙疆政权占据，当时的伪土默特旗公署延续了此前国民政府绥远当局将水权收归"旗有"的主张，这在1939年北只图村发生的水案中有所反映：

> 旗署以蒙汉同居年久深远，为息讼解和计，既往偏怙，暂不追询，惟沟内之公水既不得归汉，复不归蒙，为此将每周内一天之水利，其水利未统治前，暂归本署管理，浇一亩，暂定水租洋一元，作为了结。……于执行期小满日，又复聚众数百人，意欲欧（原文如此——引者注）辱公务人员。复经顾问驾临，维持判决施行。委员局长等，仍行变通，将晚水两股会同巩署长发给水票二纸，蒙汉各一，晚间不能监视。定价洋各三十元，各自使用。该汉社村长孙万章领票使水完毕。收款时，村长不见面，村副张存义一力不付分文。②

从上可知，伪土默特旗公署将水利收归"旗有"的解决方案，引起了民众的激烈反对。虽经官员的调停，蒙汉民众同意领取"水票"使水，但这不过是权宜之计。使水完毕之后，民众采用避而不见、拒不交款的方式，对旗署进行抵抗。然而，在各方势力的角力中，北只图村沟水的

---

① 《水利法（三十一年七月七日公布）》，《立法院公报》第121期《法规》。
② 《呈报萨县顾问执行施水办法暨经过情形》，1939年5月26日，土默特档案，内蒙古自治区呼和浩特市土默特左旗档案馆藏，档案号：79/1/76。

利权最终还是收归了"旗有"。时隔一年,伪土默特旗公署办事人员在呈文中说:"一、查北只图村公水共有七转,本年出售租者共有四转,下余三转,被山水冲坏渠坝,不能租售。二、本年度水租至此转水办理完竣,征到租款,除截留十成之三,以作修理渠坝及消耗等费外,下余租款均已解缴旗署。"① 可见,此时"旗署"已经能够顺利收到水租。与此同时,使水人也申领了"旗署"颁发的"租水三联执照"。②

上述伪土默特旗公署将水权收归旗有的实际做法,在1942年化为了一纸正式的计划书。这一年,伪土默特旗公署制定了《土默特旗境内各甲佐水利整理计划书》。其中关于土默特旗境内沟水川流的权属,计划书规定:"查本土默特旗境内各甲佐地面,关于沟水川流等水利,及渠道所占之土地,均为固有之权益。"③ 在这一前提下,计划书进一步规定:"由旗制发使水执照及水租联单,无论清洪水浇灌地亩,均规定水租,依照土地之肥瘠酌定租率,每亩不得超过一角,以便着手。又凡旧归人民私行起征等费一概取缔,收归旗有云云。"④ 从内容上看,这一政策与之前绥远省的水利法规有相同之处,同时也是对伪土默特旗公署此前即成水利处理做法的认可。

日本败退以后,国民政府恢复了对土默特地区的统治。在其恢复统治秩序时,将水租收归公有的问题提上议事日程:"现在国土重光,旗政复员。各项固有之权利,业经逐步收回,力图改进,兹为划一旗权计,拟将此项收入收回公有。不得私相授受,由旗征收,以裕公帑。"⑤ 此时,历经国民政府和伪蒙疆政权的水利改革,土默特民众的产权观念和证明方式都发生很大的改变,这在忽洞沟门村云全福等与杜栋的水利纠纷案

① 《关于北只图村公水使水情形的呈文》,1940年9月11日,土默特档案,内蒙古自治区呼和浩特市土默特左旗档案馆藏,档案号:79/1/392。
② 《关于北只图村公水使水情形的呈文》,1940年9月11日,土默特档案,内蒙古自治区呼和浩特市土默特左旗档案馆藏,档案号:79/1/392。
③ 《发水利整理计划书的训令》,1942年9月9日,土默特档案,内蒙古自治区呼和浩特市土默特左旗档案馆藏,档案号:79/1/258。
④ 《发水利整理计划书的训令》,1942年9月9日,土默特档案,内蒙古自治区呼和浩特市土默特左旗档案馆藏,档案号:79/1/258。
⑤ 《呈请实施征收水租并祈颁发章则》,1946年5月22日,土默特档案,内蒙古自治区呼和浩特市土默特左旗档案馆藏,档案号:79/1/264。

件中得到体现。案件原告云全福 1946 年 5 月 22 日呈文称：

> 案查旗属右翼六甲二佐忽洞沟门决坝水利，其所有主权向为旗
> 公家操持，私人不得而有之，故其使用权，屡年向钧府承租核定，
> 其来有自。迨至本年，属村蒙民授案，以五千元租，准使用一年，
> 并蒙批示在案。……查民等使用此项决坝水利，完全系暂租性质，
> 其所有权非民三人所私有，曷敢自认水主，擅称本案之当事人被告
> 资格既然无当，无赴案之必要，惟因法警勒令限期出庭，未便拒绝，
> 乃于七月二十日被萨司法处张法官一度庭讯，并令民等被告收受副
> 状，限三日提出答辩。当经叙明本案之原委，并声明此项水权在旗，
> 对方杜栋指鹿为马，妄诉民等为被告，当事人殊不合法，请驳斥原
> 诉，能否邀准司法处如此办理，尚不敢知。惟既承租旗公有之水利，
> 民等何敢妄自出庭，然本案事关旗有之权利，而损失民等租金事小，
> 阻碍使用权，贻误浇地，收获受损，当由杜某负责，尤以水利主权
> 在旗，不得不早来禀报。①

　　由上可知，云全福等已经对"主权""使用权"等近代意义上的产权
术语非常熟悉，并利用这些术语，在水利法规的框架内，声称自己对水
资源的权利。不过，案件裁断需要证据证明。在该文呈递司法处之后，
司法处指出，"查此水既系公家所有，汝速向承包机关与司法处来函证明
始能判决"②。此后云全福等相继投递了三个呈文，进一步申明其维护水
权的诉求。其在呈文中证明杜栋没有水权的重要依据，都是杜栋没有专
门的水契。③ 如在 1946 年 12 月 23 日的呈文中，云全福等称："再查沿山

　　① 《被杜栋诬告妄图侵占公有水利请转萨县司法处驳斥的呈文》，1946 年 7 月 24 日，土默
特档案，内蒙古自治区呼和浩特市土默特左旗档案馆藏，档案号：79/1/188。

　　② 《呈请转函萨县司法处证明忽洞沟之水系公家出租非蒙民私有》，1946 年 8 月 4 日，土
默特档案，内蒙古自治区呼和浩特市土默特左旗档案馆藏，档案号：79/1/191。

　　③ 《呈明忽洞沟门水利概未立契出卖》，1946 年 10 月 15 日，土默特档案，内蒙古自治区
呼和浩特市土默特左旗档案馆藏，档案号：79/1/193；《呈述忽洞门水利纠葛请转函萨县司法
处核实》，1946 年 12 月 23 日，土默特档案，内蒙古自治区呼和浩特市土默特左旗档案馆藏，档
案号：79/1/194；《呈请保障固有水利主权》，1947 年 2 月 16 日，土默特档案，内蒙古自治区呼
和浩特市土默特左旗档案馆藏，档案号：79/1/198。

一带，买水须立专契，而该杜姓为何不另立水契，仅以地契抵赖，况自来未交过水租，又何能借词夺水。"① 云全福等反复提到杜栋没有专门的水契，仅靠地契难以证明水权，这表明在他们看来，水契具有独立的法律效力。土默特旗政府同样强调水契的法律效力。在向绥远省高等法院的呈文中，土默特旗政府表示：

> 据此查沿大青山一带，水利向为蒙旗固有之权利，人民私相授受，悬为历禁，该忽洞沟门决坝水，亦不能例外，是其水权为本旗所有，不过责成该管大领催代为经管，由属目蒙民使用，须按年交纳水租有案。兹据前情，该杜栋既无买水契约，以作凭证，今欲恃强独占。②

从前文论述，我们已经知道，以往的水利法规和水利整理，已经在法律意义上使水权从地权中析出，具有了独立的法律地位。租水的专门契据也因此具备了相应的法律效力。民众和官府对专门的水契的强调，正是受这一法律观念不断影响的结果。这与清代判断水分来历主要依据户口地册档的情况形成了明显的对照。

耐人寻味的是，云全福等在指称杜栋没有"水契"时，自己也并没有拿出或提到任何可以证明水权的"水契"。在关于这起案件的卷宗中，能够证明云全福等水权的证据，似乎只有一份云全福等向土默特旗提交的承租申请，这份申请说："窃查旗属右翼六甲二佐忽洞沟门，自被日寇焚毁，全村蒙民流离，固有决坝小水一股，未利用数年，今者胜利而还，蒙陆续回村，拟本年度承租使用。"③ 申请提交的时间是 1946 年 6 月 10 日。但仅时隔一个多月，就发生了云全福等与杜栋的争水案。如前所述，按照水利法规的规定，租水执照或水权状是证明权属的重要凭证。假如

---

① 《呈述忽洞门水利纠葛案请转函萨县司法处核实》，1946 年 12 月 23 日，土默特档案，内蒙古自治区呼和浩特市土默特左旗档案馆藏，档案号：79/1/194。

② 《证明忽洞沟门决坝水为本旗所有请秉公传讯以维水权的函》，1947 年 4 月 11 日，土默特档案，内蒙古自治区呼和浩特市土默特左旗档案馆藏，档案号：79/1/197。

③ 《呈述忽洞门水利纠葛案请转函萨县司法处核实》，1946 年 6 月 10 日，土默特档案，内蒙古自治区呼和浩特市土默特左旗档案馆藏，档案号：79/1/194。

云全福等能够提供执照或水权状，这无疑是最为直接有力的证据。但此案中，恰恰缺失了这一关键性的证据。他们为何未能提供，是为了规避执照费用而选择不申请，还是不了解办理执照的政策而未及申领，抑或其他原因？由于资料的限制，个中原委无从查知。然而，这一证据的缺失也恰恰表明，虽然忽洞沟村村民在呈文中熟练地运用民国的水利法规来维护自己的权益，但这一法规究竟在多大程度上得到了真正的落实，仍然值得怀疑。

第二节　水利经费与地方社会

一　民间集股与水利经费的筹措

入清以后，土默特农业垦殖规模不断扩大。与此同时，水利事业也逐步发展。在水利设施的兴修与维护中，经费筹措是蒙汉民众首先要面对和解决的问题。在清代大部分时间里，土默特的水利经费多由民间社会自行筹措。直到清末，当地水利事业仍是"半皆民间自由办理，任便使用，官厅多不过问"。①

个人集股出资是水利经费的主要筹措方式。民人在租种蒙古人土地之后，为了提高农作物的产量，往往修建水利设施。在前述乾隆四十七年（1782）归化城厅巧尔报村水案中，巧尔报色令多尔济等状告本村张成宗等串通哈力不岱村郭老六等挖渠毁坏草厂、破坏官道。张成宗等人则称："小的们先人自康熙年间租下巧尔气召罗树喇嘛名下沿河荒草地亩，陆续开成熟地。到雍正三年（1725）上与地主商议明白，开渠引水，费用工本有一百多两银子。召里立下文契，不许旁人拦阻。"② 张成宗等强调了修建渠道得到了"地主"巧尔气召罗树喇嘛的许可，并且花费了工本一百多两银子。从中可知，这条渠道是由张成宗等个人集股出资修建。

随着农耕定居化的发展，原本不擅农耕的蒙古人，也越来越多地从

---

① 杜锡珊：《水利·总论》，《绥远建设季刊》1929 年第 1 期。

② 《详送色令多尔济控张成宗等完结销案册》，乾隆四十九年闰三月二十五日，土默特档案，内蒙古自治区呼和浩特市土默特左旗档案馆藏，档案号：80/5/77。

事农业生产，并且主动筑坝开渠。光绪十八年（1892），萨拉齐厅二十家子村发生了一起水案，此案由善友板申村甲会张犁虎子越界填塞二十家村渠口引起。该案案卷记载了官府断案的情况："据此卑职伊精额奉委束装抵萨，会同卑职周桂敷查明卷宗，讯得此案因渠争控缠讼有年，蒙古七十五等从前筑坝开渠曾经花费财力，情难为该民人等平白堵塞，实属不合，除申斥外，断令张木兆气等帮给七十五自垫渠费钱一百三十吊，以作从前花费，嗣后再不准与二十家子村民开渠滋事，致起讼端，两造允服，情愿遵断息讼。"① 此案官府断案的依据正是蒙古七十五、民人侯良等修建了水利设施，耗费了财力，因此断令被告张木兆气（即张犁虎子）等补给蒙古七十五渠费钱一百三十吊。

由合村民众共同修建水利设施的情况也比较常见。乾隆四十八年（1783）萨拉齐厅的一个村子发生土地纠纷，纠纷在蒙妇伍把什和民人杨天沼之间产生。本案虽然是一件关于土地纷争的案件，却在无意中留下了水利设施兴修的记录。该案案卷中蒙汉坝头的供词称："讯据民人坝头要照、刘德子、蒙古坝头色旺等同供：小的们村里三十八、九年、四十四年三次修筑坝堰，每分地三十亩，共摊花费钱八千八百有零，现有账目可凭。伍把什地内应摊钱文俱系杨天沼出的。是实。"② 不难发现，这个村子的水利设施，由民人坝头和蒙古坝头组织全村集资修成，按每份地三十亩摊钱，共摊钱八千八百多文，并且留下账目。

到了清末，朝廷在内蒙古地方推行蒙地放垦，倡导发展水利。土默特地区也开始有越来越多的村落兴修水利设施。光绪三十一年（1905），萨拉齐厅参将村发生一起水案，此案由参将村贾荣娃、挠狮子阻挠合村在张庆和地内开渠引起。本案案卷中记载了原告民人张庆和的供词，"据张庆和供，向在萨属参将村居住种地度日。小的先人置到赵佐领苏目下地一段三十余亩。地里还有小的祖坟，耕种数十年之久，并无异说。到光绪三十一年（1905）春上，村众蒙汉公议在小的地里开渠浇地，渠口

① 《张犁虎子填塞渠口案讯结书册》，光绪十八年三月二十七日，土默特档案，内蒙古自治区呼和浩特市土默特左旗档案馆藏，档案号：80/5/330。

② 《详报审断蒙妇伍把什控杨姓一案情形（附书册）》，乾隆四十八年五月二十四日，土默特档案，内蒙古自治区呼和浩特市土默特左旗档案馆藏，档案号：80/5/66。

相挨蒙古得胜户口地。兴工开掘，突有案下西河沿岸村人贾荣娃，佐出蒙古挠狮子拦阻填渠，小的合（原字如此——引者注）蒙古得胜们当就控蒙樊案下，勘讯贾荣娃们合约不符，且渠身并未占贾荣娃们的地，断给小的们印谕，准予开渠浇地，以兴利水（应为'水利'——引者注），不准贾荣娃们阻挠。各具甘给完案"①。这条材料中没有直接提到水渠修建的经费筹措情况，不过，既然是由"村众蒙汉公议"，其经费理应由全村共同筹集。

自民元鼎革至 20 世纪 20 年代，土默特地区的水利经费仍是主要依赖民间自发筹措。1929 年绥远建设厅调查归绥县渠道，"十八年夏，公家于县属各村旧有大小水渠曾调查一次。计有五十六处，其渠多为一村所开，公共经理，亦或有数村合力经办者，为数较少"②。可见，直到 20 世纪 20 年代，归绥县各村渠道主要由一村独立开凿，有少量为数村合开。

20 世纪 20 年代以后，绥远当局制定章程，鼓励民间自筹经费开挖渠道。在《绥远建设厅奖励兴办水利简章》第七条中就规定："凡有合于左列各规定之一者，由县局长查明出力人员，择优请奖。（一）各县局联合或各村联合创办水利组合开渠，著有成效者。（一）创办水利公司开渠凿井以营业为性质，而定价低廉办理完善者。（一）创兴水利或堤防水害，纯由人民出资出丁，不借公款补助者。（一）凡在一村提倡凿井十眼以上者。"③ 在这一政策导向下，不少民间人士独立修浚渠道。然而，民间社会出资修建，常因经费不济，陷入难以为继的境地。归绥县的复兴渠就遭遇了这样的命运，复兴渠，原名义和渠，引大黑河水而建。1925 年，赵登桂等人集资开凿，投资经费四千元，开渠十余里，但因款项不继而被迫停止。1929 年，张世昌继续集股修建，同年又由复兴渠水利社接续工程。到 1930 年，渠道已经可以灌溉田亩。但此后大黑河水泛滥，冲决渠口，不得不再次停工，"厥后屡修屡圮。需款已属不资。而工程迄未完成，截至二十三年，已需款五万余元，多数股东于成渠无日，不顾再予

① 《详张庆和控贾荣娃违断填渠案已会审明确请销案批示》，光绪三十二年九月十七日，土默特档案，内蒙古自治区呼和浩特市土默特左旗档案馆藏，档案号：80/5/496。
② 民国《绥远通志稿》卷 40（上）《水利》，内蒙古人民出版社 2007 年点校本，第 5 册，第 789 页。
③ 《绥远建设厅奖励兴办水利简章》，《西北新农月刊》1933 年第 2 期。

投，故至二十四年春，复行停工矣"①。

二 官方拨款与水利经费的供给

土默特地区的水利经费，在 20 世纪 20 年代以前，主要由民间社会自发筹集。20 年代以后，地方政府在包括水利经费筹措等水利事务中开始扮演越来越积极的角色。这一转变，与 20 年代的大旱灾有关。民国《绥远通志稿》记载："自十五年后，连年旱灾，盖藏悉尽。老弱饿殍，少壮流亡，为绥地空前未有之惨象。事后痛定思痛，农民旧习为之一变，渐知注意水利，或欲利用河流，或欲疏导山泉。开渠之风，自十八九年以来，于以大盛。公家既广为劝谕，以导其机，复优为贷款，以促其成。"②也就是说，1926 年以后土默特地区连年亢旱，这成为地方政府在水利事务中承担更多职能的重要契机。

（一）斗捐、报荒地款

清代，土默特地区的地方官员偶有参与兴修水利设施的行为。萨拉齐厅（民国时期改"厅"为"县"）治所是萨拉齐，位于大青山山麓南侧，正对水涧沟，常受山洪侵害，因此需要修坝防洪。道光八年（1828）《萨拉齐修筑土坝碑记》记载："迩年来雨水浩大，冲堤直下，居民颇受其害，郡之人每议筑土坝于郡外而不果举。幸逢我神君寿老公祖念切民瘼，思患预防，督率乡总等，动众兴工，以完堤防，以谨壅塞。凡我商民无不欣然乐从，富者捐缗，贫者效力，经数月而工告竣。"③"神君寿老公祖"即萨拉齐通判寿麟，他于道光七年（1827）至道光十四年（1834），在萨拉齐厅任职。④ 在其任内，因督率修坝而得到百姓称赞。不

---

① 民国《绥远通志稿》卷 40（上）《水利》，内蒙古人民出版社 2007 年点校本，第 5 册，第 800 页。

② 民国《绥远通志稿》卷 40（上）《水利》，内蒙古人民出版社 2007 年点校本，第 5 册，第 594 页。

③ 日伪《萨拉齐县志》卷 15《艺文》，《萨拉齐修筑土坝碑记》，包头市地方志办公室、包头市档案馆、内蒙古社科院图书馆合编：《内蒙古历史文献丛书》之八（下册），远方出版社 2009 年标点本，第 760 页。

④ 日伪《萨拉齐县志》卷 15《艺文》，《重修官坝碑记》《重修水涧沟石坝记》《重修萨县保安石坝碑记》，包头市地方志办公室、包头市档案馆、内蒙古社科院图书馆合编：《内蒙古历史文献丛书》之八（下册），远方出版社 2009 年标点本，第 767、769、770 页。

过，从碑文内容可知，官员只有督率之功，官府并未投入经费。

光绪年间，托克托厅的官员参与兴修顺水坝。民国《绥远通志稿》记载："托克托县顺水坝，清光绪十三年通判恩承用斗捐款修筑一次。三十年孙多煌禀请从赈款项下拨银二万两。三十一年魏錾时开工，大家修治。"① 从中可知，托克托县顺水坝在光绪十三年（1887）用斗捐修建。这里所说的斗捐，是在通判恩承任内，由河口镇乡耆公盛长铺长岳恒瑞、晋义恒铺长刘登龙牵头倡办，"因托河顺水坝失修，恐出危险，倡办二文斗厘，由籴粜米粮者，每斗各抽一文，集款预备随时补修，以防水患"。这笔款项后来交由官厅接收。民国以后，划为省款。②

20 世纪 20 年代，土默特地区旱魃肆虐，地方社会出现了"以地集款，开渠灌溉"的提议。1932 年，托克托县县长荣任民、新章营等村村民向绥远建设厅呈请报垦荒地五十顷，以每亩现洋四角的时价，招徕民户承领，可得款项两千元，用于修建水渠。这一提议得到绥远建设厅批准，"兹由厅长察以情形，拟将此渠定名民康渠，所有工程应需之款即将新章营村报荒三十顷、拐沟营报荒二十顷定为官产，责成该县政府招垦发给财政厅官产部照。此项收入拨作修渠之费，一俟渠成，再按渠费摊还"③。民康渠的例子从一个侧面说明了地方政府为了兴修水利如何多方开辟财源。

（二）工赈贷款

为救济遭遇旱灾的灾民，地方政府开始将灾荒赈款用于水利兴修。赈款主要由中央政府筹拨、各界募捐和税捐附加款构成。④ 其中税捐附加款是赈款的经常性来源。附加赈款自 1927 年起征，主要来自货捐局货捐、禁烟善后局罚款、警察厅戏妓捐、粮食出口捐，其中禁烟善后局所得最多。1928 年，又增加了平绥铁路客货运费附加款。这些款项"按月解会

---

① 民国《绥远通志稿》卷 40（上）《水利》，内蒙古人民出版社 2007 年点校本，第 5 册，第 796 页。

② 民国《绥远通志稿》卷 31《税捐》，内蒙古人民出版社 2007 年点校本，第 4 册，第 557—558 页。

③ 《呈请修挖托县民康渠拟具办法文（附图暨办法）》，《绥远建设季刊》1932 年第 11 期。

④ 民国《绥远通志稿》卷 66《赈务》，内蒙古人民出版社 2007 年点校本，第 9 册，第 72 页。

备用，每年约三万余元"①。

赈款用于兴修水利的主要形式是"以工代赈"。工赈分为路工和渠工。渠工即召集灾民，开挖渠道，拨款赈济。在时人看来，修挖渠道是工赈的首选方式，"绥远两年以来，人民历受刀兵水旱风霜之灾，无衣无食者数逾一百五十余万名口，其惨酷情状匪言可喻，政府筹拨赈款，各慈善团又复尽量拯救，无如灾区太广，普救匪易，是于急赈之外，必须工赈兼施，而工赈进行，应以修渠为先要"②。

1929 年，由赈务会积极倡导各县贷款兴办水利，以工代赈，"至是复经赈务会贷给水利用款，专事修浚渠道，灌溉田地"③。为了管理水利贷款事务，绥远当局还于 1929 年 8 月设立了"保管水利建设基金委员会"，并颁布了管理办法。1930 年议决的《绥远省修正保管水利建设基金委员会贷款办法》规定，修挖新旧干支渠道、浚河凿井、购用水车都可以贷款。贷款可贷于团体或私人，私人贷款仅限于凿井。贷款两年内还清，展期不得超过四年。年息六厘，每展限一年，加息一厘。④ 一年以后，又制定了《补订绥远省赈务会工赈水利建设贷款办法》，与前一办法相比，这一办法免除了工赈水利款项的利息，并规定水利款项于工程竣工后，由其征收水租项下分年摊还。⑤

在这一情况下，各县纷纷贷款修渠。其贷款金额如下，萨拉齐县兴农、富农两渠六千元，托克托县民阜渠六千元，民利渠二万八千九十三元，包头民福、公济两渠一万二千元，和林格尔县盘山渠、小沙梁渠八千元，归绥民丰渠六万两千元。⑥ 但是贷款款项往往不敷使用，因此仍然需要地方集股。托克托县民利渠，"计先修干渠和九道支渠。需时一年半，费款三万七千元。内水利贷款二万七千五百元，由赈务会支领。地

① 民国《绥远通志稿》卷 66《赈务》，内蒙古人民出版社 2007 年点校本，第 9 册，第 53、71 页。
② 《绥远工赈拟修各县渠道计划书·引言》，《绥远省政府年刊》1931 年。
③ 民国《绥远通志稿》卷 66《赈务》，内蒙古人民出版社 2007 年点校本，第 9 册，第 136 页。
④ 《绥远省修正保管水利建设基金委员会贷款办法》，《绥远省政府年刊》1931 年。
⑤ 《补订绥远省赈务会工赈水利建设贷款办法》，《绥远省政府年刊》1931 年。
⑥ 民国《绥远通志稿》卷 66《赈务》，内蒙古人民出版社 2007 年点校本，第 9 册，第 136 页。

方集股一千六百七十元，又提用各区领回之赈粮值价七千八百元"①。托克托县民阜渠，"此渠亦为水利贷款所修。由地方人士提倡，向省赈会领得六千元。民国十九年四月十九日开工。六月八日因款用尽停工。嗣由沿渠农户暂为借垫"②。

按照前述《绥远省修正保管水利建设基金委员会贷款办法》规定，水利贷款只能用于水利，但各县不乏将贷款挪作他用的情况。③ 在武川县，"武川领到八千元，二十年春季修城借用，虽经各区按地均摊，统归财务局起收，现在已逾一年，分文未还，本局早拟利用此项工赈款开挖塔布河渠道，业蒙照准刻下款项无着，致工程停顿，查各县将此项工赈款，挪作别用，在所难免"④。尽管有诸多不完善之处，赈款贷款兴修水利还是取得了一定的成效，"查各县工赈修渠大半完成，惟和林小砂梁渠，萨县之兴农、富农渠，包头民福渠、公济渠，或因借款纠葛，迄未竣工，或因他故，半途中辍，应由各建设局长回县后，切实晓谕，协助妥办督促早日完工，勿任前功废弃"⑤。

民国时期绥远水利以工代赈中影响最大的是"民生渠"。绥远"民生渠"与陕西"泾惠渠"并称为西北两大水利工程，时人记载："陕西泾惠渠与绥远民生渠的开凿，不但是陕绥二省的巨大水利工程，而且也是我们几年来稀有的水利建设。开发西北，久经国人视线所集，而泾惠渠与民生渠的开筑，实足为树立开发西北之先声。"⑥ "民生渠"的修建，其直接导因就是绥远地区的旱灾。1927 年，萨拉齐、托克托二县旱情严重，在地方人士的呼吁声中，1928 年，都统李培基、建设厅厅长冯曦主持修建民生渠。民生渠采用以工代赈的方式，招集流亡，赈济灾民。其赈款构成如下："除由平绥路附加赈款，及本省烟亩罚款附加赈款，并承阎总司令筹发急赈，综共集资二十余万元，而以四分之一用于工赈，兴工一

---

①　民国《绥远通志稿》卷 40（下）《水利》，内蒙古人民出版社 2007 年点校本，第 5 册，第 791、792 页。

②　民国《绥远通志稿》卷 40（上）《水利》，内蒙古人民出版社 2007 年点校本，第 5 册，第 793 页。

③　《绥远省修正保管水利建设基金委员会贷款办法》，《绥远省政府年刊》1931 年。

④　《如何催索工赈款以便建设案》，《绥远建设季刊》1933 年第 13 期。

⑤　《继续举办河渠调查以资振兴水利案》，《绥远建设季刊》1933 年第 13 期。

⑥　赵镜元：《泾惠渠与民生渠》，《新中华》第 1 卷第 11 期，1933 年。

载，耗资六七万元，顾工程浩大，经费困难，颇难为继，复由绥省府及
建设厅与华洋义赈救灾总会商妥，于民国十八年订立合同，双方集资，
所有未完工程，继续开挖。是年七月，即由华洋义赈救灾总会接办，担
任开渠工作。经营三载，于二十一年冬始大部告成，综计兴工五六年，
用费八十余万元。"① 从中可知，民生渠的赈款，在平绥路附加赈款、绥
远省烟亩罚款附加赈款、阎锡山急赈款之外，还有华洋义赈救灾总会的
赈济款。华洋义赈救灾总会简称华洋义赈会，全称中国华洋义赈救灾总
会，成立于 1921 年，是由中外人士联合组成的近代中国最大的国际慈善
社会团体。② 华洋义赈会在全国各地都展开赈灾活动。绥远地区罹遭大旱
之后，华洋义赈会也参与赈济。可见随着社会环境的改变，一些新出现
的社会团体在绥远地区的水利事业发展进程中发挥了一定作用。

三　水租与水利经费的维持

水利设施修成之后，其日常的维护管理同样需要经费的支持。清代，
水利经费的维持主要依赖水租。不过，这方面的资料鲜少留存。所幸土
默特右旗保留着三份珍贵的契约，契约内容从一个侧面反映了土默特水
利设施日常维护的情况。三份契约契文如下：

其一：

> 立信约人威俊、鸸鹋气二村蒙古等隆栋尼尔降、以尔圪太、白银
> 降、白彦圪什等今因三村渠水地亩，蒙古公议举荐赵仕贵受辛（原
> 文如此——引者注）金浇地，浇地之后，情愿与赵仕贵每亩拨钱五
> 文，以后倘有渠路不通，有二村蒙古一面承当。恐口难凭，立信约
> 永远存照用。日后花费资财，二村蒙古出。
>
> 大清咸丰八年三月十九日
> 立合同各执一张
> 知见人　段典有　杨喜　张永隆

---

① 绥远省民生渠水利工会编：《绥远省民生渠水利工会第一届报告书》，1934 年，第 1 页。
② 参见薛毅《中国华洋义赈救灾总会研究》，武汉大学出版社 2008 年版，第 1 页。

其二:

　　立合同信约人回民甘永贵,今因威俊、鸱鹁气两村与板申气村浇地渠水旧有成规,无人经理,规程难振。兹经威俊、鸱鹁气两村蒙古隆栋尼尔架、以尔圪太、白银架、那木架什商议明白,公举自己充当两村渠头,经理渠路,引水浇地,每年自八月初一日起,至下年三月底止浇地完毕,按地摊派,每亩与自己起钱拾文,以作辛苦之资,渠上所有口舌事非,有自己一面承当,至于花费钱文,两村蒙古并地户公出。恐口无凭,专立合同信约为存照用。

　　咸丰九年正月十九日

　　合同约据,各执一张

　　知见人 段典有 杨喜 张永隆

　　约存威俊村蒙古手

其三:

　　立合同公议信约人渠头粟官、李狗毛、许老八,蒙古以力克太、那木架什、泥尔降、白银降等公议引水灌地事,民人、蒙古公议无论某村浇地一亩,粟官抽辛(原文如此——引者注)金钱七文,李狗毛抽钱五文,许老八抽钱三文,巡渠负苦,粟官等承应,如渠路有蒙古、民人拦阻,二村蒙古以力克太、那木架什等承当,目下渠路花费俱系粟官垫给,灌地之后,向走户起钱,系粟官一人,不准众人讨要。恐口无凭,立合同约为证用。

　　咸丰十年九月十五日

　　约见吕祥、黄元、李九子①

　　第一份契约是说,咸丰八年(1858)三月,威俊、鸱鹁气二村的蒙古人举荐了民人赵仕贵管理渠水浇地事宜,薪金按浇地亩数摊钱,每亩

---

　　① 咸丰八年三月十九日契约、咸丰九年正月十九日契约、咸丰十年九月十五日契约,笔者收集民间资料。

摊钱五文。但如需维护渠道，则由二村蒙古人出资。第二份契约是说，咸丰九年（1859）正月，两村蒙古人公举回民甘永贵充当渠头，经营渠道和浇地事宜。薪资依然是按亩起钱，每亩十文。如有争端，由甘永贵承当。如渠道维护花费钱文，则由两村蒙古人和地户共同承担。第三份契约是说，咸丰十年（1860）九月，两村蒙古人公议由粟官、李狗毛、许老八担任渠头，管理引水浇地事宜。薪酬依然是按亩计算，其中粟官钱七文，李狗毛钱五文，许老八钱三文。渠路如有争端，由二村蒙古人承当。渠路花费先由粟官垫给，浇地之后，再由浇地户给钱。这里蒙古人和众浇地户按亩所摊之钱，可理解为水租。

从以上三份契约来看，渠头更换较为频繁，咸丰八年（1858）约载渠头赵仕贵和咸丰九年（1859）约载渠头甘永贵之间间隔的时间是 10 个月，咸丰九年约载渠头甘永贵与咸丰十年（1860）约载渠头粟官、李狗毛、许老八之间间隔的时间是 20 个月。也就是说，每隔一两年，渠头就更换一次。渠头的人数不断增多，咸丰八年约载和咸丰九年约载都是一位渠头，咸丰十年约载则是三位渠头。渠头的薪资不断增加。咸丰八年约载渠头的薪资是每亩五文摊钱，咸丰九年约载是每亩十文摊钱。咸丰十年约载是三位渠头，每亩共计摊钱十五文。这似乎反映出三村的水利事务日益繁杂的实际情形。而渠道的日常管理和维护所需经费都是由蒙古人和众浇地户按亩摊钱承担。

20 世纪 20 年代以后，在水利设施维护经费方面，无论是民间还是官方出资修建的渠道，都是从水租款项下支出各项费用。1929 年，《各县各渠水利公社章程》颁布，第十四条、第十五条规定："本社经费及渠费由本社于灌域内地亩，计顷征收水费，以支付之，其目别如左（下）：一、本社经费：甲，公费，即本社暨董事会办公应需之款；乙，薪工，除经理、副经理、董事会董事，均义务职外，其余司账、书记、渠头、渠夫等均支给薪水或工食。二、修渠费：丙，经常修渠费，即每年岁修应需之款；丁，特别修渠费，即临时发生紧急渠工应需之款。第十五条，本社水费之征收，每顷应征十元至十五元。"[1] 可见水利社日常运行的费用

① 《各县各渠水利公社章程》，绥远省政府编：《绥远概况》上册第 5 编《水利》，1933年，第 69 页。

和修渠的经常费、特别费均从水租款项下支出。①

民国时期水利经费情况值得注意的动向是"水租"逐渐被纳入地方政府的公共事业经费之中。毕克齐镇水磨沟沟水是土默特右翼二甲二三苏木蒙古人的户口水分。乾隆年间，由园行、大行、蒙行组成三合社，管理水利事务。道光二十六年（1846），因发生水利纠纷，组成五行办事社。又因诉讼费用繁巨，遂以三天水分的水租予以抵补。款项还清之后，这三天水分并未取消，而是作为办公经费保留了下来。② 1931 年毕克齐镇成立了水利社，并制定了《归绥县毕克齐镇水利改善管理办法》，其中第八条规定："每渠各农户共缴纳每年水租一次洋十二元，以六成作为该镇兴学经费，以四成作为该镇蒙民分工所办公之用，每年由该公社直接分别收交公家，对于款项，概不收管，惟每年所收水租，暨拨交数目，年终由该公社分报绥远建设厅土默特总管理署，以资查考。"③ 此后围绕毕克镇水租的征收，各方势力展开了激烈的角逐，直到 1936 年才告平息。④ 但是六成水租作为兴学费用的规定一直没有改变。1936 年收取水租款项四柱清摺中，"旧管"有 1925 年六成学费洋一百六十九元二角，"新收"有 1926 年六成学费洋一百七十二元八角，"开除"则有修盖校舍的各项支出。⑤

此外，土默特旗还一直有将水租收归旗有的呼声。不过，水租正式收归旗有是在日伪时期。伪蒙疆政权曾制定《土默特旗境内各甲佐水利整理计划书》，其中第二条"各甲佐水利现况调查"中说："本管境内有大青山水磨沟等六道沟水，人民利用此项清水及夏秋山洪浇灌地亩，在过去由各该管参佐领及领催蒙民等自行租典，于客民永远承业者，所在

① 本书关于这一内容的分析，参考了穆俊曾对绥远地区水利公社经费的收入与支出的研究。参见穆俊《清至民国土默特地区水事纠纷与社会研究（1644—1937）》，博士学位论文，复旦大学，2015 年，第 230—231 页。

② 民国《绥远通志稿》卷 40（下）《水利》，内蒙古人民出版社 2007 年点校本，第 5 册，第 835—836 页。

③《就汉民加入水利社一案仰会同总管遵办的指令（附毕镇水利改善管理办法）》，1931 年 7 月 10 日，土默特档案，内蒙古自治区呼和浩特市土默特左旗档案馆藏目，档案号：79/1/547。

④ 参见穆俊《清至民国土默特地区水事纠纷与社会研究（1644—1937）》，博士学位论文，复旦大学，2015 年，第 234—254 页。

⑤《核销毕镇水利公社 25 年收支各款并报租水各户姓名的呈文》，1937 年 6 月 5 日，土默特档案，内蒙古自治区呼和浩特市土默特左旗档案馆藏，档案号：79/1/236。

多有，现亦仍之。"第四条"起征水租办法"规定："在现时特殊情形之下，水利为蒙旗固有之权益，而各渠所经之地段，亦为本旗固有之土地，无论水租或渠租，均有起征之必要，以恢复旧有之水权。"① 由此可见，此次整理重在改变以往蒙民自相租典的情况，水租或渠租改为蒙旗起征。1946 年 5 月 22 日，土默特旗左翼首、二甲自治督导处向土默特旗总管荣祥呈请将水租收归公有，"查本旗境内所属山川河流暨开挖之渠路土地，向为本旗固有之权。……兹为划一旗权计，拟将此项收入收回公有，不得私相收受，由旗征收，以裕公帑。伏查此项收入曾在伪政权时，按水利团体征过，有案可稽"② 从中可知，土默特旗当局延续了日伪时期水租收归旗有的政策，欲以水租充实公帑。

第三节　用水秩序与基层社会

一　村落联盟与贾家淤地

万家沟是大青山纵贯南北的大沟之一，蒙古语名察苏河，沟口位于今土默特左旗把什乡古城村西。③ 万家沟主沟全长 67.9 公里。沟口以下，河道由北向南，经山前洪积扇进入平原地区，穿过呼包公路、京包铁路，至参将村折向西南方向，于新营子村西汇入哈素海，全长 20 公里。④ 万家沟沟水分清水和混水（洪水），清水为长流山泉水，混水为雨季时的山洪水。万家沟与大青山其他各沟一起，为地方上不同人群的生息繁衍提供了重要的水源。

入清以后，清廷将土默特部编旗设佐，并为每个蒙古兵丁分配户口地，作为当差养赡之资。与此同时，山西民人源源不断地前赴口外谋生，朝廷则设道厅机构对其予以管理。这些民人中的相当一部分以租种蒙古

① 《发水利整理计划书的训令》，1942 年 9 月 9 日，土默特档案，内蒙古自治区呼和浩特市土默特左旗档案馆藏，档案号：79/1/258。

② 《呈请实施征收水租并祈颁发章则》，1946 年 5 月 22 日，土默特档案，内蒙古自治区呼和浩特市土默特左旗档案馆藏，档案号：79/1/264。

③ 土默特左旗《土默特志》编纂委员会编：《土默特志》上卷，内蒙古人民出版社 1997 年版，第 19 页。

④ 土左旗水电局：《土默特左旗万家沟水库灌区规划说明书》，1980 年，第 2 页。

人的户口地为生。在万家沟小流域，这些较早来到的山西民人依蒙古人而居，逐渐形成了大大小小的聚落，万家沟中的清水，是四季皆有的长流水，最先为四周村落的蒙汉民众开发使用。学者们对万家沟沟水的研究也基本围绕清水使用展开。[①] 为进一步讨论需要，这里也将先阐述万家沟清水的利用状况。

图5.1　万家沟沟口

图片来源：笔者拍照采集。

万家沟至迟在嘉庆年间，围绕着清水，形成了把什板申、古城村（古城村附于把什板申村）、云社堡、察素齐四个村落组成的水利联盟。四村成立水利社管理用水。道光年间的一份使水规程中说，"使水各村合组水利社管理其事，会首以下有水头四人，除年支工资外，每水头例有水股半分，平时此半分水自用或转售，均不拘也。"[②] 可见四村水利社人员的组织架构是"会首—水头"。会首以下设水头四人，分管四村用水

① ［日］今堀誠二：《中国封建社会の構造—その歴史と革命前夜の現実》，日本学術振興会，1978 年；麻国庆：《"公"的水与"私"的水——游牧和传统农耕蒙古族"水"的利用与地域社会》，《开放时代》2005 年第 3 期；穆俊：《清至民国土默特地区水事纠纷与社会研究（1644—1937）》，博士学位论文，复旦大学，2015 年。

② 民国《绥远通志稿》卷 40（下）《水利》，内蒙古人民出版社 2007 年点校本，第 5 册，第 837 页。

事务。

水利社的会首和水头起初由蒙古人充任。前述土默特右旗保留的三份咸丰年间契约，其内容就涉及威俊村和鸱鹄气村两村蒙古人雇佣汉人或回民充当渠头管理修渠浇地事宜。比如，咸丰八年（1858）三月十九日的契约载："立信约人威俊、鸱鹄气二村蒙古等隆栋尼尔降、以尔圪太、白银降、白彦圪什等今因三村渠水地亩，蒙古公议举荐赵仕贵受辛金浇地。"①　由此推知，万家沟水神社在早期也应是蒙古人为主导。随着时间的推移，民人在水利组织的地位不断抬升，立于察素齐龙王庙的同治五年（1866）《阖村蒙民公议轮用渠水旧规以及奉断章程重申禁约碑记》的碑文末端，除记录了四位蒙古公中佐领、世袭佐领和骁骑校的名字、四位蒙古经理水分人的名字，还记录了七位经理人地户的名字，分别是高英、温瀋、万兴隆、天亨店、温沂、李国俊、把图。从名字判断，七个地户，两个是商号，应为汉人经营，四个是汉人，一个是蒙古人。汉人地户作为经理人出现在碑刻之上，说明其在万家沟沟水的管理中，有了越来越多的话语权。今堀诚二认为蒙汉地位的此消彼长与汉人获得了实际的地、水支配权有关。②

与水利社建立同时，蒙汉民众形成了一套使水办法，使水办法由把什板申、察素齐、云社堡率先订立。道光十三年（1833）的告示称："业经本府会同委员查照嘉庆十九年间旧章，断令把什板申、察素齐二村各浇灌二日二夜，荣社堡村浇灌一日一夜，轮流浇灌周而复始，毋许紊乱。"③　其后，玻璃圪沁和锁号向三村争水，也加入了这一村落联盟。同治五年（1866）《阖村蒙民公议轮用渠水旧规以及奉断章程重申禁约碑记》记载了这一过程：

> 案据迨至嘉庆十九年间，有锁号尔、波尼圪气等村蒙古欲向我三村争竞清水，互相涉讼，经两造亲族人等邀集妥处，询悉原由，

---

①　咸丰八年三月十九日契约，笔者收集民间资料。

②　今堀诚二也注意到了这一变化，［日］今堀诚二：《中国封建社会の構造—その歴史と革命前夜の現実》，日本学術振興会，1978年，第667、686页。

③　内蒙古大学图书馆藏、晓克藏：《清代至民国时期归化城土默特土地契约》第2册，五四七、告示，内蒙古大学出版社2011年版，第534页。

仍照从前议让，亲谊评令锁号尔等二村，每年自八月初一接水起至九月二十日止，准其引灌五十日秋水，以后仍归我三村轮流，均各愿照评处，具结息案。①

锁号尔（即锁号）、波尼圪气（即玻璃圪沁）加入这一村落联盟，是"经两造亲族人等邀集妥处"。也就是说，两村的蒙古人与察素齐、把什板申、云社堡的蒙古人存在亲戚关系，这是他们能够用水的重要依据。不过，两村只能使用八月初一至九月二十日的秋水。该碑还记录了六村（含附于把什板申村用水的古城村）用水的详细安排：

　　一、每年四月初一日起云社堡村接水浇灌一日一夜，自初二日起至初五日，把什板申、察素齐村各浇二日二夜，如此轮用，周而复始，浇至七月底止。自八月初一日起，锁号尔、波尼圪气二村接水，止准浇灌五十日，所有冬春之水，皆归我村蒙古经管。②

上述使水章程只规定了四月初一至九月二十日的用水办法，并未说明当年九月二十日至次年四月初一的水如何分配，只说"所有冬春之水，皆归我村蒙古经管"，"我村"指的是立碑的察素齐村。这一说法较为含混，并未指明如何经管，因此成为日后水利纠纷的焦点。光绪年间察素齐、把什板申村争水事件就是由此而起。光绪二十七年（1901），把什板申蒙古人控诉察素齐违规争水。根据把什板申村蒙古人的说法，四月一日以前，把什板申白日使水，察素齐晚间使水，但察素齐村村民违反了使水的旧有章程，"今察素齐村民人王盛威、赵德富贿买蒙员佐领福隆太、都隆，违规争水，不分春夏，欲一律使用"③。不过，察素齐村村民

① ［日］今堀诚二：《中国封建社会の構造—その歴史と革命前夜の現実》，日本学術振興会，1978 年，第 685 页。

② 土默特左旗《土默特志》编纂委员会编：《土默特志》上卷，内蒙古人民出版社 1997年版，第 168 页。《把什村史》记载，古城村有水分，是因为把什村蒙古人将土地和水分子卖与了古城村的民人。参见《把什村史》编纂委员会编《把什村史》，内蒙古人民出版社 2003 年版，第 20 页。

③ 《详复讯断巴什板升与察素齐争水互平案请批示书册》，光绪二十六年十二月二十日，土默特档案，内蒙古自治区呼和浩特市土默特左旗档案馆藏，档案号：80/5/414。

对此却另有说辞，他们认为春冬之水，名为浑水，由蒙古人经管，也是按照清水章程使水。但"有民人贾姓，将其渠南向无水分禁浇之淤地，卖把什板申村蒙古等，违禁乱章"①。这破坏了原来的用水秩序。

为解决春冬之水引发的矛盾，官府起初制定了把什板申使水三天三夜，察素齐使水两天两夜，云社堡村由接水处分使十分之二的办法。但案件正在审理间，把什板申村突然贴出一纸告示。该告示"奉华厅主、福参领双衔"，规定把什板申村用水两日两夜，察素齐村用水一日一夜。②这一规定遭到察素齐村反对。后续情况如何，因材料限制，无法查知。不过，水利纠纷的久讼不止，反映了蒙汉民众不断细化沟水权属和用水办法的诉求。

万家沟使水秩序的建立和变化，始终伴随着水利联盟内外民众对水资源的竞夺。其中贾姓民人就与水利联盟展开了连绵不绝的水利纷争。道光十三年（1833），把什板申村的公楚克私自将水典给民人贾登泷，开支渠引水，引发诉讼。③道光十五年（1835）、道光二十年（1840）、道光二十三年（1843）等，又有把什板申村蒙古人私将清水卖与梁南民人贾姓浇灌淤地，导致纠纷。④咸丰年间云社堡村发生争水案，并留下《上□□公议渠□碑记》。碑文记载，"兹于咸丰九年五月初二日夜，适值我村水分之期，此夜并无□□□股□，乃□工人潜赴上游挖开坝堰，比及看□□□觉，而水势冲决，堵塞不及，以致应有水分之地亩，竟误一夜之水，使田禾旱萎，收获无望"⑤。此碑整体保存较好，有几处字迹模糊，其余均清晰可辨。字迹模糊的地方，看起来不像自然风化，更像人为损毁。破损之处，包含盗水的人名和村名等关键信息。笔者在访查此碑时，村民在一旁告知，这些损毁的字迹，正是盗水的南柜村村民趁夜所为。

① 《禀控把什板申倒布气等违章霸水私浇游地》，光绪二十八年四月月二十日，土默特档案，内蒙古自治区呼和浩特市土默特左旗档案馆藏，档案号：80/5/426。

② 《禀控把什板申倒布气等违章霸水私浇游地》，光绪二十八年十二月二十日，土默特档案，内蒙古自治区呼和浩特市土默特左旗档案馆藏，档案号：80/5/426。

③ 内蒙古大学图书馆藏、晓克藏：《清代至民国时期归化城土默特土地契约》第2册，五四七、告示，内蒙古大学出版社2011年版，第534页。

④ ［日］今堀诚二：《中国封建社会の构造—その历史と革命前夜の现实》，日本学术振兴会，1978年，第685页。

⑤ 《上□□公议渠□碑记》，咸丰十年岁次庚申姑洗吉月，立于云社堡村龙王庙。

而南柜村正是贾姓聚族而居的村落。及至光绪年间，民人贾姓又沟通把什板申村蒙古人，雇觅"水鬼"蒙古九九、楞海等，"强霸春秋二季混水，偷挖渠口，全行由四盘水磨流下引浇淤地"。①

这个在文献中频频出现，挑战万家沟用水秩序的民人贾姓，究竟是什么人呢？《神山贾氏族谱》记载，乾隆年间，十二世贾修身，由祖籍山西神山迁徙到口外，在武川县境内择地而居，名曰贾家沟。十三世祖贾知远于乾隆中叶率四子，沿万家沟来到山前，向把什村蒙古人买地谋生，此后贾姓民人在土默川上演绎了一部跌宕起伏的家族发展史。②

对于生活在山前的地方民众来说，万家沟的清水常年不断，是稳定的水源。控制了万家沟的清水，就可为土地的灌溉和庄稼的收成提供相对稳定的保障。洪水虽然也可用于灌溉，但其来势汹汹，势不可当，经常溢出渠道，四处流淌。人们需要花费相当大的人力、物力与财力，来归束这股集纳了山中诸沟沟水的滔滔浊流。对于控制了万家沟清水使用权的水利联盟来说，如此大费周章似乎显得不那么紧迫和必要。民国《绥远通志稿》曾这样说道：民人"春出秋归，惟贪地多，不精工作，间以住居地理关系，偶濬山泉，用灌畦圃，利用山洪，淤积地层，亦少数尔"③。不过，贾姓显然是这"少数"之一。

乾隆中叶来到大青山山前的贾姓民人，未能加入上述村落联盟，但他们发挥善于农耕的优势，雇觅工人、拦河筑坝、利用混水淤地。万家沟混水夹杂着大青山中的牲畜粪便和腐枝烂叶，富含丰富的养分，在贾家的人工干预下，洪水将山前的土地淤成了百顷良田，到了晚清，贾家已经成为富甲一方的大财主。民国时期，土默特地区实行土地清丈，因担心自家土地"凭空被人霸占没收"，贾家淤地西柜村的贾功定向垦务局提交了一份"贾功定祖遗滩地之买契摘要"。这份摘要共有契约22张。据此可知，贾功定的土地主要分布在沙尔沁村、白只户村、刀尔计村周

---

① 《禀控把什板申倒布气等违章霸水私浇游地》，光绪二十八年十二月二十日，土默特档案，内蒙古自治区呼和浩特市土默特左旗档案馆藏，档案号：80/5/426。

② 山西原平神山贾氏宗祠理事会：《山西原平神山贾氏族谱》卷4，太原隆盛达印业有限公司2015年版，第9页。

③ 民国《绥远通志稿》卷40（下）《水利》，内蒙古人民出版社2007年点校本，第5册，第593、594页。

图 5.2　南柜村淤地庙

图片来源：笔者拍照采集。

围，均租自蒙古人。土地面积计亩数的有 1584.5 亩，不计亩数的有 7 段（块）。①

贾姓民人依淤地而居，逐渐形成了老大柜（村落原址在今郝家村东，今村民已并入郝家村）、小二柜（村落原址在西柜村北，今村民已并入西柜村）、小三柜、西柜、南柜、缸房等村落。其中贾知远长子贾瑗一支居大柜、缸坊和三柜村。次子贾珏一支居南柜村、西柜村。三子贾瑾一支居二柜村（后迁西柜村），贾瑜一支居西柜村。② 雄厚的财力使他们在婚姻关系上有了更多的选择。十四世贾毂，娶土默特公的女儿韩室为继室，十七世贾纯，娶绥远城将军衙门掌案之张氏为妻。③ 通过与没落蒙古贵族、地方衙门官吏联姻，他们巩固和提升了其在地方上的社会地位。至今在南柜村依然有一座"淤地庙"，庙中功德碑记载，该庙建于一百多年前，后被毁，于 2008 年重建。④ 依此推断，淤地庙应该建于晚清时期。该庙的修建表明贾氏家族已经构建出"淤地"认同，成为土默特地区一

---

① 内蒙古垦务档案，内蒙古档案馆藏，档案号：413 - 1 - 2110 - 11。

② 《晋北崞县神山贾氏族谱——土默特支》，2007 年 10 月，打印本，笔者收集民间资料。

③ 山西原平神山贾氏宗祠理事会：《山西原平神山贾氏族谱》卷 4，太原隆盛达印业有限公司 2015 年版，第 9 页。

④ 功德碑，2008 年立于南柜村淤地庙。

支不可忽视的社会力量。

民元鼎革，河套平原时局动荡、政权更迭，而万家沟的水利秩序依然沿着过去的轨迹前行。北京政府时期，土默特地区的水利秩序基本延续清代。南京国民政府时期和伪蒙疆时期，地方政府改组地方水利机构，并尝试将水权收归旗有，但这些政策大多没有落在实处。1934年《归绥县志》载："万家沟水灌溉沙尔沁、西梁、古城、把什板申、察素齐五村并萨拉齐云社堡之地，夏秋山水涨发时，西柜、南柜、老大柜、缸房、五里坡、毛脑亥、平基七村及萨拉齐、参将等村之地亦赖淤灌。"[1] 可见古城、把什、察素齐依然保留九月之前的清水使用权。1938年成书的《绥远通志稿》中有一份《民国万家沟渠道调查表》（见表5.1），记录了万家沟渠道灌溉的范围，"古城把什、察镇阴九月前之清水轮流使用。西淤地、中和美用九月后之秋水，九月前洪水"。文中没有提到云社堡村，可能是调查时有所遗漏。1941年和1945年几份蒙汉民众交易察素齐镇水分的契约表明，万家沟沟水的权属和使水秩序并没有根本性的变化。[2]

表5.1   **民国万家沟渠道调查表**

渠名	万家沟河之古城把什渠
干渠里数	十五六里
渠之容量	宽一丈三尺，深五尺
渠口通河处	万家沟河出口即古城把什渠
渠之经过地	古城把什、察镇、西淤地、中和美
渠所受水之河	万家沟河
灌田亩数	一百九十余顷

---

[1] 民国《归绥县志》之《舆地志·山川》，《中国方志丛书·塞北地方》，成文出版社1968年影印本，第10号，第98页。

[2] 《典察素齐大沟清水一份半予聚德堂的典约》，1941年2月19日，土默特档案，内蒙古自治区呼和浩特市土默特左旗档案馆藏，档案号：79/1/366；《出佃察素齐万家沟水分二厘五予云升阁的卖约》，1945年9月13日，土默特档案，内蒙古自治区呼和浩特市土默特左旗档案馆藏，档案号：79/1/158；《出佃察素齐万家沟水分二厘五予云升阁的卖约》，1945年9月13日，土默特档案，内蒙古自治区呼和浩特市土默特左旗档案馆藏，档案号：79/1/159；《出佃察素齐水地四亩予云升阁的卖约》，1945年9月13日，土默特档案，内蒙古自治区呼和浩特市土默特左旗档案馆藏，档案号：79/1/160。

渠名	万家沟河之古城把什渠
灌田时期	古城把什、察镇阴九月前之清水轮使用。西淤地、中和美用九月后之秋水，九月前洪水
组织方法	各村长副轮流经理
经费	按临时渠工需费多寡，由各村社摊派，多少不等，亦无定数
备考	古城把什约五十一顷，察镇约六十顷，西淤地约六十顷，中和美约二十五顷

资料来源：民国《绥远通志稿》卷40（下）《水利》，内蒙古人民出版社2007年点校本，第5册，第833页。

值得注意的是，上引民国《归绥县志》和民国《绥远通志稿》的两条材料都提到一些在清代使水办法中没有涉及的村落。这些村落多与贾家有关。民国《归绥县志》记录的西柜、南柜、老大柜、缸房都是贾家聚族而居的村落。民国《绥远通志稿》中提到"西淤地"。当地人将贾家淤地习称"西淤地"，将东边水磨沟前形成的淤地习称"东淤地"。[①] 此外，在民国《归绥县志》中还载有"西淤地"村。据此推断"西淤地"应为"贾家淤地"。贾家使用洪水的权利载入地方志，这说明贾家经过数代人的努力，为自己在地方水利秩序中赢得了一席之地，其用水权已经是为地方社会广泛认可的事实。

二 灌区与用水村落

20世纪50年代以来，万家沟小流域的水利秩序呈现出新的历史变动。伴随着上述土地关系的变化，万家沟小流域"因地得水"的水权逻辑失去了存在基础，当地水利秩序随之发生了深刻改变。《绥远省蒙旗土地改革实施办法》第十六条规定，"凡应归国有及公有之山林矿泽土地牧场其地权原属蒙旗管辖者，应由旗人民政府依法管理之"。其中的"泽"字，是指绥远地区的各种水资源。此时收归国有，并由旗人民政府负责

---

① 笔者田野调查笔记。访谈对象：潘庄村民；访谈时间：2019年10月24日；访谈地点：潘庄。

管理。① 1958 年，土默特旗政府按照"承认历史、照顾现实、发展生产、加强团结"的原则，制定了新的万家沟水利章程，这份水利章程规定：

> 春水，自阴历正月十五日起至三月二十九日（大月三十日）止，分水原则是：水量大时，由东西干渠平分使用，水量小到东干渠可流入时，按东西干渠水地面积（包括清淤地）的百分比分水，先东干渠，后西干渠。夏清水，自阴历四月初一起至七月二十九日（大月三十日止），以十二天为一周期，依次轮浇。洪水：以淤地为主，水大平口吃水，水小按渠道次序用水，清水渠遇到洪水时，仍保持原有清水量。秋水，自阴历八月初一上午七时起至九月二十日下午七时止，由可沁、锁号、城留、那什图、白庙子、苏卜盖、讨合气、山盖、厂汗秃力亥 9 村共同使用。其间，要保证上游沤麻和吃水的需要，不得浇地。自九月二十日下午七时起至小雪止，先由东干渠使用 10 天（把什 3 天，察素齐 3 天，再后由西干渠使用 3 天）。冬水，自入小雪日起至翌年正月十四日止，由东西河槽养水蓄水，西河槽大青山渠口，东河槽至老大柜村西。在此期间，如有消冰水，由洪水地按渠道排列次序由上而下轮流使用。②

这一水利办法，跟清代民国比起来，已经非常不同。原来由把什村、察素齐、云社堡、玻璃可沁、锁号组成的水利村落联盟被打破了。以八月初一到九月二十的秋水为例，原来只有玻璃圪沁、锁号村可以使用，但现在城留、那什图等七个村落也可以使用。这一水利章程制定以后，地方社会的水利秩序开始向灌区过渡，无论清水、混水，只要渠道能够覆盖的村落，均可使用沟水。不过，在灌区内，依然根据"承认历史，照顾现实，发展生产、加强团结"的原则，优先保证以往有使水权的村落用水。

---

① 土默特左旗《土默特志》编纂委员会编：《土默特志》下卷，内蒙古人民出版社 1997 年版，第 942 页。

② 土默特左旗《土默特志》编纂委员会编：《土默特志》下卷，内蒙古人民出版社 1997 年版，第 408 页。

1957 年以来，在全国水利建设"大跃进"的背景下，万家沟水利迎来了大发展。万家沟灌区每年召开一至两次灌区代表大会，在会上选出贫下中农 8 人为管理员，组成灌区管理所。1960—1965 年，共计开挖了各级渠道三万四千多条，并修建了各种水利设施，使灌溉面积由中华人民共和国成立初的一万亩增加到 1965 年的五万七千亩。受益单位共有六个公社三十五个生产大队。1960 年代，全国农业展览馆水利馆共展出全国四十三个大寨式水利典型，因为所取得的显著成绩，万家沟成为四十三个典型之一。[①] 虽然这一时期的记载可能有夸大的成分，但万家沟水利较之前有较大的进展，也应是事实。

1958 年，土默特旗组建人民公社，截至 1984 年改人民公社、大队为乡镇、行政村之前，地方水利兴修和用水办法，基本以社队组织为单位展开。沙尔沁和陶思浩公社的例子，反映了在全国大力发展水利事业的背景下，万家沟流域的蒙汉民众如何在社队干部的带领下劈山开水、修挖渠道。万家沟的西面有一道巨崖，状如虎头，人称"老虎头"，它横在河侧，挡住流水向西的去路。1962 年，巴什（即把什）公社沙尔沁大队党支部书记、蒙古族干部阿拉兵组织本大队的一个蒙古族队和两个汉族队群众，打通了隧道，修好了石渠，使沙尔沁大队绝大部分土地得到了灌溉。沙尔沁西面陶思浩公社的几个蒙古、汉族联合队也想利用万家沟沟水。但挖渠时，要从沙尔沁村里通过，并占去十多亩土地。阿拉兵主动向本队社员做工作，得到了本队社员的支持。陶思浩公社的几个蒙古、汉族联合队，在沙尔沁大队蒙汉民众的支持下，修通了渠道。[②] 由此可见，在新的制度空间下，沙尔沁和陶思浩两公社的蒙汉民众通过协商与合作，共同实现了对万家沟沟水的利用。至 1980 年，万家沟灌区共有 15 条主要干渠、支渠，共浇灌 13 个公社、大队（见表 5.2）。

---

① 《经费自给有余，产量逐年上升——内蒙古自治区土默特左旗万家沟灌区》，全国农业展览馆编：《全国农业展览馆水利馆展出典型介绍》，1966 年 3 月。

② 《各族人民团结治理古塞水》，甘肃人民出版社编辑：《各族人民的春天》，1973 年，第14 页，原载《人民日报》1973 年 2 月 7 日。

表 5.2　　　　　　　　　　　1980 年万家沟水利工程设施表

渠道名称	使用社队	渠道名称	使用社队
东清水干渠	巴什、察素齐公社	哈素用洪干渠	哈素公社
西清水干渠	巴什公社	将军渠	巴什公社
东河干渠	巴、妥、此等公社	红房子渠	巴什公社、红房大队
窑子湾干渠	巴、陶两公社	南柜渠	南柜小队
瓜子子干渠	把什公社	南柜第二渠	南柜小队
参将干渠	巴、铁、哈等公社	参将东渠	巴什公社、参将大队
云社堡干渠	巴、陶两公社	参将西岸渠	巴什公社、参将大队
阳房子干渠	巴、哈等公社		

资料来源：土左旗水电局：《土默特左旗万家沟水库灌区规划说明书》，1980 年，第 8 页。

随着灌区面积扩大，多个公社、大队共同使用万家沟沟水。为协调用水，避免矛盾，万家沟水利管理部门制定了使水办法。办法规定：跨公社的插花地采取随渠灌溉，上轮下至的方法。本公社范围内发生的偷水现象，由公社负责解决。跨公社偷水者，个人以罚工、罚款处理，集体以罚水处理，由管理所负责补偿被偷单位水量。在同一公社发生的水利纠纷，由该公社解决，跨公社发生的水利纠纷，由上一级会同司法部门解决，管理所在问题未解决前停止供水。[①]对公社内和跨公社水利纠纷的相关规定，表明了"公社"是政府调配用水的基本单元。

进入 20 世纪 70 年代，万家沟灌区主要兴修了万家沟入哈素海退洪、用洪渠工程，全长 19.5 公里，于 1979 年修成。[②] 以前万家沟沟水没有退洪通道，遇到山洪暴发，洪水漫滩流淌。这一水利设施解决了万家沟洪水退洪的问题。

万家沟水库的修建使万家沟小流域从自流灌区变为水库灌区。1991年万家沟水库开工，1997 年投入使用。水库的修建使灌溉面积从 3.2 万亩增加到 12.56 万亩，同时降低了下游地下水位，改良了 50 万亩盐碱地。

----

① 土默特左旗《土默特志》编纂委员会编：《土默特志》下卷，内蒙古人民出版社 1997 年版，第 409、410 页。

② 土默特左旗《土默特志》编纂委员会编：《土默特志》下卷，内蒙古人民出版社 1997 年版，第 390 页。

水库建成以后，原来的长流山泉水和山洪暴发时的混水，都被储存在水库之中。万家沟灌区每个村成立"包浇队"或选出"包水人"，由"包浇队""包水人"联络水委会，交纳水钱，再在约定日期使用万家沟沟水。① 在使用万家沟沟水时，依然要优先保证过去有用水权的村落。据2019 年访问资料，万家沟灌区共有主要干渠、支渠16 条，可灌溉村落40个（见表5.3）。

表5.3 　　　　　　　2019 年万家沟水库灌区渠道用水村落情况表

渠道名称	使用村落	渠道名称	使用村落
东干渠（东清水支渠）	古城、把什	羊房子干渠	西河沿、恼木汗、善友板、二十家、什拉
东干渠	把什、西园、中山	哈素干渠	哈素、善友板
万盛支渠	友好、五里坡、讨合气	西干渠（西清水支渠）	西梁、沙尔沁、云社堡
将军支渠	毛脑亥、缸房	西干渠	沙尔沁、窑子湾、白只户、小万家沟村
红房子渠	红房子、小三柜、郝家	大阳支渠	大阳
南柜渠	南柜	多尔济支渠	多尔济
参将渠	参将	果园支渠	万家沟果园、万盛村
铁帽干渠	参将、那什图、恼木汗、可沁、双号、成留、白庙子	妥妥岱支渠	妥妥岱

资料来源：笔者田野调查笔记。访谈对象：GXP；访谈时间：2019 年10 月22 日；访谈地点：万家沟水委会。

水库修成之后，万家沟沟水使用按季节分为夏秋浇地、春汇地和冬汇地。其中除夏秋浇地以外，冬汇地主要是万家沟总干渠以东的村落用水。春汇地则是万家沟总干渠以西的村落使用（见表5.4）。比较表5.3

---

① 近年来，包浇队逐渐被包水人取代。笔者田野调查笔记。访谈对象：GXP；访谈时间：2019 年10 月22 日；访谈地点：万家沟水委会。

和表 5.4，发现灌溉村落数量有出入。这主要是因为表 5.3 是 2019 年使用万家沟沟水浇地的村落，表 5.4 是 2019 年万家沟灌区内保证能够用水的村落。由于今天万家沟灌区的民众已经有了更多的灌溉选择，除了选择万家沟沟水灌溉，还可以选择机井浇地，如锁号村的土地就被商人承包种植苜蓿，采用机井灌溉，不再使用万家沟沟水浇地。这就造成了实际用水村落和保证灌溉村落不一致的情况。

表 5.4　　　　　　2019 年万家沟灌区各村四季用水情况表

用水种类	使用村落
夏秋浇地	古城、把什、西园子、中山、友好、红房子、郝家、小三柜、西梁、窑子湾、沙尔沁、云社堡、西柜、妥妥岱、白支户、五里坡
春汇地	沙尔沁、西梁、窑子湾、白支户、西柜、云社堡、多尔济、妥妥岱、南柜、参将、西河沿、五里坡、讨合气、大阳、毛脑亥
秋冬汇地	古城、把什、西园子、中山、红房子、小三柜、郝家、可沁、五里坡

资料来源：笔者田野调查笔记。访谈对象：GXP；访谈时间：2019 年 10 月 22 日；访谈地点：万家沟水委会。

三 传说故事、祈雨仪式与水利秩序

（一）传说故事——配姑娘、兄弟龙王与康熙皇帝的龙票

传说故事是地方民众表达自身观念、情感与诉求的重要途径。如果从史实层面考虑，这些传说故事中的人物和情节往往经不起推敲。但如果将其置于社会情境中去考察，不难发现这些传说故事蕴含着合理的内核，反映了地方上不同社会力量的互动关系。在万家沟沟水流经的范围，流传着一些传说故事，揭示了地方民众如何利用这些传说故事，不断地宣称其对万家沟沟水的权利主张。

把什板申村村民在谈到云社堡、玻璃圪沁的用水权时，强调两村都是因婚配得水。把什板申村配了本村的姑娘给云社堡村、玻璃圪沁村，因此给了两村洗衣裳水、饮牛水。从前述内容可知，把什板申、云社堡、察素齐三村至迟在嘉庆年间，就已经有了使水办法。但这三个村落在万家沟沟水的使水秩序中，并不处于完全对等的地位。在三村之中，把什板申村位于万家沟沟口，具有优先用水权。村民讲述的这个故事，显然

图5.3 把什村龙王庙

图片来源：笔者拍照采集。

带有突出把什板申优先用水权的意味。

在云社堡村则流传兄弟龙王的故事："从万家沟里，顺着沟水漂下一块木头，人们用这块木头雕刻了两个龙王神像，一个留在把什板申，一个留在云社堡。这两个龙王是兄弟。"① 这个说法反映的是云社堡村与把什板升村在用水秩序中的权利关系。云社堡村位于把什村的西南方向，距万家沟沟口更远。不难发现，云社堡这则龙王兄弟的故事，隐含着其主张具有同等用水权的诉求。

玻璃圪沁村村民津津乐道的是康熙皇帝给水的故事："康熙皇帝的一个大臣路过玻璃圪沁村，从马上跌下来，摔伤了腿，得到村里一个蒙古'老娘娘'的救助。康熙皇帝想要答谢这位蒙古'老娘娘'，就问她想要什么，蒙古'老娘娘'说，她什么也不要，就要一股饮牛水，于是康熙皇帝给了玻璃圪沁村五十天的饮牛水，并有'龙票'作为凭据。"这个传说有不同版本，主要差异是被救助人有所不同，有说是康熙皇帝本人、有说是康熙皇帝的崔驸马，有说是康熙皇帝的大臣。② 不过，大多数版本

---

① 笔者田野调查笔记。访谈对象：LZH；访谈时间：2017年10月3日；访谈地点：云社堡村。

② 笔者田野调查笔记。访谈对象：CK、DEW、LSS；访谈时间：2014年10月7—8日；访谈地点：玻璃圪沁村、讨合气村、锁号村。呼和浩特人民政府：《呼和浩特市地名志》，1985年，第202页。

无一例外地强调水是由康熙皇帝赐予村中的蒙古人。如前所述，玻璃圪沁和锁号最早并不能使用万家沟沟水，到嘉庆年间争水事件之后，经过与察素齐、把什板申、云社堡村协商，方可使用。也就是说，通过与康熙皇帝拉上关系，玻璃圪沁村民使自己获得了皇帝赋予的权利，由此便可顺理成章地使用万家沟沟水。

锁号村与玻璃圪沁村一同使用五十天的饮牛水，两村各用二十五天。个中缘由，锁号村村民如此解释：玻璃圪沁村用的水，是康熙皇帝给的饮牛水。锁号村原本没有"水分子"，但因本村蒙古人多，其中有人担任嘎兰达（即参领），在蒙古社会中素有威望权势。玻璃圪沁村被其他村"叼水"，感到势单力薄，因此，联合锁号村一同打官司争水。官司打赢后，两家按照约定平摊用水。可见这一说法，强调了二村的联盟关系。

（二）祈雨仪式——请龙王与取水

仪式是人们表述社会生活的实践活动和象征体系。它通过标准化、重复性的展演，将现实的生活转化为想象的世界，并借此达到确定社会关系，凝聚群体认同和维护社会秩序的目标。[1] 在土默特地区，祈雨仪式是蒙汉民众维系地方水利秩序、构建权力关系的重要手段。各村围绕祈雨的主要仪式活动之一是请龙王和取水。

把什板申村因处于万家沟沟口，村中龙王庙的龙王被周围村落认为十分灵验。龙王庙由蒙汉民众于光绪二十六年（1900）建于村子西北侧的山坡。20 世纪上半叶之前，附近村庄每年都到把什板申村龙王庙请龙王。这些村落甚至超出了上述万家沟沟水村落联盟的范围。《把什村史》记载，"龙王庙正殿旁有小轿一座，内坐'出府'龙王塑像一尊，并有随行銮驾一副，专供天旱时外村人众来把什板申请龙王'出府'祈求降雨之用。"[2] 各村来把什村请龙王的方式或说辞有所不同。大岱村是白天"请"，百什户村是晚上"偷"。讨合气村则称，把什板申的龙王是讨合气

---

① ［英］维克多·特纳：《象征之林——恩登布人仪式散论》，赵玉燕、欧阳敏、徐洪峰译，商务印书馆 2006 年版，第 44—45 页；阙岳：《第二种秩序——明清以来的洮州青苗会研究》，中国社会科学出版社 2016 年版，第 304 页。

② 《把什村史》编纂委员会编：《把什村史》，内蒙古人民出版社 2003 年版，第 32 页。

的外孙，一请就灵。①

《善岱方舆志·风俗志》记载了土默特地区祈雨的过程：

> 请龙王，每逢旱时，城中多设坛于城隍庙，乡间于龙王庙。官吏或社首等，具先行跪拜礼，并拈阄或选定某处灵验之龙王，士绅官民，彩轿鸾驾，鸣锣击鼓，前赴祭毕。龙王身披锦衣，捧入彩轿，一路请者赤足，折柳编帽，并传示各乡，洒扫街道，禁止屠沽，接送龙王。在城中各铺家，有供设龙王牌位者。既至入庙中，轮流跪祈，每日辰申二时，行香两次，并用卦捧顶头，跪膝坠地占吉。待得雨时，酬神送之。②

由上可知，每逢旱时，拈阄或选定某处灵验之龙王，前往迎请。不过，据目前已知情况，每年请龙王一般有固定的日期，所请的龙王一般也是固定某处的龙王。例如把什板申村附近的村落大都在每年固定的时间，从该村迎请龙王。

各村赴把什板申村请龙王的仪式，绝大部分已经废止，目前依然保持这一惯俗的村子，只有大岱村。大岱村的请龙王仪式于 2000 年重新恢复，每年阴历五月十五日举行。村中耆老对过去大岱村迎请龙王，依然保留着记忆。会首们通过抓阄挑选三十个左右年轻人（有汉人，也有蒙古人）组成迎神队伍。其中抬轿八人，銮驾九人，水礼十人，敲锣二人，响炮等若干人。迎神时，所有人员必须光脚、挽起裤腿儿、头戴柳树枝编成的柳圈凉帽。迎神队伍沿途经善岱、后善岱、善友板、西河沿至把什村。十三日委派专人沿途顺村预约，十四日下午启程，天黑前到把什庙，十五日凌晨返程，十五日一早返回大岱村，沿途村民都要出村祭拜

---

① 笔者田野调查笔记。访谈对象：GXY、FZZ；访谈时间：2014 年 8 月 10 日、10 月 7 日；访谈地点：古城村、讨合气村。另，《把什村史》也收录了"龙王的姥姥家"和"大岱村的许愿"两则传说故事，反映讨合气、大岱村两村与把什村的关系。（《把什村史》编纂委员会编：《把什村史》，内蒙古人民出版社 2003 年版，第 40—41 页。）

② 《善岱方舆志》第 8 编第 1 册卷 29《风俗习惯志》，2013 年，第 124 页，该书未标注出版印刷机构。《土默特右旗志（1991—2008）》也记载了请龙王的具体情况，与《善岱方舆志》大体相同。[《土默特右旗志》编纂委员会：《土默特右旗志（1991—2008）》，远方出版社 2009 年版，第 967 页。]

迎送。如若不然，龙王会显灵怪罪。据说善岱村一位叫毛布拉的村民，因为对迎神队伍不敬，就被冰雹砸毁了庄稼。直到如今，当地人对这个"把什的龙王削了毛布拉麦子"的故事耳熟能详、津津乐道。[①] 2000 年以后，迎神的路线有所改变。队伍只需在脑木亥村龙王庙停驻。脑木亥村民说把什村龙王与脑木亥村龙王是姑舅亲，其前往大岱时，要在这里停驻探望舅舅。而他们也一样对龙王神像恭迎礼送。[②]

在迎请龙王的队伍中，必有一位蒙古人随行。大岱的赵明亮在十岁时，曾代表蒙古人赴把什板申村请龙王。[③] 2000 年大岱村恢复请龙王仪式，这一惯俗依然被延续和遵循。[④] 在请神队伍中，蒙古人位于前列，LD 的《求雨俗》一诗描述了这一情景，"大岱肩舆请龙王，蒙民导路牵牲羊。把什庙里住一夜，沿村洒街又敬香"[⑤]。仪式过程中蒙古人的必不可少，表明地方民众对其在清代和民国拥有沟水所有权依然保留历史记忆。

取水是另一个重要的祈雨仪式。《善岱方舆志·风俗志》记录了察素齐村民赴万家沟水神庙取水的过程：

> 取水者皆曰善于，幼者童子跪于龙王庙等候，长者成人赤足，净身斋饭。置瓶于庙前泉水，跪祈至瓶中承露水。虔诚者戴枷臂上燃香扎刀者有之。得水后，以柳枝四周持之蔽捧瓶者下山，如龙王庙供之。降雨后，唱戏供牲，以答神祝。[⑥]

"取水"比"请龙王"的流程简单，可能是天气干旱，但还没有旱至

---

① 李二河讲述，李强编辑整理：《细说大岱传统庙会请龙王》，"大岱村信息平台"微信公众号。

② 笔者田野调查笔记。访谈对象：脑木亥村村民；访谈时间：2019 年 9 月 6 日；访谈地点：脑木亥村。

③ 李二河讲述，李强编辑整理：《细说大岱传统庙会请龙王》，"大岱村信息平台"微信公众号。

④ 笔者田野调查笔记。访谈对象：大岱村村民；访谈时间：2019 年 9 月 6 日；访谈地点：大岱村。

⑤ 《善岱起会图》，该图描绘了光绪二十二年大岱村奶奶庙第一次起会的盛况，1987 年。

⑥ 《善岱方舆志》第 8 编第 1 册卷 29《风俗习惯志》，2013 年，第 124 页。《土默特右旗志（1991—2008）》也记载了取水的具体情况，与《善岱方舆志》大体相同。参见《土默特右旗志》编纂委员会《土默特右旗志（1991—2008）》，第 967 页。

请龙王的程度时，而采取的一种祈雨行动。这里提到的水神庙位于万家沟深处，是四周村落取水的重要地点。此庙中留有大小三口钟。其中最早的一口铸于道光十二年（1832）三月，上书"察速气水神庙位前供钟一口、生铁供气一付"经理人是杨、刘、孟善友。察速气（即察素齐）与水神庙连写，表明了二者之间存在密切关系。咸丰七年（1857）七月再次铸钟时，除杨、刘二善友，还有保通河村、榆树店村、把什板申村、大行、水神社、白只户村等村落或社会组织的名称。① 这说明此时水神庙在周围村落已经有了一定影响。1949 年，归绥县信益乡公所、归绥县警察局派驻察镇分所、察素齐商务会、信益号第一保、第二保、第三保、第四保、第七保把什村、第十一保古城村、救国乡、泽民乡、脑木汗村、把什村、榆树店、铁帽村、西梁村、小三柜村、缸房村等社会组织和村落，以及来自萨拉齐、包头、武川的个人等捐资修葺洞宇、添献神像，并立下木头材质的碑刻一座，碑文称"原有古刹，皆称名曰水神庙，从古迄今，每遇亢旱时，农民往祈取润降霜，无不感应"②。其中"取润降霜"指的就是取水。从捐资名单来看，水神庙的影响力已经辐射到了更大的范围。

第四节　水井灌溉与民众生活

一　契约文书中的水井信息

凿井是晚清以来土默特地区水利事业的重要组成部分。前文已述，土默特境内能够利用地表水的地区，主要集中在黄河、大小黑河和大青山沟水流经的区域。但土默特地区村落众多，黄河、大黑河和大青山沟水能够灌溉的村落只是其中少数。因此，通过凿井汲取地下水，是土默特民众重要的取水方式。事实上即使是在河流和沟水的流经范围，凿井依然是民众饮用和灌溉用水的重要补充途径。故而探讨凿井问题，对于全面了解土默特地区的用水状况，就显得尤为重要。

近年来，土默特地区整理出版了一批契约文书，其中保留了不少水

---

① 道光十二年三月钟、咸丰七年七月钟、光绪三十二年八月钟，笔者收集民间资料。
② 《水神庙万古流芳碑》，1949 年立于万家沟水神庙，笔者收集民间资料。

井信息，这为我们了解土默特地区水利运作的实态，提供了宝贵的历史资料。下面将利用内蒙古大学图书馆馆藏契约文书和金氏蒙古家族契约文书对这一问题进行探讨。内蒙古大学图书馆馆藏契约，原收藏者不详，从契约涉及的地点判断，应出自今包头一带。契约计480件，时间起于乾隆十九年（1754），迄于1951年。2011年4月，由内蒙古大学出版社出版，共两册。[①] 金氏蒙古家族契约，是收藏者铁木尔的家藏契约，出自今呼市西郊的当浪土牧村。契约计237件，时间起于乾隆三十七年（1772），迄于1957年。2011年10月，由中央民族大学出版社出版，共一册。[②] 这两批契约的时长跨越了清代、民国、伪蒙疆政权、中华人民共和国不同历史时期，具有较强的连续性和系统性。通过对这些契约文书中水井资料的考察，不但可以揭示晚清以来土默特地区水利的历史变动情况，还可以深化对内蒙古水利事业和社会变迁的认识与理解。

值得一提的是，两批契约都始于乾隆年间，这与土默特地区的土地开发进程并行不悖。土默特地区土地的大规模开发源自康雍乾时期清廷的放垦政策。伴随着这一历史过程，以土地契约为主的契约文书开始出现。在其后的发展进程中，契约的数量不断增多，内容和形式也日趋丰富复杂。正是在这一情况下，与土地垦殖密切相关的水利信息，也越来越多地呈现在契约之上。

从契约中的地名记载，可知契约交易的土地有不少位于大青山沟水浇灌的范围。内蒙古大学图书馆馆藏契约中多次出现的"臭水井""西包头村"，即今包头市东河区的辖境，其地紧邻大青山，沟水较为丰沛。金氏蒙古家族契约文书中多次提到的云社堡村则是今土默特左旗万家沟沟水灌溉的村落。在这些水利条件较好的地方，水井讯息依然反复出现，这更加表明了水井在民众生活中的重要性。因此，通过对这些契约的分析，可以让我们更为完整地看到土默特地区的水利面貌。

在立约双方关于交易地块使用权利的约定上，水井讯息时有出现。

---

① 内蒙古大学图书馆藏、晓克藏：《清代至民国时期归化城土默特土地契约》（第1、2册），内蒙古大学出版社2011年版。

② 铁木尔主编：《内蒙古土默特金氏蒙古家族契约文书汇集》，中央民族大学出版社2011年版。该书在2018年由中国社会科学出版社再版。再版书名为《土默特蒙古金氏家族契约文书整理新编》。

兹举咸丰六年（1856）甄义约，说明这一情况：

> 立租地约人甄义，今租到巴扣西包头村西梁家营子白地二块，计地七十亩。内西地一块，计地五十亩，东至田姓，西至古路，南至田姓，北至古路。又东地一块，计地二十亩，东至大路，西至田姓，南至李虎，北至古路，四至分明，情愿租到永远耕种、安葬、栽树、穿井、承业。同人说合每年地租钱一千二百五十文整。按春秋二季交纳，不许长支短欠，亦不长缩。同中说合当日使过押地钱捌千文整。其钱笔下交清，两出情愿，各无反悔。若有蒙民人等争夺者，有巴扣一面承当。恐口无凭，立租地约为证用。
>
> 　　合同约各执一张（骑缝）
> 　　咸丰六年契约廿二日　　立①

此份甄义与巴扣的土地交易契约，立于咸丰六年（1856），契文中出现了"穿井"字样。这里的"穿井"，是指承租人具有在承租土地上"穿井"的权利，但"穿井"的行为并未实际发生。但交易双方就这一预期行为达成约定，并逐渐形成程序化的表述，这就说明在当时人的日常生活中，在土地上"穿井"已经是常见现象。

两批契约中，有不少类似上引契约中关于水井的记载。统计和分析契约中"穿井"等类似词语出现的频次，可以管窥土默特地区水利的发展动向。在统计之前，先对两个问题略作说明。

一是统计语词的选定。在土默特契约中，明显跟水井有关的表述是"穿井""掘井""凿井""挖井""剜井"等。此外，还有"取土吃水"一词，主要出现在金氏契约中，从语意判断，应为掘井取水，在这里，也计入统计。

二是水井的种类。契约文书中的水井，根据用途可以区分为饮水井和灌溉井，其判断主要依据在于修井的地点。饮水井一般开掘于建盖房屋的地基之上，道光十五年（1835）四月的一份契约中提道，"立租约人

---

① 内蒙古大学图书馆藏、晓克藏：《清代至民国时期归化城土默特土地契约》（第 1 册），一七〇、甄义约，内蒙古大学出版社 2011 年版，第 243 页。

永远斋，今租到沙木干甲布今同姑舅弟温达西包头西街北空地基一段，东北至范姓，东南至广泉兴，南至前街大道，北至炭市儿大道，西至本主，东西阔五丈，四至分明，情愿租到永远修理、打井、居住为业"①。这份契约写明交易的地块是地基，周围分别是人家、商号和道路，应该位于较为繁华的地段。因此，如果挖井，也应是为供应日常饮水需求。灌溉井一般开凿于耕地之上。上引咸丰六年（1856）"甄义约"中记载甄义向蒙古人巴扣租了西梁家营子白地二块，一块是七十亩，另一块是五十亩，这两块土地显然是耕地。② 本书在统计时，对饮用井和灌溉井逐一进行了辨析，以下主要讨论灌溉井的变动情况。在下文中，如无特别注明，所提到的水井指的都是灌溉井。

表5.5　　　　　内蒙古大学图书馆馆藏契约所见水井情况表

时间	乾隆	嘉庆	道光	咸丰	同治	光绪	宣统	民国	1949 年后
契约（份）	5	23	117	50	71	137	8	67	2
饮用井（口）	0	0	3	3	13	37	0	11	1
灌溉井（口）	0	0	0	1	10	43	0	6	0
灌溉井占比（%）	0	0	0	2	14	31	0	9	0

表5.6　　　　　　　金氏蒙古家族契约所见水井情况表

时间	乾隆	嘉庆	道光	咸丰	同治	光绪	宣统	民国	1949 年后
契约（份）	6	4	8	16	13	63	6	96	23
饮用井（口）	0	0	6	14	7	27	4	66	15
灌溉井（口）	0	0	0	0	0	13	1	2	0
灌溉井占比（%）	0	0	0	0	0	21	17	2	0

从表5.5 可知，从咸丰年间开始，内蒙古大学图书馆馆藏契约中就有了灌溉井的信息，但是数量较少。到同治年间，契约文书中的水井记

<hr />

① 内蒙古大学图书馆藏、晓克藏：《清代至民国时期归化城土默特土地契约》（第 1 册），八〇、永远斋，内蒙古大学出版社 2011 年版，第 112 页。
② 内蒙古大学图书馆藏、晓克藏：《清代至民国时期归化城土默特土地契约》（第 1 册），一七〇、甄义约，内蒙古大学出版社 2011 年版，第 243 页。

录开始增多。带有灌溉井信息的契约占到全部契约的 14%。光绪年间，契约文书中的灌溉井记录进一步增加，百分比增至 31%。民国时期，百分比数下降至 9%。可见，灌溉井在光绪年间有显着的增长。从表5.6 可知，从光绪年间开始，金氏蒙古家族契约中开始有了灌溉井信息，占全部水井数的 21%，民国时期，百分比为 2%。那么，上述两个表格中水井语词数量的变动情况，说明了什么问题？以下将就此展开分析。

二 水井开凿背后的行政力量

清末之前，中国北方各地主要用旧法凿井。清末时期，清政府开始在全国倡导用新法凿井。在这一背景下，源自欧洲的现代凿井技术，经由日本传入中国。北京是较早开始用这一新法凿井的地区。清末商部奏请在京城倡办凿井：“臣部接办工艺官局，因立凿井科传习艺徒三十余人，年来开初级井数口，民已称便。惟是执斯艺者，非试习数十井不能得其法。而试办于平原复不如先办京城之易为力。”[1] 民国北京政府时期，农商部在直隶、山东、陕西、热河、绥远、察哈尔等北方地区劝导用新法凿井。1917 年，农商部发文称：“查照转饬各属广行劝导开凿井泉，以资灌溉，如有愿习新法凿井者，可饬派体力强壮粗识文字，堪任工匠之人来京实习，其所需凿井器械全份，约百五十元，各地亦应购办一份，藉广传习。”[2]

与绥远地区比邻的山西、察哈尔等地，在 20 世纪 20 年代，也倡导凿井灌溉，并引入了新式凿井技术。山西于 1924 年设立凿井事务所。凿井事务所成立伊始，就拟向华洋救灾会租借凿井机器，以备使用。[3] 1925年，山西省政府颁布了《山西凿井事务所凿井暂行办法》《山西凿井事务所修理泉井办法》《山西凿井事务所土井下管暂行办法》，倡导开凿水井、改良土井。[4] 察哈尔在建省之后，在凿井方面也投注了更多注意力。1929

---

① 《商部奏京城倡办凿井推广便民折》，《东方杂志》1905 年第 2 卷第 5 期。

② 《农商部咨直隶、山东、陕西等省长、热河、绥远、察哈尔都统、京兆尹请饬属劝导凿井事文》，《政府公报》1917 年第 470 期。

③ 《山西凿井事务所租借机器》，《中外经济周刊》1924 年第 92 期。

④ 《山西凿井事务所土井下管暂行办法》，《晋民快览》1925 年第 4 期。

年，察哈尔省政府通过了凿井垦荒决议，该决议提出让建设厅筹划凿井传习所成立办法，并参照太原凿井章程拟定。① 1930 年，察哈尔省出台了八条规定，鼓励农家凿井。② 1931 年，又颁布了凿井奖励办法，对竭力提倡劝导凿井的官员和自行凿井的民众，给予奖励。③

绥远地区的凿井，在民国以前，主要是地方民众的自发行为，政府较少介入。民国以后，执政当局开始越来越多地介入地方社会的水利事务之中。1928 年绥远建省之后，政府大力推广凿井。1928 年，绥远省建设厅颁布实行了《绥远建设厅奖励兴办水利简章》，其中第二条规定："水利以开渠为主，而以凿井辅之。"④ 可见，这一时期，凿井就已经被列入绥远省政府的施政计划之中。1933 年，绥远建设厅拟定各县水利方案，号召在固原、武川、陶林、东胜、凉城、兴和等县开凿井泉。⑤ 1934 年，绥远省政府又将凿井列为中心工作之一，"惟此项工作，关系重要，非唤起农民自动努力，势难期诸长久，应于武川、陶林、集宁、兴和、丰镇、凉城、和林等县，辅导农民组织凿井合作社，由政府于建设专款项下，或利用县地方游资，酌为贷借若干，以资进行，并随时派遣技术员切实指导开凿方法，自易唤起农民兴趣，培植自动力量"⑥。1935 年，绥远省政府更是将贷款凿井列为急务之一，"省府三〇九次例会，决定凿井贷款办法，俾民间得资金兴水利，以济旱灾，实为绥省急务之一。"⑦ 从其后的发展来看，上述计划中未明确列出的归绥县、萨拉齐县、和林格尔县、清水河县、托克托县等县都开始了积极的凿井行动。

在绥远省政府的大力倡导下，有几个县制订了凿井计划。比如，和林格尔县就制订了 1935 年的开渠凿井计划，在计划书第四条着重说明了凿井情况："四、查本县境内第一、二两渠地居东南，山脉盘旋、地势高亢，不宜凿井，仅三四两区一部分可以凿井，除多数村庄水内含有

① 《察省府对于凿井垦荒之决议》，《农业周报》1929 年第 7 期。
② 《蒙藏地方通讯：察省注重农业之灌溉》，《蒙藏周报》1930 年第 46 期。
③ 《察省奖励凿井》，《西北研究》1931 年第 2 期。
④ 《绥远建设厅奖励兴办水利简章》，《绥远建设季刊》1929 年第 1 期。
⑤ 《绥远建设听拟定二十二年各县水利方案》，《绥远建设季刊》1933 年第 13 期。
⑥ 《绥远省农村合作实施方案》，《绥远农村周刊》第 109 期，1936 年 6 月 23 日第 1 版。
⑦ 《两月来之西北·绥远》，《开发西北》1935 年第 4 卷第 1、2 期合刊。

盐碱等，质不宜灌田者外，其能凿井灌田者，除上年韭菜沟等二十乡未成之井一千零四十眼，继续凿之，及本年调查下喇嘛盖、马群沟等两乡，拟可试凿灌田井六十一眼，均由县府派员前往劝导督促开凿，以期完成。"① 从计划书来看，在1934年，和林县就开始了较大规模的凿井。凿井计划一直持续到1937年，这一年，绥远省政府号召各县人民开凿新井，拟凿新井三万个："全绥凿新井三万个，每井一眼，可灌溉田地十五亩，拟由民政厅定掘井比赛办法，以资激励，掘井多而又成绩者予以奖金。"②

绥远省倡导开凿的水井有一部分是洋井。1929年，归绥县农民协会曾向辽宁省建设厅致函，咨询穿凿洋井方法、抽水机械及费用情况。③ 1933年，安北县城因旧井不敷使用，该县建设局提请："拟招工包修洋井一眼。"④ 1935年《绥远农村周刊》还曾刊登了一则言记号洋井部宣传洋井的广告，"文化的生活，日常使用的水，就是一个大问题，总要采取最合学理，最新式的吸水机，既监牢轻快，且省事省力省钱，井口改良，非常洁减（疑为'简'——引者注），能浇地种菜，花园家庭，澡堂工厂，救灾敏捷，冬天也不怕冻，机件是很适用，装安容易，价钱极其低廉，受用"⑤。日本占领期间，继续开凿洋井，居仁、复礼小学，分别向伪厚和特别市公署呈请开凿洋井。⑥

洋井的开凿带来了水车技术的变革。水车是扬水工具，可将井水汲出用于灌溉。1933年，绥远省建设厅提出各县利用水车汲水，"再开凿洋井利用水车教土井人工汲灌利便殊多，惟需款稍巨，一时推行不易，各

---

① 《和林县二十四年分开渠凿井计划》，《绥远建设季刊》1935年第21期。

② 《农讯：国内：绥远：凿井三万防旱》，《农业建设》1937年第1卷第1期。

③ 《函归绥农民协会为覆询穿凿洋井方法并所用机械及价格由》，《辽宁建设月刊》1929年第1期。

④ 《绥远省建设厅召集第二届全省建设会议决议案：修凿洋井案》，《绥远建设季刊》1933年第13期。

⑤ 《言记号包凿筑新·洋井吸水机广告》，《绥远农村周刊》第62期，1935年7月23日第4版。

⑥ 厚和特别市公署指令：总数字第一一九号，《厚和市公署市政月报》，1939年4月；厚和特别市公署指令：总数字第246号，《厚和市公署市政月报》，1939年6月。

县局长应同时调查，凡有力举办之乡村或个人，应切实督饬促其实施"①。这一施政举措很快在民众中间产生回响。时隔一年，归绥县毕克齐镇王子文就向建设厅呈文称已经制造出了新式水车，并申请专售。建设厅查验水车，认为水车存在弱点，仍需改进。王子文遵令修改之后，建设厅准其在本省专售两年，并予以专利保护。② 经王子文改造的新式水车与旧式水车相比有许多优点，其"构造简单，成本低廉，甚适小农需用"，并且使用起来也更加高效，"据实验所得，在同一情形下，旧式水车日可灌田五亩余，而新式水车日可灌田七亩"③。王子文的事例反映出政府兴修水利的相关政策促进了水利技术的革新，同时，地方人士也灵活运用政府的政策，为自己谋求经济利润。

三　数字所见之凿井成效

上文对内蒙古大学图书馆馆藏契约文书和金氏蒙古家族契约中的水井信息进行统计。在统计中发现两批契约的灌溉井数在光绪年间有较大幅度的增长。不过，到民国年间，两批契约中灌溉井的数量较为稀少。其中内蒙古大学图书馆馆藏契约文书中共有六例灌溉井信息记载，年份分别是 1914 年、1917 年、1943 年（三例）、1944 年。④ 金氏蒙古家族契约文书中，民国时期的契约文书有两例灌溉井的记录，年份是 1913 年和1948 年。⑤ 民国时期绥远地区官方通过行政力量推动凿井事业。这一时期，《绥远省建设季刊》《乡村工作》等期刊还刊载了 1933 年、1935 年

---

① 《绥远建设厅拟定二十二年各县水利方案》，《绥远建设季刊》1933 年第 13 期。

② 《绥远建设厅批王子文呈送利农水机，业经查验，应给奖状以示提倡，至请专售一节，因弱点尚多未便照转仰再设法改良文》《绥远建设厅呈省政府拟将王子文所制改良水车照原价在绥省专售二年请备案文》，《绥远建设季刊》1934 年第 19 期。

③ 《绥远建设厅呈省政府拟准将王子文所制改良水车照原价在绥省专售二年请备案文》，《绥远建设季刊》1934 年第 19 期。

④ 内蒙古大学图书馆藏、晓克藏：《清代至民国时期归化城土默特土地契约》（第 2 册），四一二、李茂约，第 282 页；四二四、郑廷璧约，第 306 页；四六二、张绍业、徐子铎、郝志和约，第 383 页；四六八、张绍业、徐子铎、郝志和约，第 398 页；四七三、吴怀厚约，第 409页；四七六、刘荣约，第 416 页，内蒙古大学出版社 2011 年版。

⑤ 李艳玲、青格力：《土默特蒙古金氏家族契约文书整理新编》下卷，民国二年拜德佃到蒙古祥祥同子达木气空地基合同约，民国三十七年达木欠出推与李秀惠地合同约，中国社会科学出版社 2018 年版，第 451—453、774—776 页。

和 1937 年三个年份绥远省的凿井数字，① 兹将这三个年份土默特地区七个县凿井情况制成表 5.7，从中可以看到灌溉井数量的变动情态，同时还可以与表 5.5、表 5.6 的凿井数字互为补充。

三组数字中，1933 年和 1935 年两组，是当年实凿井数，数字所刊载的《绥远省建设季刊》是由绥远省建设厅主办的刊物，因此数字当出自绥远省建设厅的统计。1937 年的一组数字是当年计划凿井数，数字刊载于《乡村建设》，来源不详，不过，也应当出自官方的统计。表格中涉及的几个县，清水河县地势高亢，不宜凿井，因而三个年份凿井数字都是零。其余几个县，从 1933 年到 1935 年，凿井数都有了跨越式增长。1937 年的凿井数，虽为计划数，不是实凿数，但仍在一定程度上反映了凿井数可能的增长幅度。总之，从此表可以看出，从 1933 年至 1937 年，土默特地区的水井数量的变动情况。

表 5.7　　　　　　　　官方公布的凿井数字表　　　　　　（单位：口）

	归绥县	萨拉齐县	托县	和林县	武川县	包头县	清水河县
1933 年	13	22	24	186	10	21	0
1935 年	358	1357	2169	463	1857	324	0
1937 年	180	88	1280	838	0	340	0

上述三个表格反映了晚清以来，土默特地区的水利变动情况。从表 5.5、表 5.6 可以看到光绪年间灌溉井数量有显著的增长，这很可能与罂粟种植有关。鸦片传入土默特地区的具体时间无从查考。咸丰年间，土默特地区的罂粟种植，已达到相当规模，据成书于咸丰年间的《归绥识略》记载，三四月间罂粟花开，"锦绣遍野，五彩缤纷，塞上畎亩中一巨观也"②。光绪末年，罂粟呈泛滥之势，姚锡光就注意到，土默特地区

---

① 《绥远省各县局办理二十二年份凿井、泉成绩考核表》，《绥远建设季刊》1934 年第 16 期；《绥远省各县局长办理二十四年份凿井全年成绩考核表》，《绥远建设季刊》1936 年第 24 期；《绥远省各县局凿井统计表》，《乡村工作》1937 年第 2、3 期。

② 咸丰《归绥识略》卷 35《土产》，民国《绥远通志稿》第 12 册《归绥识略》（附册），内蒙古人民出版社 2007 年点校本，第 455 页。

"土药出产甚旺"①。到了民国时期，土默特平原罂粟的种植有增无减，成为与陕甘等地齐名的"出产鸦片极著名的区域"②。罂粟在生长期内大量需水，据伪蒙疆时期日本人的调查，每年6月份最早的时节，罂粟5—6天浇一次水，而一般农作物则是10天浇一次。③ 罂粟的广泛种植极有可能成为地方民众掘井以灌的重要动力。因此，两组契约在光绪年间水井数量显著增长就不难理解了。事实上，开凿水井浇灌罂粟的情况一直延续到民国。民国《绥远通志稿》记载，在兴和县，"县之全境多山，向少水利，数年前以烟禁稍弛，乡民食求近利，从事种植，惟以高岗之地，水分缺乏，于是凿井灌田，风行一时，晋、冀客民，亦有为此投资者，据二十年调查，全境前后凿井在千眼以上，此亦人工补救水利之一道也"④。1933年，李藻在归绥县鹁鸽村做了一项社会调查，在调查报告中提到，村中有22口井，其中9口是饮用井，1口是饮用兼灌溉井，12口是灌溉井。这12口灌溉井，"系用以灌溉罂粟及蔬菜"⑤。

表5.7官方公布的三个年份（特别是前两个年份）水井数字呈增长趋势，这表明民国建元之后，在执政当局的推动下，土默特地区的凿井事业收取了一定成效。绥远省政府对官员的考核办法在一定程度上保证了凿井计划的切实推行。1933年，绥远省政府颁布《绥远省水利官员考核办法》，将开凿灌溉井列入各县长和各建设局长的考绩范围。《绥远省水利官员考核办法》规定："凡开渠凿井凿泉均属水利事项。但凿井、泉，以浇灌地亩者谓限，吃水井不在其内。"⑥ 对于凿井方面的考核主要包括如下四项："凿泉、井，一、查勘不实，贻误兴工者。一、宣传不

---

① 姚锡光：《筹蒙刍议》卷上《实边条议》，光绪三十一年乙巳八月，全国图书馆文献缩微复制中心：《中国边疆史志集成·内蒙古史志》，北京新华书店2002年影印本，第28册，第963页。

② 标：《复兴蒙古与鸦片》，《蒙古前途》第23、24期合刊，1935年7月。徐丽华、李德龙主编：《中国少数民族旧期刊集成》，中华书局2006年版，第56册，第298页。

③ 内蒙古大学内蒙古近现代史研究所、内蒙古自治区图书馆学会主编：《内蒙古外文历史文献丛书》（第3辑）资源经济系列（二），興亞院：《蒙疆に於ける土地改良に關する調查》，1940年，内蒙古大学出版社2012年版，第249—250页。

④ 民国《绥远通志稿》卷40（下）《水利》，内蒙古人民出版社2007年点校本，第5册，第859页。

⑤ 李藻：《鹁鸽村之社会的及经济的调查研究》，《寒圃》1933年第2期。

⑥ 《绥远省水利官员考核办法》，《绥远建设季刊》1933年第13期。

力，未能唤起农民实施者。一、提倡凿井或利用水车毫无成绩者。一、调查报告违误限期者。"《绥远建设季刊》曾在1933年、1934年，分别刊登了《绥远省各县局二十二年份水利成绩考核总表》和《绥远省各县局长二十三年份办理中心工作水利成绩全年考核总表》，公布了官员的考核等次。① 这说明这一考核办法应该得到了落实。这些奖惩措施，起到了激励政府官员重视凿井工作的作用。

比较表5.5、表5.6民国时期契约文书中的水井数字与表5.7民国时期官方公布的水井数字，可以发现表5.7显示1933年至1937年，官方公布的凿井数字大幅度增长，而在同一时段，表5.5、表5.6契约文书中的灌溉井数字却是空白的。目前还没有更加确切的资料可以解释为何出现这一情况。这可能与契约文书所属的地点有关。内蒙古大学图书馆馆藏契约所出地点大约隶属于民国时期的包头县，金氏藏契约所出地点则隶属于民国时期的归绥县。从表5.7可知，包头县、归绥县的水井涨幅，高于和林县，但远逊于萨拉齐县、托克托县和武川县。因此，两批契约民国时期关于灌溉井的状况记载寥寥，似可从一个侧面印证表5.7中归绥县和包头县的水井涨幅并不如萨拉齐县、托克托县、武川县迅猛的实际情况。

小　结

位于农牧交错地带的土默特平原，北依阴山，南临黄河，具有较好的水利条件。历史时期游牧与农耕两种人群在这里你来我往，交往互动。自15世纪中叶以来，随着王朝国家力量的深入、游牧政权势力的式微和民众生计方式的演变，蒙汉民众的水观念、用水方式也经历了一系列变化。本章主要从"沟水水权""水利经费""沟水利用""水井灌溉"等几个方面，阐述了土默特地区水利秩序与社会演进之间的关系。

在对水资源的利用中，水权无疑是人们关注的重点之一。关于水权的问题，学界已经积累了较多学术成果。在以往的研究中，学者们大多倾向于用现代产权观念下的所有权、使用权、经营权等概念，界定历史

① 《绥远建设厅呈省政府造送各县局二十三年份中心工作全年成绩考核表请鉴核文》，《绥远建设季刊》1935年第21期。

时期的水权。① 不过，厘清什么是水权，需要回到历史人群所处的具体时空场景和制度环境中去，探讨他们关于水资源的产权观念是什么，又是如何在这一观念下行动。自 15 世纪以迄民国，土默特地区沟水产权的历史演变经历了两个关键性的变化。一是在游牧社会向农业社会的转型过程中，沟水产权从无到有，"水分"成为土默特民众表达产权的主要观念。二是民国以来，随着西方产权制度的传入，现代法律意义上的"水权"观念，逐渐被土默特民众接受，并用其证明和争取自己对水资源产权的拥有。这为我们分析上述问题提供了一个可供参考的个案。

　　15 世纪至清初的土默特平原主要是一个游牧社会，生活在这里的以游牧为生的蒙古人因应游牧生活的特性，有一套自己的水观念和用水方式，比如，蒙古人大多不对"地表水"进行修渠筑坝等人工干预，有对"水源地"的保护意识等。在这种情况下，水资源权属也没有明确的界定。不过，随着社会环境的改变和农田水利灌溉的发展，水权概念也发生了一系列改变。有清一代，朝廷的律例对蒙古地区水资源的产权没有做相应的规定。在土默特地区，大青山沟水产权的来历源自户口地的地权。这在沟水的称呼上有所反映，穆俊就注意到"蒙古人的水分因缘于户口地的地权，所以又被称为'户口水'（或蒙古水）"②。在水分交易和用水纠纷中，无论是民间还是官府，其对沟水产权的证明也都是依据地权。因此，尽管在乾隆末期，就已经出现了水分单独交易的情况，但由于缺乏法律支撑，在涉及沟水产权纠纷时，单独的水契往往难以证明沟水的归属，必须与户口地档册相互配合，才能证明沟水的产权。清末民国时期，西方法律观念、制度的引进和实践，对中国原有的产权秩序造成了冲击。民国时期各级政府水利法规的制定、公布和实施，使现代的"水权"观念进入土默特地区。水利法规的厘定意味着水权从地权中析分出来，获得了单独的法律地位。水契与租水执照、水权状等官方契据也相应地具备了独立的法律效力。在实际生活中，这些水利法规和文字凭证为土默特民众竞逐沟水产权提供了契机，

------

① 如萧正洪《历史时期关中地区农田灌溉中的水权问题》，《中国经济史研究》1999 年第 1 期；张俊峰《清至民国山西水利社会中的公私水交易——以新发现的水契和水碑为中心》，《近代史研究》2014 年第 5 期。

② 穆俊：《清至民国土默特地区水事纠纷与社会研究（1644—1937）》，博士学位论文，复旦大学，2015 年，第 162 页。

从而引发了地方水利秩序的重新盘整。

发展农田水利灌溉，首先需要筹措经费。以往关于水利经费的研究主要集中在清代长江中下游地区和黄河下游地区。① 在土默特这样一个民族边疆地区，其水利经费的筹措方式有着与汉地不一样的发展路径。从入清以后水利事业初兴，到民国年间取得较大发展，土默特地区水利经费的筹措方式经历了诸多变化。其一，自清代到民国，土默特地区的水利建设经历了一个从无到有并日益复杂的连续历史进程。在这个连续历史进程中分析水利经费的筹措问题，可以动态地呈现地方社会从游牧到农耕、从传统到近代的社会转型。其二，土默特旗厅（县）并立、蒙汉分治的社会结构，使当地的水利发展留下了独特的历史轨迹，可以丰富我们对中国社会水利事业演进复杂性、多样性的认识。

清代土默特社会水利设施修建的经费主要是由民间社会自行筹措。官员偶有参与，倡行其事，但地方衙门经费并不用于地方公共事务建设。清末斗捐等附加性税收和赈款开始用于水利事务，不过均无定章准则。民国时期绥远当局以 20 世纪 20 年代的旱灾为契机，在地方水利事务中承担了更多的职能，为振兴水利，设立专门机构，订立相关章程，并通过报荒地款和工赈贷款等方式筹措水利经费。这与此前水利事务主要依赖民间力量的传统做法明显不同，体现了近代地方行政体制和地方财政的生成。地方水利设施在建成之后，其后续的维护和管理同样需要经费支持。在土默特地区，水利设施的日常维护和管理经费主要出自受益人交纳的水租。民国时期，随着近代地方行政体制和地方财政的逐步建立，水利事业作为一项公共服务被正式纳入地方政府的职责范围，水租也有逐渐进入地方财政系统之中的动向。需要指出的是，土默特地区在入清以后，逐渐形成了旗厅（县）并立、蒙汉分治的社会治理模式。不过，在地方公共事业建设中，蒙汉民众往往不自限于这一行政管理上的区隔，

---

① 如，张建民：《清代两湖堤垸水利经营研究》，《中国经济史研究》1990 年第 4 期；熊元斌：《论清代江浙地区水利经费筹措与劳动力动用方式》，《中国经济史研究》1995 年第 2 期；刘丹、陈君静：《试论清代宁绍地区海塘修筑的经费来源与筹措方式》，《中国社会经济史研究》2010 年第 4 期；房利：《清代安徽长江江堤建设经费来源问题考察》，《中国农史》2015 年第 3 期；潘威：《清代前期黄河额征河银空间形态特征的初步研究——以乾隆五十七年的山东为例》，《中国历史地理论丛》2014 年第 4 期。

彼此之间相互协作、同襄共举。就地方水利事务而言，入清之后，汉人移民首倡其事。随着地方社会由牧转农，蒙古人也加入水利事业的营修中来。民国时期，绥远当局在地方水利事务中扮演更为积极的角色。正是在地方政府和蒙汉民众的共同推动下，土默特地区的农田水利事业不断向前发展。

围绕着沟水小流域的开发和利用，可以让我们看到水利秩序与村落社会的变动情况。万家沟位于大青山南麓，属于山前小流域。张俊峰、张继莹、周亚等对山西的山前小流域都进行了深入研究，这些立足某一区域进行的深入考察，对理解山前小流域的开发史，极富启发意义，并为不同区域之间的比较提供了具体翔实的案例。① 万家沟小流域与山西等地的山前小流域具有相似的自然环境，但在不同的制度空间、人群关系下，内蒙古山前小流域的水利发展呈现出怎样的运行轨迹和特点，反映了社会结构发生哪些变化？对这些问题的讨论，可以继续丰富我们对中国水利史的研究。

清政府为维护其统治秩序，区别蒙民两种不同社会身份，并在蒙旗和道厅两套行政系统下分别管理蒙汉民众。而移居口外的山西民人中的相当一部分通过租佃蒙古人的户口地、水谋生。他们或依蒙古人而居，形成蒙汉杂居村落，或另外择地居住，形成民人村落。在共同的地域空间中，围绕着大青山沟水清水、混水的开发和利用，蒙民之间的交往愈加频繁，关系不断紧密。依身份不同各自治理的方式，与蒙民杂居的实际情形愈益抵牾。"村落"以及以"村落"为基本单元形成的水利联盟，作为一种非正式制度，逐渐得到官府的承认。国家对蒙旗的管理方式出现了从"身份"到"村落"转变的动向。中华人民共和国成立以后，土地重新分配、水权收归公有、旗县合二为一。② 在万家沟小流域，本着"承认历史、照顾现实"的原则，传统时期有用水权的村落依然优先用

---

① 张俊峰：《水利社会的类型——明清以来洪洞水利与乡村社会变迁》，北京大学出版社2012年版；张继莹：《山西河津三峪地区的环境变动与水利规则（1368—1935）》，《东吴历史学报》2014年第32期；周亚：《晋南龙祠：黄土高原一个水利社区的结构与变迁》，商务印书馆2018年版。

② 1954年，撤销归绥县，1958年撤销萨拉齐县。参见土默特左旗《土默特志》编纂委员会编：《土默特志》下卷，内蒙古人民出版社1997年版，第54—80页。

水，但越来越多以村落为内核形成的社队组织（行政村、自然村）加入到这一用水系统中来。从万家沟小流域的水利秩序的演变，可以看到从清代、民国至中华人民共和国的社会转型中，国家对蒙古社会水利事务管理，逐渐从以"身份"为中心转为以"村落"为中心。

一套复杂的社会秩序需要借助多种方式，才能在较长的历史时期得以维持并延续。在把什板申、云社堡、玻璃圪沁、锁号等村，人们至今依然对嫁姑娘配水、兄弟龙王、康熙皇帝的龙票等传说故事津津乐道，这不仅仅是对往昔生活的追忆，更重要的是今天这几个村子依然具有优先用水权，人们对这些传说故事的不断演绎，隐含着实际的权力主张。四周村落请龙王和取水是在把什村龙王庙或万家沟水神庙，在请龙王仪式中，蒙古人处于导引的位置。仪式活动中身份与村落的叠加，是传统时代社会运行模式留下的深刻印记。万家沟小流域内外蒙汉民众一起参与祈雨仪式，则在集体欢腾中凝聚了共同的社会情感，维持了万家沟小流域的水利秩序，并持续不断地推动了地方社会的认同与整合。

土默特地区的凿井事业，在清代主要由地方民众自发展开，政府较少介入。关于这一时期的凿井变动情况，可以通过本书征引的两批契约文书予以了解。通过对两批契约文书的统计可以发现，光绪年间凿井记载有显著增长。联系当时的社会环境，这一增长应该是由罂粟种植引起。民国肇建以来，执政当局开始越来越多地介入地方社会的水利事务之中。尤其是绥远建省之后，省政府大力推广凿井计划，并将凿井列入官员的考绩范围，这使土默特地区的水井开凿得到了较大发展。从报刊公布的数字来看，从1933年到1937年，水井数字有显著增长。不过，本书引用的两批契约文书中民国时期的水井记载较为稀少。这在一定程度上反映了契约文书所属县水井数涨幅不如其他县迅猛的实际情况，同时也说明了契约文书的内容虽然受到社会环境的影响，但其也具有独立的发展逻辑。关于这一问题，仍需进一步探讨。

总之，由于水在人们的日常生产生活中必不可少，因此也就成为我们观察社会运作的重要窗口。在北部边疆半干旱区，山前小流域和地下水是当地重要的水源地。在传统时代，由于地方社会自身传统、国家管理方式以及人们生计方式的差异，北部边疆和内地水利发展进程也呈现出不一样的样貌。这种差异性在"沟水水权""水利经费""沟水利用"

"水井灌溉"等方面都有所体现。随着现代国家管理方式的逐步深入以及一体化体制的日渐深化，北部边疆与内地社会结构的差异逐渐缩小，各地水利发展也越来越呈现一统化的趋势。

结　　语

清人王循在道光中叶曾经到过土默特地区，并且留下诗作《归化城》，

> 西北风雪连九徼，古今形势重三边。
> 穹庐已绝单于域，牧地犹称土默川。
> 小部梨园同上国，千家闹京入丰年。
> 圣朝治化无中外，十万貔貅尚控弦。

这首诗作道出了数百年来土默特地区社会风貌的变化。土默特地区昔日是北方游牧民族活动的重要舞台，是穹庐遍野、牛羊满地的"单于域"。入清以后，在"圣朝治化"之下，北地与中原无分中外，归化城街面繁华、人烟辐辏，如同内地的大都会。那么，这一过程是如何发生的呢？

一　蒙旗社会的国家整合

位于农牧交错地带的土默特地区，历史上曾是游牧政权与中原王朝往来互动的过渡地带。匈奴、鲜卑、突厥等北方游牧部族曾在这里建立政权。这些政权与中原王朝时而兵戎相见，时而和平往来。到清代，这一地带整合进入王朝国家的体系之中，自此以后，再也没有出现强大的游牧政权。对这一地区的国家整合方式，学界有不同的观点。拉铁摩尔认为内陆边疆与中原地区的整合，直到近代工业化以后

才得以实现。① 对此，姚大力指出拉铁摩尔忽略了清代在内陆边疆国家整合过程中的重要性。② 巴菲尔德则认为清廷通过盟旗制度、黄教、汉商统合内陆边疆。③ 国内外许多学者也持相同观点。他们从王朝国家的视角，关注盟旗制度、满蒙联姻、宗教政策等对蒙古社会与中原王朝关系的影响。

　　盟旗制度、满蒙联姻、宗教政策在清朝统合蒙古社会的过程中确有十分重要的作用。清朝在蒙古地区采取"修其教不易其俗，齐其政不易其宜"的统治策略，通过维持蒙古王公贵族对原有属民和游牧地的支配权、建立亲谊关系、扶持黄教等方式，笼络蒙古贵族。冈洋树等学者指出，清初在蒙古地区设旗，"众建以分其力"，这虽然分割了蒙古各部的势力，防止了其政治统合，但也保障了蒙古贵族"依照旧有原理来支配属民的权力"。清廷编制的旗/佐领等，也并没有取代蒙古社会原有的鄂托克等组织。蒙古贵族原有权力的保有是其服属清廷的重要原因之一。④ 满蒙联姻也是清廷获得蒙古贵族支持的重要方式。杜家骥指出，入关以前，满洲贵族就多次与蒙古王公联姻。入关以后，满蒙联姻逐步制度化，"指婚制"成为保证满蒙姻亲关系持续缔结的重要制度。清朝制度性的满蒙联姻，使满蒙之间形成了以皇家为中心的姻亲网络，加强了蒙古贵族的向心力，遏止了分离势力的形成和发展。⑤ 扶持黄教是清廷控御蒙古采取的另一重要手段。以往学者大多主张清廷主要通过扶持藏传佛教保证蒙古人的忠诚。艾鸿展的研究则表明蒙古统治的合法性不仅仅来自佛教，还有对腾格里/成吉思汗的尊崇。清廷让蒙古人相信自己是像成吉思汗一

　　① ［美］拉铁摩尔：《中国的亚洲内陆边疆》，唐晓峰译，江苏人民出版社 2005 年版，第 351 页。

　　② 姚大力：《内陆亚洲与中国历史：读〈中国的亚洲内陆边疆〉札记》，姚大力：《追寻"我们"的根源：中国历史上的民族与国家意识》，生活·读书·新知三联书店 2018 年版，第 172—176 页。

　　③ ［美］巴菲尔德：《危险的边疆——游牧帝国与中国》，袁剑译，江苏人民出版社 2011 年版，第 386—391 页。

　　④ 参见齐光《冈洋树：〈清代蒙古盟旗制度研究〉》，姚大力、刘迎胜主编：《清华元史》第 2 辑，商务印书馆 2013 年版，第 535 页。

　　⑤ 杜家骥：《清朝满蒙联姻研究》，人民出版社 2003 年版，第 588 页。

样的统治者，因此赢得了他们的拥护和支持。[①] 无论如何，宗教信仰都是
清廷获得蒙古贵族支持的重要助力。

　　在对蒙古贵族实施笼络政策的同时，清廷又在蒙古社会实行了诸多
"族类隔离"的政策，从行政系统的分治、人员流动的管制、文化交往的
阻断等不同方面，制造了蒙地与汉地、蒙古人与汉人的区分。在行政体
系上，因为内地民人到蒙地人数日众，设立"厅"等机构，管理民人。
蒙古地区由此形成一地二治的局面。在人员流动上，道光《钦定理藩院
则例》明文规定，蒙古王公贵族往来边门、关口、赴五台山进香，都要
从指定地点出入行走，要领取路引登记。所属人等不能私入内地，任意
出境。[②] 商人赴蒙地贸易，要领取部票，未经允许，不得在其部票所载地
点以外贸易。民人前往蒙地需申领执照。[③] 在文化交流上，道光《钦定理
藩院则例》又规定蒙古王公贵族禁止延请内地书吏、行用汉文，蒙古人
不得用汉字命名等。[④] 从这些制度设计上，可以看到清廷通过划定人文和
物理空间的界限，试图使蒙古与民人、蒙地与内地之间各守畛域、两不
相属。正如清末理藩院谈及这些政策时说，"立法之初，著不欲其沾染汉
习，变其朴俗"[⑤]。

　　从上可知，清廷对蒙政策，重在保持蒙古社会的原有传统和特性，
又采用联姻、宗教等一系列手段，意在赢得蒙古上层王公贵族的支持，
试图建立牢固的满蒙同盟，以此维系其在蒙古地区的统治。然而，耐人
寻味的是，1911 年，清朝倾覆，帝制终结。在波诡云谲的历史变局之中，
内蒙古没有自外于中国，而是成为中国"多民族大家庭"中的一员。而
这与清代以来内地与蒙地之间频繁的人员流动、物资交流和文化交往有

---

　　① 梁培培、高翠莲：《蒙古人自我身份认同的转变以及满蒙关系研究——〈我们的大清国：帝制中国晚期的蒙古人、佛教与国家〉》（书评），高翠莲主编：《国外中国边疆民族史著译介》，中央民族大学出版社 2012 年版，第 243—262 页。

　　② 道光《钦定理藩院则例》卷 34《边禁》，《故宫珍本丛刊》，海南出版社 2000 年影印本，史部，第 300 册，第 297—299 页。

　　③ 道光《钦定理藩院则例》卷 34《边禁》，《故宫珍本丛刊》，海南出版社 2000 年影印本，史部，第 300 册，第 300—306 页。

　　④ 道光《钦定理藩院则例》卷 53《违禁》，《故宫珍本丛刊》，海南出版社 2000 年影印本，史部，第 300 册，第 370—372 页。

　　⑤ 《理藩部融合蒙汉之政见》，《申报》1910 年 8 月 27 日第 1 张第 5 版。

着密切关系。清廷各种隔离政策，不仅没有阻挡蒙汉交流的脚步，甚至因应蒙汉交流的新情势，清廷还采取了设厅等一系列权宜之计应对这些新变化。清朝对北部边疆的统治，客观上营造了和平的社会环境，这为人们能够更为自由地跨界流动提供了可能。出于谋求更好生活的愿望与动机，蒙汉民众不断地通过各种合法和非法途径，在界限内外迁徙流动。在日常生活中，蒙汉民众围绕土地交易、水利兴修、商品贸易、摊派差役等重要地方事务，密切交往，互利合作，彼此联系日益加强。在此过程中，清朝统治蒙古社会的种种区隔政策非但没有成为蒙汉民众交往的藩篱，反而成为他们争取各种社会资源的重要凭借，他们不断援引各种国家政策法规，为自身行为寻求合理依据。也就是说作为具有主观能动性的社会行动者，蒙汉民众不断利用国家话语寻求现实利益，进而不断强化了国家认同和整合。在人们频繁的流动和密切交往中，清廷千方百计想要保持其蒙古特性的蒙旗社会，实际上已经渐渐与内地建立了十分紧密的经济文化联系。这一过程体现在诸多方面。以下从"土地交易""汉字运用""信仰仪式"等几个层面对这一问题进行阐述。

其一，土地交易。清廷将土地分配给土默特蒙古人之后，不允许其租佃。但随着内地民人的到来，不擅耕作的蒙古人陆续将土地租佃，依靠收取"地谱"度日。土地尽数出租以后，蒙古人又将"地谱"抵押给汉人开设的商号等进行借贷。因此，蒙古人越来越深地卷入到市场经济之中，他们的生活与来自内地的商民紧密地捆绑在一起。在涉及土地权属的各种纷争中，蒙汉民众又灵活利用清廷对土默特地区土地制度的各种规定，将其变成有利于自己的说辞。蒙汉民众在共同的经济活动中，不断加深对彼此的认识，也互相在对方身上打上自己的烙印。

其二，汉字运用。蒙古人有自己的语言文字，但直至清中期以前，蒙古文较少应用于社会经济领域。汉人进入土默特社会之后，最初曾将蒙古文运用于订立文契等社会经济活动。不过，汉文很快便取代蒙古文，在社会经济生活中广泛使用。汉字的运用不仅仅是人们使用文字的改变，还意味着一整套汉地惯习的引入。土默特地区的蒙汉民众用汉文订立的契约与内地契约，在要件和格式上都有相同之处，同样包含立约主体、标的物、时间、中见人、押等。用汉字书写的契约也逐渐被没有书契传统的蒙古人所接受和习得。契约成为蒙汉民众证明自己土地权属和官府判断地权权属的重要凭据。汉字传播所反映的是蒙汉民众在长期的社会交往中，已经逐渐共享同样的知识体系、遵循类似的行为逻辑。

其三，信仰仪式。蒙古社会原有自己的信仰仪式，比如，敖包、神山崇拜和祭祀以及藏传佛教信仰和仪式等。在汉人源源不断移住口外之后，蒙古社会原有的信仰仪式，又叠加了新的因素。例如，游牧时代的蒙古人对水有诸如"酹答祈雨"等特有的崇拜祭祀方式。其后，山西移民将原籍地的水神信仰、祈雨仪式等引入蒙古社会。蒙古人也跟汉人一起祭拜水神、参与祈雨仪式。在这些神明崇拜和仪式展演中，蒙汉民众逐渐形成和强化了共同的社会情感和地域认同。

总之，在清廷蒙汉分治的制度框架下，蒙地实际呈现出的却是一幅充满流动性的场景。在这样一个变动不居的地域社会中，蒙汉民众以自己的能动行为不断冲击和突破着清廷厘定的一系列制度，促使当政者不得不根据社会发生的实际变化而改弦更张。换言之，蒙汉民众对这样一套制度框架并非只有挑战背离或阳奉阴违，更多时候他们将其视作与竞争者或官府讨价还价、协商谈判的理论依据。正是在蒙汉民众、蒙旗衙门与中央政府的多方互动中，内蒙古地区没有像清廷设想的那样始终保持蒙古特性，反而在行政体系、市场经济、文化风尚上与内地的整合性愈益增强。

二 蒙地村落与社会统合

土默特地区处于农牧交错地带。历史时期，中原王朝控制这一地域时，曾设置郡县，并留下城池遗址和村落印记。今呼和浩特市托克托县古城村古城中出土过战国至汉代之际的陶釜、瓦当等。据学者们结合文献考证，这里是战国时期赵国所设云中郡的治所——云中城。秦汉时继续在这一区域设立云中郡，治所仍为云中城。在土默特地区，类似古城村的古城遗址还有很多。① 除中原王朝外，一些北族政权也曾在此设置州县。金代就延续唐、辽时期的制度，在土默特地区设丰州、云内州和东胜州三州。今呼和浩特东郊万部华严经塔所留金代碑铭中，还记录着不

---

① 周清澍主编：《内蒙古历史地理》，内蒙古高等教育自学考试指导委员会办公室编印，1991年，第18—33页。

少村寨名称。① 不过，这些古城和村落，要么已经变成历史遗迹，要么只保留在文字之中，具体情况已经难以追觅。土默特地区今日的村落基本是在明中叶以后由牧转农的社会转型中出现的，时间和空间都具有较强的连续性，这为我们观察游牧社会的村落历史和国家整合提供了一个难得的视角。

土默特地区的村落是蒙汉民众共同生活的场域。内地汉人通过租佃土默特蒙古人的土地，逐渐依蒙古人定居，形成村落。为了更好地融入蒙古社会，他们与蒙古人通过结干亲等方式建立亲谊关系。在村落生活中，蒙汉民众围绕土地交易、庙宇修建、仪式操演、水利兴修等具体事务，结成了紧密联系。以水利为例，水利是较大型的公共工程，渠道坝堰的修筑、用水章程的制定以及水利纠纷的解决等，都不是仅凭个人能力所能完成。因此，一村蒙汉民众往往通力合作，按照地亩共同出资出力修渠筑坝，并且以村落为单位结成用水联盟保护自身权益，应对外村挑战。蒙汉民众在村落中共同居住生活，协同完成各种生产生活事务，并与外界进行资源竞争，长此以往形成了强烈的村落情感和村落认同。正如段义孚所说"对于当地人而言，不仅他们的村落在空间中的物理界限会提升其空间感，而且对其他村落的意识和与其他村落的竞争会增强其独特感和认同感"②。村落是土默特蒙汉民众生息的家园，他们在村落中经历四季轮回、人世演替，不断从中获得安全感和归属感，与这片生长于斯的土地建立了深刻的情感联结。在这种深沉的地方情感之上，又产生了强烈的村落认同。村庙是村落认同的重要表征。人们在村庙中议事办公、祈福祷告，在庙前的戏台酬神演剧，在庙与戏台之间的广场举行葬礼等仪式展演、进行赶集等商业活动。村落也有自己明确的村界和境域，一般以五道庙和照壁等作为标识与外界相互区别。这些建筑和仪典，不断维系和增强了村民的村落认同，使村落获得了鲜明的"地方性"。毋庸讳言，村落认同的形成、巩固与强化，是清中叶以来土默特地区最为引人注意的社会现象之一。

---

① 李逸友：《呼和浩特市万部华严经塔的金代碑铭》，《考古》1979 年第 4 期。

② ［美］段义孚：《空间与地方——经验的视角》，王志标译，中国人民大学出版社 2017年版，第 138 页。

在土默特地区，这种较为强烈的村落认同的形成，还有另外一重意义。以"村落"为基础形成的地缘认同，突破了以"族别"为依据形成的身份认同。由于游牧社会的历史传统和王朝国家的治理架构，蒙古人和汉人一直有族属之别，直到清末之前，二者之间的区隔政策也没有根本改变，但在共同的地域生活中，蒙汉民众形成了强烈的村落认同。在某些特定场合，族群身份还成为人们为本村争取权益的砝码。这种叠加于身份认同之上的村落认同，也构成了更广大的地域认同和国家认同的现实基础。

土默特地区村落的历史体现了国家对该地治理方式的变化。吕思勉对游牧政权的社会治理，曾有过精辟的论断："游牧之世，治本属人而非属地。其后虽进于耕稼，犹存属人之意。"① 也就是说游牧社会侧重对人的编制和管理，进入农耕社会之后，这一特质仍然保留。达力扎布、闫天灵、乌日陶克套胡等许多研究蒙古历史的学者也都注意到了游牧社会的这一组织原则或者其进入农耕社会之后的变化。② 蒙古人的基层社会组织主要是阿寅勒与浩特，在其上是爱马克、鄂托克等组织。清代在其原有社会组织基础之上编旗设佐佐，规定以150—300披甲为一佐领，若干佐领组成一旗。③ 这些社会组织都是依据"属人"的原则构成。但在蒙古社会定居农耕化之后，村落以及以村落为基础形成的"社"逐渐成为人们生产生活重要的组织单位，举凡摊差、水利等地方事务，都是依托村落和社进行。地方政府也逐渐将村落和"社"作为管理蒙古地区的重要

① 吕思勉：《中国制度史》，上海三联书店2009年版，第287页。

② 达力扎布指出："蒙古的社会组织的形成始终以属人为原则，而不是以属地为原则。……无论爱马克还是鄂托克都不是血缘组织，也不是纯地缘组织，而是在蒙古封建领主制度下以人身隶属关系为基础形成的一种社会组织。"［参见达力扎布《明代蒙古社会组织新探》，《内蒙古社会科学》（文史哲版）1997年第2期］闫天灵谈道："民国时期，卓索图盟、伊克昭盟改'属地主义'为'属地主义'，设立新式的屯达、牌头，一方面是由于旗民由牧转农，走向定居，更重要的一个原因是由于蒙汉混居，已拆散了原来的佐领体制而推动的。"（参见闫天灵《汉族移民与近代内蒙古社会变迁研究》，民族出版社2004年版，第339页）。乌日陶克套胡提道：在伪满侵占内蒙古东部地区时，"在旗的基层组织方面，将'属人主义'改为'属地主义'，废除了原来的参领、佐领制，采取了奴图克（乡）、嘎查（村）制"（参见乌日陶克套胡《蒙古族游牧经济及其变迁》，中央民族大学出版社2006年版，第214页）。

③ 参见齐光《冈洋树：〈清代蒙古盟旗制度研究〉》，姚大力、刘迎胜主编：《清华元史》第2辑，商务印书馆2013年版，第526—541页。

单元。也就是说，国家对蒙地的社会治理逐渐倾向于采用"属地"原则。但直至1954年旗县合并之前，土默特地区依然是旗县并立，一地二治的局面。1954年，绥远省撤销，旗县合并之后，土默特地区的社会治理原则彻底从"属人"转为"属地"。从土默特地区村落的发展历程可以发现，自16世纪中叶以来，当政者对土默特地区的治理方式经历了属人→属人与属地并行→属地的历史变化。这反映了蒙古地区国家整合程度的加强。

活动于农牧交错地带的蒙古游牧民根据自然环境、生计模式采用特定的结群方式。游牧政权也依循游牧社会的特质归纳游牧民自发建立的社会组织，并在此基础上编制便于其统治的管理单位。蒙古各部服属清廷之后，清廷对其采取因俗而治的政策，在原有社会结构之上，规划社会治理单元。但随着自然环境、经济模式的变动，在农牧交错地带生活的蒙汉民众往往因地制宜地采用新的联结方式，王朝国家与地方衙门也不得不顺应这些实际变化，改变其治理单位。与此同时，对游牧社会的治理还与国家的统合方式有关。清代对蒙古社会的统合以满蒙联盟和蒙旗制度为根基，因此通过各项制度保持蒙古特性也就成为清朝对蒙政策的题中应有之意。民国以来，五族共和与中华民族话语等成为国家统合蒙古社会的新方式。中华人民共和国成立后，在各民族平等和团结的理论前提下，国家彻底取消了依据身份一地二治的分割政策。换言之，国家统合方式与游牧社会实态共同形塑了国家对蒙古社会治理的基层单位。

村落不是一个封闭自足的共同体。它与外部世界存在千丝万缕的联系。无论地处繁华的交通要道，还是远在偏僻的深山穷谷，土默特地区大大小小的村庄，都无时无刻不受到王朝国家典章制度和重大历史事件的影响。王朝国家对蒙地的土地放垦、修堡并村等政策，清廷西征准噶尔、民国肇建、绥远和平起义等事件，都在不同层面作用于村落的历史进程，形塑着村落的历史面貌。这些政策法规实施和历史事件发生之时，作为具有主观能动性的社会行动者，蒙汉民众不是被动地接受，而是主动地作为，不断地在时代的洪流中创造着自己的生活，书写着自己的历史。不仅如此，这些政策法规和历史事件，还成为后世可兹利用的历史资源。人们不断言说历史，以期确定当下。村民与国家的协商与互动，历史与现实的往复与对话，都使村落不可能只是一个孤立的细胞，而是一个可以全息地反映地方、国家乃至全球变化的载体。

村落与外部世界的联系很大程度上源于人的流动。无数历史事实已经充分表明，从古至今整个欧亚大陆都是一个充满流动性的社会。入清以后，虽然有清廷对蒙古地区的隔离政策，但这并没有阻拦人们在界域内外往来流徙的步伐。汉人通过乡谊、家族和姻亲等途径，在内地与内蒙古之间搭建起互通互联的桥梁。不仅如此，他们还进一步向外蒙古、新疆、俄罗斯等地扩展其活动的版图。蒙古人也并不像清廷制度规定的一样，轻易不跨旗流动。他们借助商贸、姻亲和藏传佛教等方式，在各旗之间频繁移动，甚或有些旗下属民因种种原因，选择主动逃亡。① 人的流动使欧亚草原与中原腹地结成了一个巨大的声息相通的网络。而无论这些人走到哪里，身处何处，他们与那个自己出生成长的小村落之间都有着割舍不断的联系。于是外部世界的信息、观念、生活方式等源源不断地输入这些小村落，直接或间接地改变着村落生活。

总之，村落是土默特地区由牧到农的社会转型中自然而然地形成的，是土默特蒙汉民众共同的生活家园。蒙汉民众在长久的社会实践中也对其所栖居的村落产生了强烈的地方情感和认同意识。这种村落认同为更高层级的地域认同和国家认同奠定了基础。村落的出现也改变了王朝国家对蒙地的治理方式。起初清廷在蒙古部族原有社会组织基础之上设旗编佐，对蒙地治理的基本逻辑是属人主义。在村落和"社"成为蒙汉民众最重要的社会单元之后，清廷也逐渐将其纳入统治体系，对蒙地的社会治理方式开始从"属人"向"属地"转变。这一转变直至中华人民共和国成立、绥远撤省之后才最终完成。村落取代佐领成为土默特地区基本的社会治理单位，反映了蒙地与内地社会整合程度的加强。此外，村落也不是一个孤立的社会单元，它承载着地方、国家乃至全球的复杂信息。村落研究的意义，也正是在于可以借由这些散处各地的小村落去体察更广大世界的历史脉动。

---

① 美英：《清中后期蒙旗逃亡问题研究——以准格尔旗为例》，硕士学位论文，内蒙古大学，2016 年。

三　比较视野下的边疆社会

在中国的广大边疆地区生活着不同的人群。他们在特定的自然环境下，形成了自己的生计方式、文化传统和社会结构。千百年来，其与中原王朝持续往来互动。到了清代，他们有的已经内地化，有的则还不同程度地保留着自己的社会文化传统。清廷对这些边疆人群实行八旗、盟旗、伯克、噶厦、土司、州县等不同的统治策略。在这些边疆政策下，广大边疆社会如何运行？这些边疆地区又是如何实行国家整合？在比较的视野下考察不同边疆地区，可以让我们更好地理解"大一统的殊途同归"①。清廷对蒙地与西南的治理有明显的差异，但无论蒙地还是西南，都形成了对强烈的国家认同。因此，对二者国家整合路径的比较，能够使我们深入地理解地方与国家的运行原理与机制。

中国统一多民族国家是在历史上逐步形成的。因此，考察中国统一多民族国家的形成必须回到具体的时空进程之中。在这一历史过程，各地纳入中原王朝的时间节点和具体方式尤其值得注意。程美宝曾经提道："不同区域研究的比较，关键还在于'时间'，在于选取研究的区域能从'什么时间'开始说出一段怎样的历史"②　西南地区曾是诸"国"林立的图景，在元代才被纳入中原王朝的版图。自元代设省之后，虽历经朝代更迭，政权隆替，但云南一直处于中原王朝的统治之下。蒙古人从额尔古纳河走向蒙古高原，后来又入主中原，建立了横跨欧亚大陆的蒙元王朝。元朝崩解之后，蒙古贵族从中原退居草原，重新建立了与明朝对峙的游牧政权。直到清代，才又纳入中原王朝的统治。

中原王朝对西南和蒙地分别采用了不同的统合方式。元代在西南地区设立土司制度，明中叶以后改土归流，入清以后延续改土归流政策，在一些地区土司制度一直保留到民国时期。清廷设立盟旗制度管理蒙古各部，这一制度虽然历经许多改变，而盟旗之名以及某些运作原则一直

①　"大一统的殊途同归"，语出贺喜《亦神亦祖——粤西南信仰构建的社会史》，生活·读书·新知三联书店 2011 年版，第 248—258 页。

②　程美宝：《国家如何"逃离"：中国"民间"社会的悖论》，《中国社会科学报》2010 年10 月 14 日。

延续到现在。土司和盟旗虽然都是王朝国家的边疆统治制度，但其制度原理却颇为不同。土司制度之下，朝廷不排斥甚至倡导土司及其治下属民的汉化，盟旗制度却侧重用一系列制度保障蒙古社会结构、礼仪文化的独特性，防止其汉化。

"儒学"的推广体现了清廷对待西南和蒙地政策差异性。明初朝廷就下令，在土司地区仿照"府州县学"例，推广"儒学"。土司子弟俊秀优异者送入国子监读书。其后还做出了土司子弟不入学不准承袭的规定。同时，也鼓励普通土人子弟入学读书，以广文治。此外，还在土司地区开科取士。这些政策有助于儒学在西南地区的推广。清承明制，在明代基础之上，继续通过科举制度大力推广儒学教育。① 在蒙古地区则是另外一番景象。清朝，朝廷并未对盟旗制度下的蒙古教育进行规定，但规定不允许各旗延请内地书吏、学习汉文、使用汉名。各旗印务处为处理旗务需要培养通满蒙文的笔帖式。有条件的蒙古人家主要靠延请私塾先生教授族人。所学内容包括《三字经》《千字文》等。此外，蒙古人还通过寺庙接受教育。清末新政时期，蒙古地区才有了更多创设学校之举。盟旗制度下的蒙古人也没有参加科举考试的渠道。光绪年间，朝廷才允许土默特地区的蒙古人参加"翻译科"考试。也就是说，在清末新政蒙地放垦之前，朝廷都没有对蒙地教育予以太多关注。

从上可知，清廷对西南和蒙地的治理逻辑不尽相同。在西南地区，清廷推行汉化政策，以增加其向心力。在蒙古地区，则是保持其原有文化，以获取其支持。明清时期朝廷在西南地区实行汉化政策，并采取改土归流等一系列举措，不断推动了西南地区与内地的一体化进程。直到清末以前，清廷在蒙地主要采取保持其原有文化的策略，但这并没有阻止蒙地与内地的交流。清末以后，在列强环伺的情况下，当政者改变了原有制度，在蒙地采取了放垦、设省等一系列举措。中原王朝在西南和蒙地不同时期采取不同治理方式，这也使两地沿着不同路径实现国家整合。

地方社会进入国家体系，不仅仅是国家力量的单向推进，还有地方人群的主动接纳。中原王朝的典章制度为地方民众提供了行动框架。在

---

① 龚荫：《中国土司制度史》，四川人民出版社 2012 年版，第 157—159、180—182 页。

这一框架下，地方民众采用了一系列特定方式构建自己的身份与国家认同。杜树海指出西南地方人群的国家整合的方式包括"地缘血缘想象""文化地景塑造""礼法话语建构""资源/人员流动""信仰仪式统合"五个方面内容。[①] 不同地区的人们在构建自己的地域和国家认同时，大体采用类似方式，因此杜树海归纳的几种方式不仅在西南存在，在北方也同样为人们所运用。不过，虽然形式上类同，但在具体内容上会有所差别。以"地缘血缘想象"为例，明末蒙古历史文献《黄金史纲》中就有朱棣是朱元璋与元顺帝皇后弘吉剌氏之子的说法。[②] 这一拟制的血缘关系反映了退居草原的元廷不愿放弃其在中原的法统。土默特旗的末代总管荣祥在民国时，曾从中国历史上的蒙汉语言、礼俗等方面证明蒙汉两族系出同源。他还进一步指出："我们中华，既是五族共和的国家，我们的尺土寸地，一草一木，都是我们大中华民族所共有的，希望是一致的，命运上是相同的，好了都好，糟了都糟。"[③] 荣祥是民国时期土默特旗比较活跃的官员和知识分子，他通过论证蒙汉同出一源的血缘关系，来构筑蒙古的中华民族认同，进而对抗日本帝国主义对蒙古地区的蚕食和侵略。在西南地区，一些土司则将自己的身份与中原拉上关系。杜树海提到，广西恩城赵氏土司将自身族源追溯至一位南征侬至高的宋代将领，并视山东青州为祖籍地。这样的族源叙事，既是特殊地域国家整合的方式，也是国家整合的结果，体现了地域人群身份与认同的建立。[④] 总之，无论是蒙地还是西南，地方人群都是基于自己所处地域的历史与现实，主动采取各种方式，将自身叙事纳入国家话语，进而构建了地方人群的国家认同，并且实现了地域社会的国家整合。

总之，有着不同文化传统的各个地方，在不同历史时期被纳入大一统中国。在这一个过程中，有着各自个性气质的中原王朝采取的统治策

① 杜树海：《明清以降中国南部边疆地区的国家整合方式研究》，《西北民族研究》2020年第1期。

② 佚名：《汉译蒙古黄金史纲》，朱风、贾敬颜译，内蒙古人民出版社2006年版，第53页。

③ 《社论·蒙汉同源》，《边疆通信报》1940年11月9日第1版。

④ 杜树海：《明清以降中国南部边疆地区的国家整合方式研究》，《西北民族研究》2020年第1期。

略与千姿百态的地方社会发生接触，从而确立了一套既沿袭传统又有所创造的新秩序。而生活在地方上的人群，并非是中原王朝统治的被动顺从者。相反地，为了在与其他竞争者的资源竞夺中获取优势地位，他们主动地通过各种方式在自身与中原王朝之间搭建关系。大一统中国也正是在这一过程中逐渐形成并日益巩固。而边疆社会比较研究的意义不仅在于找出各地历史的独特性，更在于在国家凝成这个大命题下，观察不同地方的人群如何想象和构建国家，从而探究中国统一多民族国家铸成的内在逻辑和深层机理。

参考文献

一 史料

（汉）司马迁：《史记》，中华书局 1982 年标点本。

［蒙］策·达木丁苏隆编译：《蒙古秘史》，谢再善译，中华书局 1956 年版。

《明实录》，台北"中央研究院"历史语言研究所 1962 年校印本。

佚名：《汉译蒙古黄金史纲》，朱风、贾敬颜译，内蒙古人民出版社 2006 年版。

（清）谷应泰：《明史纪事本末》，中华书局 2015 年点校本。

《清实录》，中华书局 1985 年影印本。

《世宗宪皇帝上谕旗务议覆》，《景印文渊阁四库全书》史部第 413 册，台湾商务印书馆 1986 年版。

《清朝通志》，浙江古籍出版社 1988 年影印本。

光绪《钦定大清会典事例》，《续修四库全书》史部第 798—841 册，上海古籍出版社 1996 年影印本。

《钦定理藩院则例》，《故宫珍本丛刊》史部第 299—300 册，海南出版社 2000 年影印本。

《圣祖仁皇帝亲征平定朔漠方略》，《景印文渊阁四库全书》史部第 354—355 册，台湾商务印书馆 1986 年版。

《钦定外藩蒙古回部王公表传》，《景印文渊阁四库全书》史部第 454 册，台湾商务印书馆 1986 年版。

《钦定大清一统志》，《景印文渊阁四库全书》史部第 474—483 册，台湾商务印书馆 1986 年版。

咸丰《古丰识略》,《中国地方志集成·内蒙古府县志辑》第 6 册,凤凰出版社 2012 年影印本。

咸丰《归绥识略》,民国《绥远通志稿》第 12 册《归绥识略》(附册),内蒙古人民出版社 2007 年点校本。

光绪《归化城厅志》,《中国地方志集成·内蒙古府县志辑》第 3 册,凤凰出版社 2012 年影印本。

光绪《土默特志》,《中国方志丛书·塞北地方》第 16 号,成文出版社 1968 年影印本。

光绪《绥远城驻防志》,佟靖仁校注,内蒙古大学出版社 1991 年标点本。

光绪《新修清水河厅志》,《中国地方志集成·内蒙古府县志辑》第 11 册,凤凰出版社 2012 年影印本。

民国《绥远通志稿》,内蒙古人民出版社 2007 年点校本。

民国《绥远志略》,全国图书馆文献缩微复制中心:《中国边疆史志集成·内蒙古史志》第 33 册,北京新华书店 2002 年影印本。

民国《归绥县志》,《中国方志丛书·塞北地方》第 10 号,成文出版社 1968 年影印本。

民国《和林格尔县志草》,内蒙古图书馆编:《内蒙古历史文献丛书》之五,远方出版社 2008 年影印本。

民国《清水河县概略》,内蒙古图书馆编:《内蒙古历史文献丛书》之七,远方出版社 2009 年影印本。

日伪《包头市志》,包头市地方志办公室、包头市档案馆、内蒙古社科院图书馆合编:《内蒙古历史文献丛书》之八(上册),远方出版社 2009 年标点本。

日伪《萨拉齐县志》,包头市地方志办公室、包头市档案馆、内蒙古社科院图书馆合编:《内蒙古历史文献丛书》之八(下册),远方出版社 2009 年标点本。

察哈尔蒙旗特派员公署编:《伪蒙政治经济概况》,1943 年,《中国边疆学会丛书》第 1 辑,全国图书馆文献缩微复制中心:《中国边疆史志集成·内蒙古史志》第 21 册,北京新华书店 2002 年影印本。

丁君匋编:《今日的绥远》,全国图书馆文献缩微复制中心:《中国边疆史志集成·内蒙古史志》第 35 册,北京新华书店 2002 年影印本。

绥远省政府编印：《绥远概况》，1933年。

绥远省赈务会：《绥远灾情报告》，1929年。

绥远省民生渠水利工会编：《绥远省民生渠水利工会第一届报告书》，1934年。

土默特左旗《土默特志》编纂委员会编：《土默特志》，内蒙古人民出版社1997年版。

《土默特右旗志》编纂委员会编：《土默特右旗志（1991—2008）》，远方出版社2009年版。

嘉庆《乌里雅苏台志略》，《中国方志丛书·塞北地方》第39号，成文出版社1967年影印本。

道光《科布多事宜》，《中国方志丛书·塞北地方》第42号，成文出版社有限公司1967年影印本。

乾隆《介休县志》，《中国地方志集成·山西府县志辑》第24册，凤凰出版社2005年影印本。

乾隆《新修曲沃县志》，《中国地方志集成·山西府县志辑》第48册，凤凰出版社2005年影印本。

乾隆《解州安邑县运城志》，《中国地方志集成·山西府县志辑》第58册，凤凰出版社2005年影印本。

嘉庆《介休县志》，《中国地方志集成·山西府县志辑》第24册，凤凰出版社2005年影印本。

道光《阳曲县志》，《中国地方志集成·山西府县志辑》第2册，凤凰出版社2005年影印本。

光绪《山西通志》，《续修四库全书》史部第641册，上海古籍出版社1996年影印本。

（清）康基田编著：《晋乘蒐略》，《晋乘蒐略》点校组点校，山西古籍出版社2006年标点本。

（宋）彭大雅：《黑鞑事略》，王国维：《黑鞑事略笺证》，《王国维遗书》第8册，上海书店出版社1983年版。

（明）王琼：《北虏事迹》，薄音湖、王雄编辑点校：《明代蒙古汉籍史料汇编》第1辑，内蒙古大学出版社1993年标点本。

（明）萧大亨：《北虏风俗》，薄音湖、王雄编辑点校：《明代蒙古汉籍史料汇编》第 2 辑，内蒙古大学出版社 2000 年标点本。

（明）刘绍恤：《云中降虏传》，薄音湖、王雄编辑点校：《明代蒙古汉籍史料汇编》第 2 辑，内蒙古大学出版社 2000 年标点本。

（明）方逢时：《云中处降录》，薄音湖、王雄编辑点校：《明代蒙古汉籍史料汇编》第 2 辑，内蒙古大学出版社 2000 年标点本。

（明）郑洛：《抚夷纪略》，薄音湖、王雄编辑点校：《明代蒙古汉籍史料汇编》第 2 辑，内蒙古大学出版社 2000 年标点本。

（明）吴震元：《三娘子》，薄音湖、王雄编辑点校：《明代蒙古汉籍史料汇编》第 2 辑，内蒙古大学出版社 2000 年标点本。

（明）焦竑：《通贡传》，薄音湖、王雄编辑点校：《明代蒙古汉籍史料汇编》第 2 辑，内蒙古大学出版社 2000 年标点本。

（明）佚名：《赵全谳牍》，薄音湖、王雄编辑点校：《明代蒙古汉籍史料汇编》第 2 辑，内蒙古大学出版社 2000 年标点本。

（明）瞿九思：《万历武功录》，薄音湖编辑点校：《明代蒙古汉籍史料汇编》第 4 辑，内蒙古大学出版社 2007 年标点本。

（明）朱国桢：《涌幢小品》，《续修四库全书》子部第 1173 册，上海古籍出版社 1996 年影印本。

（明）陈子龙等辑：《明经世文编》，中华书局 1962 年影印本。

耿昇、何高济译：《柏朗嘉宾蒙古行纪·鲁布鲁克东行纪》，中华书局 1985 年版。

（清）钱良择：《出塞纪略》，毕奥南整理：《清代蒙古游记选辑三十四种》，东方出版社 2015 年标点本。

（清）范昭逵：《从西纪略》，毕奥南整理：《清代蒙古游记选辑三十四种》，东方出版社 2015 年标点本。

（清）张鹏翮：《奉使倭罗斯日记》，毕奥南整理：《清代蒙古游记选辑三十四种》，东方出版社 2015 年标点本。

［俄］阿·马·波兹德涅耶夫：《蒙古及蒙古人》，刘汉明、张梦玲、卢龙译，内蒙古人民出版社 1987 年版。

《清水河县县长王士达呈报出巡情形》，内蒙古图书馆编：《内蒙古历史文献丛书》之七，远方出版社 2009 年标点本。

《圣祖仁皇帝御制文集》，《景印文渊阁四库全书》集部第 1298—1299 册，台湾商务印书馆 1986 年版。

（清）王昶：《春融堂集》，嘉庆十二年刻本。

（清）张穆：《斉斋文集》，咸丰八年寿阳祁寯藻刊本。

王树枏编：《张文襄公全集（奏疏）》，《近代中国史料丛刊》第 1 编第 452—460 册，文海出版社 1966 年影印本。

（清）曾国荃：《曾国荃全集》，岳麓书社 2006 年标点本。

（清）瑞洵：《散木居奏稿》，魏影点校，中国社会科学出版社 2016 年标点本。

（清）贻谷：《绥远奏议》，《近代中国史料丛刊》续编第 103 册，文海出版社 1974 年影印本。

（清）贻谷：《蒙垦续供》，《近代中国史料丛刊》续编第 104 册，文海出版社 1983 年影印本。

姚锡光：《筹蒙刍议》，全国图书馆文献缩微复制中心：《中国边疆史志集成·内蒙古史志》第 28 册，北京新华书店 2002 年影印本。

（清）祁寯藻：《马首农言》，载王毓瑚辑：《秦晋农言》，中华书局 1957 年标点本。

（清）徐珂编撰：《清稗类钞》，中华书局 1984 年标点本。

（清）贺长龄等编：《清经世文编》，中华书局 1992 年影印本。

中国第一历史档案馆、内蒙古自治区档案馆、内蒙古大学蒙古学研究中心编：《清内秘书院蒙古文档案汇编》，内蒙古人民出版社 2003 年影印本。

内蒙古垦务档案（清代、民国），内蒙古自治区档案馆藏。

土默特档案（清代、民国），内蒙古自治区呼和浩特市土默特左旗档案馆藏。

《边疆通信报》1940 年 11 月 9 日，民国时期期刊全文数据库。

《东方杂志》1905 年第 2 卷第 5 期，民国时期期刊全文数据库。

《寒圃》1933 年第 2 期、1934 年第 11、12 期，民国时期期刊全文数据库。

《厚和市公署市政月报》1939 年 4 月、1939 年 6 月，民国时期期刊全文数据库。

《晋民快览》1925 年第 4 期，民国时期期刊全文数据库。

《开发西北》1935 年第 4 卷第 1、2 期合刊，民国时期期刊全文数据库。

《立法院公报》第 121 期，民国时期期刊全文数据库。

《辽宁建设月刊》1929 年第 1 期，民国时期期刊全文数据库。

《蒙藏旬刊》1932 年第 33 期，民国时期期刊全文数据库。

《蒙藏周报》1930 年第 46 期，民国时期期刊全文数据库。

《农报》第 2 卷第 29 期，1935 年 10 月 20 日，民国时期期刊全文数据库。

《农业建设》1937 年第 1 卷第 1 期，民国时期期刊全文数据库。

《农业周报》1929 年第 7 期，民国时期期刊全文数据库。

《绥远建设季刊》1929 年第 1 期、1932 年第 11 期、1933 年第 13 期、
    1934 年第 19 期、1935 年第 21 期、1936 年第 24 期，民国时期期刊全文
    数据库。

《绥远农村周刊》第 62 期，1935 年 7 月 23 日；第 86 期，1936 年 1 月 7
    日；第 109 期，1936 年 6 月 23 日，民国时期期刊全文数据库。

《绥远省民政厅训令》1934 年，民国时期期刊全文数据库。

《绥远省政府年刊》1931 年，民国时期期刊全文数据库。

《西北》1929 年第 1 期，民国时期期刊全文数据库。

《西北半月刊》1924 年第 4 期，民国时期期刊全文数据库。

《西北青年》1932 年第 13 期，民国时期期刊全文数据库。

《西北新农月刊》1933 年第 2 期，民国时期期刊全文数据库。

《西北研究》1931 年第 2 期，民国时期期刊全文数据库。

《西北月刊》第 24 号，民国时期期刊全文数据库。

《西线》1939 年创刊号，民国时期期刊全文数据库。

《乡村工作》1937 年第 2、3 期，民国时期期刊全文数据库。

《新中华》第 1 卷第 11 期，1933 年，民国时期期刊全文数据库。

《兴华》第 28 卷第 13 期，民国时期期刊全文数据库。

《政府公报》1917 年第 470 期、1918 年第 952 期，民国时期期刊全文数
    据库。

《中外经济周刊》1924 年第 92 期，民国时期期刊全文数据库。

天津《大公报》1931 年 8 月 6 日，中国近代报刊数据库。

《申报》1910 年 8 月 27 日，大成近现代报纸数据库。

《蒙古前途》第 23、24 期合刊，1935 年，徐丽华、李德龙主编：《中国少

数民族旧期刊集成》第 56 册，中华书局 2006 年版。

前南京国民政府司法行政部编：《民事习惯调查报告录》，胡旭晟、夏新
华、李交发点校，中国政法大学出版社 1998 年版。

青海省编辑组《中国少数民族社会历史调查资料丛刊》修订编辑委员会：
《青海省藏族蒙古族社会历史调查》，民族出版社 2009 年版。

新疆维吾尔自治区丛刊编辑组《中国少数民族社会历史调查资料丛刊》
修订编辑委员会：《哈萨克族社会历史调查》，民族出版社 2009 年版。

［日］满铁包头公所等：《包头附近の農村事情（外四種）》，1939 年，内
蒙古大学内蒙古近现代史研究所、内蒙古自治区图书馆学会主编：《内
蒙古外文历史文献丛书》（第 2 辑），资源经济系列（一），内蒙古大学
出版社 2012 年版。

［日］興亞院：《蒙疆に於ける土地改良に關する調査》，1940 年，内蒙古
大学内蒙古近现代史研究所、内蒙古自治区图书馆学会主编：《内蒙古
外文历史文献丛书》（第 3 辑），资源经济系列（二），内蒙古大学出版
社 2012 年版。

［日］中國農村慣行調査刊行會编：《中國農村慣行調査》，岩波書店，
1952—1958 年。

呼和浩特市人民政府编：《呼和浩特市地名志》，1985 年。

内蒙古自治区地名委员会编：《内蒙古自治区地名志·乌兰察布盟分册》，
1988 年。

《托克托文物志》编纂委员会编：《托克托文物志》，中华书局 2006 年版。

呼和浩特市塞北文化研究会、土默特左旗人民政府：《土默特旗民国二十
一年户口册》，内蒙古大学出版社 2018 年版。

中国人民政治协商会议内蒙古自治区委员会文史资料研究委员会编：《内
蒙古文史资料（旅蒙商大盛魁）》第 12 辑，内蒙古文史书店 1984
年版。

中国人民政治协商会议内蒙古自治区委员会文史资料委员会编：《内蒙古
文史资料（内蒙古工商史料）》第 39 辑，内蒙古文史书店 1990 年版。

中共呼和浩特市委党史资料征集办公室、呼和浩特市地方志编修办公室：
《呼和浩特史料》第 4 辑，内蒙古青山印刷厂 1984 年版。

中国人民政治协商会议呼和浩特市文史资料研究委员会编：《呼和浩特文

史资料》第4辑，1985年。

中国人民政治协商会议呼和浩特市文史资料委员会编：《呼和浩特文史资料（少数民族与宗教专辑)》第9辑，1994年。

中国人民政治协商会议呼和浩特市文史资料委员会编：《呼和浩特文史资料》第10辑，呼和浩特晚报印刷厂1995年版。

包头市地方志史编修办公室、包头市档案馆：《包头史料荟要》第5辑，内蒙古教育印刷厂1981年版。

中国人民政治协商会议土默特左旗委员会文史资料研究委员会编：《土默特文史资料》第2辑，土左旗印刷厂1987年版。

中国人民政治协商会议内蒙古武川县委员会文史资料委员会：《武川文史（武川商业史)》第13辑，武川一中（燕南）印刷厂2008年版。

《托克托文史资料》编辑委员会、政协托克托县委员会编：《托克托文史资料》第7辑，内蒙古呼和浩特市宏达鑫彩印有限公司2009年版。

全国农业展览馆编：《全国农业展览馆水利馆展出典型介绍》，1966年。

甘肃人民出版社编辑：《各族人民的春天》，1973年。

沈阳市图书馆社科参考部编印：《东北名胜古迹轶闻》，1985年。

《善岱方舆志》，2013年。

《善岱起会图》，1987年。

《把什村史》编纂委员会编：《把什村史》，内蒙古人民出版社2003年版。

土默特右旗沟门镇威俊村编委会编：《威俊村史》，未刊稿。

杨广山：《板升气村史稿》，未刊稿。

土左旗水电局：《土默特左旗万家沟水库灌区规划说明书》，1980年。

李二河讲述，李强编辑整理：《细说大岱传统庙会请龙王》，大岱村信息平台微信公众号。

《从祖籍民安村先辈遗留唯一的一口古钟说起》，https：//blog. sina. com. cn/s/blog_6447e6c90100v7sx. html，2011年5月8日。

《板申气新修庙宇碑记》，乾隆四十年岁次乙未仲秋上旬之日，立于板申气村脑包庙。

《施庙碑》，道光二十九年岁次己酉闰四月二十五日谷旦，立于沙必崖村关帝庙。

《上□□公议渠□碑记》，咸丰十年岁次庚申姑洗吉月，立于云社堡村龙王庙。

《水神庙万古流芳碑》,民国三十八年岁次己丑菊月中浣,立于万家沟水神庙。

《功德碑》,2008 年,立于南柜村淤地庙。

《重修关帝庙戏楼碑》,乾隆四十七年蒲月上浣立日,土默特档案,内蒙古自治区呼和浩特市土默特左旗档案馆藏,档案号:79/1/32。

《重盖关帝庙禅房等碑》,嘉庆十一年仲冬上浣之日,土默特档案,内蒙古自治区呼和浩特市土默特左旗档案馆藏,档案号:79/1/32。

《重修关圣帝君庙碑志》,嘉庆十九年岁次甲戌林钟月,土默特档案,内蒙古自治区呼和浩特市土默特左旗档案馆藏,档案号:79/1/32。

《重修关圣庙碑志》,嘉庆十九年岁次甲戌溽暑月,土默特档案,内蒙古自治区呼和浩特市土默特左旗档案馆藏,档案号:79/1/32。

《重修关帝庙》,道光五年岁次乙酉南吕月,土默特档案,内蒙古自治区呼和浩特市土默特左旗档案馆藏,档案号:79/1/32。

《重修乐楼戏房碑记》,道光二十二年岁次壬寅黄钟月上,土默特档案,内蒙古自治区呼和浩特市土默特左旗档案馆藏,档案号:79/1/32。

《重修关帝庙碑》,咸丰元年岁次辛亥南吕月上浣,土默特档案,内蒙古自治区呼和浩特市土默特左旗档案馆藏,档案号:79/1/32。

陈孝达主编:《陈氏家谱续》,内蒙古国税局印刷厂 2006 年版。

董进华、董进和执笔:土默特左旗善岱镇董家营村《董氏宗谱》,2016 年。

戈夫、乌力更、姜润厚编著:《阿尔宾遗缺家谱浅考——托克托县章盖营村姜姓溯源》,内蒙古党委机关印刷厂 2011 年版。

《晋北崞县神山贾氏族谱—土默特支》,2007 年。

李老虎、李长在、李宝财主编:《蒙古李氏家谱》,2011 年。

《刘氏族谱志》第 1 部,2002 年。

曲胜利主编:《曲氏宗谱》,柯林工作室打印,2009 年。

任存弼主编:《晋北巡检司任氏宗谱》,山西出版传媒集团·三晋出版社 2012 年版。

山西原平神山贾氏宗祠理事会:《山西原平神山贾氏族谱》,太原隆盛达印业有限公司 2015 年版。

佟格拉主修：《富荣家族宗谱》，2006 年。

《王氏成林之宗谱》编纂委员会编：《王氏成林之宗谱》，2012 年。

笔者在土默特地区收集各类容、家谱账簿等。

内蒙古大学图书馆藏、晓克藏：《清代至民国时期归化城土默特土地契约》，内蒙古大学出版社 2011 年版。

云广藏：《清代至民国时期归化城土默特土地契约》，内蒙古大学出版社 2012 年版。

李艳玲、青格力：《土默特蒙古金氏家族契约文书整理新编》，中国社会科学出版社 2018 年版。

笔者在土默特地区收集各种蒙汉文契约。

二 论著

孛儿只斤·布仁赛音：《近现代蒙古人农耕村落社会的形成》，内蒙古大学出版社 2007 年版。

常建华：《中华文化通志·宗族志》，上海人民出版社 1998 年版。

陈春声：《地方故事与国家历史——韩江中下游地域的社会变迁》，生活·读书·新知三联书店 2021 年版。

陈春声：《市场机制与社会变迁——18 世纪广东米价分析》，中国人民大学出版社 2010 年版。

陈春声：《信仰与秩序——明清粤东与台湾民间神明崇拜研究》，中华书局 2019 年版。

陈丽华：《族群与国家：六堆客家认同的形成》，台湾大学出版中心 2015 年版。

陈其南：《家族与社会》，联经出版事业公司 1990 年版。

陈秋坤：《清代台湾土著地权——官僚、汉佃与岸里社人的土地变迁（1700—1895）》，台北"中央研究院"近代史研究所 1994 年版。

陈爽：《出土墓志所见中古谱牒研究》，学林出版社 2015 年版。

陈贤波：《土司政治与族群历史——明代以后贵州都柳江上游地区研究》，生活·读书·新知三联书店 2011 年版。

陈祥军：《杨廷瑞"游牧论"文集》，社会科学文献出版社 2015 年版。

达力札布：《明代漠南蒙古历史研究》，内蒙古文化出版社 1997 年版。

戴炎辉：《清代台湾之乡治》，联经出版事业股份有限公司 1979 年版。

董晓萍、[法] 蓝克利：《不灌而治——山西四社五村水利文献与民俗》，中华书局 2003 年版。

杜家骥：《清朝满蒙联姻研究》，人民出版社 2003 年版。

杜正贞：《村社传统与明清士绅：山西泽州乡土社会的制度变迁》，上海辞书出版社 2007 年版。

费孝通：《江村经济——中国农民的生活》，商务印书馆 2001 年版。

龚荫：《中国土司制度史》，四川人民出版社 2012 年版。

郭丽萍：《绝域与绝学——清代中叶西北史地学研究》，生活·读书·新知三联书店 2007 年版。

哈斯巴根：《鄂尔多斯农牧交错区域研究（1697—1945）——以准噶尔旗为中心》，内蒙古大学出版社 2007 年版。

韩朝建：《寺院与官府——明清五台山的行政系统与地方社会》，人民出版社 2016 年版。

何文平：《变乱中的地方权势——清末民初广东的盗匪问题与社会秩序》，广西师范大学出版社 2011 年版。

贺喜、[英] 科大卫主编：《浮生：水上人的历史人类学研究》，中西书局 2021 年版。

贺喜：《亦神亦祖——粤西南信仰构建的社会史》，生活·读书·新知三联书店 2011 年版。

胡英泽：《凿井而饮——明清以来黄土高原的生活用水与节水》，商务印书馆 2018 年版。

黄国信：《区与界——清代湘粤赣界邻地区食盐专卖研究》，生活·读书·新知三联书店 2006 年版。

黄丽生：《由军事征掠到城市贸易：内蒙古归绥地区的社会经济变迁（14 世纪中至 20 世纪初）》，台湾师范大学研究所 1995 年版。

黄志繁：《"贼""民"之间——12—18 世纪赣南地域社会》，生活·读书·新知三联书店 2006 年版。

黄治国：《漠南军府——清代绥远城驻防研究》，社会科学文献出版社 2018 年版。

金其铭：《农村聚落地理》，科学出版社 1988 年版。

连瑞枝：《隐藏的祖先——妙香国的传说和社会》，生活·读书·新知三联书店 2007 年版。

林耀华：《义序的宗族研究》，生活·读书·新知三联书店 2000 年版。

刘彦：《姻亲与"他者"——清水江北岸一个苗寨的历史、权力与认同》，社会科学文献出版社 2019 年版。

刘志伟：《在国家与社会之间——明清广东地区里甲赋役制度与乡村社会》，中国人民大学出版社 2010 年版。

鲁西奇：《中国乡里制度研究》，北京大学出版社 2021 年版。

卢明辉：《清代北部边疆民族经济发展史》，黑龙江教育出版社 1994 年版。

陆仲伟：《民国会道门》，谭松林主编：《中国秘密社会》第 5 卷，福建人民出版社 2002 年版。

罗一星：《明清佛山经济发展与社会变迁》，广东人民出版社 1994 年版。

吕思勉：《中国制度史》，上海三联书店 2009 年版。

马子木：《经略西北：巴达克山与乾隆中期的中亚外交》，上海古籍出版社 2019 年版。

内蒙古典章法学与社会学研究所编：《〈成吉思汗法典〉及原论》，商务印书馆 2007 年版。

牛敬忠：《近代绥远地区的社会变迁》，内蒙古大学出版社 2001 年版。

彭雨新：《县地方财政》，商务印书馆 1935 年版。

齐清顺：《中国历代中央王朝治理新疆政策研究》，新疆人民出版社 2004 年版。

钱杭：《血缘与地缘之间——中国历史上的联宗与联宗组织》，上海社会科学院出版社 2001 年版。

钱晶晶：《历史的镜像：三门塘村落的空间、权力与记忆》，社会科学文献出版社 2018 年版。

卿希泰主编：《中国道教史》，四川人民出版社 1996 年版。

阙岳：《第二种秩序——明清以来的洮州青苗会研究》，中国社会科学出版社 2016 年版。

施添福：《清代台湾的地域社会——竹堑地区的历史地理研究》，新竹县文化局 2001 年版。

孙旭：《集体中的自由——黔东南侗寨的人群关系与日常生活》，社会科学文献出版社 2019 年版。

唐晓涛：《俍傜何在——明清时期广西浔州府的族群变迁》，民族出版社 2011 年版。

忒莫勒：《内蒙古旧报刊考录》，内蒙古出版集团、远方出版社 2010 年版。

王奎元、于永发：《土默特旗务衙署》，远方出版社 2000 年版。

王明珂：《游牧者的抉择——面对汉帝国的北亚游牧部族》，广西师范大学出版社 2008 年版。

王铭铭：《社区的历程——溪村汉人家族的个案研究》，天津人民出版社 1997 年版。

王玉海、王楚：《从游牧走向定居——清代内蒙古东部农村社会研究》，黑龙江教育出版社 2014 年版。

韦庆远、叶显恩主编：《清代全史》第 5 卷，辽宁人民出版社 1995 年版。

温春来：《从"异域"到"旧疆"——宋至清贵州西北部地区的制度、开发与认同》，生活·读书·新知三联书店 2008 年版。

闻钧天：《中国保甲制度》，上海：商务印书馆 1936 年版。

乌日陶克套胡：《蒙古族游牧经济及其变迁》，中央民族大学出版社 2006 年版。

吴超、霍红霞：《清代归化城土默特农牧业研究》，学苑出版社 2020 年版。

萧公权：《中国乡村——19 世纪的帝国控制》，张皓、张升译，九州出版社 2018 年版。

肖文评：《白堡乡的故事——地域史脉络下的乡村社会构建》，生活·读书·新知三联书店 2011 年版。

谢晓辉：《制造边缘性——10—19 世纪的湘西》，生活·读书·新知三联书店 2020 年版。

薛毅：《中国华洋义赈救灾总会研究》，武汉大学出版社 2008 年版。

闫天灵：《汉族移民与近代内蒙古社会变迁研究》，民族出版社 2004 年版。

阎云翔：《礼物的流动——一个中国村庄中的互惠原则与社会网络》，李放春、刘瑜译，上海人民出版社 2017 年版。

杨国安：《明清两湖地区基层组织与乡村社会研究》，武汉大学出版社 2004 年版。

张俊峰：《泉域社会——对明清山西环境史的一种解读》，商务印书馆
　　2018 年版。

张俊峰：《水利社会的类型——明清以来洪洞水利与乡村社会变迁》，北
　　京大学出版社 2012 年版。

张世满：《逝去的繁荣：晋蒙粮油故道研究》，山西人民出版社 2008 年版。

张应强：《木材之流动——清代清水江下游地区的市场、权力与社会》，
　　生活·读书·新知三联书店 2006 年版。

张研：《清代社会的慢变量——从清代基层社会组织看中国封建社会结构
　　与经济结构的演变趋势》，山西人民出版社 1999 年版。

赵世瑜：《历史人类学的旨趣——一种实践的历史学》，北京师范大学出
　　版社 2020 年版。

郑振满：《明清福建家族组织与社会变迁（增订版）》，北京师范大学出版
　　社 2020 年版。

郑振满：《乡族与国家——多元视野中的闽台传统社会》，生活·读书·
　　新知三联书店 2009 年版。

周清澍主编：《内蒙古历史地理》，内蒙古高等教育自学考试指导委员会
　　办公室编印，1991 年。

周亚：《晋南龙祠：黄土高原一个水利社区的结构与变迁》，商务印书馆
　　2018 年版。

珠飒：《18—20 世纪初东部内蒙古农耕村落化研究》，内蒙古人民出版社
　　2009 年版。

［苏］Б. Я. 符拉基米尔佐夫：《蒙古社会制度史》，刘荣焌译，中国社会
　　科学出版社 1980 年版。

［法］涂尔干：《宗教生活的基本形式》，渠东、汲喆译，上海人民出版社
　　1999 年版。

［法］阿·德芒戎：《人文地理学问题》，葛以德译，商务印书馆 1993
　　年版。

［法］福柯：《规训与惩罚》，生活·读书·新知三联书店 1999 年版。

［法］列斐伏尔：《空间的生产》，包亚明编：《现代性与空间的生产》，上
　　海教育出版社 2003 年版。

［法］莫里斯·哈布瓦赫：《论集体记忆》，毕然等译，上海人民出版社

2002 年版。

［英］艾伦·麦克法兰:《英国个人主义的起源》,管可秾译,商务印书馆
2008 年版。

［英］科大卫:《皇帝和祖宗——华南的国家与宗族》,卜永坚译,江苏人
民出版社 2009 年版。

［英］科大卫:《明清社会与礼仪》,曾宪冠译,李子归、陈博翼校,北京
师范大学出版社 2016 年版。

［英］莫里斯·弗里德曼:《中国东南的宗族组织》,刘晓春译,王铭铭
校,上海人民出版社 2000 年版。

［英］约·弗·巴德利:《俄国·蒙古·中国》下卷,吴持哲、吴有刚译,
商务印书馆 1981 年版。

［英］维克多·特纳:《象征之林——恩登布人仪式散论》,赵玉燕、欧阳
敏、徐洪峰译,商务印书馆 2006 年版。

［美］巴菲尔德:《危险的边疆——游牧帝国与中国》,袁剑译,江苏人民
出版社 2011 年版。

［美］杜赞奇:《文化、权力与国家——1900—1942 年的华北农村》,王福
明译,江苏人民出版社 1996 年版。

［美］段义孚:《空间与地方——经验的视角》,王志标译,中国人民大学
出版社 2017 年版。

［美］拉铁摩尔:《中国的亚洲内陆边疆》,唐晓峰译,江苏人民出版社
2005 年版。

［美］施坚雅:《中国农村的市场和社会结构》,史建云、徐秀丽译,中国
社会科学出版社 1998 年版。

［日］多贺秋五郎:《中国宗谱》,周芳玲、阎明广编译,中国社会出版社
2008 年版。

［日］菊地利夫:《历史地理学的理论与方法》,辛德勇译,陕西师范大学
出版社 2014 年版。

［日］仁井田陞:《中国法制史》,牟发松译,上海古籍出版社 2011 年版。

［日］山根幸夫:《中国史研究入门》,社会科学文献出版社 2000 年版。

［日］田山茂:《清代蒙古社会制度》,潘世宪译,商务印书馆 1987 年版。

［日］子安宣邦:《近代日本的中国观》,王升远译,生活·读书·新知三

联书店 2020 年版。

［日］佐藤仁史、吴滔、张舫澜、夏一红：《垂虹问俗——田野中的近现代江南社会与文化》，广东人民出版社 2018 年版。

［日］多贺秋五郎：《中國宗譜の研究》，日本學術振興會，1981 年。

［日］今堀誠二：《中国封建社会の構造—その歴史と革命前夜の現実》，日本学術振興会，1978 年。

［日］清水盛光：《中國鄉村社會論》，岩波書店 1951 年版。

［日］今堀誠二：《中国封建社会の機構—帰綏（呼和浩特）におけゐ社会集団の実態調査》，日本学術振興会，2002 年。

［日］松本善海：《中国村落制度の史的研究》，岩波書店 1977 年版。

Owen Lattimore, *Manchuria Cradle of Conflict*, New York：The Macmillan Company, 1932.

Maurice Freedman, *Lineage Organization in Southeastern China*, London：The Athlone Press, 1958.

Siu, Helen F., *Agents and Victims in South China：Accomplices in Rural Revolution*, New Haven：Yale Universtity Press, 1989.

Hugh D. R. Baker and Stephan Feuchtwang, *An Old State In New Settings：Studies in the Social Anthropology of China in Memory of Maurice Freedman*, Oxford（U. K.）, 1991.

Justin Tighe, *Constructing Suiyuan：The Politics of Northwestern Territory and Development in Early Twentieth-Century China*, Brill Academic Pub, 2005.

薄音湖：《关于明代土默特的几个问题》，《内蒙古社会科学》（文史哲版）1988 年第 6 期。

薄音湖：《明美岱召泰和门石刻考》，《民族研究》2005 年第 5 期。

卞友江：《空间转向和"后现代"地理学的兴起》，《华侨大学学报》（哲学社会科学版）2013 年第 4 期。

伯苏金高娃：《蒙古族家谱的收藏与特点》，王鹤鸣、王洪治等：《中国少数民族家谱通论》，上海古籍出版社 2018 年版。

曹新宇：《清代山西的粮食贩运路线》，《中国历史地理论丛》1998 年第 2 期。

曹永年：《呼和浩特市万部华严经塔明代题记探讨》，《内蒙古大学学报》

（历史学专集）1981 年第 S1 期。

曹永年：《嘉靖隆庆年间板升自然灾害及其与"俺答封贡"的关系——呼
　　和浩特白塔明代题记探讨之二》，《内蒙古社会科学》1986 年第 1 期。

陈春声、刘志伟：《理解传统中国"经济"应重视典章制度研究》，《中国
　　经济史研究》1996 年第 2 期。

陈春声、肖文评：《聚落形态与社会转型——明清之际韩江流域地方动乱
　　之历史影响》，《史学月刊》2011 年第 2 期。

程美宝：《国家如何"逃离"：中国"民间"社会的悖论》，《中国社会科
　　学报》2010 年 10 月 14 日。

达力扎布：《明代蒙古社会组织新探》，《内蒙古社会科学》（文史哲版）
　　1997 年第 2 期。

邓庆平：《边军与明中叶北部边镇的社会秩序——以〈赵全谳牍〉为中
　　心》，《首都师范大学学报》（社会科学版）2019 年第 1 期。

邓小南：《再谈走向"活"的制度史》，《史学月刊》2022 年第 1 期。

邓小南：《走向"活"的制度史——以宋代官僚政治制度史研究为例的点
　　滴思考》，《浙江学刊》2003 年第 3 期。

杜树海：《明清以降中国南部边疆地区的国家整合方式研究》，《西北民族
　　研究》2020 年第 1 期。

房利：《清代安徽长江江堤建设经费来源问题考察》，《中国农史》2015 年
　　第 3 期。

费孝通：《个人·群体·社会——一生学术历程的自我思考》，费孝通著，
　　张荣华编：《费孝通谈民族和社会》，学苑出版社 2016 年版。

顾颉刚：《圣贤文化与民众文化——一九二八年三月二十日在岭南大学学
　　术研究会演讲》，《民俗周刊》第 5 期，1928 年 4 月 17 日。

哈斯巴根、杜国忠：《村落的历史与现状：内蒙古土默特右旗西老将营社
　　会调查报告》，《蒙古学信息》2006 年第 4 期。

韩朝建：《华北的容与宗族：以山西代县为中心》，《民俗研究》2012 年第
　　5 期。

胡恒：《从理事到抚民：清代归绥地区厅制变迁新探》，《清史研究》2022
　　年第 2 期。

胡焕庸：《中国人口之分布》，《地理学报》1935 年第 2 卷第 2 期。

胡钟达:《呼和浩特旧城(归化)建城年代初探》,《内蒙古大学学报》
　　1959 年创刊号。

姜振华:《评萧凤霞〈华南的代理人和受害者:乡村革命的协从〉》,刘东
　　主编:《中国学术》2001 年第 1 期。

李国庆:《关于中国村落共同体的论战——以"戒能—平野论战"为核
　　心》,《社会学研究》2005 年第 6 期。

李金花:《从〈中国蒙古文古籍总目〉分析蒙古族家谱特点》,王华北主
　　编:《少数民族谱牒研究》,中央民族大学出版社 2013 年版。

李里峰:《从"事件史"到"事件路径"的历史——兼论〈历史研究〉
　　两组义和团研究论文》,《历史研究》2003 年第 4 期。

李逸友:《呼和浩特市万部华严经塔的金代碑铭》,《考古》1979 年第
　　4 期。

李逸友:《呼和浩特市万部华严经塔的金元明各代题记》,《文物》1977 年
　　第 5 期。

梁培培、高翠莲:《蒙古人自我身份认同的转变以及满蒙关系研究——
　　〈我们的大清国:帝制中国晚期的蒙古人、佛教与国家〉》,高翠莲主
　　编:《国外中国边疆民族史著译介》,中央民族大学出版社 2012 年版。

林美容:《由祭祀圈到信仰圈——台湾民间社会的地域构成与发展》,张
　　炎宪主编:《中国海洋发展史论文集》第 3 辑,台北"中央研究院"三
　　民主义研究所 1988 年版。

林美容:《由祭祀圈来看草屯镇的地方组织》,台北:《"中央研究院"民
　　族学研究所集刊》1987 年第 62 期。

刘丹、陈君静:《试论清代宁绍地区海塘修筑的经费来源与筹措方式》,
　　《中国社会经济史研究》2010 年第 4 期。

刘文锁:《敖包祭祀的起源》,《西域研究》2006 年第 2 期。

刘志伟:《天地所以隔外内——〈南岭历史地理研究丛书〉总序》,《南岭
　　历史地理研究》第 1 辑,广东人民出版社 2016 年版。

刘志伟:《王朝贡赋体系与经济史》,林文勋、黄纯艳主编:《中国经济史
　　研究的理论与方法》,中国社会科学出版社 2017 年版。

刘志伟:《大洲岛的神庙与社区关系》,郑振满、陈春声主编:《民间信仰
　　与社会空间》,福建人民出版社 2003 年版。

龙圣：《多元祭祀与礼俗互动：明清杨家埠家堂画特点探析》，《南京艺术学院学报（美术与设计）》2018 年第 1 期。

鲁西奇：《"画圈圈"与"走出圈圈"——关于"地域共同体"研究理路的评论与思考》，鲁西奇：《谁的历史》，广西师范大学出版社 2019 年版。

麻国庆：《"公"的水与"私"的水——游牧和传统农耕蒙古族"水"的利用与地域社会》，《开放时代》2005 年第 3 期。

麦思杰：《风水、宗族与地域社会的构建——以清代黄姚社会变迁为中心》，《社会学研究》2012 年第 3 期。

蒙林：《绥远城驻防八旗考源》，《内蒙古社会科学》1994 年第 5 期。

纳钦：《作用中的敖包信仰与传说——在珠腊沁村的田野研究》，《田野观察》2004 年第 4 期。

牛敬忠：《清代归化城土默特地区的社会状况——以西老将营村地契为中心的考察》，《内蒙古社会科学》2009 年第 5 期。

牛敬忠：《清代归化城土默特地区的土地问题——以西老将营村为例》，《内蒙古大学学报》（哲学社会科学版）2008 年第 3 期。

潘光旦：《中国家谱学略史》，《东方杂志》1929 年第 26 卷第 1 号。

潘威：《清代前期黄河额征河银空间形态特征的初步研究——以乾隆五十七年的山东为例》，《中国历史地理论丛》2014 年第 4 期。

齐光：书评《冈洋树：〈清代蒙古盟旗制度研究〉》，姚大力、刘迎胜主编：《清华元史》第 2 辑，商务印书馆 2013 年版。

齐清顺：《清代新疆的协饷供应和财政危机》，《新疆社会科学》1987 年第 3 期。

祁建民：《战后日本对华观念的变迁与"共同体"理论》，《抗日战争研究》2014 年第 2 期。

祁建民：《战前日本的中国观与"共同体"理论》，《抗日战争研究》2014 年第 3 期。

钱杭：《沁县族谱中的"门"与"门"型系谱——兼论中国宗族世系学的两种实践类型》，《历史研究》2016 年第 6 期。

钱晶晶：《村落空间与历史记忆——三门塘人的家族故事与船形隐喻》，《原生态民族文化学刊》2010 年第 2 期。

苏奎俊:《清代新疆满城探析》,《新疆大学学报》2007 年第 5 期。

孙立平:《"过程—事件分析"与当代中国国家——农民关系的实践形态》,《清华社会学评论》(特辑 1),鹭江出版社 2000 年版。

唐仕春:《绥远土默特摊差交涉:五族共和下的蒙汉族群互动(1911—1928)》,《"近代中国的城市·乡村·民间文化——首届中国近代社会史国际学术研讨会"论文集》,2005 年 8 月。

唐晓涛:《清中后期村落联盟的形成及其对地方社会的意义——以"拜上帝会"基地广西浔州府为例》,《清史研究》2010 年第 3 期。

唐晓涛:《神明的正统性与社、庙组织的地域性——拜上帝会毁庙事件的社会史考察》,《近代史研究》2011 年第 3 期。

田宓:《清代内蒙古土地契约秩序的建立——以归化城土默特为例》,《清史研究》2015 年第 4 期。

童恩正:《试论我国从东北到西南的边地半月形文化传播带》,文物出版社编辑部编:《文物与考古论集》,文物出版社 1987 年版。

王爱侠、李平:《家堂:平面的祠堂——以山东昌邑玉皇庙村为例》,《民俗研究》2020 年第 1 期。

乌仁其其格:《内蒙古人口档案中的边疆村落社会——以察素齐为例》,《清史研究》2014 年第 1 期。

乌仁其其格:《清代大青山各沟煤矿业概述——以归化城副都统衙门矿务档案为例》,《蒙古史研究》第 9 辑,内蒙古大学出版社 2007 年版。

吴滔:《从"因寺名镇"到"因寺成镇":南翔镇"三大古刹"的布局与聚落历史》,《历史研究》2012 年第 1 期。

萧凤霞、刘志伟:《宗族、市场、盗寇与蛋民——明以后珠江三角洲的族群与社会》,《中国社会经济史研究》2004 年第 3 期。

萧正洪:《历史时期关中地区农田灌溉中的水权问题》,《中国经济史研究》1999 年第 1 期。

行龙:《从"治水社会"到"水利社会"》,行龙:《走向田野与社会》,生活·读书·新知三联书店 2007 年版。

熊元斌:《论清代江浙地区水利经费筹措与劳动力动用方式》,《中国经济史研究》1995 年第 2 期。

许嘉明:《彰化平原福佬客的地域组织》,台北:《"中央研究院"民族学研究所集刊》1973 年第 36 期。

姚大力：《内陆亚洲与中国历史：读〈中国的亚洲内陆边疆〉札记》，姚
　　大力：《追寻"我们"的根源：中国历史上的民族与国家意识》，生
　　活·读书·新知三联书店 2018 年版。

张光直：《"浊大计划"与 1972 年至 1974 年浊大流域考古调查》，张光
　　直：《中国考古学论文集》，生活·读书·新知三联书店 2013 年版。

张继莹：《山西河津三峪地区的环境变动与水利规则（1368—1935）》，
　　《东吴历史学报》2014 年第 32 期。

张建民：《清代两湖堤垸水利经营研究》，《中国经济史研究》1990 年第
　　4 期。

张俊峰：《清至民国内蒙古土默特地区的水权交易——兼与晋陕地区比
　　较》，《近代史研究》2017 年第 3 期。

张俊峰：《清至民国山西水利社会中的公私水交易——以新发现的水契和
　　水碑为中心》，《近代史研究》2014 年第 5 期。

张珣：《打破圈圈：从"祭祀圈"到"后祭祀圈"》，张珣、江燦腾合编：
　　《台湾本土宗教研究的新视野和新思维》，南天书局 2003 年版。

张正明：《清代丁村田契研究》，《中国史研究》1990 年第 1 期。

赵令志：《〈钦定拣放佐领则例〉及其史料价值》，《清史研究》2013 年第
　　3 期。

赵世瑜：《"华南研究"与"新清史"应该如何对话》，《历史人类学学
　　刊》2012 年第 1 期。

赵世瑜：《从贤人到水神：晋南与太原的区域演变与长程历史——兼论山
　　西历史的两个"历史性时刻"》，《社会科学》2011 年第 2 期。

赵世瑜：《村民与镇民：明清山西泽州的聚落与认同》，《清史研究》2009
　　年第 3 期。

赵世瑜：《多元的标识、层累的结构——以太原晋祠及周边地区的寺庙为
　　例》，《首都师范大学学报》（社会科学版）2019 年第 1 期。

赵世瑜：《分水之争：公共资源与乡土社会的权力和象征——以明清山西
　　汾水流域的若干案例为中心》，《中国社会科学》2005 年第 2 期。

赵世瑜：《晋祠与熙丰新法的蛛丝马迹》，《史学集刊》2014 年第 6 期。

赵世瑜：《圣姑庙：金元明变迁中的"异教"命运与晋东南社会的多样

性》，《清华大学学报》（哲学社会科学版）2009 年第 4 期。

赵世瑜：《时代交替视野下的明代"北虏"问题》，《清华大学学报》（哲学社会科学版）2012 年第 1 期。

赵世瑜：《祖先记忆、家园象征与族群历史——山西洪洞大槐树传说解析》，《历史研究》2006 年第 1 期。

赵思渊：《歙县田面权买卖契约形式的演变（1650—1949）》，《清华大学学报》（哲学社会科学版）2017 年第 4 期。

赵思渊：《微型宗族组织的衰落过程研究——歙县驼岗萧江氏的世系演变与祀产经营（1869—1928）》，《安徽大学学报》（哲学社会科学版）2014 年第 3 期。

赵松乔：《察北、察盟及锡盟——一个农牧过渡地区的经济地理调查》，《地理学报》1953 年第 19 卷第 1 期。

郑振满：《神庙祭典与社区发展模式——莆田江口平原的例证》，《史林》1995 年第 1 期。

郑震：《空间：一个社会学的概念》，《社会学研究》2010 年第 5 期。

周大鸣：《祭祀圈理论与思考——关于中国乡村研究范式的讨论》，《青海民族研究》2013 年第 4 期。

周丕显：《清代西北舆地学》，《社科纵横》1994 年第 2 期。

庄英章：《人类学与台湾区域发展史研究》，荣仕星、徐杰舜主编：《人类学本土化在中国》，广西民族出版社 1998 年版。

［德］海西希：《蒙古宗教》，《蒙古史研究参考资料》，新编第 32·33 辑，总第 57·58 辑，1984 年 5 月。

［英］科大卫：《皇帝在村：国家在华南地区的体现》，［英］科大卫：《明清社会和礼仪》，曾宪冠译，李子归、陈博翼校，北京师范大学出版社2016 年版。

［英］莫里斯·弗里德曼：《社会人类学的中国时代》，郭永平、宁夏楠译，《青海民族大学学报》2017 年第 3 期。

［美］孔迈隆：《中国北方的宗族组织》，夏也译，中国社会科学院社会学研究所：《家庭与性别评论》第 4 辑，社会科学文献出版社 2013 年版。

［美］H. 赛瑞斯：《板升》，金星译，《蒙古学信息》1998 年第 1 期。

［美］施坚雅：《中国历史的结构》，王旭等译，《中国封建社会晚期城市

研究——施坚雅模式》，吉林教育出版社 1991 年版。

〔日〕岸本美绪：《明清时代的"找价回赎"问题》，杨一凡、寺田浩明主编：《日本学者中国法制史论著选·明清卷》，中华书局 2016 年版。

〔日〕冈田谦著：《台湾北部村落之祭祀范围》，陈乃蘗译，《台北文物》第 9 卷第 4 期。

〔日〕好并隆司：《中国水利史研究论考》，赵从胜译，钞晓鸿主编：《海外中国水利史研究：日本学者论集》，人民出版社 2014 年版。

〔日〕和田清：《明治以后日本学者研究满蒙史的成绩》，翁独健译，李孝迁编校：《近代中国域外汉学评论萃编》，上海古籍出版社 2014 年版。

〔日〕细谷良夫：《〈八旗通志·旗分志〉的编纂及其背景——雍正朝佐领改革之一》，陈佳华、刘世哲译，《民族译丛》1989 年第 2 期。

〔日〕永井匠：《隆庆和议与右翼蒙古的汉人》，包国庆译，《蒙古学信息》2004 年第 2 期。

〔日〕荻原淳平：《アルタン・カーンと板升》，《东洋史研究》1955，14—3。

〔日〕荻原淳平：《明代嘉靖期の大同反亂とモンゴリア（上、下）：農耕民と遊牧民との接點》，《东洋史研究》，1972，30—4，1972，31—1。

〔日〕鶴見尚弘：《明代の畸零戶について》，《东洋学报》1965，47—3。

〔日〕野口鉄郎：《万暦期の板升をめぐって》，《史学研究》，広島史学研究会 編（204），1994—06。

G. Willian Skinner，"The Structure of Chinese History"，*The Journal of Asian Studies*，Volume 44，Issue 02，February 1985.

Myron L. Cohen，"Lineage Organization in North China"，*The Journal of Asian Studies*，Vol. 49，No. 3，Aug. 1990.

边晋中：《清代绥远城驻防若干问题考述》，硕士学位论文，内蒙古师范大学，2006 年。

关长喜：《乾隆初年归化城土默特蒙丁地研究》，硕士学位论文，内蒙古大学，2015 年。

灵灵：《清代绥远城驻防八旗若干问题研究》，硕士学位论文，内蒙古师范大学，2019 年。

美英：《清中后期蒙旗逃亡问题研究——以准格尔旗为例》，硕士学位论文，内蒙古大学，2016 年。

穆俊：《清至民国土默特地区水事纠纷与社会研究（1644—1937）》，博士
　　学位论文，复旦大学，2015 年。

乔鹏：《一个边村社会的形成——以清代土默特地区为个案的研究》，硕
　　士学位论文，北京师范大学，2005 年。

全太锦：《明蒙隆庆和议前后边疆社会的变迁——以大同和丰州滩之间碰
　　撞交流为中心》，硕士学位论文，北京师范大学，2003 年。

后　记

　　我出生于内蒙古赤峰市老哈河畔一个叫哈拉木头的小山村。哈拉木头是蒙古语，意为"黑树林"。族中老人说，我们田家本是山东人，是清末闯关东，才在口外扎下了根。不知道是不是因为这个"闯"字刻进了我的DNA，自从考上大学以后，我辗转了几个不同的地方学习、工作和生活。从老哈河畔的小山村走出来之后，我先到阴山脚下的青城呼和浩特求学，再到南海之滨的羊城广州深造，继而重回土默川任教。之后在关中平原的古都西安停留数载，现在又来到彩云之南的春城昆明供职。而呈现在读者面前的这本小书，似乎在冥冥之中与这些经历都有着或多或少的关系。

　　2002年，我搭乘南下的火车，来到中山大学，师从陈春声、刘志伟两位恩师，开启了我的硕士和博士求学生涯。到硕士研究生二年级，面临论文开题。有一天，老师们找我谈话，问我今后打算研究什么题目。我当时也没有太多想法。老师们就提示我在内蒙古呼和浩特土默特左旗档案馆有一批历史档案，似乎可以去看一看。这段谈话成了本书最初的缘起。在两位老师的支持下，我先后数次到土默特左旗档案馆查阅资料，并以这批档案为核心，完成了《清代蒙古土默特部户口地研究——以归化城副都统衙门档案为中心》和《清代的旅蒙商与归绥社会》的硕士和博士论文。两篇论文的完成，让我对土默特历史的发展脉络有了基本了解。尤其是博士论文的完成，促使我在广阔的时空视域去思考土默特历史。但博士论文也留下了一些遗憾。一是只利用了所收集档案的很小一部分，还有很多档案需要继续挖掘和利用。二是主要以档案为中心进行研究，田野工作做得不够深入。现在回过头来想，毕业以后这些年自己似乎一直试图弥补这些缺憾。

2011 年，承蒙宝音德力根老师的居中联系，我回到母校内蒙古大学工作。虽然时常因为论文发表和课题申请而感到焦虑发愁，但内蒙古大学对我没有太多的考核要求。在这种宽松的工作环境下，我在回到内蒙古工作的最初两年，利用节假日漫无目的地在土默特地区跑了很多地方。这里要提到贾翠霞、刘艳这两位在呼和浩特工作的我的大学同学。那时她们工作都还没有那么忙，经常开车带着我去鄂尔多斯、托克托等这些地方考察。我也自己独自去了土默特左旗、和林格尔和达茂旗等地。就这样到处跑来跑去，我在无形中增长了见闻，也收集到了一些资料。四处跑下来，我最直观的感受就是在土默特地区，无论是山地还是平原，到处是村庄和农田，但这里原本是"风吹草低见牛羊"的大草原。那么这些村庄是何时、怎样出现的，村庄里的人世世代代是如何生活的？这成了一直萦绕在我心头的问题。2013 年，我以"蒙汉关系视域下的归化城土默特村落社会研究"为题，申报了国家社科基金项目，并有幸获批。这是本书完成的最重要契机。此后，在国家社科基金项目的支持下，我继续在土默特地区各处田野考察，从村落空间、家族与村落、基层社会组织、水利与村落等不同角度出发，阐释当地的村落问题。

学术研究总是有苦有乐。这本小书的写作过程中，我读了一点书，走了一些路，收集了若干资料，但是面对前贤时彦厚重的学术积累，想要讲出些许不一样的东西，对我来说真是巨大的考验。有时是自认为有了一个很好的想法，但是苦于没有材料支撑，迟迟不能落笔。当机缘巧合之下恰好发现能够解决问题的材料时，那种欣喜的心情简直难以言表。不过，大多数时候，是独自对着一堆资料，愁眉不展，唉声叹气，不知道从什么角度切入。当终于自以为有所发现，似乎想通了一些事情的时候，自然也是难掩心中的喜悦，恨不能马上与人分享。因此，这本小书的有些章节，从酝酿到成文，用去了很长的时间。同样地，也有很多想法到现在也没能形成文章或者只是略具雏形。总之，一路跟跟跄跄，小书终于付梓，但与其说是这一项工作的完成，不如说这只是一个阶段性小结，还有很多问题需要继续深入思考和不断求索。

这本小书的完成，最需要感谢的是陈春声和刘志伟两位恩师，是他们引领我找到学术的门径。两位老师在很多方面给予我关心和帮助，但我印象最深的却是一些细节小事。当年准备报考中山大学的研究生，我最先联系了陈春声老师。2000 年代初，电脑还没有在呼和浩特普及。我记得当时是在网吧笨拙地用电脑给陈老师发送了平生第一封电子邮件，没想到很快就收到回信。2002 年元旦前夕，我又给陈老师发送了一张新春贺卡，老师也是很快回寄了贺卡，鼓励我好好复习。这真是给了我莫大的鼓舞，越发努力准备考试。转眼二十年过去，这张卡片早已泛黄，但我还时常会找出来看一看，每次看到总是增添了一些力量。还记得 2005 年正月，老师们组织国内外一些学者赴莆田历史考察。有一次陈老师正在跟杨念群等几位学者聊天。我刚好经过，他叫住我并对我和几位老师说："这样的学术活动也是想让学生明白，学术研究也可以成为一种生活方式。"这句话以及说这句话的场景，我直到今天都未曾忘记。当年的硕士复试，是刘志伟老师主持的。学生资质愚钝、基础薄弱，这一路走来，没少让他费心。回到内蒙古工作之后，每当遇到困惑，我就给刘老师发信息，寻求帮助。他也总是及时给我鞭策和鼓励。记得 2011 年冬天，在北京参加 AoE（中国香港地区卓越领域计划项目"中国社会的历史人类学"）会议。我当时汇报了回去内蒙古半年内的一些工作进展。大约是看到我至少是收集了一些资料，老师很是高兴，晚上吃饭，一直给我盛鸡汤，说这是最好喝最营养的东西。依稀记得那一阵子北京的雾霾很严重，天空一片昏黄。但是现在回想起来，都觉得那个冬天是暖洋洋的。去外地工作之后，几乎每次回广州，我都要去见老师，每回老师都要请吃饭。这么多年，都不知道吃了老师多少顿饭。不知道他后来有没有后悔收我这个的学生，操心又费钱。

科大卫老师一直以他的睿智启迪着我的思考。记得读博的时候，有一年科老师每周从香港来中山大学上课。在他的课堂上，我获得很多灵感的火花，直到今天都在受益。程美宝老师也给予我许多无私的指导。在中山大学读硕士的时候，修习了程老师讲授的西方中国近代史研究方面的课程。毕业以后，她还继续给予我指教。我还记得有一阵子自己在写关于"蒙古青年"的文章，兴冲冲地拿着初稿给老师看。老师肯定了选题，但是对我的写作方式提出了很多意见，手把手教我怎样改。在程老师的指导下，这篇文章后来得以在《近代史研究》上发表。直到程老师赴香港城市大学任教以前，我差不多每年都能见到程老师，亲炙教诲。

后来老师去了香港，加上疫情的影响，转眼好几年都没有见过。赵世瑜老师一直关心我的成长，2011年回去内蒙古大学工作之后，我就参加了"中国社会的历史人类学"研究项目。赵老师是华北子项目的负责人，他对我的研究给予了很多教导，还教我怎样合理分配时间和制作写作计划。但我显然是没有学好，每每看到老师有宏文大作发表，我都感到自己实在是愚顽懈怠，不堪造就。小书完成之后，我请赵老师作序。赵老师慨然应允，在百忙之中抽出时间，为拙作撰写了序言。常建华老师始终关心着我的学术进展。拙作的若干章节都曾在常老师召集的学术会议上发表。虽说每一位研究者都是一个孤单的星球，但来自前辈学者的支持和鼓励，无疑是个人前行的莫大动力。对于老师们的关心和帮助，我时常感觉做得还远远不够，唯有今后更加努力。

黄国信、温春来老师既是我的师兄，也是我的师长。在我心中他们更像是师长。在中山大学读书时，每周都会在历史人类学中心地下室，参加两位老师主持的讨论课。至今想来，那都是求学阶段最充实快乐的时光之一。张应强老师虽然不经常见到，但偶尔的交流也总能让我受益良多。毕业以后，我工作上遇到困惑，生活中碰到烦恼，都经常向几位老师咨询求助，而他们也都不厌其烦地答疑解惑。我跟陈永升师兄交集不多，入学之后，他就去北京做博士后了。但我最初备考中山大学时，他提醒我要多注意中山大学和厦门大学中国社会经济史的学术传统。后来我关注并运用土默特档案，也跟陈永升师兄的早期工作分不开。

在中山大学求学期间，我与一群同学结下了深厚的友谊，成为知交好友。在敲下这些文字的时候，与唐晓涛、段雪玉、王成兰、肖文评、麦思杰、杨品优、罗艳春、周鑫、阙岳、石坚平、胡海峰、贺喜、谢晓辉、陈丽华、黄海娟、杨培娜、陈贤波、丁蕾、陈志刚、杜树海、申斌、陈玥、唐金英、李义琼、覃延佳、李琼丽、叶锦花、李晓龙、黄素娟、徐靖捷、任建敏等同学一起相处的情景一一在眼前浮现。赵世瑜老师的几位学生邓庆平、丁慧倩、杜洪涛、韩朝建、龙圣等，也跟我有很多交流。我跟这些同学时常分享自己的新近研究、倾诉生活中的各种烦恼。同窗之间的互相砥砺、彼此鼓励，是支撑我前行的重要力量。现在人到中年，每个人都在忙于应对工作和生活中的大事小事。虽然大家联系不似以前那样频繁，但对彼此的挂念一直未曾改变。去年线下见到培娜，道别时，她对我说："我们都继续努力。"是啊，我们都要继续努力，努力生活，努力工作，努力不辜负生命的每一天。

我还要特别感谢贾翠霞、刘艳两位大学好友。没有她们的帮助，我的书稿不会完成得这样顺利。她们两个是学中文的，是妥妥的文艺青年，但却对我的工作给予了最大的理解和支持。我初回呼和浩特，到下面做田野，一时不知如何开展。当时在托克托县政协工作的刘艳帮我联系了几位资深的地方文史工作者，让我迅速打开了局面。由于科研经费有限，我当时去托克托县调研，吃住都是在刘艳家中。从我读博开始，每次回来呼和浩特，贾翠霞都要接我到她家小住。从最早的出租屋到现在的大平层，她的每一处住所，我都去过。她还经常开着自己的私家车，带着我去这去那，帮我搜集各种地方史著。

这些年来，我先后在内蒙古大学蒙古历史学系、陕西师范大学西北历史环境与经济发展研究院、云南大学历史与档案学院从事教学科研工作。几所学校分别位于河套平原、关中盆地和云贵高原，在蒙古史、北方民族史、历史地理学、民族史、经济史和边疆学等方面都有深厚的学术积淀。在这些地方生活和工作的经历，不仅让我领略和感受了当地的自然环境、历史传统和社会风貌，还在无形中滋养了我的学术素养、丰富了我的学术阅历，我想这些经历和见识都已经对我的书稿产生了润物细无声的影响。在三所高校，我也得到许多同事朋友的关心和帮助，如果写下他们的名字，那将是一个长长的名单。因此，恕我不一一细述。

我最想感谢的人，还有土默特的乡亲。在土默特地区开展田野调查这十二年，有很多土默特乡亲给予了我最无私的帮助。这里有一直与我保持联络的徐老师、杨老师、薛先生、郭先生、刘先生、潘老师等几位报道人。他们一直最大限度地支持我的工作。还有很多老乡在田野调查中为我排忧解难、雪中送炭。记得有一次在一个村子的小广场，碰到村支书的父亲，那是一位九十几岁的老人家。他听说我想去看一户人家的旧房子，就骑着他的小电三轮车给我带路。到达目的地，却突然想起自己的小孙孙还在村里的小广场。幸好村子里的治安很好，小孙孙也很快找到。还有一次，我只身一人下去调研。因为当时没有租车，需要步行从一个村子走到另一个村。两村之间有很大一段距离，中间是一望无际的农田。正当我在旷野中踽踽独行时，路过的一个骑电动车的姐姐一定要搭我一段。心里有些害怕的我，自然没有推辞。像这样的事情还有很多很多。这种陌生人之间的互帮互助，让我体验到了人世间的美好与善意。虽然我现在记不清这些乡亲的名字，但这份温暖却一直留在心间。

本书的大部分章节已经在《民族研究》《中国经济史研究》《中国历史地理论丛》《民俗研究》《历史档案》《安徽史学》《中国社会历史评论》《历史人类学学刊》《西华师范大学学报》等学术刊物上发表，在收入书稿时或多或少进行了一些调整和修改。在这里，也特别感谢各位编辑老师辛苦的工作。由于个人原因，小书的交稿时间一拖再拖，十分感谢编辑安芳老师的宽容和理解。在书稿的校对过程中，她不厌其烦地为我解决各种大大小小的问题。安芳老师耐心细致的工作，保证了小书的顺利出版。同时，也感谢李轩承、吕洪婷两位硕士生，在我分身乏术时，协助我校对书稿。

我的家人是我的有力后盾和动力源泉。他们总是支持我的选择，包容我的任性。这些年因为忙于工作，我对家人一直疏于陪伴和照料，心中时常感到惭愧和不安，唯愿自己以后能够做得更好一些。

千言万语，纸短情长，就到这里吧。

2023 年 4 月 23 日草成于塞上青城
2023 年 5 月 16 日改定于春城昆明